숨은원리 데이터사이언스(Data Science)

R로 하는 빅데이터 분석
데이터 전처리와 시각화
(제3판)

개념적 기초에서 심층 활용까지

김권현

숨은원리

차 례

서문 ix
    3판 서문 ix
    1판 서문 xii

1 들어가기 5
    1.1 R 6

2 R의 패키지(Packages) 7
    2.1 패키지 설치 7
    2.2 패키지 관련 정보 8
    2.3 패키지 불러오기/확인하기/제거하기 8
    2.4 패키지 관리하기 9
    2.5 중복되는 함수와 변수 10

3 R의 변수, 자료형, 연산/함수 11
    3.1 R의 변수 11
    3.2 R의 데이터 타입(자료형) 15
    3.3 연산(Operations)과 함수(Functions) 19
    3.4 특별한 값 25

4 데이터 구조 29
    4.1 벡터(Vector) 29
    4.2 행렬(matrix), 배열(array), 데이터프레임(data.frame), 리스트(list) 만들기 41
    4.3 행렬, 배열, 데이터프레임, 리스트의 부분선택하기 46
    4.4 행렬, 배열, 데이터프레임, 리스트 수정하기 50
    4.5 CRUD(**C**reate, **R**ead, **U**pdate, **D**elete) 51

		4.6 3차 이상의 다차원 배열	53

5 dplyr 패키지를 활용한 데이터 가공   61

    5.1 magrittr의 파이프 연산자 61

    5.2 dplyr의 방식: 부분 선택(Subsetting) 64

    5.3 dplyr의 방식 : 수정 71

    5.4 dplyr의 기타 편의 기능 77

6 날짜와 시간   83

    6.1 R의 날짜와 시간 85

    6.2 날짜의 표기 86

    6.3 날짜 표기 변환 87

    6.4 날짜시간 표기 인식 88

    6.5 날짜, 시간 연산 93

    6.6 날짜(시간)의 특정한 정보 참조 94

    6.7 날짜(시간) 갱신 94

    6.8 몇 가지 유의사항 97

    6.9 활용 예 97

    6.10 stringi 패키지 98

    6.11 국경일과 공휴일 101

    6.12 음력 102

    6.13 먼 미래, 먼 과거, 그리고 기원 103

7 팩터 자료형   107

    7.1 팩터형의 중요성 108

    7.2 데이터 전처리에 있어서 팩터형 109

    7.3 forcats 패키지 110

8 R로 데이터 읽어오기   115

    8.1 R 내장 데이터 117

    8.2 들어가기 : write.table/read.table, save/load 117

    8.3 텍스트로 저장된 데이터 파일 읽기 118

    8.4 바이너리 파일 읽기 132

    8.5 압축 파일에서 읽어오기 133

    8.6 EXCEL 파일 읽기 134

    8.7 그 밖의 통계 프로그램 데이터 파일 135

차 례   v

    8.8   Web에서 데이터 긁어오기(Web scraping) 138

    8.9   JSON 140

    8.10 이미지에서 텍스트 인식 145

    8.11 정리 148

9 데이터 가공   149

    9.1   집단별로 함수 적용하기 150

    9.2   여러 데이터 프레임 합치기 158

    9.3   세로형/가로형 변환 164

10 패키지 데이터테이블(data.table)   169

    10.1 package:dplyr과 package:data.table의 비교 169

    10.2 data.table의 키(key) 활용하기 184

    10.3 data.table을 활용한 병합 188

    10.4 그 밖의 특수기호 : .SD, .GRP, .N, .I, .BY, .EACHI, ... 197

    10.5 데이터테이블 종합 204

11 문자열(character)   205

    11.1 인코딩 205

    11.2 대표적인 인코딩 방법 206

    11.3 인코딩 방법의 종류 207

    11.4 R에서 인코딩 다루기 208

    11.5 문자열 상수 211

    11.6 유니코드, 엔디언(endianness), BOM 213

    11.7 유니코드 정규화(Normalization) 216

    11.8 문자열의 정렬 217

    11.9 문자열을 다루는 함수들 218

    11.10 패키지 stringr을 활용한 문자열 관리 225

    11.11 주요 인코딩 표 227

12 정규표현식   229

    12.1 R과 정규표현식 229

    12.2 확장정규표현식(ERE; Extended Regular Expressions) 230

    12.3 Perl 호환 정규표현식 240

    12.4 패키지 stringr, stringi 243

    12.5 stringi 패키지와 정규표현식을 활용한 문자열 데이터 가공 244

12.6 활용 예 245

13 흐름 제어와 함수   249
13.1 제어문: 조건과 반복 249
13.2 함수 256

14 기술 통계량   263
14.1 1변수 기술 통계량 263
14.2 데이터 프레임의 모든 변수(컬럼)에 대해 요약통계치 구하기 266

15 간편 시각화   269
15.1 간편 시각화의 예 270
15.2 조건부 이변수 플롯(등구간 구획) 274

16 ggplot2   275
16.1 들어가기 275
16.2 시각적 맵핑(Aesthetic mapping) 277
16.3 기하학적 대상(geom) 296
16.4 보조선(Auxillary lines) 305
16.5 좌표계(Coordinate system) 307
16.6 범례(Legends) 313
16.7 제목과 테마(Title and Theme) 315
16.8 결과 정리 및 저장 322
16.9 ggplot2(gg = **G**rammar of **G**raphics) 총정리 324

17 연습문제 해답   329
데이터 구조 329
데이터 불러들이기 330
제어와 함수 I 332

R에서 하는 벡터/행렬 연산   333
벡터연산 333
한 행렬 연산 333
두 행렬의 연산 334
선형(행렬) 대수 335

A 수 표기 방법   337
A.1 국제표준 ISO 80000-1 337

A.2	한글 맞춤법	337
A.3	다른 나라의 수 표기	338
A.4	R에서 수 읽기	338

B 측정단위   **339**
- B.1 단위와 관련된 '한글 맞춤법' 344
- B.2 주요 단위 및 접두어 344

C dplyr을 SQL로 번역하기   **347**
- C.1 수기 번역 347
- C.2 dbplyr 패키지를 사용한 자동 번역 351

D 파일과 디렉토리 관련 함수들   **353**
- D.1 디렉토리 353
- D.2 스크립트 355
- D.3 파일 356

E R의 색, 세계 타임존   **359**

F 치트시트   **365**

서문

3판 서문

3판은 2판이 품절된 후 꽤 시간이 흐른 후 출판됩니다. 그래서 2판과의 차별점을 주기 위해 다양한 내용을 추가하고 기존의 내용을 보완하였습니다.

먼저 1판, 2판의 서문의 내용에 덧붙여서 이번 판에서 추가 또는 강조되는 부분을 설명해보고자 합니다. 시중의 수많은 R 책에도 불구하고 제가 이 책을 출판하는 이유는 제가 중요하게 생각하는 부분을 자세하고 정확하게 알려주는 책이 거의 없기 때문입니다.

많은 프로그래머가 동의하는 프로그래밍(programming)의 핵심 중 하나는 **"예외를 처리하는 것"**이라고 합니다. 이 말을 다시 해석하면 **좀더 완벽한 일반화**를 추구한다고 말할 수 있다. 예를 들어 정규표현식을 봅시다. 우리가 어떤 문자열을 찾고자 할 때, 대부분의 경우는 그 문자를 그대로 쓸 수 있습니다.

```
txtToFind = 'hope'
vStr = c('hi', 'love', 'I hope to ...')
grepl(txtToFind, vStr)
## FALSE FALSE TRUE
```

하지만 백슬래쉬(\) 또는 마침표(.)을 찾기 위해서는 문자를 그대로 써서는 안됩니다. 위의 코드와 같이 찾고자 하는 문자열을 그대로 쓰는 방법에 예외가 발생한 것입니다. 그렇다면 문자를 문자 그대로 사용할 때 문제가 생기는 문자들은 무엇일까요? 만약 문자를 문자 그대로 쓸 수 있는 경우와 그렇지 않은 경우를 모두 알지 못한 채로 정규표현식을 사용한다면 언젠가 문제가 생길 수밖에 없습니다. 이렇게 **예외 처리**를 철저히 한다는 것은 **모든 경우를 다룰 수 있다**는 의미도 됩니다. 정규표현식의 경우에는 어떤 문자열에 대해서도 정규표현식으로 정확하게 그 문자열을 나타낼 수 있어야 합니다.

정규표현식의 \\는 정규표현식에서 \가 특별한 의미를 가지게 됨으로써 문자 \를 나타내기 위한 방법이다. 텍스트 데이터 화일의 "", sprintf()의 %%도 **같은 맥락**에서 고안된 방법입니다. 이렇게 원리를 알면 겉보기에 다른 것처럼 보이는 여러 가지가 같은 원리에서 나온 것임을 알 수 있습니다.

이 책은 원리를 설명합니다.

수학에서 **모든 경우**를 다루기 위해 **변수**를 사용합니다. 수학에서 "모든 a, b에 대해 $a + b = b + a$이다"는 어떤 두 수의 합도 순서에 영향을 받지 않음을 나타냅니다. 다시 말해 $a + b = b + a$는 **모든 두 수의 합**은 순서에 영향을 받지 않음을 나타냅니다.[1]

컴퓨터의 경우에도 **거의 모든 경우**를 다루기 위해 **변수**를 사용합니다. 하지만 컴퓨터의 **변수**는 수학의 **변수**와 달리 모든 경우를 다룰 수 없습니다. 컴퓨터의 메모리나 외부 저장 장치가 아무리 크더라도 한계가 있기 때문입니다.[2] 따라서 컴퓨터는 수학과 달리 표현할 수 있는 값의 **크기**에 한계가 있습니다. 그리고 값의 **정확성**에도 한계가 있을 수 있습니다.

사실 컴퓨터가 나타내는 값은 크게 **정확한 값**과 **근삿값**으로 나눌 수 있습니다. 예를 들어, 수학의 $\pi = 3.14159\cdots$를 생각해봅시다. R에는 pi에 저장되어 있지만 정확한 값은 아닙니다.

print(pi, digits = 22)

[1] 3.141592653589793115998

R에서 정수(integer)는 정확한 값을 나타내지만, 실수(single, double)은 정확한 값이 아닙니다. 특히 많은 사람들이 혼동하는 것은 0.1처럼 정확해 보이는 값도 실수로 저장되어 있다면 정확한 값이 아닌 경우가 많습니다. 소수점 이하의 숫자 갯수를 늘려서 다음과 같이 확인해볼 수 있습니다.

print(0.1, digits = 22)

[1] 0.1000000000000000055511

특히 매우 큰 정수도 R의 정수 범위를 넘어가게되면 실수로 저장되고, 따라서 정확하지 않은 값이 저장됩니다.

print(1e+300)
[1] 1e+300
print(1e+300 + 1e+10)
[1] 1e+300

R에서 숫자 뒤의 L은 어떤 값이 **정수**(다시 말해 정확한 값)임을 나타내기 위해 씁니다.
32L
[1] 32
1e+300L   # 1e+300은 정수로 저장될 수 없기 때문에 경고 발생
[1] 1e+300

---

[1] 저자가 쓴 "수학의 숨은 원리"에서도 설명했듯이 변수를 사용하면 여러 경우를 축약해서 표현할 수 있습니다. 이때 변수의 범위(프로그래밍에서는 말하는 scope과 다른 의미입니다)를 확인하는 게 정말 중요합니다. 예를 들어 "$a > 0$일 때, $a^2 > 0$"과 "$a \in \mathbb{R}$일 때, $a^2 > 0$"을 비교해보세요.

[2] 반대로 인간은 다룰 수 있는 큰 수에 한계가 없기 때문에 이런 점을 컴퓨터와 인간의 가장 큰 차이점으로 꼽기도 합니다.

따라서 $b \neq 0$일 때, $a + b \neq a$라는 간단한 수학법칙도 큰 수의 경우에는 어긋날 수 있습니다.

```
a = 1e+300
b = 1e+10
a != a + b
```

[1] FALSE

이 책에서는 주어진 표현식, 함수가 제대로 작동하는 경우뿐 아니라, 작동하지 않는 극단적인 경우도 미리 확인하여 철저한 예외 처리가 가능하도록 노력하였습니다.

3판에서는 이렇게 일반화와 예외에 대해 자세히 설명하여 발생 가능한 오류를 사전에 방지할 수 있도록 하였습니다. 하지만 처음 책을 읽을 때에는 활용법 중심으로 취사선택해서 읽는 것을 권장합니다. 왜냐하면 무엇이든지 처음부터 완벽을 추구하면 진이 빠질 수 있기 때문입니다. (사실 저자가 읽으면서도 진이 빠질 때가 있습니다.) 사실 제가 가장 염두에 둔 독자는 뭔가 새로운 방법을 창조해내거나 난관에 부딪혀 새로운 돌파구를 발명해내야 하는 독자입니다. 하지만 독자의 실력, 취향, 상황에 따라 이 책의 활용법이 달라질 수 있으니 이 책을 어떻게 읽고, 활용하느냐는 오로지 독자의 몫이라고 생각합니다.

PS) 이 책은 결코 '왕초보자'를 위한 책이 아닙니다. 가장 기본적인 내용부터 서술하고 있지만 **예시**만으로도 이해할 수 있다고 생각되는 부분은 장황하게 설명하지 않았습니다. 따라서 만약 예시만으로 이해가 가지 않는 부분이 자주 나타난다면 좀더 쉬운 책을 찾아보시길 권합니다.[3]

김권현(2021.12.1)

---

[3]예를 들어 histogram(~ job | gender, BankWages)의 결과와 histogram(~ job | gender, BankWages, scales=list(x=list(rot=45))의 결과를 비교해보면, scales=list(x=list(rot=45))의 기능이 분명하고, 더 나아가 scales=list(x=list(rot=45), y=list(rot=45))의 기능까지 유추할 수 있다고 가정했습니다.

1판 서문

제가 처음 R 책을 쓰려고 했던 것은 4-5년 전인 듯 합니다. 당시 저는 서울대 사회과학연구원에서 R에 대한 강의를 맡았습니다. 인지과학 박사과정이었던 저는 R을 사용하여 여러 가지 분석을 하고 있었고, 어릴 적 Basic, Pascal, C 등의 언어를 사용해서 프로그래밍한 경험이 있었지만, R의 문법은 혼란스러웠습니다. 그래서 R 강의를 위해, R의 복잡한 구문을 쉽고 체계적으로 강의하기 위해 여러 책을 봤습니다. 하지만 대다수의 책들은 쿡북(Cookbook) 형태로 이렇게 하면 된다고만 나와 있었습니다. 만약 쿡북의 소스코드로 목적을 이룰 수 있다면 그보다 더 좋은 일은 없을 것입니다. 하지만 연구를 하고, 분석을 하다보면 항상 소스코드를 목적에 맞게 변경해야 할 상황이 생기고, 그런 상황에서 오류가 하나라도 뜨면 쿡북은 크게 도움을 주지 못했습니다. 정말 간단한 버그 때문에 날밤을 새기도 했죠. 그러던 중 우연한 기회에 알게된 Spector 등의 책은 저에게 단비와 같았습니다. 그동안 가지고 있었던 수많은 궁금증이 대부분 풀렸거든요. 그래서 그 책을 통해 알게 된 R의 기본적인 구조, 문법 등과 제가 분석을 하면서 얻었던 노하우를 책으로 풀어내려고 했었습니다.

우선 R의 복잡한 구문을 한번 살펴 봅시다. 예를 들어 데이터 프레임이라는 데이터 구조의 일부분을 참조하기 위한 방법은 df[1], df["colname"], df[["colname"]], df[[1]], df[1,2], df["rowname", "colname"], df$colname, df[df$colname>1,] 등 굉장히 다양합니다. 그리고 동일한 방법이 다른 데이터 구조(행렬, 리스트 등)에도 사용될 수 있는 경우가 있는 반면, 사용할 수 없기도 합니다. 하지만 이를 구분하는 원리가 무엇일까요? 제가 R을 배울 때도 그렇고, 당시의 대부분의 책은 **"이런 걸 하려면 이렇게 해"** 또는 **"이런 기능들이 있어"** 가 다였습니다. 경우에 따라 조금씩 달라지는 문법을 이해하지 못하면 그냥 외워야 하는데, 아무 생각없이 외우기에는 분량이 너무 많았죠. 그리고 핵심적인 원리를 이해하지 못하고 그때그때 임시변통으로 프로그램을 짜게 되면 찾기도 힘든 논리적 오류(또는 버그)가 생기게 마련이고, 이런 버그가 생기면 부호 하나, 함수 하나 때문에 머리를 쥐어짜며 고생을 하게 됩니다.

R에서 고전이라고 불릴 만한 Spector의 책은 이렇게 다양하고 혼란스러운 상황에서 이해할 수 있는 통일된 체계를 알려주었습니다. 제가 이 책에서 벡터, 행렬, 데이터 프레임을 설명하는 많은 부분은 이 책에서 배운 것입니다. (후에 쓰여진 Hadley 등의 책에도 실려 있긴 하지만요.)

다시 책쓰기로 돌아가면, 어느 정도 원고를 완성하였지만 더 완성도 높은 책을 만들고 싶었던 저는 실력과 시간이 부족함을 이유로 탈고를 계속 연기하였습니다. 그 이후에도 간간이 몇 번 더 시도했지만 시간, 건강 등의 이유로 완성을 보지 못했죠. 사실 R은 점점 더 확장되고 있고, 한 사람이 모든 것을 알기란 불가능에 가깝습니다. 그리고 R의 생태계는 그 이후로 많은 변화가 있었습니다.

하지만 최근 1년 동안 대학에서 R을 강의하면서 많은 시간과 공을 들여 준비를 하였고, 다른 책을 보면서 아쉬움을 느낄 때마다 완벽하다고 할 순 없지만 이제까지 제가 데이터 분석을 하면서 겪었던 경험과 여러 책을 통해 얻었던 지식 등을 종합하여 다른 사람들이 **R을 체계적이고 효율적으로 학습할 수 있는 책**을 내는 것이 의미있는 작업이라고 생각을 하게 되었습니다.

지도도 없이 목표를 찾아가는 것은 어렵고 힘들고 시간이 많이 들지만 안내자가 있다면 너무도 수월하게 목적지를 찾아 갈 수도 있지 않습니까? (물론 안내자가 주변 지리를 잘 알고 있어야 합니다.) 앞에서 봤던 데이터 프레임의 경우, 데이터 구조에 대한 이해, 그리고 이를 활용하는 R의 기본적인 방법에 대한 이해만 있다면 크게 어렵지 않습니다. 그리고 이 책 전반에 걸쳐 복잡하고 어려워 보이는 상황을 쉽게 이해할 수 있는 체계를 만들 수 있도록 노력을 하였습니다. 다음의 말이 이 책에서 제가 하고 싶었던 말입니다.

"전체적인 맥락을 알고, 큰 그림을 볼 수 있다면, 훨씬 수월하다!"

많은 사람들이 R을 좀 더 수월하게, 효율적으로 익혀서 원하는 바를 이루는 데 제가 일조를 하였으면 하는 바램입니다.

많은 분들의 도움이 있었기에 이 책을 완성할 수 있었습니다. 먼저 치과의사인 친구 오여록에 감사의 말을 전합니다. 길고 긴 암흑의 터널에서 한 줄기 희망을 볼 수 있었던 것은 이 친구의 덕입니다. 김혜숙 선생님께도 감사의 말씀을 전합니다. 작년 같이 일을 했던 zeroone.ai 식구들에게도 감사의 말씀을 전합니다. 작년 한 해 동안 강의를 들어준 국민대학교와 명지대학교 학생들에게 감사의 말을 전하고 싶습니다. 그리고 이 책을 쓰기 위해 참조한 다양한 책의 저자, R 패키지 작성자(creator), 유지자(maintainer), stackoverflow.com, stats.stackexchange.com의 수많은 공헌자(contributor)에게도 감사의 뜻을 전합니다. 끝으로 항상 지원과 사랑을 아끼지 않는 가족과 부모님께 감사드립니다.

김권현 (2019.2.15)

- **개정판 수정/보완 사항** : 편집 상 실수를 수정하였으며 내용에도 소소한 추가사항이 있습니다. 특히 <날짜와 시간>의 도입부에 약간의 역사적 사실을 추가하였습니다. <부록>에는 수 표기, SQL, 파일/디렉토리에 대한 내용을 추가하였습니다.

제 1 장

들어가기

데이터 분석을 포함하여 컴퓨터가 일을 하는 방식은 간단하다. 데이터를 **입력** 받아, **처리**하고, 결과를 **출력**한다.

입력 - 처리 - 출력

일단 입력 부분에서는 입력 받은 값을 컴퓨터 내부에 저장하기 위해 **변수**가 필요하다. 그리고 입력-처리-출력 전체를 일정 횟수 반복하거나, 어떤 조건이 만족될 때까지 반복하기도 한다. 이렇게 **반복**과 **조건**을 구현하기 위해 프로그래밍 언어에서는 **흐름 제어문**을 쓴다.

예를 들어 사용자에게서 **어떤 수**를 입력받아 7을 곱한 값을 출력하는 프로그램을 생각해 보자. 여기서 **어떤 수**가 무엇이될지는 사용자의 필요와 요구에 따라 달라지므로 사용자의 입력을 받아 이를 **변수**에 대입한다.[1] 그리고 그 **변수**와 7을 곱한 값을 다시 **변수**에 저장하고, 그 **변수에 담긴 값**을 출력한다. (이렇게 **변수**를 사용하면 2에 7를 곱하는 프로그램, 3에 7을 곱하는 프로그램 등을 따로 따로 만들 필요가 없어진다.)

만약 1부터 **어떤 자연수**까지 더한 총합을 출력하는 프로그램을 만들고 싶다면 어떻게 해야 할까? 일단 **어떤 자연수**를 입력 받는다. 여기서 주의하자. 사용자의 입력을 받을 때, 사용자가 언제나 자연수**만**을 입력하리라는 보장이 없다. 사용자는 음수 또는 문자를 입력할지도 모른다. 따라서 **자연수**라는 조건이 프로그램 실행에 필수적이라면 입력값이 자연수인지를 확인하고, 자연수가 아니라면 다시 입력을 받아야 한다. 이런 **조건부 반복**을 위해서도 **제어문**이 필요하다. **제어문**은 **흐름 제어문**(flow control)의 약어이다. 만약 입력된 수가 자연수라면 이제 이 값을 변수에 저장하고, 1부터 변수까지의 합을 구해야 한다. 1부터 어떤 자연수 n까지의 총합을 구하는 함수가 있다면 간단하지만 만약 그렇지 않다면 1부터 n까지 덧셈을 **반복**할 수도 있다. 이때에도 반복을 위해 **흐름 제어문**을 사용한다.

이렇게 1부터 **어떤 자연수**까지 더한 총합을 구하는 단순한 프로그램에서도 우리는 입력부분, 그리고 처리부분에서 **조건**과 **반복**이 필요함을 알 수 있다.

---

[1] 컴퓨터 과학에서는 주로 **할당**(assign)이란 말을 쓰지만, 이 경우 논리적으로 **대입**으로 생각해도 큰 차이가 없다.

종합을 해보자. 어떤 데이터 처리를 프로그램으로 구현하기 위해서는 **"입력 - 처리 - 출력"** 의 기본 구조에 **흐름 제어문**을 추가하면 된다. 생각보다 간단하지 않은가?

1.1 R

- R은 1993년 뉴질랜드 오클랜드 대학의 통계학과 교수인 로스 이하카(Ross Ihaka) 와 로버트 젠틀맨(Robert Gentleman)이 만들었습니다. R은 통계 언어인 S와 S+ 의 계보를 잇고 있지만, **무료**이며 **오픈 소스 프로젝트**[2]로 개발되고 있습니다. 따라서 누구나 인터넷에서 다운로드 받아 사용해 볼 수 있습니다. 그리고 필요하다면 소스 코드를 **검증**하고 **수정**할 수 있습니다.

- 통계 분석 도구로서 R은 수십에서 수백만원에 호가하는 다른 상용 프로그램(예. SPSS, SAS, Stata 등)과 달리 **무료**입니다. 대부분의 상용 프로그램은 소수의 개발자에 의해 개발되고, 소스 코드는 철저히 비밀로 유지되기 때문에 다른 사람들이 프로그램의 소스 코드를 살펴볼 수 없습니다. 만약 오류를 발견하더라도 수정할 수 없기 때문에 개발회사의 개발자들이 수정해주기를 기다려야 합니다. 하지만 R은 소스코드가 모두 공개되어 있어서 누구라도 프로그램의 정확성을 검증할 수 있고, 오류가 발견되었을 때에는 스스로 수정할 수 있습니다.

- 통계학, 기계 학습, 데이터 사이언스는 계속 발전하고 있으며, 매년 새로운 기법들이 개발되고 있습니다. 상용 프로그램에서는 새로운 기법을 회사의 개발자들이 추가할 때까지 기다려야 했으며, 추가된 기능은 돈을 주고 구매해야 했습니다. 하지만 많은 경우 새로운 기법의 발표와 함께 R로 구현된 패키지도 공개가 되므로 R을 사용하면 누구나 새롭게 개발된 방법을 사용하고 평가해 볼 수 있습니다.

- 그 밖에 통계 프로그래밍 언어로써 R은 다음과 같은 특징이 있습니다.
    - **인터프리터 언어** : 프로그래밍 언어는 크게 컴파일 언어와 인터프리터 언어로 나눌 수 있습니다. 컴파일 언어는 프로그램 전체를 컴퓨터가 이해할 수 있는 어셈블리어로 바꾼 후 실행합니다. 인터프리터 언어는 프로그램을 **한 줄씩 해석**하고, 동시에 실행합니다.
    - **객체 지향 언어** : R은 함수 기능이 객체의 클래스에 의해 결정된다는 점에서 객체 지향 언어라고 할 수 있다. 더 나아가 S3, S4와 같은 객체를 통하여 본격적인 객체 프로그래밍을 지원합니다.
    - **함수형 언어** : R은 함수의 인자로 함수를 쓸 수 있고, 함수의 반환값으로 함수를 받을 수 있다는 점에서 함수형 언어입니다.

---

[2]여러 개발자의 자발적이고 공개적인 참여로 이루어지는 소프트웨어 개발 프로젝트.

제 2 장

R의 패키지 (Packages)

- 통계 분석을 위해 프로그래밍 언어로 개발된 R은 통계 프로그래밍을 위한 핵심 기능이 주로 구현되어 있습니다. 하지만 R을 활용하는 분야는 다양해서 R의 기본 함수로 부족한 경우도 많습니다.

- **R의 패키지**는 특정 분야에서 필요한 기능을 구현하여 모아 놓은 것이라고 할 수 있습니다. R이 기본 게임팩이라면 패키지는 일종의 **확장팩**입니다. R에는 이런 **확장팩**이 매우 많으며, 누구라도 필요한 기능을 구현하여 패키지로 만들 수 있습니다.

- CRAN(The Comprehensive R Archive Network)는 많은 사람들이 필요로 하고 성능이 어느 정도 검증된 패키지를 모아 놓은 곳입니다.

2.1 패키지 설치

- 패키지를 설치하기 위해서는 `install.packages()`를 쓴다.
    - `install.packages()`에서 packages에 유의하자. 그리고 패키지 이름은 따옴표로 감싼다. 여러 개의 패키지를 한꺼번에 설치하고 싶을 때에는 `install.packages(c('psych', 'MASS'))`와 같이 쓴다.

- R Studio의 메뉴에서 Tools > Install Packages를 선택할 수도 있다.

- `install.packages()`는 **CRAN**(The Comprehensive R Archive Network)에 정식으로 등록된 패키지를 설치할 수 있다. CRAN Task View(https://cran.r-project.org/web/views/)에서 특정 분야의 패키지 목록과 기능을 확인할 수 있다.

- 패키지가 저장되어 있는 인터넷 주소를 **저장소**(repository)라고 한다. 그리고 저장소의 내용을 그대로 복사해 놓은 곳은 **미러**(mirror)라고 한다. 이 둘은 다음의 함수로 설정할 수 있다.
    - `setRepositories()`

- chooseCRANmirror()

• 저장소 목록은 https://cran.r-project.org/mirrors.html에서 확인할 수 있다.

• 현재 설정되어 있는 저장소와 미러는 options('repos')를 통해 확인할 수 있다. 만약 패키지 설치와 갱신과 관련하여 문제가 있다면 저장소와 미러 설정을 변경해 보는 것이 좋다.

```
options(repos = "http://healthstat.snu.ac.kr/CRAN/")
install.packages("psych", dependencies = TRUE)
```

```
## Warning in install.packages :
##   dependencies 'graph', 'Rgraphviz' are not available
also installing the dependencies 'pbivnorm', 'psychTools', 'GPArotation', 'lavaan', 'Rcsdp'
## ...
```

2.2 패키지 관련 정보

• maintainer()와 citation()을 통해 패키지를 관리하는 사람과 패키지를 인용하는 방법을 확인할 수 있다.

```
maintainer("psych")
```

```
## [1] "William Revelle <revelle@northwestern.edu>"
```

```
citation("psych")
```

```
##
## To cite the psych package in publications use:
##
##   Revelle, W. (2021) psych: Procedures for Personality and
##   Psychological Research, Northwestern University, Evanston,
##   Illinois, USA, https://CRAN.R-project.org/package=psych Version =
##   2.1.9,.
## ...
```

2.3 패키지 불러오기/확인하기/제거하기

• 패키지를 사용하기 위해서는 설치된 패키지를 메모리에 불러와야 한다(library()). 만약 더 이상 패키지를 사용할 필요가 없어졌다면 detach()를 통해 메모리에서 제거할 수도 있다.

• 메모리에 불러온 패키지를 확인하기 위해서는 search() 함수를 사용한다.

```
library(psych)
describe(mtcars)    # psych 패키지에서 지원하는 describe를 쓸 수 있다
```

```
##         vars  n   mean     sd median trimmed    mad  min   max range  skew
## mpg       1 32  20.09   6.03   19.2   19.70   5.41 10.4  33.9  23.5  0.61
## cyl       2 32   6.19   1.79    6.0    6.23   2.97  4.0   8.0   4.0 -0.17
## disp      3 32 230.72 123.94  196.3  222.52 140.48 71.1 472.0 400.9  0.38
##         kurtosis    se
## mpg        -0.37  1.07
## cyl        -1.76  0.32
## disp       -1.21 21.91
## [ reached 'max' / getOption("max.print") -- omitted 8 rows ]
search()   # package:psych를 확인할 수 있다.

## [1]  ".GlobalEnv"        "package:psych"     "package:stats"
## [4]  "package:graphics"  "package:grDevices" "package:utils"
## [7]  "package:datasets"  "package:methods"   "Autoloads"
## [10] "package:base"
detach("package:psych")
# package:psych를 detach(분리)해서 describe 함수를 더 이상 쓸 수 없다
describe(mtcars)   # package:psych가 없다

## Error in describe(mtcars): 함수 "describe"를 찾을 수 없습니다
search()

## [1]  ".GlobalEnv"         "package:stats"     "package:graphics"
## [4]  "package:grDevices"  "package:utils"     "package:datasets"
## [7]  "package:methods"    "Autoloads"         "package:base"
```

2.4 패키지 관리하기

- 설치된 패키지 목록을 확인하고 싶다면 installed.packages()를 쓴다.
- 패키지를 갱신(update)하고 싶다면 update.packages()를 쓴다.
- 다음 코드는 library(), detach()의 결과를 search()를 통해 확인하고 있다.

```
options(repos = "http://healthstat.snu.ac.kr/CRAN/")
installed.packages()
update.packages("psych")
```

2.5 중복되는 함수와 변수

- 다음의 예를 보자. package:psych와 package:car에는 모두 logit이라는 이름을 가진 함수가 있다. 이 둘을 library()를 사용하여 모두 메모리에 불러들였을 때 logit은 어떤 패키지의 logit을 가리키게 될까?
    - 그냥 logit()을 쓰면 가장 최근에 불러온 패키지의 함수가 실행된다.
    - 이 둘을 구분하려면 함수명 앞에 패키지 이름을 적고 ::로 패키지와 함수를 연결한다.

```
library(psych)
# 만약 아래 코드가 실행되지 않는다면, install.packages('car')로
# 설치한다. 이후에도 마찬가지이다.
library(car)    # car : Companion to Applied Regression
```

```
## 필요한 패키지를 로딩중입니다: carData
## 
## 다음의 패키지를 부착합니다: 'car'
## The following object is masked from 'package:psych':
## 
##     logit
```

```
psych::logit(60)
```

```
## Warning in log(p/(1 - p)): NaN이 생성되었습니다
## [1] NaN
```

```
car::logit(60)
```

```
## [1] 0.4054651
```

```
logit(60)
```

```
## [1] 0.4054651
```

제 3 장

R의 변수, 자료형, 연산/함수

3.1 R의 변수

R의 변수는 동적 타입이다: 변수의 타입이 프로그램의 실행 도중에 바뀔 수 있다.

숫자, 문자, 분석 결과 등을 모두 R의 객체(Object)에 담을 수 있다.

이 책에서는 **변수**와 **객체**라는 용어를 혼용한다. 보통 **변수**는 하나의 수를 저장할 수 있고 **객체**는 더 큰 구조의 데이터 또는 함수 등을 저장할 수 있다. 하지만 변할 수 있는 무엇(수, 문자열, 함수 등)을 담는다는 의미에서 공통적이다.

3.1.1 변수의 이름

```
myAge = 22
year = 2018
day_of_Month = 3
stock.high = 13322
whatIGotForMy23thBirthday = "flowers"
```

- 변수이름은 알파벳, 숫자, .과 _을 활용할 수 있다.
- 하지만 변수 이름의 첫 문자가 숫자 또는 _(underbar)가 될 수는 없다.
- 변수 이름이 .(마침표)로 시작할 경우에 두 번째 문자는 숫자가 될 수 없다. (.2라는 변수이름은 숫자 .2와 구분할 수 없다!)
- 보통 첫문자가 .로 시작하는 변수이름은 R 또는 패키지의 내부 작동을 위한 변수에 많이 쓴다.
- 현재 존재하는 변수 이름을 모두 표시하기 위해서는 `ls()`을 사용한다. (하지만 첫 문자가 .로 시작하는 변수는 제외된다.)
- 만약 첫문자가 .로 시작하는 변수도 모두 표시하기 위해서는 `ls(all.names=TRUE)`를 활용한다.

- 알파벳의 경우 대문자와 소문자를 구분한다.
- 한글판의 경우 한글도 가능하다!
- 이름 **잘** 짓는 것은 생각보다 쉽지 않다.[1]
- 변수 이름을 지을 때 고려할 점은 다음과 같다.
    - 이미 사용되고 있는 이름은 아닌가?
    - R의 예약어는 아닌가? (예약어에 대한 설명은 다음 장을 참고하라.)
    - 앞에서 얘기한 R의 변수 이름 제약 조건을 따르고 있는가?
- R의 예약어가 아니고 R의 변수 이름 제약 조건을 따르는 변수 이름을 만들고 싶다면 `make.names("")` 함수를 활용하는 것도 한 방법이다. 예를 들어 `make.names("if")`라고 하면 R의 예약어 `if`가 아닌 `if.`를 제시한다. (음… 생각보다 유용해보이진 않지만, 프로그램 안에서 자동으로 변수를 생성하고자 할 때 사용할 수도 있을 것이다.)

3.1.2 변수 할당

```
# Assign
a <- 3
b = 2
-1 -> d
e1 <- e2 <- 7

assign("var1", 3)
varname = "myVariable"   # Camel case
assign(varname, 2)

# Naming Convention
myVariable = 1   # Camel case/Pascal case
varname2 = "my_Another_Variable"   # Python
varname3 = "myVariable.3rd"   # R
assign(varname2, 2)
assign(varname3, 2)
```

변수에 어떤 값을 할당(assign)하기 위해서는 `<-`, `->` 또는 `=`을 사용한다. `<-`, `->`, `=`는 하나의 값을 여러 변수에 할당하기 연속해서 쓸 수 있다.

```
e2 <- e1 <- 7
e1 = e2 = 7
7 -> e1 -> e2
```

---

[1] 오죽하면 이런 농담도 있지 않은가? There are only two hard things in Computer Science: cache invalidation and naming things.

3.1. R의 변수

할당의 결과는 화면에 출력되지 않지만, () 안에 넣으면 출력이 된다.[2]

```
e1 * 3
```

```
## [1] 21
```

```
d1 <- e1 * 3
(d2 <- e1 * 3)
```

```
## [1] 21
```

변수 이름이 다른 변수에 담겨 있을 경우에는 assign 함수를 사용한다.[3] 컴퓨터 과학에서는 변수의 이름을 짓는 몇 가지 관례가 있다.

- camelCase(낙타방법) : myVariable처럼 여러 단어로 구성된 변수 이름에서 단어의 첫 문자를 대문자로 하는 방법
- snake_case(밑줄방법) : my_varialbe처럼 변수이름이 여러 단어로 구성된 경우, 단어를 _로 연결한다. 파이썬에서 많이 쓰는 방법이다.
- R의 경우에는 변수 이름에 .을 쓸 수 있다. 그래서 전통적으로 R의 변수 이름에는 .를 자주 볼 수 있었다. my.variable과 같이 쓰는 것이다. 하지만 R의 변수 이름 짓는 방법에 통일된 방법이 있는 것은 아니다. 어떤 사람은 camelCase를 쓰기도 하고, 다른 사람들(예. Hadley)은 snake_case를 지지한다. 특히 R의 기본 함수의 경우에도 통일된 방법이 없다. 대표적으로 Sys.Date() 함수와 Sys.time() 함수를 비교해보자. Sys.Date()의 D는 대문자이고, Sys.time()의 t는 소문자이다.

3.1.3 변수 관리

현재 존재하는 **모든 변수를 제거**하려면 rm(list=ls())를 사용한다. (이때 .으로 시작하는 변수는 제외된다.)

```
rm(list = ls())
```

현재 존재하는 모든 변수를 나열하려면 ls()를 사용한다.

```
a = 2
b = function(x) x^2
cc = "Now"
ls()
```

```
## [1] "a"  "b"  "cc"
```

---

[2]콘솔에서 실행할 경우에 출력이 되며, 스크립트로 실행되면 출력되지 않는다. 덧붙여 ;를 사용하면 한 행에서 여러 할당을 실행할 수 있다(예. e1=1; e2=2). 여기서 콘솔은 한 줄씩 함수, 명령어를 입력하고 결과를 출력하는 경우이고, 스크립트란 여러 줄의 명령을 모아 하나의 파일로 작성한 것이다.

[3]이 책에서는 의식적으로 변수이름을 직접 사용하는 경우와 변수이름이 문자열 변수에 저장되어 있는 경우를 모두 다루려고 하였다. 첫 번째 읽을 때에는 변수이름을 사용하는 경우만 봐도 무방할 것이다. 하지만 프로그래밍을 하는 연수가 늘어날수록 변수이름이 문자열 변수에 저장되어 있는 상황에 맞닥뜨리게 된다.

특정한 변수(또는 객체)의 데이터 구조(**structure**)를 알아보려면 str() 함수를 사용한다.[4]

```
str(a); str(b); str(cc);

## num 2

## function (x)
## - attr(*, "srcref")= ' srcref ' int [1:8] 2 12 2 26 12 26 2 2
## ..- attr(*, "srcfile")=Classes ' srcfilecopy ' , ' srcfile ' <environ...

## chr "Now"
```

ls.str()는 ls()의 결과에 str()를 적용했다고 생각할 수 있다. 변수의 이름을 나열하고, 저장된 데이터의 타입과 구조, 내용을 보여준다(<데이터 구조> 장 참조).

```
ls.str()

## a :   num 2
## b : function (x)
## cc :   chr "Now"
```

이름이 a인 변수가 존재하는지 확인하기 위해서는 exists("a")를 사용한다.

```
exists("a"); exists("d")

## [1] TRUE
## [1] FALSE
```

변수를 제거하려면 rm 함수를 사용한다.

```
ls()    # 현재 저장된 변수 이름을 보여준다.
rm("a")    # 변수 a를 제거한다.
ls()    # 변수 a가 제거되었음을 확인한다.
rm(list = ls())    # 모든 변수를 제거한다.
ls()    # 모든 변수가 제거되었음을 확인한다.
```

만약 함수를 제외한 모든 객체를 제거하려면 다음과 같다.[5]

```
rm(list = setdiff(ls(), lsf.str()))
```

현재 메모리 상의 모든 객체를 저장하려면 save.image()를 사용한다.[6]

---

[4]많은 사람들이 str() 함수를 잘못 이름 지어진 사례의 하나로 뽑는다. 왜냐하면 대부분의 컴퓨터 언어에서 str은 string(문자열)과 관련된 예약어 또는 함수이기 때문이다.

[5]lsf.str()은 함수(function)을 나열(list)한다. setdiff()는 차집합을 구한다. setdiff(ls(), lsf.str())는 모든 객체(ls())에서 함수(lsf.str())를 제외한 객체를 구한다. lsf.str('package:psych') 는 패키지 psych에서 함수만 보여준다. search()로 확인한 패키지에 대해 lsf.str('package: ')를 해보자.

[6]Rstudio를 종료할 때에도 save.image()를 통해 메모리 상의 모든 객체가 저장된다. Rstudio-Options-General-Save workspace to .RData on exit에서 Always(항상저장)/Never(저장하지 않음)/Ask(답변에 따라) 중 하나를 선택할 수 있다.

save.image()

저장된 내용을 다시 불러오려면 load('.RData')를 사용한다.[7]
load(".RData")

정리

함수	기능
ls()	모든 객체 나열(.로 시작하는 객체 제외)
rm(list=ls())	모든 객체 제거(.로 시작하는 객체 제외)
rm(setdiff(ls(), lsf.str()))	함수를 제외한 모든 객체 제거
str(x)	객체 x의 데이터 구조
ls.str()	ls()와 str() 동시 실행
lsf.str('package:psych')	패키지 psych의 모든 함수 나열
exists('x')	객체 x의 존재 여부 확인
rm(x) 또는 rm('x')	객체 x 제거
save.image()	모든 객체 저장
load('.RData')	.RData에 저장된 객체 불러오기

3.2 R의 데이터 타입(자료형)

3.2.1 데이터 타입(Data types)

R의 기본적인 데이터 타입은 아래 표와 같이 구분할 수 있다.[8] 데이터 타입 numeric, character, factor, logical, Date, POSIXct 등은 class 함수를 사용하여 확인할 수 있다(예. class(TRUE), class(2), class(0L)).

데이터 타입	예
숫자(numeric)	0, 1, -1, 0.45, 3L, 1e-7, 0xFF, pi, exp(1)
문자(character)	"Letter", '1', '"Hello?", says he', "(""Hi?""=""H"")"
	'Cheer up!\r\nRight Now!', '\x41', '\101', "(C:\git\)"
범주(factor)	factor(c('high','low','high'))
논리(logical)	TRUE, T, FALSE, F
날짜(Date, POSIXct)	as.Date("2022-03-12"), as.POSIXct('2022-03-12 10:33')
	as.Date("2022/03/12"), as.POSIXct('2022/03/12 10:33')

컴퓨터에서 데이터 타입을 구분하는 이유는 저장의 효율성과 연산 등의 문제 때문이다.

---

[7]Rstudio를 시작할 때에도 load('.RData')가 실행된다. RStudio - Options - General - Restore .RData into workspace at startup의 체크를 제거함으로써 load('.RData')가 RStudio가 실행될 때마다 실행되지 않도록 할 수 있다.

[8]좀 더 정확하게는 함수 typeof()의 결과와 class()의 결과를 구분해서 설명해야 하지만, 여기서는 간단하게 class()의 결과인 클래스를 중심으로 설명합니다.

- 컴퓨터는 2진수인 0과 1만을 인식할 수 있다. 하지만 2진수를 서로 연결하여 더 큰 수를 나타낼 수 있고, 효과적으로 배열하여 소수점을 포함하는 소수도 나타낼 수 있다. 그리고 정수와 문자를 대응시켜 문자열도 나타낸다.
- 저장해야 하는 경우의 갯수가 작을 수록 저장공간을 적게 차지한다. 예를 들어 FALSE 또는 TRUE를 나타내야 하는 경우와 1부터 65536까지의 정수를 나타내야 하는 경우를 비교해보자.
- 데이터 타입에 따라 가능한 연산이 다르다. 예를 들어 31-29는 계산 가능하다. 날짜의 경우에도 2019년 3월 3일 - 2019년 3월 1일은 계산이 가능하다(2일). 하지만 2019년 3월 3일 + 2019년 3월 1일은 결과를 정의하기 어렵다.

위의 예에서 설명이 필요한 부분은 다음과 같다.

데이터 타입	예	설명
정수(integer)	3L	L은 Long integer의 의미인 듯하다
	0xFFL	16진수 FF(정수)
	0xffL	16진수 FF(정수)
숫자(numeric)	0xFF	16진수 FF[9]
	0xff	16진수 FF
	2.3e-3	$2.3 \times 10^{-3} = 0.0023$
	pi	원주율 $\pi = 3.1415926535897931\cdots$
	exp(1)	자연 상수 $e = 2.7182818284590451\cdots$
		e는 Euler's constant(오일러의 상수)라는 의미에서 왔다.
문자(character)	'\r'	Carriage return을 나타내는 제어문자
	'\n'	new line을 나타내는 제어문자
	'\x41'	아스키 코드 16진수 41에 해당하는 문자(A)
	'\101'	아스키 코드 8진수 101에 해당하는 문자(A)
	r'(...)'	문자 그대로 문자
논리(logical)	TRUE	'참'을 나타내는 키워드
	T	TRUE를 나타내는 약어
	FALSE	'거짓'을 나타내는 키워드

R에서 숫자(numeric)는 보통 실수를 의미한다.[10] 실수는 많은 경우 출력되는 값과 정확하게 일치하지 않는다. 왜냐하면 R에서 실수를 저장하는 방식은 2진법이고, 출력되는 값은 10진법이기 때문이다. 예를 들어 3진법의 0.1은 1/3을 나타내고 10진법으로는 0.333…이므로, 10진법으로 정확하게 나타낼 수 없다. (순환소수를 나타내는 $0.\dot{3}$와 같은 표기는 제외하자.) 2진법에서 0.1은 10진법 0.5와 같다. 따라서 10진법 0.5는

---

[9]10진수 수 25를 16진수 또는 8진수로 변환할 때에는 as.hexmode(25), as.octmode(25)를 쓴다. 뒤에서 소개되는 sprintf() 함수를 쓴다면 sprintf("%x", 25), sprintf("%o", 25)도 가능하다. 이때 결과는 문자열임을 유의하자. 다시 10진수로 변환하고자 한다면 as.integer(as.hexmode(25)), as.integer(as.octmode(25))를 사용한다. sprintf()의 결과에 대해서는 strtoi(sprintf("%x", 25), 16L), strtoi(sprintf("%o", 25), 8L)라고 한다. 16진수 ff는 0xff(=255)로 쓴다. 만약 8진수 376을 쓰고자 한다면? R은 0o376과 같은 표현을 허용하지 않는다. as.integer(as.octmode("376")) 또는 strtoi("376", 8L)이 적합하다. strtoi(s, b)는 문자열 s를 b진수 숫자로 인식한다.

[10]as.numeric()은 실수 타입으로 변환하지만, is.numeric()은 실수 또는 정수 여부를 가린다.

3.2. R의 데이터 타입 (자료형)

2진법으로도 정확하게 나타낼 수 있다. 하지만 10진법 0.1을 2진법으로 나타내보자.
$0.1_{(10)} = 0.0001100110011\cdots_{(2)}$.

R의 숫자(실수; numeric) 클래스로 숫자 정수를 나타낼 때에도 조심해야 한다. 다음을 보자.

```
3e+07 - 1
## [1] 3e+07
3e+07 - 5
## [1] 3e+07
```

30000000은 R의 실수 클래스(numeric)이다.[11] 실수 클래스로 정수를 나타낼 때에는 값이 커질 수록 정확한 값을 저장할 수 없다. 반면 정수 클래스는 정확한 값을 저장한다(정수 클래스임을 분명히 하기 위해 숫자 뒤에 L을 붙인다). 따라서 계산 결과도 정확하다.

```
30000000L - 1L
## [1] 29999999
```

R의 정수 클래스와 **숫자 정수**가 헷갈릴 수 있다. **숫자 정수**란 우리가 흔히 생각하는 정수이다. **R의 정수 클래스**란 우리가 생각하는 숫자 정수를 R에서 저장하는 방식을 의미한다. 서문에서도 얘기했듯이 **R의 정수 클래스**가 저장할 수 있는 정수는 크기에 제한이 있다. 현재 컴퓨터의 한계는 다음과 같이 확인할 수 있다.

```
.Machine$integer.max

## [1] 2147483647
```

다음과 같은 실험을 해보자. R의 실수 클래스는 더 큰 정수를 저장할 수 있다.

```
.Machine$integer.max + 1
## [1] 2147483648
.Machine$integer.max + 1L
## Warning in .Machine$integer.max + 1L: 정수형 오버플로우에 의하여 생성된
## NA입니다
## [1] NA
```

R 실수 클래스(numeric)의 한계는 다음과 같이 확인할 수 있다.

```
.Machine$double.xmin   # 저장할 수 있는 가장 작은 양수

## [1] 2.225074e-308
.Machine$double.xmax   # 저장할 수 있는 가장 큰 양수

## [1] 1.797693e+308
```

TRUE, FALSE, T, F, pi는 모두 특별한 의미(참, 거짓 등)을 갖지만 성질이 약간은 다르다. 예를 들어 TRUE=3과 T=3을 해보자. TRUE와 FALSE는 R에서 **참**과 **거짓**을 나타내기 위해

---
[11] class(30000000)

정한 예약어로 다른 의미를 가질 수 없다. 반면 T, F, pi의 경우는 다른 값을 대입할 수도 있다.[12]

R에서 제어문자는 '\'로 시작한다. 따라서 문자 '\'을 나타내고 싶다면 '\\'로 써야 한다. 다음은 몇몇 제어 문자의 의미를 나타낸다.

제어문	의미
'\b'	backspace(한 문자 앞으로)
'\t'	tab(탭)
'\n'	newline(다음 줄로)
'\r'	carriage return(동일한 줄의 첫 위치로)

print('abc\bde')를 해보자. 결과는 abc\bde가 된다. 왠지 시시하다. 만약 제어문자가 그 소임을 다한 결과를 보고 싶다면 cat 함수를 사용한다. cat('abc\bde')을 해보자. 결과는 abde가 된다. \b 대신 다른 제어문자를 넣어 보고 그 결과를 비교해보자.

R 4.0.0 부터는 raw string을 지원한다. 따옴표 속에서 \는 특별한 기능을 가지고 있기 때문에, 문자 \은 "\\"로 써야 한다. raw string에서는 모든 문자가 문자 그대로를 의미한다. r"(...)" 또는 r'(...)'의 ... 에 해당하는 부분에 원하는 문자를 문자 그대로 적으면 된다. r"(\)"은 \을 의미하고, r"(\t)"은 탭(tab)이 아니라 \t(역슬래쉬와 문자 t)을 의미한다.

3.2.2 변수의 데이터 타입 확인하기

데이터 타입	확인하는 함수	문자에서 변환하는 함수
실수(numeric)	is.double()	as.numeric()
정수(integer)	is.integer()	as.integer()
숫자(실수+정수)	is.numeric()	
문자(character)	is.character()	
범주(factor)	is.factor()	as.factor()
순위범주(ordered)	is.ordered()	as.ordered()
논리(logical)	is.logical()	as.logical()
날짜(Date)	inherits(, "Date")	as.Date()
날짜시간벡터(POSIXct)	inherits(, "POSIXct")	as.POSIXct()
날짜시간리스트(POSIXlt)	inherits(, "POSIXlt")	as.POSIXlt()

```
x1 = 23L; class(x1)
x2 = 22.3; class(x2)
x3 = "strings"; class(x3)
x4 = factor(c("Hi", "Lo", "Lo")); class(x4)
```

---

[12]R의 예약어는 if, else, repeat, while, function, for, in, next, break, TRUE, FALSE, NULL, Inf, NaN, NA, NA_integer_, NA_real_, NA_complex_, NA_character_, ..., ..1, ..2가 있다.

3.3. 연산(OPERATIONS)과 함수(FUNCTIONS)

```r
x5 = as.Date("2020-01-01"); class(x5)
x6 = as.POSIXct("2020-01-01 12:11:11"); class(x6)
#"POSIXct" %in% class(x6)
inherits(x6, "POSIXct")
```

```
## [1] "integer"
## [1] "numeric"
## [1] "character"
## [1] "factor"
## [1] "Date"
## [1] "POSIXct" "POSIXt"
## [1] TRUE
```

문자열은 앞에서 열거한 모든 데이터 타입으로 변환될 수 있는 가장 포괄적인 데이터 타입이다. 다음은 문자열을 적절한 데이터 타입으로 변환하는 방법을 보여준다.

```r
y1 = "23"; as.integer(y1)
y2 = "22.3"; as.numeric(y2)
y3 = "strings"
y4 = c("Hi", "Lo", "Lo"); as.factor(y4)
y5 = "2020-01-01"; as.Date(y5)
y6 = "2020-01-01 12:11:11"; as.POSIXct(y6)
```

```
## [1] 23
## [1] 22.3
## [1] Hi Lo Lo
## Levels: Hi Lo
## [1] "2020-01-01"
## [1] "2020-01-01 12:11:11 KST"
```

3.3 연산(Operations)과 함수(Functions)

3.3.1 수치형(numeric)

3.3.1.1 산술연산(Arithmetic operations)

```r
3 + 2
5 - 4
3 * 2
72 / 2
3 ^ 4; 3 ** 4
3 ^ (1/2); sqrt(3)
3 - 2 + 2 * 4 / 2 ^ (1 + 1)
7 / 3 # 나눗셈(Float division)
7 %/% 3 # 정수나누기, 몫(Integer division)
```

```
7 %% 3  # 나머지(Remainder)
```

사칙연산(+, -, *, /)과 제곱(^, **)은 가장 기본적인 연산이다. 이들이 한 식 안에 존재할 때 연산 순서는 PEMDAS로 정해진다. 괄호, 제곱, 곱셈과 나눗셈, 더하기와 빼기 순이다.

1. **P**arenthesize(괄호)
2. **E**xponentiate(제곱)
3. **M**ultiply/**D**ivide(승제)
4. **A**dd/**S**ubstract(가감)

3.3.1.2 함수

```
exp(1)
log(180, base = 2)
log2(180)
log10(180)
sin(2)
```

```
## [1] 2.718282
## [1] 7.491853
## [1] 7.491853
## [1] 2.255273
## [1] 0.9092974
```

위의 코드는 대표적인 초월함수를 R에서 구한 것이다.

- log2(180) = $\log_2 180$
- log10(180) = $\log_{10} 180$

만약 패키지에 포함된 함수를 사용하려면 library()로 패키지를 불러들이거나 함수 앞에서 패키지 명과 ::를 붙인다.

```
# 패키지 pracma의 approx_entropy()이라는 함수를 예를 들어보자 먼저
# install.packages('pracma')로 패키지를 설치한다.
ts <- runif(30)
approx_entropy(ts)    # 아직 패키지를 불러들이기 않았다
```

```
## Error in approx_entropy(ts): 함수 "approx_entropy"를 찾을 수 없습니다
```

```
pracma::approx_entropy(ts)    # 함수 앞에 패키지명
```

```
## [1] 0.1561217
```

```
library(pracma)
approx_entropy(ts)
```

```
## [1] 0.1561217
```

3.3. 연산(OPERATIONS)과 함수(FUNCTIONS)

```
detach("package:pracma")
```

만약 함수 이름이 생각나지 않는다면, 생각나는 부분 앞에 ??를 붙여서 검색할 수 있다. 예를 들어 approx만 생각난다면 ??approx를 하면 approx를 포함하는 함수에 대한 도움말을 읽을 수 있다.

3.3.1.3 연산

```
"+"(3,2)
"*"(3,2)
"%p%" = function(x,y) { 2^x + y^2 }
3 %p% 2
"%p%"(3,2)
```

```
## [1] 5
## [1] 6
## [1] 12
## [1] 12
```

뒤에서 살펴보겠지만 R에서 모든 이항 연산은 본질적으로 함수이다. 다음을 한 번 실행시켜보자.

```
"+" = function(x, y) x*y
3+2; 3+3
"+"
```

```
## [1] 6
## [1] 9
## [1] "+"
```

덧셈이 곱셈이 되었다! 원상회복하려면 rm("+").

3.3.1.4 비교 연산

```
7 < 3
7 > 3
7 == 3
7 != 3
```

```
## [1] FALSE
## [1] TRUE
## [1] FALSE
## [1] TRUE
```

```
sqrt(2)^2 == 2
print(sqrt(2)^2)
print(sqrt(2)^2, digits = 21)
```

```
## [1] FALSE
## [1] 2
## [1] 2.00000000000000044409
```
```
all.equal(sqrt(2)^2, 2)
all.equal(1e-23, 1e-24)
```
```
## [1] TRUE
## [1] TRUE
```

- R에서 대소와 같음을 확인하는 연산은 <, >, ==이다. (이때 a<-3은 변수 a와 -3을 비교하는 것이 아니라 a에 3을 대입하므로 유의하자.)
- 컴퓨터의 연산과 수 표현은 정확성에 한계가 있다. all.equal은 이런 한계를 고려하여 완전히 동일하지 않아도 충분히 비슷하다면 TRUE를 반환한다. dplyr 패키지의 near 함수도 비슷한 역할을 한다.

```
dplyr::near(1e-23, 1e-24)
```
```
## [1] TRUE
```
```
near <- dplyr::near
near(1e-23, 1e-24)
```
```
## [1] TRUE
```

3.3.2 문자(character)

```
print("Letter")
cat("Letter")
```
```
## [1] "Letter"
## Letter
```
```
print("\"Hello\", says he")
cat("\"Hello\", says he")
```
```
## [1] "\"Hello\", says he"
## "Hello", says he
```
```
print("Cheer up!\r\nRight Now!")
cat("Cheer up!\r\nRight Now!")
```
```
## [1] "Cheer up!\r\nRight Now!"
## Cheer up!
## Right Now!
```

앞에서 봤듯이 print와 cat는 문자열을 화면에 표시할 때 쓰인다. print는 문자열을 따옴표로 묶어서 출력하여 제어문자도 확인할 수 있다. cat은 제어문자가 적용된 결과를 보여준다.

3.3. 연산(OPERATIONS)과 함수(FUNCTIONS)

```
nchar("hello?")   # 문자 갯수
paste("Here is", "an apple.")   # 문자열 연결
substring("hello?", 2, 3)   # 문자열의 일부분
```

```
## [1] 6
## [1] "Here is an apple."
## [1] "el"
```

- `nchar`은 문자열의 문자 수를 보여준다.
- `paste`는 두 문자열을 연결할 때 쓰인다.
- `substring`은 문자열의 일부분을 얻을 때 쓰인다.

문자열은 <문자열> 장에서 좀 더 자세하게 다룬다.

3.3.3 날짜/시간(Date/POSIxct)

`Sys.Date()`은 현재 날짜, `Sys.time()`은 현재 시간을 보여준다. `Sys.Date()`의 D는 대문자이고, `Sys.time()`의 t는 소문자임을 유의하자.

```
Sys.Date()   # 현재 날짜
Sys.time()   # 현재 날짜와 시간(POSIXct 형식)
```

```
## [1] "2021-12-14"
## [1] "2021-12-14 19:09:38 KST"
```

- `as.Date()`와 `as.POSIXct()`는 날짜 또는 날찌-시간을 나타내는 **문자열**을 날짜, 날짜-시간 형식의 R 데이터로 변환한다.
- 문자열과 날짜 형식의 데이터를 비교해보자. 예를 들어 문자열 '2020-01-01'과 '2019-12-31'을 생각해보자. 첫번째 문자열에서 두번째 문자열을 빼서 하루를 얻을 수 없다. 왜냐하면 문자열에서는 - 연산이 정의되어 있지 않기 때문이다. 컴퓨터는 문자열을 단지 문자의 연속으로 저장할 뿐 어떤 문자가 저장되었는지에 대해 관심이 없다.
- 반면 날짜는 2020-01-01에서 2019-12-31을 뺄 수 있다.

```
as.Date("2022/12/31")   # 문자열 '2022/12/31'을 날짜 형식으로
# 문자열 '2022/12/31 23:59:59'을 날짜시간 형식으로
as.POSIXct("2022/12/31 23:59:59")
```

```
## [1] "2022-12-31"
## [1] "2022-12-31 23:59:59 KST"
```

```
Sys.Date() - as.Date("2022-01-01")   # 2022년 1월 1일과 현재 날짜의 차이
# 현재 날짜 시간과 2019년 12월 31일 23시 59분 59초의 차이
as.POSIXct("2021/12/31 23:59:59") - Sys.time()
```

```
## Time difference of -18 days
```

```
## Time difference of 17.20163 days
```

```r
# 현재 날짜 시간과 2020년 12월 31일 23시 59분 59초와의 차이
difftime(as.POSIXct("2020/12/31 23:59:59"), Sys.time())
# 현재 날짜 시간과 2020년 12월 31일 23시 59분 59초와의 차이(분 단위로)
difftime(as.POSIXct("2020/12/31 23:59:59"), Sys.time(), units='mins')
# 현재 날짜 시간과 2020년 12월 31일 23시 59분 59초와의 차이(초 단위로)
difftime(as.POSIXct("2020/12/31 23:59:59"), Sys.time(), units='secs')
# units은 다음 중 하나: 'auto', 'secs', 'mins', 'hours', 'days', 'weeks'
```

```
## Time difference of -347.7984 days
## Time difference of -500829.7 mins
## Time difference of -30049779 secs
```

위의 결과와 아래 결과를 비교해보자. POSIXct는 초단위로 저장된다.

```r
as.numeric(as.POSIXct("2020/12/31 23:59:59")) - as.numeric(Sys.time())
```

```
## [1] -30049779
```

```r
"2022-01-01" - "2021-12-31"
```

```
## Error in "2022-01-01" - "2021-12-31": 이항연산자에 수치가 아닌 인수입니다
```

```r
as.Date("2022-01-01") - as.Date("2021-12-31")
```

```
## Time difference of 1 days
```

날짜시간 자료는 <날짜와 시간> 장에서 좀 더 자세하게 다룬다.

3.3.4 논리형(logical)

```r
(7 < 3) & (4 > 3)
(7 < 3) | (4 > 3)
!(7 < 3)
xor(T, T)    # XOR
x = NA
isTRUE(x == 3)   # robust to NAs
```

```
## [1] FALSE
## [1] TRUE
## [1] TRUE
## [1] FALSE
## [1] FALSE
```

R에서 논리값은 TRUE, FALSE, T, F으로 나타낼 수 있다. 이때 TRUE는 항상 '참'을 나타낸다. R에서 TRUE는 '참'을 나타내는 예약어(keyword)로 다른 의미가 부여될 수 없다. 반면 T와 F는 R에서 TRUE와 FALSE로 미리 값을 부여하였지만 변경될 수 있다. 다음의 코드를

3.4. 특별한 값

통해 확인해 보자. 따라서 참/거짓을 TRUE/FALSE로 쓰면 혹시라도 T/F의 값이 변할 때에도 정상적으로 프로그램이 작동한다.

```
TRUE <- c(3, 2)
```

```
## Error in TRUE <- c(3, 2): 대입에 유효하지 않은 (do_set) 좌변입니다
```

```
T <- c(3, 2)
T
```

```
## [1] 3 2
```

<3.4 특별한 값>에서 살펴보겠지만 NA를 포함하는 대다수의 논리식은 NA를 반환한다. 만약 NA에 대해서도 FALSE를 반환받고 싶다면 isTRUE()를 사용할 수 있다. 예를 들어 isTRUE(x>3)은 x가 NA일 때 FALSE이다.

- 참고자료 : https://stat.ethz.ch/R-manual/R-devel/library/base/html/Logic.html

3.3.5 데이터 타입에 따른 연산과 함수

데이터 타입	대표적인 연산과 함수
숫자(numeric)	^(**), *, /, +, -, <, ==, >, exp(), log(), ⋯
문자(character)	nchar(), paste(), substring()
날짜(Date)	Sys.Date(), -, difftime()
날짜시간(POSIXct)	Sys.time(), -, difftime()
논리(logical)	&, |, !, xor(), &&, ||[13]

3.4 특별한 값

R에서는 특별한 값을 나타내기 위해 NA, NaN, Inf, -Inf이 사용된다.

- **NA: N**ot **A**vailable
  - 실제 자료에는 거의 항상 결측값이 있기 마련이다. R에서 결측값은 데이터 타입에 상관없이 NA로 표기한다.[14] 이 값은 여러 가지 이유로 관찰이 이루어지지 못한 경우를 나타낸다.[15]

- **NaN: N**ot **a N**umber
  - 관찰값은 여러 가지 이유로 변환이 되곤 한다. 이때 변환이 불가능하거나 부적절한 경우가 있다. 예를 들어 변수 x에 로그 변환을 취한 log(x)는 x가 양수일 때에만 가능하다. 만약 x가 음수일 경우에는 log(x)는 경고 메세지와 함께

---

[13]벡터에서 설명하겠지만 &(and)와 |(or)는 벡터화된 연산이고, &&와 ||는 벡터화되지 않았다.

[14]그렇지만 내부적으로는 NA도 데이터타입별로 구분되며, 구체적으로 NA_integer_(정수형 결측값), NA_real_(실수형 결측값), NA_character(문자열형 결측값)과 NA(논리형 결측값)이 있다.

[15]대표적인 예로 설문조사에서 응답자가 수입과 같은 민감한 정보에 응답하지 않는 경우와 관측기구의 오작동 등으로 특정한 기간 동안 기온 같은 관측값이 측정되지 못한 경우를 들 수 있다.

NaN을 반환한다. 이렇게 NaN는 원자료가 존재해도 연산 또는 함수가 정의되지 않거나 불가능한 경우에 나타난다.
- Inf, -Inf : **Infinite**
  – 무한을 의미한다.
  – 이론적으로 연산이 가능하지만 R에서 다루기에 너무 크거나 작은 수의 경우에도 Inf 또는 -Inf이 반환될 수 있다.
  – 예를 들어 1.32e+308(1.32×10^{308})은 R이 감당할 수 있지만, 이 값에 10을 곱한 수 1.32e+309는 R의 기본적인 수치형 데이터 타입으로는 표현이 불가능하고 Inf을 반환한다.[16]

```
1.32e+308
1.32e+308 * 10

## [1] 1.32e+308
## [1] Inf
```

3.4.1 발생 원인

- NA은 원자료에 결측값이 포함되어 있는 경우와 결측값에 어떤 함수나 연산을 적용하는 경우에 나타난다.
  – 예를 들어 NA+3을 생각해보자. 미처 관측하지 못한 값에 3을 더한다면 그 값은 누구도 알 수 없다(**N**ot **A**vailable).
  – 가장 혼동하기 쉬운 경우는 NA==3 또는 NA==NA와 같은 등식이다. 두 관찰값을 비교함에 있어 한 관찰값이 결측이라면 두 값의 등호/부등호를 판정할 수 없다. 두 관찰값이 모두 결측일 때에도 등호/부등호를 판단할 수 없다. 이런 이유로 NA를 포함한 대부분의 연산과 함수 결과는 NA가 된다.[17]
- NaN은 앞서 얘기했듯이 함수 또는 연산을 통해 나타나거나 NaN를 포함하는 연산에서 나타난다.
  – log(-1) 또는 0/0은 불가능한 연산이기 때문에 NaN를 반환한다.
  – log(NaN) 또는 NaN/0은 NaN를 포함하고 있기 때문에 결과가 NaN이다.
  – NaN를 포함한 등식과 부등식은 모두 NA 또는 NaN를 반환하는 것으로 보인다.[18]
- Inf 또는 -Inf는 함수 또는 연산의 결과가 매우 크거나 작은 경우에 발생될 수 있다.

---

[16]매우 큰 정수를 다루고 싶을 때에는 library(gmp); 132*as.bigz(10)^306, 정밀도 높은 실수(real number)는 library(Rmpfr); 1.32*mpfr(10, precBits=200)^309로 쓸 수 있다.

[17]대부분의 경우 NA를 포함한 연산은 NA이지만 몇 가지 예외가 있다. NaN를 함께 포함한 연산과 다른 인자에 상관없이 논리값을 결정할 수 있는 논리연산자이다. 예를 들어 TRUE | x의 경우 x의 논리값에 상관없이 TRUE가 되므로, x가 NA일 때에도 TRUE가 된다. FALSE & x의 경우도 마찬가지 이유로 x가 NA일 때에도 FALSE이다. (NA ^ 0와 0*NA도 실행해보자.) 하지만 x | !x처럼 두 연산자가 함께 작용해서 항상 참인 논리식에 대해서도 적용되지 않으므로 주의한다.

[18]NaN를 포함한 부등식의 경우에는 다소 이해하기 힘든 면이 있다. 예를 들어 R에서 NaN==3의 결과는 NA이다. 하지만 NaN가 log(x)의 결과에서 왔다고 생각하면 3과 NaN은 다르다고 판단해야 하지 않을까? 이런 면에서 NaN는 NA 중에서 수치형을 나타내는 측면이 더 강한 듯 하다. NaN는 NA와 달리 정수형, 팩터형, 문자형을 지원하지 않고 특히 NaN는 is.na()에 TRUE이다.

3.4. 특별한 값 27

- R에서는 어떤 수에 0을 나누면 결과가 Inf이다. 이는 수학적으로는 상수에 0을 나눈 결과는 정의되지 않는(undefined) 것과 다르다.[19]
- 1e+200*1e+200와 같이 R의 수치형 데이터타입에서 표현하기에 너무 큰 결과도 Inf가 된다.
- Inf+3, 3+Inf, 3-Inf, Inf-3, Inf+Inf, Inf-Inf, 3/Inf과 같이 Inf를 포함한 다양한 연산이 가능하며 그 결과는 연산과 Inf를 적절하게 반영하여 결정된다. 예를 들어 Inf+3은 Inf이고, 3/Inf는 0이며, Inf-Inf는 NaN이다.
- R의 기본 함수들은 이처럼 Inf, -Inf, NaN을 입력받아 적절한 결과를 내놓도록 설계되었다.

3.4.2 몇 가지 유의사항

- NA 또는 NaN과 관련된 부등호/등호
  - 앞에서 얘기했듯이 NA 또는 NaN를 포함한 부등호/등호는 NA 또는 NaN이 된다. 따라서 주어진 벡터의 한 원소가 NA 또는 NaN인지를 판단하기 위해서는 is.na() 또는 is.nan() 함수를 사용한다. is.na(x)는 x가 NA 또는 NaN일 때 TRUE이고, is.nan(x)는 x가 NaN일 때만 TRUE이다.
- x==x, x!=x의 진위
  - 일반적인 상식으로 x==x는 항상 참이고, x!=x는 항상 거짓이다. 하지만 NA, NaN에 대해서는 성립하지 않는다. 이는 NA와 NaN가 어떤 특정한 값이 아니라, 결측값을 나타내고, 결측값이란 실측한다면 어떤 값이든 될 수 있기 때문이다. 어떤 값이 결측값인지 확인하고자 한다면 앞에서 설명한 것처럼 is.na(x)를 쓴다.
- x %in% x의 진위
  - x가 NA일 때, NA==NA가 NA이라면 NA가 어떤 벡터의 한 원소인지를 묻는 x %in% vec에 대해서도 NA가 되어야 하겠지만, NA %in% c(3,2,5)의 결과는 FALSE이므로 주의를 해야 한다 (3 %in% c(NA)의 결과도 FALSE이다).[20] 다시 말해 x가 길이 1의 벡터일 때 x %in% x는 항상 TRUE이며 match(x,x)는 항상 1이다.[21]
  - 따라서 NA가 등호/부등호의 방식으로 작동하게 하려면 다음의 코드를 활용한다.

```
x <- c(2, 5, NA, 3)
vec <- c(3, 7, 0, NA, -3)
# x %in% vec와 비교해 보자.
ifelse(is.na(x), NA, x %in% vec)
```

---

[19]$\lim_{x \to +0} 1/x = +\infty$, $\lim_{x \to -0} 1/x = -\infty$이고, 1/0이 어떤 값을 가지면 여러 가지 모순을 유발하기 때문에 수학에서 1/0는 불가능한 연산이고, 정의되지 않는다.

[20] x %in% vec은 x의 원소가 벡터 vec의 한 원소인지를 결과로 반환하고, match(x, vec)은 x의 원소가 벡터 vec의 몇 번째 원소인지를 결과를 반환한다. match에서의 NA도 등호/부등호와 달리 벡터 내의 NA의 위치를 반환한다. match(NA, c(NA, 2))의 결과도 NA가 아니라 1이다.

[21] NULL은 길이가 0이다. match(NULL, NULL)의 결과는 integer(0)이다.

```
## [1] FALSE FALSE      NA  TRUE
```

- x == x + y의 진위
  - y가 0이 아닐 때 x == x + y는 당연히 FALSE이다. 하지만 컴퓨터는 0과 매우 가까운 수를 정확하게 저장하거나 표현하지 못한다. 예를 들어 현재 내 컴퓨터에서 1 == 1 + 1e-16는 TRUE이다. 현재 R의 정밀도는 .Machine$double.eps의 값으로 확인할 수 있다. 어림잡아 .Machine$double.eps보다 작은 수는 0과 구분하지 못한다고 보면 된다.
  - 동일한 이유로 x가 0과 매우 가까울 때, log(1+x)는 연산 언더플로우(Underflow)[22]가 발생한다. R에는 log(1+x)에서 발생하는 언더플로우를 방지하기 위해 함수 log1p(x)(log 1 plus)를 쓴다. exp(x)-1을 계산할 때에는 expm1(x)(exp minus 1)을 쓴다.[23]

```
x <- 1e-16
c(log(1 + x), log1p(x), exp(x) - 1, expm1(x))
```

```
## [1] 0e+00 1e-16 0e+00 1e-16
```

3.4.3 NULL

NULL은 NA, NaN, Inf, -Inf과 다른 차원의 특별한 값이다. NA, NaN, Inf 등은 모두 값이 존재하지만 모르거나 컴퓨터에 저장하기 힘든 경우를 나타낸다. 하지만 NULL은 값이 아예 없음을 나타낸다. NULL의 특성은 다음과 같다.

- NULL은 길이가 0이고 클래스가 NULL인 아주 특별한 값이다.
- NULL은 벡터의 원소가 될 수 없으며, c(1, NULL, 2)와 같이 c()안에 쓰이면 무시된다.
- 데이터프레임에서 존재하지 않는 열을 선택하면 결과는 NULL이다.
  - 예. mtcars$name, mtcars[['name']]
- NULL은 데이터프레임에서 특정한 열을 삭제하기 위해 사용된다.
  - mpg$cyl <- NULL은 데이터프레임 mpg의 cyl열을 삭제한다.
- NULL이 한 변에 들어간 부등호/등호의 결과는 logical(0)(길이가 0인 논리형 벡터)가 된다.
  - NULL==3, NULL!=3, NULL==NA, NULL!=NA의 결과는 모두 logical(0)이다.
  - 만약 어떤 변수의 값이 NULL인지 확인하고 싶다면 is.null()을 사용한다.
- NULL + c(3,2)와 같이 NULL을 포함한 연산의 결과 역시 numeric(0)(길이가 0인 수치형 벡터)가 된다.
- NULL + NA 역시 결과는 numeric(0)이다.

---

[22]연산 결과가 0과 매우 가까워져서 컴퓨터가 0과 구분할 수 없게 되고, 결과값이 0이 되는 경우.

[23]테일러 근사에 의해 $x \approx 0$일 때, $\log(1+x) \approx x$이고 $\exp(x) - 1 \approx x$ 이다.

제 4 장

데이터 구조

R에서 모든 변수는 기본적으로 벡터이다. R에는 그 밖의 데이터 구조로 **행렬**, **배열**, **데이터프레임**, **리스트**의 구조로 데이터를 저장할 수 있다.

4.1 벡터(Vector)

- R의 **데이터 타입**은 변수(객체)에 **어떤 내용**을 저장할 것인가를 나타낸다. 반면 **객체의 데이터 구조**는 여러 값을 어떤 **구조**로 저장할 것인지를 결정한다.

- **벡터**란 동일한 데이터 타입의 값을 일렬로 나열하여 저장한다. **벡터**는 R의 데이터 구조 중에서 가장 기본적인 데이터 구조이다.

- R의 데이터 구조는 크게 **동일한 데이터 타입의 값을 저장**하는 구조와 **서로 다른 데이터 타입의 값을 저장**하는 구조로 구분해 볼 수 있다.

- 다른 구분방법으로는 1차원 구조, 2차원 구조, 그리고 다차원 구조로 나눌 수 있다. **벡터는 1차원 구조**이다.

4.1.1 벡터 만들기

여러 값을 모아 하나의 벡터를 만드는 함수는 c()이다. combine 또는 concatente의 약자라고 생각하자.

```
# combine, concatenate
c(1, 3, 2, 4)
c(pi, 0.001, sin(3))
c("John", "Mary")

## [1] 1 3 2 4
## [1] 3.141593 0.001000 0.141120
```

```
## [1] "John" "Mary"
```

벡터의 각 원소에는 이름을 부여해 줄 수도 있다.

```
# with names
person = c(name = "John", likes = "Mary", loves = "Suzy")
```

1이 10번 반복되는 벡터를 만들고 싶다면, c(1,1,1,1,1,1,1,1,1,1)이라고 쓸 수도 있지만 R의 함수 rep()를 사용할 수도 있다. 1을 10번 반복(**rep**eat)하고 싶다면, rep(1,10)으로 쓴다.

```
# repeat
rep(1, 10)
rep("ABC", 10)
rep(c("A", "B", "C"), 3)
```

```
## [1] 1 1 1 1 1 1 1 1 1 1
## [1] "ABC" "ABC" "ABC" "ABC" "ABC" "ABC" "ABC" "ABC" "ABC" "ABC"
## [1] "A" "B" "C" "A" "B" "C" "A" "B" "C"
```

1부터 10까지의 자연수를 벡터로 만들고 싶다면, c(1,2,3,4,5,6,7,8,9,10)이라고 쓸 수 있지만 R의 함수 seq()를 사용할 수도 있다. 1부터 10까지의 수열(**seq**uence)은 seq(from=1, to=10)로 쓴다. 간단하게 seq(1,10) 또는 1:10으로 쓸 수도 있다.

```
# sequence
seq(from = 1, to = 10)            # 1부터 10까지
seq(from = 1, to = 10, by = 2)    # 1부터 10까지 2 간격으로
seq(from = 1, to = 10, length.out = 3)  # 1부터 10까지 총길이 3으로
rep(seq(1, 4), each = 3)          # 1부터 4까지 각각 3번 반복
seq(1, 10)
1:10
```

```
## [1]  1  2  3  4  5  6  7  8  9 10
## [1] 1 3 5 7 9
## [1]  1.0  5.5 10.0
## [1] 1 1 1 2 2 2 3 3 3 4 4 4
## [1]  1  2  3  4  5  6  7  8  9 10
## [1]  1  2  3  4  5  6  7  8  9 10
```

벡터 생성 함수 정리[1]

벡터 생성 함수	생성된 벡터
c(1,2,3,4)	1,2,3,4을 원소로 하는 벡터
1:6	1,2,3,4,5,6을 원소로 하는 벡터
seq(from=1, to=6)	1,2,3,4,5,6을 원소로 하는 벡터

---

[1] '생성된 벡터' 열의 괄호 안 숫자는 원소의 갯수를 세어나가는 방식을 나타낸다.

4.1. 벡터 (VECTOR)

벡터 생성 함수	생성된 벡터
seq(from=1, to=5, by=2)	1,3=1+2,5=3+2을 원소로 하는 벡터
seq(from=1, to=7, length.out=3)	1,4,7(1,2,3)을 원소로 하는 벡터
rep(1,3)	1,1,1(1,2,3)을 원소로 하는 벡터
rep(1:2,times=3)	1,2,1,2,1,2(1,1,2,2,3,3)을 원소로 하는 벡터
rep(1:2,length.out=5)	1,2,1,2,1(1,2,3,4,5)을 원소로 하는 벡터
rep(1:3,each=2)	1,1,2,2,3,3,(1,2,1,2,1,2)을 원소로 하는 벡터

4.1.2 벡터의 내용 출력

데이터 분석을 위해 분석가는 데이터를 읽고, 가공하고, 내용을 확인한다. 읽은 데이터가 정확한지를 확인하고, 가공 결과가 의도했던 바와 일치하는지 검사하기 위해 벡터의 내용을 출력하고, 내용을 정확하게 읽을 수 있어야 한다.[2]

```
vInteger <- as.integer(1:35)
vReal1 <- rnorm(10); vReal2 <- c(1.2475842, 1.43, 10240333211)
vCharacter <- c("안녕?\n또 보다니!", "Hi,\tWait a moment",
                "오랜만이야?\t!", "Long time no see!", "...")
vFactor <- factor(c('hi', 'mid', 'low', 'low', 'mid'),
                  levels=c('hi', 'mid', 'low'))
vDate <- as.Date(c("2017-06-14", "2019-03-01", "2019-01-01"))
vPOSIXct <- as.POSIXct(c("2017-06-14 15:00:00", "2019-03-01 12:14:15"))
```

다음의 코드는 정수 벡터 vInteger를 출력한다.

```
print(vInteger)
```

```
## [1]  1  2  3  4  5  6  7  8  9 10 11 12 13 14 15 16 17 18 19 20 21 22 23
## [24] 24 25 26 27 28 29 30 31 32 33 34 35
```

벡터는 1차원 구조이다. 벡터를 print로 출력하면 일렬로 원소가 나열된다. 만약 화면의 너비를 넘어간다면 다음 줄에 계속된다. 출력되는 원소 앞의 [1], [23] 등은 그 줄의 첫 번째 원소가 벡터의 1번째 원소, 벡터의 23번째 원소임을 나타낸다. print()에 의한 출력 너비는 options(width=)로 설정할 수 있다.

```
print(vReal1)
print(vReal2)
```

```
## [1] -0.2195947914 -1.1714383762 -0.7356667135 -1.7472261011
## [5]  0.0007120573  0.9971667664 -0.9705761544 -0.5242923696
## [9] -1.1984968080  0.4443653226
## [1] 1.247584e+00 1.430000e+00 1.024033e+10
```

---

[2]아래 코드의 rnorm()은 자료를 무작위로 생성하는 함수이다. 이 책에는 rnorm()이나 sample()과 같은 무작위 자료 생성 함수를 가끔 사용한다.

실수의 경우도 출력 방식이 비슷하다. 유효숫자의 갯수는 options(digits=)으로 정할 수 있다. 실수를 정해진 형식에 맞추어 출력하고 싶다면 sprintf()를 사용한다(<문자열> 장의 sprintf() 함수 참조).

print(vCharacter)
cat(vCharacter)

[1] "안녕?\n또 보다니!"   "Hi,\tWait a moment" "오랜만이야?\t!"
[4] "Long time no see!"   "..."
안녕?
또 보다니! Hi,   Wait a moment 오랜만이야?   ! Long time no see! ...

문자 벡터의 경우 print()함수는 문자열을 따옴표 안에 보여 준다. 이 경우 제어 문자 등의 존재를 쉽게 알 수 있다. 하지만 실제 출력 결과를 알기는 힘들다. 그럴 경우에는 cat() 함수를 사용한다. 제어 문자가 본연의 역할을 수행한 결과를 보여준다. 원소 사이에는 공란이 출력된다.

print(vFactor)

[1] hi mid low low mid
Levels: hi mid low

팩터의 경우 문자 벡터의 출력과 비슷하지만 따옴표가 없고, Levels:로 팩터의 수준을 나타내는 행이 추가됨을 유의하자.

print(vDate)

[1] "2017-06-14" "2019-03-01" "2019-01-01"

print(vPOSIXct)

[1] "2017-06-14 15:00:00 KST" "2019-03-01 12:14:15 KST"

날짜(Date)와 날짜시간(POSIXct) 벡터의 경우는 문자열과 거의 비슷하기 때문에 주의가 요구된다. 하지만 문자열의 형식이 모두 동일하므로 원소가 많다면 쉽게 자료형을 유추할 수 있을 것이다.

4.1.3 벡터 내용을 간단하게 확인하기

다음의 예시는 1부터 100까지의 정수를 임의로 10000개 뽑아서 vec이라는 벡터로 만든다. 그리고 처음 5개(head), 마지막 5개(tail)을 출력하거나, 요약통계치(summary, psych::describe)을 구해본다.

```
vec <- sample(1:100, 10000, replace = TRUE)
# print(vec)
head(vec)
```

[1] 100 28 27 64 91 97

4.1. 벡터 (VECTOR)

```
tail(vec)

## [1] 31 17 80 70  4 25

summary(vec)

##    Min. 1st Qu.  Median    Mean 3rd Qu.    Max.
##    1.00   26.00   50.50   50.52   76.00  100.00

psych::describe(vec)

##    vars     n  mean    sd median trimmed   mad min max range skew
## X1    1 10000 50.52 28.87   50.5   50.49 37.81   1 100    99 0.01
##    kurtosis   se
## X1     -1.2 0.29
```

만약 벡터 vec의 분포를 알고 싶다면, cut과 table 함수를 사용하거나, 간단하게 hist() 를 사용하여 분포를 그래프로 그려볼 수 있다.

```
vecCut <- cut(vec, breaks = seq(-0.5, 100.5, 10))
table(vecCut)
hist(vec)
hist(vec, breaks = seq(-0.5, 100.5, 1))
```

vec에 문자열을 넣고 비슷한 함수를 적용해보자.

```
vec <- sample(c("John","Mary","Tom"), 100, replace=TRUE)

head(vec)

## [1] "John" "Tom"  "John" "John" "Tom"  "Tom"

tail(vec)

## [1] "John" "John" "Mary" "John" "Mary" "John"

summary(vec) # 에러는 나지 않지만 특별한 정보를 주지 않는다

##    Length     Class      Mode
##       100 character character

#psych::describe(vec) # 문자열 벡터에는 사용불가
table(vec)

## vec
## John Mary  Tom
##   44   29   27

#hist(vec) # 문자열 또는 팩터형 벡터에는 사용 불가
#plot(~factor(vec)) # 문자열을 팩터형으로 바꿔서 사용 가능
```

전체 자료를 간략하게 정리하는 방법은 <기술통계량> 장에서 자세히 설명된다.

벡터의 내용을 간단히 확인하는 방법

목적	방법
내용의 일부를 확인하기	head(x)(처음 5개), tail(x)(마지막 5개)
전체내용을 요약하기	summary(x), psych::describe(x)
분포 파악하기(빈도표, 히스토그램)	table(x)(범주형), hist(x)(수치형)

4.1.4 벡터 연산

+, -, *, / 등 R의 많은 기본적인 연산과 함수는 **벡터화**되어 있다.

일반적으로 생각하는 +는 두 수를 입력으로 받아 하나의 수(두 수의 합)을 반환한다. 벡터화된 +는 두 벡터를 받아 하나의 벡터를 반환한다. 이때 반환되는 벡터의 첫 번째 원소는 입력 받은 두 벡터의 첫 번째 원소의 합이 된다. 반환되는 벡터의 두 번째 원소는 입력 받은 벡터의 두 번째 원소의 합이 된다.

```
x = 1:5; y = 2:6

x + y
x - y
x * y
x / 3

## [1]  3  5  7  9 11
## [1] -1 -1 -1 -1 -1
## [1]  2  6 12 20 30
## [1] 0.3333333 0.6666667 1.0000000 1.3333333 1.6666667
```

만약 입력 받는 벡터의 길이(원소의 갯수)가 다르다면, 긴 벡터를 기준으로 작은 벡터의 길이를 늘려준다. 이때 모자라는 원소는 기존의 원소를 재활용(recycling)해서 맞춘다. 다음의 예를 보자.

```
x = 1:5; y=2:3

x + y    # 1:5 + c(2:3, 2:3, 2)

## Warning in x + y: 두 객체의 길이가 서로 배수관계에 있지 않습니다

x - y

## Warning in x - y: 두 객체의 길이가 서로 배수관계에 있지 않습니다

## [1] 3 5 5 7 7
## [1] -1 -1  1  1  3
```

4.1. 벡터 (VECTOR)

```
x = 1:5; y = 2

x + y   # 1:5 + c(2, 2, 2, 2, 2)
x - y
```

```
## [1] 3 4 5 6 7
## [1] -1  0  1  2  3
```

재활용은 제대로 알고 쓴다면 편하지만 논리적 오류에 취약하다는 단점이 있다. (그래서 뒤에 살펴볼 data.table 같은 객체에서는 행을 선택할 때 재활용을 허용하지 않는다.)

사실 R의 모든 변수는 기본적으로 벡터이다. R은 통계처리에 특화된 프로그래밍 언어로써 단 하나의 값(숫자)는 큰 의미가 없기 때문일까? 어쨋든 단 하나의 숫자도 길이가 1인 벡터로 취급된다.

이런 배경을 이해하면 다음의 예를 읽기가 훨씬 수월하다.

```
c(1, 2, 3, c(4, 5), c(6, 7, 8))
```

```
## [1] 1 2 3 4 5 6 7 8
```

c()는 여러 벡터를 연결하여 하나의 긴 벡터로 만드는 함수이다. 이때 쓰이는 각각의 벡터는 길이가 1인 벡터도 가능하다. (숫자만 달랑 하나 쓰인 경우는 모두 길이가 1인 벡터로 취급된다.)

벡터의 길이는 length()로 알 수 있다.

```
length(x)
```

```
## [1] 5
```

비교 연산도 벡터화된 연산이다.

```
v1 <- c(1,3,2); v2 <-c(3,3,1)

v1 < v2
```

```
## [1]  TRUE FALSE FALSE
```

만약 **모두 참이다** 또는 **참이 존재한다**를 나타내려면 all() 또는 any() 함수를 사용한다.

```
all(v1 < v2)
any(v1 < v2)
```

```
## [1] FALSE
## [1] TRUE
```

논리형 연산도 벡터화되어 있다.

```
b1 <- c(T, T, F, F)
b2 <- c(F, T, F, T)
```

```
b1 & b2   # and
b1 | b2   # or
```

```
## [1] FALSE  TRUE FALSE FALSE
## [1]  TRUE  TRUE FALSE  TRUE
```

문자열의 경우에도 nchar, paste, substring 함수는 벡터화 되어 있다. 이들 함수의 의미는 <문자열>장을 참조하라.

```
v1 = c("I", "You", "He")
v2 = c("go", "come", "climbs")

nchar(v1)
paste(v1, v2)
substring(v2, 2, 2)
substring(v2, c(1, 2, 3), c(2, 5, 5))
```

```
## [1] 1 3 2
## [1] "I go"      "You come"   "He climbs"
## [1] "o" "o" "l"
## [1] "go"  "ome" "imb"
```

앞에서 확인했듯이(예. all, any), 벡터에 함수를 적용한 결과가 항상 벡터는 아니다. mean(), sum(), sd()와 같이 요약통계치를 구하는 함수들은 벡터의 여러 값을 종합하여 하나의 값을 반환한다.

```
vec <- sample(100,10000,replace=T)

mean(vec)
sum(vec)
sd(vec)
```

```
## [1] 50.3981
## [1] 503981
## [1] 29.03715
```

AND, OR과 같은 논리 연산은 벡터화된 연산(&, |)과 그렇지 않은 연산(&&, ||)이 구분된다. (벡터화되지 않은 if와 같은 조건문에 많이 쓰인다. if와 같은 조건문에는 단 하나의 논리값만 필요하기 때문이다.)

```
xa = c(1,3,2); xb = c(2,3,2); xc = c(1,1,2)
xa == xb & xb == xc
xa == xb && xb == xc
```

```
## [1] FALSE FALSE  TRUE
## [1] FALSE
```

4.1.5 집합 연산

한 벡터의 모든 원소를 어떤 집합의 원소로 생각하고 합집합($A \cup B$), 교집합($\cap$), 차집합($-$) 등의 집합 연산을 실행할 수 있다.

- $A \cup B$: union(a,b)
- $A \cap B$: intersect(a,b)
- $A - B$: setdiff(a,b)[3]
- $A = B$: setequal(a,b)

집합 연산에서는 벡터의 원소를 집합의 원소로 생각하기 때문에 반복되는 원소는 무시한다. 따라서 다음이 성립한다. setequal(c(3,2,2,2,2), c(3,2)) == TRUE.

```
primes <- c(2,3,5,7,11,13,17,19,7,13)
numbersILike <- c(3,7,14,3)

union(primes, numbersILike)
intersect(primes, numbersILike)
setdiff(numbersILike , primes)
```

```
## [1]  2  3  5  7 11 13 17 19 14
## [1] 3 7
## [1] 14
```

```
numbersILike2 <- c(3, 7, 14)

setequal(numbersILike , numbersILike2)
```

```
## [1] TRUE
```

is.element는 어떤 값이 벡터의 한 원소인지를 확인한다. 보통은 간단하게 %in%을 쓴다.

```
is.element(17, primes)
is.element(18, primes)
17 %in% primes
18 %in% primes
```

```
## [1] TRUE
## [1] FALSE
## [1] TRUE
## [1] FALSE
```

4.1.6 벡터의 부분 선택

벡터 v에 어떤 학급의 키 측정값 7개가 일렬로 나열되어 있다.

---

[3]앞에서 **함수를 제외한 모든 변수를 제거**할 때 rm(setdiff(ls(), lsf.str()))에서 쓰였다. 수학적으로 unique(a[!(a %in% b)])과 동일하다.

```
v = c(180, 169, 172, 154, 190, 155, 201)
```

순번으로 부분선택

이때 7개 중 하나를 부분선택하려면 어떻게 해야 할까? 일렬로 나열되어 있기 때문에 첫 번째 원소로 부터의 순번을 지정하는 것이 자연스럽다. 만약 5번째 값(원소)을 알고 싶다면,

```
v[5]
```

```
## [1] 190
```

순번을 활용하여 여러 개의 값을 한꺼번에 부분선택할 수도 있다. 만약 2번째, 3번째, 5번째 원소를 알고 싶다면,

```
v[c(2, 3, 5)]
```

```
## [1] 169 172 190
```

2,3,5,7번째 원소를 부분선택하는 방법은 다음과 같다.

```
vec = 1:10
vec[c(2, 3, 5, 7)]
index = c(2, 3, 5, 7)
vec[index]
```

```
## [1] 2 3 5 7
## [1] 2 3 5 7
```

순번으로 원소 제외

벡터의 전체 원소에서 특정한 순번의 원소를 제외할 수도 있다.

```
vec[-1]       # 첫 번째 원소 제외
vec[-1:-2]    # 첫 번째와 두 번째 원소 제외
vec[index][-1]  # index(2,3,5,7)번째 원소 중에서 첫 번째 원소 제외
```

```
## [1]  2  3  4  5  6  7  8  9 10
## [1]  3  4  5  6  7  8  9 10
## [1] 3 5 7
```

위치 이름으로 부분선택

사람은 순번보다는 이름을 사용하는 게 편하다. 첫째, 둘째, 셋째 아들이라고 부를 수도 있지만, "홍석", "창석", "재석"이라고 부르는 게 편하다. 특히 순번이 어떤 의미를 가지지 않을 때에는 더욱 그러하다. 예를 들어 앞의 예에서 키 측정이 무작위로 이루어졌고, 따라서 순번은 별다른 의미를 가지지 않는다고 해보자. 순번이 아니라 이름으로 키를 알 수 있으면 좋을 것이다.

4.1. 벡터(VECTOR)

그런 이유로 벡터의 각 원소에도 이름을 붙여줄 수 있다. 그리고 이름으로 값을 부분선택할 수 있다.

```
vHeight = c(Park = 180, Jung = 169, Hyori = 172,
            DJDoc = 154, Queen = 190, Dooli = 155, MJ = 201)

vHeight['DJDoc']
vHeight[c('Park', 'Hyori')]

## DJDoc
##   154
## Park Hyori
##  180   172
```

논리형 벡터로 부분선택

앞에서 벡터를 **순번 벡터**와 **이름 벡터**로 부분선택하는 방법을 살펴보았다. 여기서는 **논리형 벡터**로 부분선택하는 방법을 살펴본다. **논리형 벡터**란 TRUE와 FALSE로 이루어진 벡터이다.

벡터의 원소는 **순번**으로 지시할 수 있고, **논리형 벡터**는 **순번**으로 변환될 수 있다. 예를 들어 4개의 원소에서 1번째와 4번째 원소를 가리키고 싶다면, 논리형 벡터로 c(T, F, F, T)로 표현할 수 있다. 다시 말해 c(T, F, F, T)에서 TRUE의 위치로 순번을 나타내는 것이다.

논리형 벡터로 부분선택하는 방법은 앞에서 순번이나 이름으로 부분선택하는 방법과 구별되는 특징이 있다. vec[c(1,2,1,5)]라고 하면 벡터 vec의 원소 중 1번째, 2번째, 1번째, 5번째 원소를 가리킨다. **여기서 1번째 원소가 두 번 반복된다.** 하지만 논리형 벡터로 원소를 가리킨다면 같은 순번을 두 번 가리킬 수 없다. 논리형 벡터의 i 번째 원소는 TRUE 또는 FALSE이고 그 결과 vec의 i 번째 원소가 포함되거나 포함되지 않는다.

이런 특성은 논리형 벡터가 벡터의 일부분을 부분선택하는 데 적절하게 사용될 수 있음을 보여준다. 예를 들어 총 원소의 갯수가 5인 벡터 vec에 대해 vec[c(T, F, T, T, F)]는 벡터 vec의 1번째, 3번째, 4번째 원소를 가리킨다.

만약 논리형 벡터를 변수를 사용해서 구성한다면 vHeight의 내용에 따라 부분선택되는 원소가 바뀌도록 할 수 있다. 우선 vHeight>170의 결과는 논리형 벡터 c(T, F, T, F, T, F, T)이다. >는 벡터화된 연산이고, c(T, F, T, F, T, F, T)는 vHeight의 각 원소와 170을 비교하여 나온 각 논리형 벡터이다. 이는 170보다 큰 값의 위치를 논리형 벡터로 나타낸 것이다. 벡터 vHeight에서 170보다 큰 값은 다음의 두 가지 방법을 사용할 수 있다.

```
vHeight[c(T, F, T, F, T, F, T)]   # 벡터 vHeight의 1번째, 3번째, 5번째, 7번째 원소
vHeight[vHeight > 170]   # vHeight의 원소 중 170보다 큰 원소

## Park Hyori Queen    MJ
##  180   172   190   201
## Park Hyori Queen    MJ
```

```
##   180  172  190  201
```

다음은 논리형 벡터를 활용하는 다른 예를 보여준다.

```
vec = sample(5, 10, replace=T)
vec
## [1] 2 2 3 5 1 4 5 1 4 1
biggerThan3 = vec > 3; vec[biggerThan3]
vec[vec > 3]
vec[c(T,F)]
# c(T, F)는 벡터 vec의 길이만큼 늘어난다(재활용). 따라서 홀수 순번의 원소를 선택한다.

## [1] 5 4 5 4

## [1] 5 4 5 4

## [1] 2 3 1 5 4
```

4.1.7 데이터 정렬

R에서 데이터 정렬은 sort()와 order()를 사용한다. 그 결과를 확인해보자.

```
vec = c(1, 5, 6, 4, 2)

sort(vec)
order(vec)
vec[order(vec)]


## [1] 1 2 4 5 6
## [1] 1 5 4 2 3
## [1] 1 2 4 5 6
```

sort()는 벡터의 원소를 정렬하여 반환한다.

order()는 벡터의 원소를 정렬하기 위한 원소의 순번을 반환한다.

1. sort(vec)의 첫 번째 원소는 1이다. 1는 vec 벡터의 **1 번째** 원소이다. order(vec)의 첫 번째 원소는 **1**이다.
2. sort(vec)의 두 번째 원소는 2이다. 2는 vec 벡터의 **5 번째** 원소이다. order(vec)의 두 번째 원소는 **5**이다.
3. sort(vec)의 세 번째 원소는 4이다. 4는 vec 벡터의 **4 번째** 원소이다. order(vec)의 세 번째 원소는 **4**이다.

order()의 결과는 벡터를 정렬하기 위한 원소의 순서를 나타낸다고 생각할 수 있다. 나중에 살펴보겠지만 order()는 데이터 프레임의 한 열을 기준으로 행을 정렬할 때 자주 쓰인다.

4.2. 행렬(MATRIX), 배열(ARRAY), 데이터프레임(DATA.FRAME), 리스트(LIST) 만들기

index	1	2	3	4	5
vec	1	5	6	4	2

−(order/sort)→

order(vec)	1	5	4	2	3
sort(vec)	1	2	4	5	6

4.2 행렬(matrix), 배열(array), 데이터프레임(data.frame), 리스트(list) 만들기

- **행렬** : R에서 벡터는 여러 값을 일렬로 나열한 것이라면, 행렬은 직사각형 형태로 나열한 것이다.
- **배열** : 배열은 값을 3-차원 이상의 격자형으로 나열한 것이다.
- **데이터 프레임** : 데이터 프레임은 행렬과 비슷하게 직사각형 모양이지만 열마다 데이터 타입이 다를 수 있다. 흔히 한 행(가로축)은 하나의 개체를 나타내고, 한 열(세로축)은 하나의 관측값을 나타낸다. 데이터 분석에서 가장 많이 쓰인다.
- **리스트** : 모든 객체(벡터, 행렬, 데이터 프레임과 다른 리스트까지)를 일렬로 나열한 구조이다. 리스트는 1차원의 구조이지만 리스트의 원소가 다시 리스트가 될 수 있기 때문에 계층적 구조의 데이터를 저장할 수 있다.

4.2.1 행렬(matrix)

행렬은 직사각형(또는 정사각형)의 모양으로 데이터를 나열하는 데이터 구조이다. 이때 나열 가능한 데이터형은 정수형, 실수형, 논리형, 문자형이다. 다음은 크기 3×5의 행렬을 보여준다.

- 행렬에서 가로줄을 **행**이라고 하고, 세로줄을 **열**이라고 한다. 아래 행렬에서 7, 4, 8, 10, 11은 첫 번째 **행**이고, 7, 2, 3은 첫 번째 **열**이다.
- 행렬에서 한 원소를 가리키는 방법은 행과 열의 **위치**를 정해주는 것이다. 예를 들어 아래 행렬에서 두 번째 행, 세 번째 열의 원소는 6이다. 두 번째 행, 세번째 열은 간단하게 (2,3)으로 표기한다.

```
7  4  8 10 11
2  5  6 11  8
3  6  9 12  5
```

행렬 만들기

행렬을 만들기 위해서는 두 가지가 필요하다. 첫 번째는 **행렬의 크기 (행의 갯수와 열의 갯수)** 이고 두 번째는 **행렬을 구성하는 원소**이다. 행의 갯수와 열의 갯수를 곱하면 행렬을 구성하는 원소의 갯수가 된다. 따라서 행의 갯수와 원소의 갯수, 또는 열의 갯수와 원소의 갯수만 알아도 된다.

예를 들어 위의 행렬을 만들어보자. 우선 행렬을 구성하는 원소가 vec이라는 벡터에 저장되어 있다고 하자. 이때 matrix 함수를 활용하여 다음과 같이 쓸 수 있다.

```
vec = c(7, 2, 3, 4, 5, 6, 8, 6, 9, 10, 11, 12, 11, 8, 5)
matrix(vec, nrow = 3, ncol = 5)
```

```
##      [,1] [,2] [,3] [,4] [,5]
## [1,]   7    4    8   10   11
## [2,]   2    5    6   11    8
## [3,]   3    6    9   12    5
```

이때 행렬을 구성하는 원소의 갯수는 기본적으로 벡터 vec의 길이(원소의 갯수)이기 때문에 nrow(행의 수)와 ncol(열의 수) 중 하나는 생략 가능하다.

벡터의 원소가 행렬을 채우는 순서는 별다른 얘기가 없다면 **첫번째 열 우선**이다. vec의 1,2,3번째 원소가 행렬의 첫 번째 열이 되었다. 만약 이 순서를 **첫번째 행 우선**으로 바꾸고 싶다면 byrow=TRUE를 덧붙인다. 결과는 앞의 행렬과 구성하는 원소는 같지만 원소의 위치는 다른 행렬이 된다.

```
matrix(vec, nrow = 3, ncol = 5, byrow = TRUE)
```

```
##      [,1] [,2] [,3] [,4] [,5]
## [1,]   7    2    3    4    5
## [2,]   6    8    6    9   10
## [3,]  11   12   11    8    5
```

matrix 함수를 자주 사용하다보면 다음과 같이 간단히 사용하는 모습을 자주 볼 수 있다.

```
matrix(vec, 3, 5)
```

```
##      [,1] [,2] [,3] [,4] [,5]
## [1,]   7    4    8   10   11
## [2,]   2    5    6   11    8
## [3,]   3    6    9   12    5
```

matrix 함수를 사용하다보면 아래와 같이 **경고 메세지**를 볼 수도 있다.

```
Warning message:
In matrix(vec, ncol = 2, nrow = 6) :
  data length [15] is not a sub-multiple or multiple of the
  number of rows [6]
```

- 첫 줄은 경고 메세지임을 의미한다.
- 두 번째 줄은 경고가 생성된 코드를 나타낸다.
- 세 번째 줄은 데이터로 들어온 벡터의 길이(data length)가 행의 배수(the number of row)가 되지 않는다는 의미로 앞에서 말한 "원소의 총 수 = 행의 수 × 열의 수"의 관계가 성립하지 않음을 의미한다. 이런 경우에 R은 만들려는 행렬의 크기에 맞게 벡터의 원소를 **재활용**하거나 **생략**해서 행렬을 만든다.

4.2. 행렬 (MATRIX), 배열 (ARRAY), 데이터프레임 (DATA.FRAME), 리스트 (LIST) 만들기 43

다음의 코드는 원소의 갯수와 행렬의 크기가 맞지 않는 경우를 보여준다. 벡터 vec의 모든 원소를 활용하여 행의 갯수가 7인 행렬을 만들기 위해서는 열의 갯수를 3개로 하고 모자라는 원소는 벡터 vec의 원소를 재활용하여 채워넣는다.

```
matrix(vec, nrow = 7)
```

```
## Warning in matrix(vec, nrow = 7): 데이터의 길이[15]가 행의 개수[7]의 배수
## 가 되지 않습니다
```

```
##      [,1] [,2] [,3]
## [1,]   7    6    5
## [2,]   2    9    7
## [3,]   3   10    2
## [4,]   4   11    3
## [5,]   5   12    4
## [6,]   6   11    5
## [7,]   8    8    6
```

4.2.2 배열 (array)

배열은 동일한 타입의 데이터를 3차원 이상의 구조로 저장한다.

- 3차원 배열이 arr 이라면 arr[i,j,k]는 (i,j,k)-번째 원소를 나타낸다.
- 이때 i는 첫 번째 차원의 위치, j는 두 번째 차원의 위치, k는 세 번째 차원의 위치이다.

배열 만들기

배열을 결정하는 요소도 2가지이다: 배열의 원소와 배열의 크기. 배열의 크기는 각 차원의 크기로 결정된다. 이때 행렬과 달리 어느 한 차원도 생략할 수 없다. (2차원의 배열은 행렬이고, 1차원의 배열은 벡터이다.)

- 크기 $3 \times 5 \times 4$의 배열 만들기
    - 아래의 코드는 크기 $3 \times 5 \times 4$의 배열을 만드는 예를 보여준다.
    - 벡터 vec의 원소는 arr의 arr[1,1,1], arr[2,1,1], arr[3,1,1], arr[1,2,1]의 순으로 채워진다. 배열은 첫 번째 차원부터 순환하면서 채워진다.

```
vec <- 1:(3 * 5 * 4)
arr <- array(vec, c(3, 5, 4))
```

배열은 행렬과 마찬가지로 원소의 갯수와 배열의 크기가 일치하지 않는 경우 **재활용**하여 배열을 채우고, 원소의 갯수가 필요한 원소 갯수를 초과할 경우에는 필요한 원소만 활용한다.

행렬/배열의 크기 : dim()

- **행렬** mat에 dim(mat)을 하면 행의 갯수와 열의 갯수를 구할 수 있다. 보통 행의 크기, 열의 크기라고 한다.

- **배열** arr에 dim(arr)을 하면 각 차원의 크기를 구할 수 있다.

4.2.3 데이터프레임(data.frame)

데이터프레임은 행렬과 동일한 구조이지만 각 열의 데이터 타입이 다를 수 있다. 직사각형의 구조라는 측면에서 2차원 구조이며, 행렬과 비슷하게 dat[i, j]꼴로 원소를 선택할 수 있다.

내부적으로는 (데이터 타입이 다를 수도 있는) 동일한 길이의 벡터가 여럿 모여 구성된 리스트이다. 리스트의 관점에서는 1차원 구조이기 때문에 dat[i]꼴로 부분 선택이 가능하다. dat[i]는 i-번째 열로 구성된 데이터프레임이다.[4] dat[[i]]은 동일하게 i-번째 열이지만, 벡터이다.

생성함수 : data.frame(col1, col2, col3, ...)

- 길이가 동일하지만 데이터타입이 다를 수도 있는 여러 벡터와 data.frame() 함수를 통해 생성할 수 있다.
- 생성하면서 열이름을 명명해줄 수 있다. data.frame(colname1=col1, ...)

```
data.frame(name=c('김이랑', '마동탁', '까치'),
           ba=c(0.254, 0.231, 0.312),
           비고=c('없음', '없음', '엄지 연인'),
           '!주의점'=c('신인', '없음', '타자'))
```

4.2.4 리스트(list)

- 리스트는 벡터와 같은 1차원의 구조이지만, 원소의 데이터 타입에 제한이 없다.[5]
- 벡터의 경우 모든 원소의 데이터 타입은 동일하고, integer, numeric, factor, character 중의 하나이다. 반면 리스트의 원소는 벡터, 행렬, 배열, 데이터프레임, 다른 리스트 등도 가능하다.

---

[4]dat[c(2,3)]은 2,3번째 열로 구성된 데이터프레임이고, dat[2,3]은 2번째 행, 3번째 열의 원소이다.
[5]대상이 무엇이던지 상관없이 1차원의 구조로 저장한다는 특징 때문에 벡터를 atomic vector, 리스트를 generic vector라고 부르기도 한다. 리스트는 다른 리스트를 저장할 수도 있기 때문에 recursive vector라고도 부른다(Hadley, 2019). 1차원 구조를 모두 통칭해서 벡터라고 부르기도 한다는 것을 이해하면, vector(mode='list', length=10)와 같이 길이 10의 빈(empty) 리스트를 생성하는 함수도 이해 가능할 것이다.

4.2. 행렬(MATRIX), 배열(ARRAY), 데이터프레임(DATA.FRAME), 리스트(LIST) 만들기 45

생성 함수 : list(l1=, l2= , ...)

리스트를 생성하기 위해서는 list() 함수를 사용하여 원소들을 나열한다. 이름을 붙여줄 수도 있다. 다음은 첫 번째 원소가 벡터 c(1,2,3)이고, 두 번째 원소는 matrix(1:9, 3, 3), 세 번째 원소는 list(c(1,2,3), matrix(1:9, 3,3))인 리스트를 생성한다.

```
# a=b는 원래 출력되지 않지만 (a=b)를 하면 b가 출력된다.
(lst = list(
  c(1,2,3),
  matrix(1:9, 3,3),
  list(c(4,5,6), matrix(11:19,3,3))))
```

```
## [[1]]
## [1] 1 2 3
##
## [[2]]
##      [,1] [,2] [,3]
## [1,]   1    4    7
## [2,]   2    5    8
## [3,]   3    6    9
##
## [[3]]
## [[3]][[1]]
## [1] 4 5 6
##
## [[3]][[2]]
##      [,1] [,2] [,3]
## [1,]  11   14   17
## [2,]  12   15   18
## [3,]  13   16   19
```

위의 출력을 보면 리스트의 각 원소를 참조하는 방법을 확인할 수 있다.

[[1]]은 리스트 1st의 첫 번째 원소를 의미한다. [1] 1 2 3은 벡터의 출력과 동일함으로, 1st의 첫 번째 원소는 벡터임을 유추할 수 있다. [[2]]는 리스트의 두 번째 원소를 의미한다. 그리고 그 아래 출력은 행렬과 동일한 형태로 출력되었다. [[3]]은 리스트의 세 번째 원소를 의히만다. 그리고 [[3]][[1]]가 출력되어 있다. 여기서 [[1]] 다시 리스트의 첫 번째 원소를 나타낸다.

좀 더 설명하면 [[3]][[1]]은 리스트의 **세 번째 원소가 리스트**이며, 이 리스트의 첫 번째 원소를 의미한다. 그리고 이 원소는 [1] 4 5 6으로 보아 벡터이다. [[3]][[2]]은 리스트의 세 번째 원소(리스트)의 두 번째 원소를 가리킨다.

보통 x[ ]와 x[[ ]]를 비교 할 때, x[ ]의 결과는 x와 같은 클래스이고, x[[ ]]의 결과는 x와 다른 클래스일 수 있다고 설명한다. 1st가 리스트일 때 1st[1] 또는 1st[c(1,2)]

는 **리스트** 1st의 첫 번째 원소 또는 첫 번째와 두 번째 원소로 구성된 **리스트**이다. 반면 1st[[1]]은 리스트 1st의 첫 번째 원소를 직접 가리킨다.

R 내부적으로 데이터 프레임은 리스트로 저장되기 때문에 데이터 프레임 df에 대해서도 df[1], df[c(1,2)], 그리고 df[[1]]을 생각할 수 있다. df[1]은 df의 첫 번째 원소(첫 번째 열)로 구성된 데이터 프레임이고, df[c(1,2)]은 df의 첫 번째와 두 번째 열로 구성된 데이터 프레임이다. df[[1]]은 df의 첫 번째 열(벡터)를 가리킨다.

4.3 행렬, 배열, 데이터프레임, 리스트의 부분선택하기[6]

4.3.1 일차원 구조 부분 선택하기

앞서 봤던 벡터와 동일하다.

- x[c(i1, i2, i3)]의 형태로 i1, i2, i3-번째 원소를 선택할 수 있다. 결과는 x와 동일한 클래스이다.

- x[c(T, F, F, T)] : 논리형 벡터를 통해 원소를 선택할 수 있다.

- x[c("coln1", "coln2")] : 열이름으로 원소를 선택할 수 있다.

4.3.2 이차원 구조 부분 선택하기

d라는 행렬의 모든 원소는 행과 열의 위치로 선택할 수 있다. d의 모든 원소는 다음과 같다.

행렬 d

d[1,1]	d[1,2]	d[1,3]	d[1,4]	d[1,5]
d[2,1]	d[2,2]	d[2,3]	d[2,4]	d[2,5]
d[3,1]	d[3,2]	d[3,3]	d[3,4]	d[3,5]
d[4,1]	d[4,2]	d[4,3]	d[4,4]	d[4,5]
d[5,1]	d[5,2]	d[5,3]	d[5,4]	d[5,5]
d[6,1]	d[6,2]	d[6,3]	d[6,4]	d[6,5]
d[7,1]	d[7,2]	d[7,3]	d[7,4]	d[7,5]

행렬의 원소는 행순번과 열순번을 통해 선택할 수 있다. 이때 행렬 d의 두번째 행을 보자. 두번째의 원소는 d[2,1], d[2,2], d[2,3], d[2,4], d[2,5]으로 모두 d[2,]의 형태의 띄고 있다. 그래서 d[2,]로 하면 행렬 d의 두 번째 행을 선택한다.

---

[6]영어의 Subset를 의미하는 단어로 **부분선택**이라는 용어를 사용했다. **부분선택**은 참조를 하거나, 수정을 하기 위해 사용할 수 있다.

4.3. 행렬, 배열, 데이터프레임, 리스트의 부분선택하기

행렬 d

	d[,1]	d[,2]	d[,3]	d[,4]	d[,5]
	d[1,1]	d[1,2]	d[1,3]	d[1,4]	d[1,5]
d[2,]	d[2,1]	d[2,2]	d[2,3]	d[2,4]	d[2,5]
	d[3,1]	d[3,2]	d[3,3]	d[3,4]	d[3,5]
	d[4,1]	d[4,2]	d[4,3]	d[4,4]	d[4,5]
d[5,]	d[5,1]	d[5,2]	d[5,3]	d[5,4]	d[5,5]
d[6,]	d[6,1]	d[6,2]	d[6,3]	d[6,4]	d[6,5]
	d[7,1]	d[7,2]	d[7,3]	d[7,4]	d[7,5]

행렬 d의 2번째, 5번째, 6번째 행은 d[2,], d[5,], d[6,]이다. 만약 행렬 d의 2번째, 5번째, 6번째 행을 모두 선택한다면(혹은 이들은 모두 합친다면) d[c(2,5,6),]으로 쓴다.

d[c(2,5,6),]

d[2,1]	d[2,2]	d[2,3]	d[2,4]	d[2,5]
d[5,1]	d[5,2]	d[5,3]	d[5,4]	d[5,5]
d[6,1]	d[6,2]	d[6,3]	d[6,4]	d[6,5]

- 행을 기준으로 선택하기

    - x[c(i1, i2),] : i1, i2-번째 행을 나타낸다.
    - x[c(T, F),] : 논리형 벡터로 행을 선택한다.
    - x[c('rown1', 'rown2'),] : 행이름으로 행을 선택한다.

- 열을 기준으로 선택하기

    - x[, c(j1, j2)] : j1, j2-번째 열을 나타낸다.
    - x[, c(T, F)] : 논리형 벡터로 열을 선택한다.
    - x[, c('coln1', 'coln2')] : 열이름으로 행을 선택한다.

- 행과 열을 기준으로 선택하기

    - x[c(i1,i2), c(j1,j2)] : 행 i1 또는 i2에 해당하고 열 j1 또는 j2에 해당하는 모든 원소를 선택한다.
    - x[c(T,F), c(F,T)] : 논리형 벡터는 순번을 나타낼 수 있다.
    - x[c('rown1', 'rown2'), c('coln1', 'coln2')] : 행이름과 열이름도 행과 열의 위치를 나타내고 앞에서와 같은 방식으로 해석된다.

4.3.3 계층적 구조의 원소 선택하기

리스트(데이터프레임 포함)와 같은 경우는 계층적인 구조이다. 왜냐하면 리스트는 1차원 구조이지만, 리스트의 원소가 다시 리스트여서 1차원 구조를 가질 수 있기 때문이다. 그리고 이런 반복은 무수히 반복될 수 있다. 이런 구조에서는 [[]]을 사용하여 다층적 구조 속의 원소를 선택할 수 있다. 이때 [[]]를 사용할 경우 []를 사용할 때와 달리 단 하나의 원소를 선택할 수 있다.

- x[[1]][[2]][[3]] : x의 1차원 구조에서 1번째 원소, 그리고 그 1번째 원소가 가지는 1차원 구조에서 2번째 원소, 그리고 2번째 원소가 가지는 1차원 구조에서 3번째 원소를 가리킨다. 만약 x가 이런 다층적 구조를 가지지 않는다면 오류가 발생한다.
- x[[1]][[2]][[3]]은 x[[c(1,2,3)]]로 간단하게 쓸 수 있다. x의 1번째 원소의 2번째 원소의 3번째 원소를 가리킨다.
- 만약 리스트의 각 원소에 이름이 붙여져 있다면 x[["mpg"]][["year"]]와 같이 쓸 수 있다.
- x[["mpg"]][["year"]]는 x[[c("mpg", "year")]]으로 간단하게 쓸 수 있다. x의 원소 중에서 이름이 mpg인 원소, 그리고 그 원소가 다시 1차원 구조를 가질 때 이름이 year인 원소를 선택한다.
- 계층적 구조의 원소를 선택할 때에는 논리형 벡터를 사용할 수 없다.
- x[[c("mpg", "year")]]는 xmpgyear로 간단하게 쓸 수 있다.
- 데이터프레임은 내부적으로 길이가 동일한 벡터가 원소인 리스트이기 때문에 데이터프레임 DF의 행을 선택하기 위해서는 DF['coln'], DF[['coln']], DF$coln 등의 방법을 사용할 수 있다.

데이터 프레임 부분선택

데이터프레임의 부분선택을 하는 방법은 2차원 구조를 사용하는 방법과 1차원 구조를 사용하는 방법이 있다.

- **2차원 구조** : 데이터 프레임의 한 원소는 행과 열로 지정할 수 있다. 이때 행 또는 열은 순번, 이름, 논리벡터를 모두 사용할 수 있다. 이들을 혼용할 수도 있다. 다음 예는 mtcars[3,7] 또는 mtcars[3:4, 7:8]을 부분선택하는 여러 방법을 보여준다.

```
mtcars[3, 7]
mtcars[c(F, F, T, rep(F, 29)), c(rep(F, 6), T, rep(F, 6))]
mtcars["Mazda RX4", "disp"]
mtcars[3:4, c(rep(F, 6), T, T, rep(F, 5))]
mtcars[c("Mazda RX4", "Mazda RX4 Wag"), 7:8]
```

```
## [1] 18.61
## [1] 18.61
## [1] 160
##                  qsec vs
## Datsun 710      18.61  1
## Hornet 4 Drive  19.44  1
##                  qsec vs
```

4.3. 행렬, 배열, 데이터프레임, 리스트의 부분선택하기

```
## Mazda RX4        16.46  0
## Mazda RX4 Wag 17.02  0
```

- **1차원 구조** : 데이터프레임은 길이가 내부적으로 동일한 벡터(벡터는 열이 된다)의 리스트이다. 따라서 mtcars[1], mtcars[2]은 mtcars의 첫 번째 열, 두 번째 열을 가리킨다. 벡터와 마찬가지로 순번, 이름, 논리벡터를 사용할 수 있다.

- **1차원 계층 구조** : mtcars[[1]], mtcars[["mpg"]], mtcars$mpg는 데이터프레임의 한 원소 내부로 들어가 벡터를 반환한다.

데이터 프레임의 열을 활용할 때에는 항상 데이터프레임을 명시해야 한다는 단점이 있다. 다음은 그런 성가심을 해결할 수 있는 방법이다.

만약 mtcars$mpg/mtcars$cyl + mtcar$hp * mtcars$drat을 계산하고 싶다면,

```
# with : 계산만 하고 싶을 때
with(mtcars, mpg/cyl + hp * drat)
```

```
##  [1]  432.5000  432.5000  363.7500  342.3667  553.5875  292.8167
##  [7]  788.2375  234.8800  378.1000  485.3600  485.1267  554.6500
## [13]  554.7625  554.5000  601.9500  646.3000  744.7375  277.3800
## [19]  263.9600  282.7750  364.2750  415.9375  474.4000  915.5125
## [25]  541.4000  276.1050  409.6300  433.6100 1116.0550  636.7833
## [31] 1187.7750  453.3400
```

```
# within : 만약 새로운 열로 저장하고 싶을 때
dat <- within(mtcars, x <- mpg/cyl + hp * drat)
head(dat, n = 3)
```

```
##                 mpg cyl disp  hp drat    wt  qsec vs am gear carb      x
## Mazda RX4      21.0   6  160 110 3.90 2.620 16.46  0  1    4    4 432.50
## Mazda RX4 Wag 21.0   6  160 110 3.90 2.875 17.02  0  1    4    4 432.50
## Datsun 710    22.8   4  108  93 3.85 2.320 18.61  1  1    4    1 363.75
```

자주 하는 실수 중 하나는 DF[1,] 같은 방법은 부분선택하는 것이다. 데이터프레임은 각 열이 하나의 원소인 리스트(list)이고, DF[1,]은 각 원소가 각 열의 첫번째 행인 리스트이다(아래그림). DF[1,]은 모든 열이 동일한 데이터 타입일 때에도 리스트이며, 만약 벡터 또는 행렬을 얻고자 한다면 unlist()를 해야 한다. (이때 자료형이 변형될 수 있으므로 주의하자. 예를 들어 실수형과 정수형이 모두 있을 경우, 정수형은 실수형으로 변환된다.)

```
mtcars[1, ]
```

```
##               mpg cyl disp  hp drat   wt  qsec vs am gear carb
## Mazda RX4      21   6  160 110  3.9 2.62 16.46  0  1    4    4
```

```
unlist(mtcars[1, ])
```

```
##    mpg    cyl   disp     hp   drat     wt   qsec     vs     am   gear
```

```
##  21.00    6.00 160.00 110.00    3.90    2.62   16.46    0.00    1.00    4.00
##   carb
##   4.00
```

4.4 행렬, 배열, 데이터프레임, 리스트 수정하기

행렬, 배열, 데이터프레임, 리스트를 수정하기 위해서는 <- 또는 =를 활용하여 좌변에는 수정할 부분을 선택하고 우변에는 수정될 내용을 적는다. 다음의 예를 보자.[7]

```
dat = data.frame(name=c('Kim', 'Lee'),
                 age=c(23,41),
                 height=c(180, 165), stringsAsFactors=FALSE); dat
```

```
##   name age height
## 1  Kim  23    180
## 2  Lee  41    165
```

```
dat[2,1] <- 'Park'; dat
```

```
##   name age height
## 1  Kim  23    180
## 2 Park  41    165
```

```
dat$age <- c(24,40); dat
```

```
##   name age height
## 1  Kim  24    180
## 2 Park  40    165
```

이때 선택한 부분과 수정될 내용의 자료형과 길이가 일치해야 한다. 그렇지 않다면 재활용되거나, 자료형이 변형되거나, 경고 또는 오류가 발생할 수도 있다.

연습문제

- 다음의 코드를 실행하고 차이를 알아보자.

```
dat[1,] <- c("Lee", 30, 170); dat
dat[1,] <- list("Lee", 30, 170); dat
```

- 위에서 데이터프레임을 만들 때 stringsAsFactors=TRUE라고 한 후 수정을 시도해 보자. 어떤 차이가 있는가?

---

[7]<팩터 자료형>에서 살펴보겠지만 stringsAsFactors=FALSE로 설정해야 수정이 쉽다. 버전 4.0.0 이후부터 stringsAsFactors=TRUE가 기본값이 되었다.

4.5 CRUD(Create, Read, Update, Delete)

CRUD는 컴퓨터가 수행하는 기본적인 데이터 처리 기능인 Create(생성), Read(읽기), Update(갱신), Delete(삭제)를 일컫는다. BREAD(Browse, Read, Edit, Add, Delete)를 얘기하기도 한다.

다음 쪽의 표는 행렬, 배열, 데이터프레임, 리스트에 대해 R에서 CRUD를 어떻게 실행하는지를 보여준다.

미처 설명하지 못한 몇 가지는 다음과 같다.

- matrix, array 또는 data.frame 등 2차원 이상의 구조를 가진 클래스는 참조 결과 차원을 낮출 수 있다면 기본적으로 차원이 낮아진다. 예를 들어 2차원 행렬 mat에 대해 mat[1,]의 결과는 행렬이 아니라 벡터가 된다. 만약 mat[1,]의 결과로 행렬을 얻고 싶다면 mat[1,,drop=FALSE]를 해야 한다. drop=TRUE가 기본이며, 이때에는 데이터 구조가 2차원에서 1차원으로 변형된다고 생각할 수 있다.

- 삭제는 정확한 의미에서 삭제라기보다는 주어진 행, 열, 또는 차원을 제거한 새로운 데이터를 생성하는 것이다. 이때에도 차원을 줄일 수 있다면 차원이 줄어든다. 이를 방지하고자 한다면 drop=FALSE로 해야 한다.[8]

- 새로운 데이터프레임을 생성하지 않고 바로 삭제를 하고 싶다면, 데이터프레임의 컬럼은 df$col <- NULL(또는 df[[1]] <- NULL)로 할 수 있다(col은 컬럼 이름).

- 행렬과 배열과 같이 모든 원소가 동일한 자료형을 가져야 하는 경우에 다른 자료형을 추가하거나, 다른 자료형으로 수정한다면 전체 자료형이 바뀔 수 있다. 이때 자료형은 새로운 원소의 자료형을 표현할 수 있는 자료형이 된다. 예를 들어 문자형 데이터는 수치형 데이터를 포함할 수 있지만, 수치형 데이터는 문자형 데이터를 포함할 수 없다. 따라서 수치형 행렬에 문자형이 원소로 추가되면 행렬의 전체 자료형이 문자로 변경된다.

- R 버전 3 이하에서 data.frame 생성시 문자열 벡터를 팩터형 벡터로 변형한다. 만약 문자열 벡터를 문자열 벡터 그대로 보존하고 싶다면 stringsAsFactors=TRUE를 덧붙여야 한다(예. data.frame(colname1=col1, stringsAsFactors=TRUE)). 단어가 길기 때문에 철자에 신경을 써야 한다(stringsAsFactors). 버전 4 부터는 stringsAsFactors=의 기본값은 FALSE로 변경되었다.

---

[8]뒤에서 설명할 데이터테이블을 사용하면 주어진 자료에서 바로 열을 삭제할 수 있다. 그리고 훨씬 빠르다.

클래스	matrix	array	data.frame	list
생성(Create) 생성시 변형	matrix(vec, nc, nr)	array(vec,dim=c(d1,d2,...)) matrix,POSIXct는 numeric으로, factor는 character로 Date,POSIXct는 numeric으로, factor는 character로	data.frame(col1=, col2=, df) stringsAsFactors=T	list(l1=,l2=,...)
참조(Read) 참조시 변형	mat[,] mat[1,,drop=T]	arr[,,...] arr[,,drop=T]	df[,] df[,2,drop=T]	lst[c(2,4)] lst[[2]]
수정(Edit)	mat[,] =	arr[,,...] =	df[,] =	lst[c(2,4)] = list(,,) lst[[2]] =
수정시 변형	표현력이 큰 데이터 타입으로 변형된다(numeric<character)	표현력이 큰 데이터 타입으로 변형된다(numeric<character)	데이터 타입이 일치해야 한다	modifyList(lst, lst2)
추가(Add)	rbind(mat, c(,,)) cbind(mat, c(,,))	abind::abind(a1, a2, along=)	rbind(df, c(,,)) cbind(df, c(,,)) data.frame(df, coln=c(,,))	append(lst, list(,,)) append(list(,,), lst) lst[ ]=, lst[[ ]]=
추가시 변형	표현력이 큰 데이터 타입으로 변형된다(numeric<character)		rbind는 데이터 타입이 일치해야 한다	
삭제(Delete)	mat[-2,]	arr[-3,-2,,]	df[-2,-3]	lst[[2]] = NULL lst[2] = NULL
삭제시 변형			'참조시 변형' 참조	
이름 정보	rownames, colnames, dimnames	dimnames	names==colnames, rownames	names
구조 정보	nrow, ncol, dim	dim	nrow, ncol=length	length

4.6 3차 이상의 다차원 배열

물리학자들은 세상이 11차원이라는 이론을 연구한다고 한다. 상당히 놀라운 일이다. 인간이 11차원을 상상할 수 있다니! 11차원 공간에 비해 11차원 데이터는 좀 더 이해하기 쉽다. 열이 11개인 데이터 프레임이라고 생각하면 된다.

4.6.1 다차원 배열의 효용

배열은 데이터 프레임보다 필요한 저장 공간이 작다. 다음 예에서 dat와 a에는 동일한 데이터가 데이터 프레임과 배열로 저장되어 있다. dat는 24272 바이트, a는 8244바이트의 저장공간이 필요하다.[9]

```
# 데이터 프레임 dat와 동일한 내용을 담고 있는 배열 a 생성
{ d3 <- d2 <- d1 <- 1:10
  dat <- expand.grid(d1, d2, d3)
  colnames(dat) <- c('d1', 'd2', 'd3')
  dat$x <- rnorm(nrow(dat)) }
a <- array(dat$x, dim = c(length(d1), length(d2), length(d3)))

object.size(dat)
object.size(a)
```

```
## 24272 bytes
## 8224 bytes
```

아래 코드에서 i, j, k를 바꿔보면, a[i,j,k]와 dat[dat$d1==i & dat$d2==j & dat$d3==k,'x']는 항상 같다.

```
i=2; j=7; k=5;
a[i,j,k]
dat[dat$d1==i & dat$d2==j & dat$d3==k,"x"]
```

```
## [1] -3.237719
## [1] -3.237719
```

4.6.2 다차원 배열 변환하고 요약하기

다음의 height은 학생들의 학교(school), 성별(gender), 그리고 키(height) 정보를 3차원 배열에 담고 있다.

---

[9]object.size()는 때때로 부정확할 수 있다. lobstr::obj_size()는 많은 경우 object.size()보다 정확한 값을 반환한다.

```
height <- array(
  c(170, 180, 175, 169, 165, 173, 173, 181, 175,
    166, 164, 155, 172, 184, 176, 167, 162, 164),
  dim = c(3,2,3),
  dimnames = list(c("A", "B", "C"), c("M", "F"), c("1", "2", "3"))
  )
height

## , , 1
##
##     M   F
## A 170 169
## B 180 165
## C 175 173
##
## , , 2
##
##     M   F
## A 173 166
## B 181 164
## C 175 155
##
## , , 3
##
##     M   F
## A 172 167
## B 184 162
## C 176 164
```

차원이 늘어날 수록 우리는 전체 정보를 적절하게 처리하기 힘들어 진다. 이때에는 두 가지 방법을 사용할 수 있다. 첫 번째, 자료를 원하는 형식으로 **변형**하는 것이고, 두 번째, 자료를 요약하여 **차원의 수를 줄이는 것**이다.

4.6.2.1 배열 차원에 이름 붙여주기

본격적으로 들어가기에 앞서 다음과 같이 차원에 이름을 붙여주면 데이터를 보기 편하다.

```
names(dimnames(height)) = c("school", "gender", "number")
height

## , , number = 1
##
##       gender
## school  M   F
##      A 170 169
```

4.6. 3차 이상의 다차원 배열

```
##        B 180 165
##        C 175 173
## 
## , , number = 2
## 
##       gender
## school   M   F
##        A 173 166
##        B 181 164
##        C 175 155
## 
## , , number = 3
## 
##       gender
## school   M   F
##        A 172 167
##        B 184 162
##        C 176 164
```

4.6.2.2 차원 재배열하기

위의 출력 결과를 보면 동일한 번호(예. 1,2,3)의 학생 키를 서로 비교하기 쉽게 되어 있다. 예를 들어 번호 3인 A학교의 남자, 여자 학생의 키는 172, 167이고, B 학교의 남자, 여자 학생의 키는 184, 162이다.

하지만 서로 다른 번호의 학생 키를 비교하기는 상대적으로 어렵다. 예를 들어 A학교의 1번 남자, 여자 학생과 A학교의 2번 남자, 여자 학생의 키를 비교하고 싶다면 어떻게 해야 할까? 두 테이블 사이를 왔다 갔다 하는 수 밖에 없다.

한 가지 대안은 자료를 변형하는 것이다. 행렬을 출력할 때 처음 두 차원이 하나의 테이블 형태로 나타나기 때문에 서로 다른 번호끼리 비교하려면 번호를 처음 두 차원의 하나로 이동시키는 것이다. 예를 들어 번호를 첫 번째 차원으로 옮긴다면,

`aperm(height, c(3, 2, 1))`

```
## , , school = A
## 
##        gender
## number   M   F
##        1 170 169
##        2 173 166
##        3 172 167
## 
## , , school = B
## 
##       gender
```

```
##       number   M   F
##           1  180 165
##           2  181 164
##           3  184 162
## 
## , , school = C
## 
##           gender
## number   M   F
##           1  175 173
##           2  175 155
##           3  176 164
```

aperm 함수를 간단하게 이해해보자. 3차원 배열인 height에서 aperm(height, c(1,2,3))은 height와 동일하다. 여기서 만약 첫 번째 차원과 세 번째 차원을 바꾸려면 앞에서와 같이 aperm(height, c(3,2,1))로 한다. c(1,2,3)에서 첫 번째와 세 번째 원소를 맞바꾼 것이다.

만약 두 번째 차원과 세 번째 차원을 맞바꾸려면 c(1,3,2)로 가능하다.

```
aperm(height, c(1, 3, 2))
```

```
## , , gender = M
## 
##          number
## school   1   2   3
##       A 170 173 172
##       B 180 181 184
##       C 175 175 176
## 
## , , gender = F
## 
##          number
## school   1   2   3
##       A 169 166 167
##       B 165 164 162
##       C 173 155 164
```

여러 차원을 동시에 재배열하고자 할 수도 있다.

```
h2 <- aperm(height, c(2, 3, 1))
```

여기서 h2의 첫 번째 차원은 height의 2번째 차원이고, h2의 두 번째 차원은 height의 3번째 차원, h2의 세 번째 차원은 height의 1번째 차원이 된다.

4.6.2.3 큰 표로 만들기

인간이 받아들이는 시각 자극은 기본적으로 2차원이다. 하지만 아주 자연스럽게 3차원의 심상을 구성해낸다. 하지만 숫자로 이루어진 표를 그린다면, 3차원 표를 그리거나 하지는 않는다. 보통은 어떻게든 2차원의 표를 만든다.

```
ftable(height, row.vars = c("school", "number"))
```

```
##                gender    M    F
## school number
## A      1                170  169
##        2                173  166
##        3                172  167
## B      1                180  165
##        2                181  164
##        3                184  162
## C      1                175  173
##        2                175  155
##        3                176  164
```

배열의 내용을 2차원의 표로 출력하기 위해서는 `ftable()`를 활용할 수 있다. 만약 차원에 이름이 붙여져 있지 않다면, `row.vars=`에 차원의 순번을 적는다. `row.vars=`는 행에 나열되는 차원을 나타낸다. 만약 한 행에 같은 번호의 학생을 나열하고 싶다면,

```
ftable(height, row.vars = 3)    # 번호는 세 번째 차원
```

```
##        school   A         B         C
##        gender   M    F    M    F    M    F
## number
## 1               170  169  180  165  175  173
## 2               173  166  181  164  175  155
## 3               172  167  184  162  176  164
```

4.6.2.4 요약하여 차원 줄이기

큰 표로 만들면 서로 분리된 표보다 전체 데이터를 잘 이해할 수 있음이 분명하다. 하지만 때때로 표가 너무 커질 수 있고, 알고자 하는 내용과는 상관없는 차원이 존재할 수 있다.

예를 들어 단지 학교 간의 차이를 알고 싶다고 해보자. `height`의 세 차원(학교, 성별, 번호)에서 학교만을 남기고 성별, 번호는 모두 생략할 수 있다면 좋을 것이다.

```
apply(height, MARGIN = c(1), FUN = mean, na.rm = TRUE)
apply(height, MARGIN = "school", FUN = mean, na.rm = TRUE)
```

```
##        A         B         C
## 169.5000  172.6667  169.6667
##        A         B         C
## 169.5000  172.6667  169.6667
```

apply() 함수를 활용하면 간단하다. apply()에서 MARGIN=은 남길 차원을 나타낸다. 위에서 첫 번째 또는 school을 적었다. (na.rm=TRUE는 함수 mean의 인자이다.)

만약 학교와 성별만을 남기고 싶다면,

```
apply(height, MARGIN = c(1, 2), FUN = mean)
# apply(height, MARGIN=c('school', 'gender'), FUN=mean)
```

```
##         gender
## school       M        F
##       A 171.6667 167.3333
##       B 181.6667 163.6667
##       C 175.3333 164.0000
```

height에서 학교와 성별만을 남기고 싶다면 그 외의 차원을 어떻게 하나의 숫자로 요약할지에 대해 알려줘야 한다. 예를 들어 위의 표에서 학교 A, 성별 M에 해당하는 자료는 번호 1, 2, 3있다.

```
height["A", "M", "1"]
height["A", "M", "2"]
height["A", "M", "3"]
```

```
## [1] 170
## [1] 173
## [1] 172
```

170, 173, 172가 위의 표에서는 171.6667로 요약된 것이다. 그리고 요약 방법을 FUN=으로 명시된다. 171.6667은 mean(c(170, 1732, 172))의 결과인 것이다.

여러 차원을 하나의 숫자로 요약할 때에도 동일한 방식으로 작동한다.

4.6.3 두 배열 합치기

행렬을 합치는 방법은 행을 합치기(row bind; rbind)와 열을 합치기(column bind; cbind)가 있다. 배열을 합칠 때에는 abind 패키지의 abind(array bind) 함수가 유용하다.

다음의 heightDEF는 새로운 학교 D, E, F의 자료를 담고 있다. (우연히도 그들은 A, B, C의 학생들보다 정확히 10이 컸다!)

```
heightDEF <- height + 10
dimnames(heightDEF)[[1]] <- c("D", "E", "F")
```

이를 기존의 자료 height에 추가하려면?

```
height2 <- abind::abind(height, heightDEF, along = 1)
```

여기서 along=은 몇 번째 차원에서 데이터를 추가할 것인가를 알려준다. 다음의 예는 세 번째 차원에서 데이터를 추가하는 방법을 보여준다.

4.6. 3차 이상의 다차원 배열

```
height456 <- height - 10
dimnames(height456)[[3]] <- c("4", "5", "6")

height3 <- abind::abind(height, height456, along = 3)
```

along=0이나 along=4를 통해 아예 새로운 차원을 만드는 것도 가능하다.[10]

4.6.4 데이터 프레임으로 변환하기

```
as.data.frame.table(height, responseName = "height")
```

```
##   school gender number height
## 1      A      M      1    170
## 2      B      M      1    180
## 3      C      M      1    175
## 4      A      F      1    169
## 5      B      F      1    165
## ...
```

4.6.5 다시 배열로 변환하기

```
reshape2::acast(dfHeight, school ~ gender ~ number, value.var = "height")
```

```
## , , 1
##
##     M   F
## A 170 169
## B 180 165
## C 175 173
##
## , , 2
##
##     M   F
## A 173 166
## B 181 164
## C 175 155
```

---

[10]크기 (3,4,5)의 두 3차원 배열 A와 B를 생각해보자. 그리고 두 배열을 합친 결과를 C라고 하자. 두 배열을 0차원에서 합친다면 배열의 크기는 (2,3,4,5)가 될 것이다. C[1,,,]은 A이고 C[2,,,]는 B이다. 두 배열을 1차원에서 합친다면 배열 C의 크기는 (3×2,4,5)가 된다. C[1:3,,]은 A이고, C[4:6,,]은 B이다. 두 배열을 2차원에서 합쳐보자. C의 크기는 (3,4×2,5)가 된다. C[,1:4,]은 A이고, C[,5:8,]은 B이다. 여기서 합치려는 차원은 두 배열이 같을 필요가 없지만, 그 외의 차원은 같아야 한다. 예를 들어 크기 (3,4,5)의 배열과 크기 (4,4,5)의 배열을 1차원에서 합칠 수 있지만, 크기 (3,4,5)의 배열과 크기 (4,4,5)의 배열을 2차원에서 합칠 수는 없다.

배열 관련 함수 정리

R 배열에 대해 차원을 재배열하거나, 줄이고, 추가하는 방법, 그리고 데이터프레임으로 변환하거나, 데이터 프레임을 다시 배열로 변환하는 방법에 대해 정리해보면 다음과 같습니다.

기능	함수
차원 재배열	aperm(X, c(1,3,2))
큰 표로 출력하기	ftable(X, row.vars=c(1,3))
차원 제거	apply(X, MARGIN=c(1,2), FUN=)
두 배열 합치기	abind::abind(arr1, arr2, along=)
데이터 프레임으로	as.data.frame.table()
다시 배열로	reshape2::acast(data=, formula=, fun.aggregate=, value.var=)

제 5 장

dplyr 패키지를 활용한 데이터 가공

5.1 magrittr의 파이프 연산자

dplyr 패키지의 함수과 magrittr 패키지의 %>% 연산을 함께 활용하면 데이터 가공이 간단하고 이해하기 쉽다. 여기서는 **파이프 연산**이라고 불리는 %>%에 대해서 알아본다.[1]

5.1.1 magrittr 패키지의 파이프

하나의 대상에 여러 함수를 연속적으로 적용하는 경우, 괄호가 연속적으로 중첩되어 가독성이 떨어진다. 예를 들어 diamond에 head와 dim 함수를 적용한다면, 다음과 같다.[2]

```
data(diamonds, package = "ggplot2")
dim(head(diamonds, n = 4))
```

```
## [1]  4 10
```

중첩된 괄호와 더불어 함수의 적용 순서와 반대로 코드를 읽어야 하므로 이해하기 어렵다. magrittr 패키지의 %>%과 .를 활용하면 복잡하게 중첩된 괄호를 쓸 필요가 없고, 함수를 적용하는 순서대로 코드를 작성할 수 있다.

```
library(magrittr)
diamonds %>%
```

---

[1] R 4.1.0부터는 내장 파이프 연산자 |>을 지원한다. |>는 %>%과 동일한 의미를 가지고 있다. 예를 들어 f(x)는 x |> f()로 쓸 수 있다. 하지만 %>%에 비해 몇 가지 제약이 있는데, .을 쓸 수 없고, 함수의 괄호를 제외할 수 없다. 예를 들어 mtcars |> summary는 mtcars |> summary()로 해야 한다. 그리고 mtcars |> inner_join(mtcars2, .)와 같이 .를 쓸 수도 없다.

[2] 사실 이 정도는 약과이다. f5(f4(f3(f2(f1(a,3),g1(1),4),g2(7))),8,g3(9))과 같이 써 놓으면 인자로 쓰인 g1(1), 4, g2(7), g3(9), 8이 어느 함수와 연결되는지 파악하기 어렵다. 만약 %>%를 쓴다면, f1(a,3) %>% f2(g1(1),4) %>% f3(g2(7)) %>% f4() %>% f5(8,g3(9))가 되어 함수와 인자를 연결짓기 훨씬 쉽다.

```
head(., n = 4) %>%
  dim(.)
```

```
## [1]  4 10
```

.은 %>% 이전의 결과를 나타낸다. 따라서 첫 번째 .은 diamonds를, 두번째 .는 head(diamonds, n=4)의 결과를 나타낸다. 만약 .이 함수의 첫 번째 인자로 쓰일 경우에는 다음과 같이 생략할 수 있다. head(., n=4)와 dim(.)의 .를 모두 생략하였다.

```
diamonds %>%
  head(n = 4) %>%
  dim()
```

```
## [1]  4 10
```

그리고 dim()처럼 인자가 .뿐인 경우에는 괄호까지 생략할 수 있다.

```
diamonds %>%
  head(n = 4) %>%
  dim
```

```
## [1]  4 10
```

다른 예를 들어보자. (이런 것도 가능하다!)

```
diamonds %>%
  .$price %>%
  .[1:10]
```

```
##  [1] 326 326 327 334 335 336 336 337 337 338
```

```
diamonds %>%
  .[["price"]] %>%
  .[1:10]
```

```
##  [1] 326 326 327 334 335 336 336 337 337 338
```

위에서 다룬 diamonds 데이터는 데이터 프레임으로 보이지만 사실 tibble(티블)이라는 데이터 형식이다. 이를 확인하기 위해 class 함수를 사용할 수도 있고, tibble이나 dplyr 패키지를 불어들인 후 diamonds를 다시 확인해 볼 수도 있다.

```
class(diamonds)
```

```
## [1] "tbl_df"     "tbl"        "data.frame"
```

```
library(dplyr)
diamonds
```

```
## # A tibble: 53,940 x 10
##    carat cut       color clarity depth table price     x     y     z
```

5.1. MAGRITTR의 파이프 연산자

```
##     <dbl> <ord>   <ord>  <ord>  <dbl> <dbl> <int> <dbl> <dbl> <dbl>
## 1   0.23  Ideal   E      SI2    61.5   55    326   3.95  3.98  2.43
## 2   0.21  Premium E      SI1    59.8   61    326   3.89  3.84  2.31
## 3   0.23  Good    E      VS1    56.9   65    327   4.05  4.07  2.31
## 4   0.29  Premium I      VS2    62.4   58    334   4.2   4.23  2.63
## 5   0.31  Good    J      SI2    63.3   58    335   4.34  4.35  2.75
## # ... with 53,935 more rows
```

class 함수의 결과는 diamonds가 데이터프레임(data.frame) 과 호환되는 티블(tibble, tbl_df) 형식임을 알려준다. 티블은 데이터를 좀 더 깔끔하게 표시한다. carat, cut, ...은 열이름, <dbl>, <ord>, ...은 각 열의 데이터 형식을 나타내며, 화면의 가로, 세로 너비를 넘어가는 행과 열은 생략된다. (만약 출력되는 행의 수와 열의 수를 정하고 싶다면 print(diamonds, n=, width=)을 활용한다.)

왼쪽 가장자리의 1, 2, ...는 행의 순서를 보여준다. 마지막으로 ... with 53,930 more rows는 화면에 표시되지 않은 열의 수를 나타낸다.

티블은 데이터 프레임과 달리 열 이름의 일부를 사용하여 열을 참조할 수 없다(다른 말로 partial matching이 불가능하다). 다음의 코드를 보자. diaTB, diaDF는 동일한 자료를 티블과 데이터 프레임 형식으로 저장하고 있다. price열을 부분이름 pri을 써서 참조하려고 하고 있다. diaDF$pri는 가능하지만 diaTB$pri는 불가능하다.

```
diaTB <- as_tibble(diamonds[1:10, ])
diaDF <- as.data.frame(diamonds[1:10, ])
```

```
diaDF$pri   # partial matching
diaDF[, "pri"]   # ERROR
diaTB$pri   # NULL
diaTB[, "pri"]   # ERROR
```

그 밖에도 티블은 생성시 문자열을 범주형(factor)으로 바꾸지 않는다. (data.frame() 의 경우 R 버전 3에서는 문자열을 범주형으로 바꾸는 것이 기본 설정이었지만, 버전 4 이후 바꾸지 않는 것이 기본 설정이다.)

```
df <- data.frame(a = c("Kim", "Lee", "Park"))
tb <- tibble(a = c("Kim", "Lee", "Park"))
class(df$a)
class(tb$a)
```

```
## [1] "character"
## [1] "character"
```

5.2 dplyr의 방식: 부분 선택(Subsetting)

5.2.1 dplyr 패키지

dplyr 패키지의 slice, filter, select, mutate, arrange, summarize, group_by, do 등의 함수를 통해 데이터를 가공할 수 있다. 특히 dplyr의 함수들은 이름에서 쉽게 연상되는 기능으로 초보자도 쉽게 코드를 읽을 수 있다는 장점이 있다. %>%와 함께 사용하면 함수의 적용을 순서대로 이해하는데 도움이 된다. 여기서는 mtcars 데이터에 dplyr 패키지의 함수를 적용하여 데이터를 가공하는 법을 살펴본다.

```
library(dplyr)
data(mtcars)
```

우선 as_tibble 함수를 사용하여 mtcars를 티블 형식으로 바꾸었다.

```
tb = as_tibble(mtcars)
```

5.2.2 행의 순서로 데이터의 부분 참조

- 데이터 테이블 tb의 두 번째에서 다섯 번째 행을 참조하려면 tb[2:5,]로 쓰면 된다. slice 함수를 쓴다면 slice(tb, 2:5)이 된다.

```
tb[2:5, ]
```

```
## # A tibble: 4 x 11
##     mpg   cyl  disp    hp  drat    wt  qsec    vs    am  gear  carb
##   <dbl> <dbl> <dbl> <dbl> <dbl> <dbl> <dbl> <dbl> <dbl> <dbl> <dbl>
## 1  21       6   160   110  3.9   2.88  17.0     0     1     4     4
## 2  22.8     4   108    93  3.85  2.32  18.6     1     1     4     1
## 3  21.4     6   258   110  3.08  3.22  19.4     1     0     3     1
## 4  18.7     8   360   175  3.15  3.44  17.0     0     0     3     2
```

```
slice(tb, 2:5)
```

```
## # A tibble: 4 x 11
##     mpg   cyl  disp    hp  drat    wt  qsec    vs    am  gear  carb
##   <dbl> <dbl> <dbl> <dbl> <dbl> <dbl> <dbl> <dbl> <dbl> <dbl> <dbl>
## 1  21       6   160   110  3.9   2.88  17.0     0     1     4     4
## 2  22.8     4   108    93  3.85  2.32  18.6     1     1     4     1
## 3  21.4     6   258   110  3.08  3.22  19.4     1     0     3     1
## 4  18.7     8   360   175  3.15  3.44  17.0     0     0     3     2
```

이를 %>%와 함께 쓴다면 다음과 같다.

```
tb %>% .[2:5, ]
tb %>% slice(., 2:5)
```

5.2. DPLYR의 방식: 부분 선택 (SUBSETTING)

위의 slice(., 2:5)의 경우 .이 첫 번째 인자이므로 생략할 수 있다.

```
tb %>% slice(2:5)
tb %>% slice(c(2:3, 4, 5))
```

5.2.3 논리 벡터를 사용하여 행 부분 참조

- mtcar(또는 티블 형식 tb)에서 mpg가 30 초과인 행만을 뽑아 보고 싶다. 데이터프레임에서 사용하는 방법은 tb[tb$mpg>30,]이다. filter 함수를 사용하면 filter(tb, mpg>30) 또는 tb %>% filter(., mpg>30)이 된다. .를 생략한다면 tb %>% filter(mpg>30)이 된다.

```
tb[tb$mpg > 30, ]
```

```
## # A tibble: 4 x 11
##     mpg   cyl  disp    hp  drat    wt  qsec    vs    am  gear  carb
##   <dbl> <dbl> <dbl> <dbl> <dbl> <dbl> <dbl> <dbl> <dbl> <dbl> <dbl>
## 1  32.4     4  78.7    66  4.08  2.2   19.5     1     1     4     1
## 2  30.4     4  75.7    52  4.93  1.62  18.5     1     1     4     2
## 3  33.9     4  71.1    65  4.22  1.84  19.9     1     1     4     1
## 4  30.4     4  95.1   113  3.77  1.51  16.9     1     1     5     2
```

- 다음은 모두 위의 코드와 동일한 결과를 보여준다.

```
filter(tb, mpg>30)
tb %>% filter(., mpg>30)
tb %>% filter(mpg>30)
```

5.2.4 열 이름이나 번호로 부분 참조

- 티블 데이터 tb에서 첫 번째와 세 번째 열을 보고 싶다면 데이터 프레임처럼 tb[, c(1,3)]을 사용할 수 있다. dplyr의 select 함수를 사용하면 select(tb, c(1,3))이 된다. %>%를 사용하면, tb %>% select(c(1,3))이 된다.

```
tb <- tb %>% slice(3:5)
tb[, c(1,3)]
select(tb, c(1,3))
tb %>% select(c(1,3))
```

```
## # A tibble: 3 x 2
##     mpg  disp
##   <dbl> <dbl>
## 1  22.8   108
## 2  21.4   258
## 3  18.7   360
```

- 열 이름을 사용하고 싶다면 다음과 같다. select 함수를 사용할 때에는 열이름에 따옴표 (" 또는 ')를 생략할 수 있다. 그리고 열이름을 하나의 벡터로 만들 필요도 없다. 다음은 모두 동일한 결과를 보여준다.

```
tb[, c("cyl", "hp")]
select(tb, c("cyl", "hp"))
select(tb, c(cyl, hp))

tb %>% select(c("cyl", "hp"))
tb %>% select(c(cyl, hp))

tb %>% select("cyl", "hp")
tb %>% select(cyl, hp)
```

- select의 좋은 점의 하나는 열이름에 :을 쓸 수 있다는 점이다. 예를 들어 데이터 프레임 tb에서 열이름 hp에서 열이름 qsec까지를 선택하고 싶다고 해보자. 열의 순번을 안다면 tb[, 4:7]을 할 수 있다(hp는 tb의 4번째 열이고, qsec는 tb의 7번째 열이다). 하지만 열의 순번을 모른다면? 열의 수가 굉장히 많은 데이터에서 열의 순번을 파악하는 것이 생각만큼 쉽지 않다.

```
which(colnames(tb) == "hp")
## [1] 4
which(colnames(tb) == "qsec")
## [1] 7
tb[, which(colnames(tb) == "hp"):which(colnames(tb) == "qsec")]
## # A tibble: 3 x 4
##       hp  drat    wt  qsec
##    <dbl> <dbl> <dbl> <dbl>
## 1     93  3.85  2.32  18.6
## 2    110  3.08  3.22  19.4
## 3    175  3.15  3.44  17.0
```

- select를 사용한다면 간단하게 select(hp:qsec)으로 쓸 수 있다. select('hp':'qsec')로도 쓸 수 있다.

```
tb %>% select(hp:qsec)


## # A tibble: 3 x 4
##       hp  drat    wt  qsec
##    <dbl> <dbl> <dbl> <dbl>
## 1     93  3.85  2.32  18.6
## 2    110  3.08  3.22  19.4
## 3    175  3.15  3.44  17.0
```

5.2. DPLYR의 방식: 부분 선택(SUBSETTING)

dplyr 최근 버전에서는 select와 slice 모두 참조하고자 하는 부분을 하나의 벡터로 만들지 않아도 된다.

```
slice(tb, c(1, 2))
slice(tb, 1, 2)
```

```
## # A tibble: 2 x 11
##     mpg   cyl  disp    hp  drat    wt  qsec    vs    am  gear  carb
##   <dbl> <dbl> <dbl> <dbl> <dbl> <dbl> <dbl> <dbl> <dbl> <dbl> <dbl>
## 1  22.8     4   108    93  3.85  2.32  18.6     1     1     4     1
## 2  21.4     6   258   110  3.08  3.22  19.4     1     0     3     1
```

5.2.4.1 특정한 조건을 만족하는 열 이름 참조

- select 함수 안에 다음의 함수를 써서 열이름이 특정한 조건을 만족하는 열만 선별할 수 있다. 먼저 이해하기 쉬운 starts_with( ), ends_with( ), contains( )를 보자. 다음의 예로 충분히 이해할 수 있을 것이다.

구문	의미
starts_with('ab')	ab로 시작하는
ends_with('yz')	yz로 끝나는
contains('ef')	ef를 포함하는
one_of(colnm)	문자열 벡터 colnm의 각 원소와 일치하는
matches('..[cd]')	정규표현식 ..[cd]에 대응하는[3]

```
tb3 <- tb %>% slice(1:3)
tb3
```

```
## # A tibble: 3 x 11
##     mpg   cyl  disp    hp  drat    wt  qsec    vs    am  gear  carb
##   <dbl> <dbl> <dbl> <dbl> <dbl> <dbl> <dbl> <dbl> <dbl> <dbl> <dbl>
## 1  22.8     4   108    93  3.85  2.32  18.6     1     1     4     1
## 2  21.4     6   258   110  3.08  3.22  19.4     1     0     3     1
## 3  18.7     8   360   175  3.15  3.44  17.0     0     0     3     2
tb3 %>% select(starts_with('c'))
```

```
## # A tibble: 3 x 2
##     cyl  carb
##   <dbl> <dbl>
## 1     4     1
## 2     6     1
```

---

[3] 정규표현식은 <정규표현식> 장에서 자세히 다룬다.

```
## 3     8     2
```

```r
tb3 %>% select(starts_with('ca'))
```

```
## # A tibble: 3 x 1
##    carb
##    <dbl>
## 1    1
## 2    1
## 3    2
```

```r
tb3 %>% select(ends_with('p'))
```

```
## # A tibble: 3 x 2
##    disp    hp
##    <dbl> <dbl>
## 1   108    93
## 2   258   110
## 3   360   175
```

```r
tb3 %>% select(contains('c'))
```

```
## # A tibble: 3 x 3
##     cyl  qsec  carb
##    <dbl> <dbl> <dbl>
## 1    4  18.6    1
## 2    6  19.4    1
## 3    8  17.0    2
```

5.2. DPLYR의 방식: 부분 선택 (SUBSETTING)

- select 함수를 쓰면 열이름을 따옴표 없이 쓸 수 있다는 장점이 있다. 하지만 열이름을 저장하는 문자열 벡터를 사용하려면 어떻게 해야 하는가? 데이터프레임의 []안에서 'mpg'로 쓰면 열이름이 mpg라는 의미이고, mpg는 mpg라는 변수를 의미한다. 하지만 select 함수 안에서는 mpg는 열이름 mpg를 나타낸다. 만약 mpg 벡터를 의미하고 싶다면 one_of() 함수를 사용한다. (여기서는 열이름을 나타내는 벡터로 colnm을 사용하였다. **colname**을 의미하는 이름이다.)

```
colnm <- c("drat", "qsec")
tb3 %>%
  select(one_of(colnm))
```

```
## # A tibble: 3 x 2
##    drat  qsec
##   <dbl> <dbl>
## 1  3.85  18.6
## 2  3.08  19.4
## 3  3.15  17.0
```

- matches() 함수는 정규표현식을 사용하여 열이름을 선택하기 위해 사용한다.

예를 들어 정규표현식 ^(.s|.{4})는 두번째 문자가 s이거나 네문자로 이루어진 경우를 나타낸다 (<정규표현식> 참조). 이를 사용해서 열을 선택하면 다음과 같다.

```
tb3 %>%
  select(matches("^(.s|.{4})"))
```

```
## # A tibble: 3 x 6
##    disp  drat  qsec    vs  gear  carb
##   <dbl> <dbl> <dbl> <dbl> <dbl> <dbl>
## 1   108  3.85  18.6     1     4     1
## 2   258  3.08  19.4     1     3     1
## 3   360  3.15  17.0     0     3     2
```

이런 함수(starts_with, ends_with 등)의 도움 없이 동일한 열을 선택하고자 한다면 보통 정규표현식을 사용하게 된다. 동일한 역할을 앞에서 소개한 함수를 사용한 경우와 정규표현식을 사용한 경우를 비교해보면 다음과 같다.

dplyr의 함수	정규표현식
tb %>% select(starts_with('c'))	tb[, grep('^c', colnames(tb))]
tb %>% select(ends_with('p'))	tb[, grep('p$', colnames(tb))]
tb %>% select(contains('c'))	tb[, grep('c', colnames(tb))]

5.2.5 특정한 열 이름 제외

- 만약 cyl, qsec을 제외한 나머지 열을 선택하고 싶다면 다음의 두 방법을 사용할 수 있다.

```
tb %>% select(-cyl, -qsec)
```

```
## # A tibble: 3 x 9
##     mpg  disp    hp  drat    wt    vs    am  gear  carb
##   <dbl> <dbl> <dbl> <dbl> <dbl> <dbl> <dbl> <dbl> <dbl>
## 1  22.8   108    93  3.85  2.32     1     1     4     1
## 2  21.4   258   110  3.08  3.22     1     0     3     1
## 3  18.7   360   175  3.15  3.44     0     0     3     2
```

```
tb %>% select(-c(cyl, qsec))
```

```
## # A tibble: 3 x 9
##     mpg  disp    hp  drat    wt    vs    am  gear  carb
##   <dbl> <dbl> <dbl> <dbl> <dbl> <dbl> <dbl> <dbl> <dbl>
## 1  22.8   108    93  3.85  2.32     1     1     4     1
## 2  21.4   258   110  3.08  3.22     1     0     3     1
## 3  18.7   360   175  3.15  3.44     0     0     3     2
```

- 특정한 조건을 만족하는 열 이름을 제외하고 싶다면 위에서 소개한 함수 starts_with, ends_with 등의 앞에 -를 붙인다.

```
tb %>%
  select(-starts_with("c"))
```

```
## # A tibble: 3 x 9
##     mpg  disp    hp  drat    wt  qsec    vs    am  gear
##   <dbl> <dbl> <dbl> <dbl> <dbl> <dbl> <dbl> <dbl> <dbl>
## 1  22.8   108    93  3.85  2.32  18.6     1     1     4
## 2  21.4   258   110  3.08  3.22  19.4     1     0     3
## 3  18.7   360   175  3.15  3.44  17.0     0     0     3
```

```
tb %>%
  select(-contains("c"))
```

```
## # A tibble: 3 x 8
##     mpg  disp    hp  drat    wt    vs    am  gear
##   <dbl> <dbl> <dbl> <dbl> <dbl> <dbl> <dbl> <dbl>
## 1  22.8   108    93  3.85  2.32     1     1     4
## 2  21.4   258   110  3.08  3.22     1     0     3
## 3  18.7   360   175  3.15  3.44     0     0     3
```

5.3 dplyr의 방식 : 수정

5.3.1 새로운 열 추가

- 새로운 열을 추가하고자 한다면 mutate 함수를 사용한다. 열이름은 정하거나 생략할 수 있다. 여러 열을 함께 추가할 수도 있다.

```
library(dplyr)
data(mtcars)
tb = as_tibble(mtcars)

tb2 <- tb %>% select(hp, cyl, qsec) %>% slice(1:3)

tb2 %>% mutate(hp/cyl)
```

```
## # A tibble: 3 x 4
##       hp   cyl  qsec `hp/cyl`
##    <dbl> <dbl> <dbl>    <dbl>
## 1    110     6  16.5     18.3
## 2    110     6  17.0     18.3
## 3     93     4  18.6     23.2
```

```
tb2 %>% mutate(hpPerCyl = hp/cyl)
```

```
## # A tibble: 3 x 4
##       hp   cyl  qsec hpPerCyl
##    <dbl> <dbl> <dbl>    <dbl>
## 1    110     6  16.5     18.3
## 2    110     6  17.0     18.3
## 3     93     4  18.6     23.2
```

```
tb2 %>% mutate(hpPerCyl = hp/cyl, V2 = hp*qsec)
```

```
## # A tibble: 3 x 5
##       hp   cyl  qsec hpPerCyl    V2
##    <dbl> <dbl> <dbl>    <dbl> <dbl>
## 1    110     6  16.5     18.3 1811.
## 2    110     6  17.0     18.3 1872.
## 3     93     4  18.6     23.2 1731.
```

- tb2 %>% mutate(hp/cyl)를 결과를 보면 열이름이 hp/cyl로 되어 있다. hp/cyl 과 같은 열이름은 hp 나누기 cyl 과 구분할 수 없기 때문에 잘 쓰이지 않는다. 하시만 hp/cyl을 열이름으로 정해줄 수 있으며, 이를 사용하려면 다음과 같이 `(backtick; 백틱)를 사용하여 열이름을 감싸준다. (다음 예에서 mutate의 결과는 변수에 담아야 다른 곳에서 활용할 수 있음을 주의하자.)

```
tb2$`hp/cyl`
## Warning: Unknown or uninitialised column: `hp/cyl`.
## NULL
tb3 <- tb2 %>%
  mutate(hp/cyl)
tb3$`hp/cyl`

## [1] 18.33333 18.33333 23.25000
```

- 다음과 같은 데이터프레임의 방법과 비교해보자.

```
tb$V2 = with(tb, hp * qsec)
tb[c("V1", "V2")] = data.frame(tb$hp/tb$cyl, tb$hp * tb$qsec)
```

5.3.2 정렬하기

- 패키지 dplyr은 데이터 프레임을 정렬하는 직관적인 방법을 제공한다. 만약 tb의 cyl 열을 기준으로 정렬을 하고 싶다면, tb %>% arrange(cyl)라고 쓴다. 내림차순 정렬은 tb %>% arrange(desc(cyl))라고 쓴다.

- 기존의 방법과 비교해 보자.

dplyr의 함수	기존의 방법
tb %>% arrange(cyl)	tb[order(tb$cyl),]
tb %>% arrange(desc(cyl))	tb[order(tb$cyl, decreasing = T),]

- 만약 cyl의 올림차순, hp의 내림차순으로 정렬하고 싶다면 arrange()와 desc()를 사용하여 다음과 같이 간단하게 쓸 수 있다. 기존의 방법으로는 tb[order(tb$cyl, -tb$qsec),]로 쓸 수 있다.[4]

```
tb3 %>% arrange(cyl, desc(qsec))

## # A tibble: 3 x 4
##      hp   cyl  qsec `hp/cyl`
##   <dbl> <dbl> <dbl>    <dbl>
## 1    93     4  18.6     23.2
## 2   110     6  17.0     18.3
## 3   110     6  16.5     18.3
```

---

[4] 다른 방법으로는 tb[order(tbcyl, tbqsec, decreasing = c(F, T))]로 쓸 수 있다. 만약 tb$cyl 이나 tb$qsec가 문자열이었다면 이 방법을 사용해야 한다.

5.3.3 요약하기

summarise 함수[5]는 데이터 프레임의 내용을 몇 개의 요약치로 정리할 수 있게 도와준다. 만약 tb의 hp 열의 평균을 구하고 싶다면 다음의 방법을 사용한다.

```
tb %>%
  summarise(mean(hp))
```

```
## # A tibble: 1 x 1
##   `mean(hp)`
##        <dbl>
## 1      147.
```

```
tb %>%
  summarize(V1 = mean(hp))
```

```
## # A tibble: 1 x 1
##      V1
##   <dbl>
## 1  147.
```

```
tb %>%
  summarise(hpMean = mean(hp), qsecMedian = median(qsec))
```

```
## # A tibble: 1 x 2
##   hpMean qsecMedian
##    <dbl>      <dbl>
## 1   147.       17.7
```

결과는 티블 형식이다.(# A Tibble: 1 x 1 를 주목하자.) 열이름을 지정하지 않으면 summarsize( ) 괄호 속의 수식이 그대로 지정된다(예. `mean(hp)`). 여러 열을 활용하여 열을 생성할 수 있고, 여러 열을 한꺼번에 생성할 수도 있다.

```
tb %>%
  summarise(newVar1 = mean(hp) + median(qsec))
```

```
## # A tibble: 1 x 1
##   newVar1
##     <dbl>
## 1    164.
```

```
tb %>%
  summarise(newVar1 = mean(hp), newVar2 = median(qsec))
```

```
## # A tibble: 1 x 2
##   newVar1 newVar2
##     <dbl>   <dbl>
```

---

[5]summarize라고 쓸 수도 있다

```
## 1    147.    17.7
```

그리고 새롭게 생성된 열은 바로 다음 열에서 활용할 수도 있다(v3 = v1 + v2). 이는 데이터 프레임에서는 불가능하다.

```
tb %>%
  summarise(v1 = mean(hp), v2 = median(qsec), v3 = v1 + v2)


## # A tibble: 1 x 3
##      v1    v2    v3
##   <dbl> <dbl> <dbl>
## 1  147.  17.7  164.
data.frame(v1 = mean(tb$hp), v2 = median(tb$qsec), v3 = v1 + v2)


## Error in v1 + v2: 이항연산자에 수치가 아닌 인수입니다
```

5.3.4 집단별로 나누기

요약하는 함수 summarise는 그 자체로도 의미가 있지만 보통 집단을 나누는 함수 group_by와 함께 쓰인다. 함수 group_by는 특정한 열의 값에 따라 티블(또는 데이터 프레임)을 나누는 역할을 한다. 다음의 예를 보자.

```
tb3 %>%
  group_by(cyl)


## # A tibble: 3 x 4
## # Groups:   cyl [2]
##      hp   cyl  qsec `hp/cyl`
##   <dbl> <dbl> <dbl>    <dbl>
## 1   110     6  16.5     18.3
## 2   110     6  17.0     18.3
## 3    93     4  18.6     23.2
tb3_grp <- tb3 %>%
  group_by(cyl)
class(tb3_grp)


## [1] "grouped_df" "tbl_df"     "tbl"        "data.frame"
```

group_by의 결과는 그룹이 나눠진 티블로 데이터 프레임과도 호환이 된다(group_by의 결과에서 # Groups: cyl [2]를 주목하자). 집단이 나눠진 티블은 특히 summarise 함수나 do 함수와 함께 사용된다.

5.3.5 집단별로 요약하기

group_by와 summarise 함수를 %>%로 연결하여 주어진 티블을 집단별로 요약할 수 있다. 예를 들어 tb(mtcars)에서 자동 기어(automatic)와 수동 기어(manual)로 집단을 나눈 뒤, 0.25 마일 가속 시간(qsec)의 평균을 구하고자 한다면 다음의 명령을 활용할 수 있다.[6]

```
tb %>% group_by(am) %>% summarise(mean(qsec))
```

```
## # A tibble: 2 x 2
##      am `mean(qsec)`
##   <dbl>        <dbl>
## 1     0         18.2
## 2     1         17.4
```

위의 결과를 확인해보자. 수동(am = 0)일 때, 0.25 마일 가속 시간 평균은 18.2초이고, 자동(am=1)일 때, 0.25 마일 가속 시간 평균은 17.4초이다.

5.3.6 집단별로 나눈 티블에 대해 함수 적용하기

summarise()의 괄호 속 함수는 집단별 데이터를 요약한다. 이전 버전에서 range( )처럼 두 개의 값 (최소값과 최대값)을 반환하는 경우, 또는 head처럼 데이터 프레임을 반환하는 경우에 오류가 발생했지만, 최근 버전에서는 다음과 같이 결과가 나온다.

```
tb %>% summarise(range(hp))
```

```
## # A tibble: 2 x 1
##   `range(hp)`
##         <dbl>
## 1          52
## 2         335
```

집단별로 나눠진 티블(데이터테이블)에 대해 함수를 적용하여 데이터테이블이 반환되는 경우에는 do( ) 함수를 쓸 수 있다. 다음의 예를 보자.

```
tb %>%
  group_by(am) %>%
  do(head(., n = 2))
```

```
## # A tibble: 4 x 13
## # Groups:   am [2]
##     mpg   cyl  disp    hp  drat    wt  qsec    vs    am  gear  carb    V2
##   <dbl> <dbl> <dbl> <dbl> <dbl> <dbl> <dbl> <dbl> <dbl> <dbl> <dbl> <dbl>
## 1  21.4     6   258   110  3.08  3.22  19.4     1     0     3     1 2138.
## 2  18.7     8   360   175  3.15  3.44  17.0     0     0     3     2 2978.
## 3  21       6   160   110  3.9   2.62  16.5     0     1     4     4 1811.
## 4  21       6   160   110  3.9   2.88  17.0     0     1     4     4 1872.
## # ... with 1 more variable: V1 <dbl>
```

---

[6]마일(mile)의 의미는 부록 <측정단위>를 참조하기 바란다.

위의 예에서 tb는 열 am의 값에 따라 두 데이터 프레임을 나눠진 후, 각 데이터 프레임에 head(., n=2)가 적용된다. 이렇게 생성된 두 데이터 프레임이 합쳐져서 결과 데이터 프레임이 생성된다.

집단 별로 적용되는 함수는 결과가 데이터 프레임이어야 함을 유의하자. 예를 들어 summary 함수는 데이터 프레임을 입력으로 받지만 결과는 데이터 프레임이 아니다. 하지만 summary() 결과는 as.data.frame을 활용하여 쉽게 데이터 프레임으로 바꿀 수 있다.

```
tb %>% group_by(am) %>% do(summary(.))
```

```
## Error: Results 1, 2 must be data frames, not table
## Run `rlang::last_error()` to see where the error occurred.
```

```
tb %>% group_by(am) %>%
  do(as.data.frame(summary(.))) %>%
  slice(1:3)
```

```
## # A tibble: 6 x 4
## # Groups:   am [2]
##      am Var1  Var2      Freq
##   <dbl> <fct> <fct>     <chr>
## 1     0 ""    "    mpg" "Min.   :10.40  "
## 2     0 ""    "    mpg" "1st Qu.:14.95  "
## 3     0 ""    "    mpg" "Median :17.30  "
## 4     1 ""    "    mpg" "Min.   :15.00  "
## 5     1 ""    "    mpg" "1st Qu.:21.00  "
## # ... with 1 more row
```

5.3.7 dplyr을 활용하여 데이터 가공하기 종합

앞에서 소개한 함수들을 사용하여 주어진 데이터 프레임 tb에서 필요한 부분을 선별하고 집단별로 나눈 후 가공하는 절차는 보통 다음의 순서를 따른다.

```
tb %>% select() %>% filter() %>% group_by() %>%
    summarise(), do(), arrange(, .by_group=T)
```

5.4 dplyr의 기타 편의 기능

만일 동일한 함수를 여러 열에 동일하게 적용해야 한다고 생각해보자. **여러 열**은 모든 열일 수도 있고, 미리 정해진 일부 열일 수도 있고, 특정 조건을 만족하는 열일 수도 있다.

5.4.1 _all

앞서 새로운 열을 만들 때 mutate 함수를 사용했다. 예를 들어 mtcars의 qsec열에 지수함수 exp를 적용하여 새로운 열을 생성한다면 다음과 같다.

```
mtcars %>%
  mutate(exp(qsec)) %>%
  head(3)
```

```
##                mpg cyl disp  hp drat    wt  qsec vs am gear carb
## Mazda RX4     21.0   6  160 110 3.90 2.620 16.46  0  1    4    4
## Mazda RX4 Wag 21.0   6  160 110 3.90 2.875 17.02  0  1    4    4
## Datsun 710    22.8   4  108  93 3.85 2.320 18.61  1  1    4    1
##               exp(qsec)
## Mazda RX4      14076257
## Mazda RX4 Wag  24642915
## Datsun 710    120842669
```

만약 모든 열에 대해 지수 함수 exp를 적용해야 한다면 어떻게 해야 하나? 크게 다를 것이 없다. 단지 손이 힘들 뿐.[7]

```
mtcars %>%
  mutate(expMpg=exp(mpg), expCyl=exp(cyl), expDisp=exp(disp),
         expHp=exp(hp), expDrat=exp(drat), expWt=exp(wt),
         expQsec=exp(qsec), expVs=exp(vs), expAm=exp(am),
         expGear=exp(gear), expCarb=exp(carb)) %>%
  head(n=3)
```

```
##               mpg cyl disp  hp drat   wt  qsec vs am gear carb    expMpg
## Mazda RX4      21   6  160 110  3.9 2.62 16.46  0  1    4    4 1318815734
##              expCyl    expDisp      expHp  expDrat    expWt  expQsec
## Mazda RX4  403.4288 3.06985e+69 5.920972e+47 49.40245 13.73572 14076257
##            expVs    expAm  expGear  expCarb
## Mazda RX4      1 2.718282 54.59815 54.59815
## [ reached 'max' / getOption("max.print") -- omitted 2 rows ]
```

---

[7]저자는 다음의 코드를 활용했다. colnm0 <- colnames(mtcars); colnm <- colnames(mtcars); substr(colnm, 1,1) = toupper(substr(colnm, 1, 1)); colnm <- paste('exp', colnm, sep=''); paste('mutate(', paste(colnm, "=exp(", colnm0,")", sep='', collapse=', '), ')', sep='')

물론 이것도 하나의 방법이지만 처음 이 코드를 본 사람은 꽤나 어리둥절할 것이다. 하지만 이 코드가 수행하는 일은 '모든 열에 대해 지수함수 exp()를 적용하라'이다. 개념적으로는 꽤나 단순한 것이다. dplyr에서는 이렇게 모든 열에 동일한 함수를 적용하는 경우를 위해 mutate_all이라는 함수를 마련해 놓았다. mutate_all 함수를 쓴다면 위의 코드는 다음과 같이 단순해 진다.

```
mtcars %>%
  mutate_all(exp) %>%
  head(n = 3)
```

```
##                        mpg       cyl     disp           hp       drat
## Mazda RX4       1318815734 403.42879 3.069850e+69 5.920972e+47 49.40245
## Mazda RX4 Wag   1318815734 403.42879 3.069850e+69 5.920972e+47 49.40245
## Datsun 710      7978370264  54.59815 8.013164e+46 2.451246e+40 46.99306
##                        wt      qsec       vs       am     gear     carb
## Mazda RX4        13.73572  14076257 1.000000 2.718282 54.59815 54.598150
## Mazda RX4 Wag    17.72542  24642915 1.000000 2.718282 54.59815 54.598150
## Datsun 710       10.17567 120842669 2.718282 2.718282 54.59815  2.718282
```

하지만 두 코드는 완전히 동일하지는 않다. mutate의 경우 기존의 열이 보존되지만, mutate_all의 경우 기존의 열에 함수가 적용된 결과가 덮어씌워진다. 어쨌든 mutate_all의 _all은 모든 열에 적용됨을 시사한다. _all는 dplyr의 거의 모든 함수의 뒤에 붙어서 새로운 함수를 나타낸다. 그리고 열을 선택하는 방법을 나타내는 접미사는 _all 이외에도 _at과 _if가 있다.

5.4.2 _at과 _if

	_all	_at	_if
select	select_all	select_at	select_if
mutate	mutate_all	mutate_at	mutate_if
transmute	transmute_all	transmute_at	transmute_if
group_by	group_by_all	group_by_at	group_by_if
summarise	summarise_all	summarise_at	summarise_if

먼저 mutate를 활용해서 _at과 _if를 설명해보자. _at의 경우는 함수를 적용할 열의 이름이 변수(문자열 벡터)에 저장되어 있는 경우에 쓸 수 있다. 다음의 예제를 보자.

```
options(digits = 4)
colnm = c("cyl", "disp", "drat", "carb")
mtcars %>%
  mutate_at(colnm, exp) %>%
  head(n = 3)
```

```
##                  mpg   cyl  disp     hp  drat    wt  qsec vs am gear
## Mazda RX4       21.0 403.4 3.070e+69 110 49.40 2.620 16.46  0  1    4
## Mazda RX4 Wag   21.0 403.4 3.070e+69 110 49.40 2.875 17.02  0  1    4
## Datsun 710      22.8  54.6 8.013e+46  93 46.99 2.320 18.61  1  1    4
##                 carb
## Mazda RX4       54.598
## Mazda RX4 Wag   54.598
## Datsun 710       2.718
```

다른 열은 모두 보존이 되었고, 문자열 벡터의 원소 cyl, disp, drat에 해당하는 열에 지수함수 exp가 적용되었다. 그런데 생각해보면 열을 선택하는 명령은 따로 존재하지 않는가? 다음의 예와 비교를 해보자.

```
mtcars %>%
  select(starts_with('c'), starts_with('d')) %>%
  mutate_all(exp) %>%
  head(n=3)
```

```
##                   cyl   carb      disp  drat
## Mazda RX4       403.4 54.598 3.070e+69 49.40
## Mazda RX4 Wag   403.4 54.598 3.070e+69 49.40
## Datsun 710       54.6  2.718 8.013e+46 46.99
```

결과는 거의 똑같다. select의 경우는 열 이름을 따옴표 안에 쓰지 않아도 되고, starts_with, ends_with와 같은 함수도 쓸 수 있다는 장점이 있다. 만약 mutate_at 함수에서 select와 같은 방법으로 열을 선택하려면 vars라는 함수를 활용할 수 있다.

```
mtcars %>%
  mutate_at(vars(starts_with('c'), starts_with('d')),
            exp) %>%
  head(n=3)
```

```
##                    mpg    cyl    disp     hp  drat   wt   qsec   vs am gear
## Mazda RX4         21.0  403.4 3.070e+69  110 49.40 2.620 16.46   0  1   4
## Mazda RX4 Wag    21.0  403.4 3.070e+69  110 49.40 2.875 17.02   0  1   4
## Datsun 710        22.8   54.6 8.013e+46   93 46.99 2.320 18.61   1  1   4
##                  carb
## Mazda RX4         54.598
## Mazda RX4 Wag     54.598
## Datsun 710         2.718
```

마지막으로 mutate_if는 **특정한 조건을 만족하는 열만을 선택**해서 함수를 적용한다. 만약 열의 총합이 100 미만인 열에 대해서만 지수 함수 exp를 적용하고 싶다면 다음과 같다.

```
mtcars %>%
  mutate_if(function(x) { sum(x)<100 }, exp ) %>%
  head(n=3)
```

```
##                    mpg  cyl  disp  hp  drat    wt   qsec    vs    am gear carb
## Mazda RX4         21.0   6   160  110  3.90  2.620 16.46 1.000 2.718    4 54.598
## Mazda RX4 Wag    21.0   6   160  110  3.90  2.875 17.02 1.000 2.718    4 54.598
## Datsun 710        22.8   4   108   93  3.85  2.320 18.61 2.718 2.718    4  2.718
```

이때 한 가지 문제는 열의 이름이 보존되어 있기 때문에 지수 함수가 어떤 열에 적용되었는지 쉽게 알기 힘들다는 단점이 있다. 만약 새로운 열을 생성하면서 함수가 적용되지 않는 열은 제거하고 싶다면 transmute 함수를 사용한다. 다음의 예를 보면 transmute의 역할을 쉽게 이해할 수 있을 것이다.

```
mtcars %>%
  transmute(expCarb = exp(carb)) %>% head(n=3)
mtcars %>%
  transmute_if(function(x) { sum(x)<100 }, exp) %>% head(n=3)
```

```
##                 expCarb
## Mazda RX4        54.598
## Mazda RX4 Wag    54.598
## Datsun 710        2.718
##                    vs    am   carb
## Mazda RX4        1.000 2.718 54.598
## Mazda RX4 Wag   1.000 2.718 54.598
## Datsun 710       2.718 2.718  2.718
```

그리고 transmute_all의 결과를 예상해보면 mutate_all과 동일할 것이다.

transmute_if에서 function(x) { }는 열 벡터를 입력하면 참 또는 거짓의 진리값을 출력하는 함수이고, 이 함수를 통해 어떤 열에 함수를 적용할지가 결정된다. 이때 미리

5.4. DPLYR의 기타 편의 기능

마련된 함수가 있지 않다면 function(x) { }과 같은 부분이 추가될 것인데, dplyr에는 이 부분을 간단하게 만들 수 있는 방법이 있다. 다음의 예를 보자.

```
mtcars %>%
  transmute_if(function(x) sum(x) < 100, exp) %>%
  head(n = 3)
mtcars %>%
  transmute_if(~sum(.) < 100, exp) %>%
  head(n = 3)
```

```
##                    vs    am   carb
## Mazda RX4       1.000 2.718 54.598
## Mazda RX4 Wag   1.000 2.718 54.598
## Datsun 710      2.718 2.718  2.718
```

위의 코드에서 ~sum(.) < 100은 function(x) {sum(x) < 100}과 같은 역할을 하지만, 훨씬 간단하다. (파이썬의 lambda x: sum(x)<100과 비슷하다.) 다음과 같이 조건과 적용 함수에 모두 사용할 수도 있다.

```
mtcars %>%
  mutate_if(~ sum(.) >= 100,
            ~ paste(.,"+",sep="")) %>% head(n=3)
```

```
##                 mpg  cyl disp  hp  drat   wt    qsec  vs am gear carb
## Mazda RX4       21+  6+  160+ 110+ 3.9+ 2.62+  16.46+ 0  1  4+   4
## Mazda RX4 Wag   21+  6+  160+ 110+ 3.9+ 2.875+ 17.02+ 0  1  4+   4
## Datsun 710      22.8+ 4+ 108+ 93+ 3.85+ 2.32+ 18.61+ 1  1  4+   1
```

vars는 열을 선택할 때 편의를 제공한다. 다음의 예를 보고 그 의미를 파악해보자.

```
mtcars %>% transmute_at(vars(starts_with('d')), exp) %>% head(n=3)
```

```
##                    disp   drat
## Mazda RX4       3.070e+69 49.40
## Mazda RX4 Wag   3.070e+69 49.40
## Datsun 710      8.013e+46 46.99
```

제 6 장

날짜와 시간

시간은 생각보다 측정하기 까다롭다. 길이, 무게의 경우 1 m, 또는 1 kg의 기준이 되는 물건을 보관해 놓으면, 그 기준이 거의 바뀌지 않는다.[1] 하지만 시간의 경우는 어떠한가? 시간의 기준을 보관해 놓을 수 있을까?

예로부터 시간은 자연에서 관찰할 수 있는 반복적인 현상을 바탕으로 측정했다. 가장 대표적인 현상이 **해**의 뜨고 짐, 그리고 **달**의 뜨고 짐이다. 그래서 달력은 크게 태양의 주기 운동을 바탕으로 하는 **태양력**과 달의 운동을 바탕으로하는 **태음력**으로 나눠진다.

태양의 반복적인 주기를 통해 하루(1일)가 정해지면, 하루를 **24등분**하여 **시간**, 시간을 **60등분**하여 **분**을 정의할 수 있다. 이렇게 태양의 움직임을 바탕으로 정의된 시간을 **태양시**라고도 한다. 해시계가 있다면, 어렵지 않게 태양시를 측정할 수 있을 것이다.

태양시는 천구에서 보이는 태양이 정남쪽에서 시작해서 다시 정남쪽에 오게될 때까지를 24등분한 시간으로 지구의 자전과 공전에 의해 결정되는 시간이다. (지구는 자전을 하는 동시에 공전도 하기 때문에 지구가 한 바퀴보다 조금 더 돌아야 천구 상의 태양이 제자리로 돌아온다.) 지구는 태양을 중심으로 타원형의 공전 궤도를 지나기 때문에 공전 속도가 일정하지 않고, 지구의 자전 속도도 매우 조금씩(100년마다 0.00178초로 추정된다) 줄어든다. 따라서 **태양시**는 시간의 단위로 적합하지 않다.

이런 이유로 국제단위계(SI; Système International d'Unités)에서는 우선 **초**를 정밀하게 정의하고, 초의 60배를 **분**, 분의 60배를 **시**로 정의한다.

국제단위계에서 정의하는 **초**는 다음과 같다.

바닥 상태에 있는 세슘-133(Cs133) 원자가 두 개의 초미세 준위 사이를 전이할 때 발생하는 전자기파 복사가 9,192,631,770번 진동하는 시간

---

[1] 시간을 포함하여, 길이, 무게, 밝기 등의 측정 단위에 대해서는 <부록 측정단위>을 참조하세요.

무슨 말인지 모르겠지만 동기는 분명하다. **상황에 따라 변하지 않는 주기적인 자연현상**을 통해 현재 우리가 사용하는 초와 길이가 비슷한 새로운 초를 정의한 것이다. 이렇게 정의한 국제단위계의 **초**를 3600배하여 **시**를 정하고, 이렇게 정의된 시를 태양시와 구분하여 **원자시**라고도 한다.

하루는 모여 **달**(month)이 되고, 달은 모여 **년**(year)이 된다. 그리고 일상생활에서도 '한 달 뒤에 보자.'와 같은 얘기를 하지만, 여기서 한 달은 맥락없이 정확한 기간을 알 수 없다. 왜냐하면 2022년 2월은 28일로 구성되어 있지만, 8월은 31일로 구성되기 때문이다. '한 달 뒤'란 2022년 2월에는 '28일 후'이고, 2021년 8월에는 '31일 후'를 의미한다.

그리고 세상의 많은 나라들이 공통의 달력을 사용하지만, 역사상, 그리고 현재에도 여러 종류의 달력이 존재한다. 달과 년은 어떤 달력을 쓰느냐에 달라지기 마련이다.

유럽의 사람들은 1582년 10월 5일에 잠자리에 들어서 1582년 10월 15일 아침에 깨어 났다!

현재 세계적으로 통용되는 달력은 **그레고리력**이다. 우리가 흔히 **"양력"**으로 부르는 달력이다. **서양의 달력에는 1582년 10월 6일에서 10월 14일이 존재하지 않는다!** 과연 무슨 일이 일어난 것인가?

교황 그레고리 13세는 1582년 새로운 역법(달력)인 **그레고리력**을 만들고, 달력에서 10일을 지워버렸다!

'그레고리력' 이전의 달력을 '율리우스력'이라 부른다. 기원전 46년 로마의 카이사르는 율리우스력을 시행했다. 카이사르는 1년이 정확히 365.25일이라고 믿었기 때문에, 1년을 365일로 하고, 4년마다 윤년을 시행하였다. 윤년의 2월은 하루 늘어난 29일이 된다. **하지만 오호라!** 1년의 정확한 길이는 365.2422일 정도 되고, 365.25일보다 0.0078일(약 11분 14초) 짧아 128년에 1일의 편차가 생긴다! 이에 따라 1582년에는 계절과 율리우스력의 차이가 10일이나 생기게 되었다. (종교적 이유에서 그 당시에는 달력과 계절이 일치하는 것이 중요했다.)

이를 해결하기 위해 교황 그레고리 13세는 독일의 수학자인 클라비우스(Christoph Clavius, 1537-1612)의 도움을 받아 새로운 달력을 만들게 된다. 새로운 그레고리역은, **1582년 10월 6일 다음을 1582년 10월 15일로 정하여** 달력과 계절이 일치하도록 하였으며, 율리우스력에서 100으로 떨어지는 해는 윤년에서 제외하고, 그 중 400으로 떨어지는 단위는 다시 윤년으로 하여, 실제 1년과 달력의 1년의 차이를 0.0003일(26초)로 줄였다. 이를 계산하면 약 3300년마다 1일의 차이가 발생하는 셈이다.

이렇게 달력과 시간은 여러 가지 역사적, 천문학적(지구의 실제 공전 주기) 이유로 생각보다 복잡하게 정해진다.[2]

---

[2] 다음의 사이트 (https://www.fourmilab.ch/documents/calendar/)에서 여러 달력 간의 날짜 변환을 할 수 있다. R의 날짜는 그레고리력이다. 1582년 10월 15일의 어제 (as.Date('1582-10-15')-1)는 1582년 10월 14일로, 그레고리력이 쓰이지 않았던 날짜도 그레고리력으로 출력한다. 만약 그레고리력을 율리우스력으로 변환하고자 한다면, 현재는 업데이트 되지 않는 ConvCalender란 패키지를 http://cran.nexr.com/web/packages/ConvCalendar/index.html에서 다운로드받아 활용할 수 있다. install.packages('ConvCalendar_1.2.tar/ConvCalendar', repos=NULL, type='source'); li-

6.1 R의 날짜와 시간

R에서 날짜와 시간을 나타내는 데 쓰이는 클래스는 다음의 세 가지이다.

- Date : **날짜**를 나타낸다. 내부적으로 1970년 1월 1일 이후 경과된 일 수를 저장한다.
- POSIXct : **날짜-시간**을 나타낸다. 내부적으로 1970년 1월 1일에서 경과된 초 수와 타임존을 저장한다.
- POSIXlt : **날짜-시간**을 나타낸다. 내부적으로는 1900년에서 경과된 년수, 월, 일, 시간, 분, 초, 타임존 등을 리스트의 형태로 저장한다.

다음은 R 함수를 활용하여 현재 날짜와 시간을 구한 후 이를 저장하고 데이터 타입을 확인한다.

```
dateNow <- Sys.Date()
print(dateNow)
## [1] "2021-12-14"
class(dateNow)
## [1] "Date"

timeNow <- Sys.time()
print(timeNow)
## [1] "2021-12-14 19:09:40 KST"
class(timeNow)
## [1] "POSIXct" "POSIXt"
```

unclass는 dateNow와 timeNow에 날짜와 시간이 어떻게 저장되어 있는지를 보여준다. print.default()를 써도 된다.

```
unclass(dateNow)
## [1] 18975
print.default(dateNow)
## [1] 18975
## attr(,"class")
## [1] "Date"
unclass(timeNow)
## [1] 1.639e+09
print.default(timeNow)
## [1] 1.639e+09
## attr(,"class")
## [1] "POSIXct" "POSIXt"
```

---

brary(ConvCalendar); as.OtherDate(as.Date('1582-10-14'), 'julian')을 하면, 1582년 10월 14일의 율리우스력 1582년 10월 4일을 얻을 수 있다. 다양한 달력에 대해서는 다음의 사이트를 참고하자 (http://www.webexhibits.org/calendars/calendar.html).

6.2 날짜의 표기

날짜를 표기하는 방식은 나라마다, 그리고 상황에 따라 다르다. 우리나라는 '2022년 1월 3일'이라고 쓰고, 미국에서는 'Jan. 3. 2022'이라고 쓰며, 유럽에서는 '3. Jan. 2022'이라고 쓴다. 나라마다 다르게 표기될 수 있는 날짜를 R의 날짜(Date) 타입으로 변환할 때에는 주의를 해야 한다. 예를 들어 '01-03-2022'은 미국에서는 '2022년 1월 3일'이지만, 유럽(영국)에서는 '2022년 3월 1일'을 의미한다.

6.2.1 ISO 8601 날짜

ISO는 국제 표준을 만드는 국제기관으로 날짜를 표기하는 표준인 ISO 8601에서 명시하는 날짜 표기 표준은 다음과 같다.

스타일	표기	의미	예
기본형	(+-)YYYYMMDD	년월일	20220103
확장형	(+-)YYYY-MM-DD	년-월-일	2022-01-03
기본형	(+-)YYYYDDD	년일(1년의 몇번째 일)	2022003
확장형	(+-)YYYY-DDD	년-일(1년의 몇번째 일)	2022-003
기본형	(+-)YYYYWwwD	년주일	2022W013
확장형	(+-)YYYY-Www-D	년-W주-일	2022-W01-3

6.2.2 ISO 8601 시간

스타일	표기	의미
기본형	hhmmss(,ss)(Z)(+-hh(:)mm)	시분초(,100분의 1초)(Z)(타임존)
확장형	hh:mm:ss(,ss)(Z)(+-hh(:)mm)	년-월-일(,100분의 1초)(Z)(타임존)

- 기본형으로 061415,99는 6시 14분 15초 99를, 123544,01는 12시 35분 44초 01을 나타낸다.
- 확장형의 예로 06:14:15,99Z+09:00는 우리나라 시간(GMT+9)으로 6시 14분 15초 99를 나타낸다.

6.2.3 ISO 8601 날짜-시간

만약 날짜와 시간을 한꺼번에 나타내고자 한다면 날짜와 시간 사이를 바로 연결하거나 T 또는 공란으로 연결한다.

예를 들어 '2022년 1월 3일 16시 14분 15초 99"는 다음 중의 하나로 쓸 수 있다.

- 20220103161415,99
- 20220103T161415,99
- 20220103 161415,99

6.3 날짜 표기 변환

현재 시간을 ISO 8601의 날짜 시간 표기방법으로 나타내는 방법은 다음과 같다.

```
x <- Sys.time()
format(x, "%Y-%m-%d %H:%M:%S")
format(x, "%Y-%jT%H:%M:%S")
format(x, "%G-W%V-%u %H:%M:%S")
```

```
## [1] "2021-12-14 19:09:40"
## [1] "2021-348T19:09:40"
## [1] "2021-W50-2 19:09:40"
```

앞에서 날짜 표기를 변환할 때 쓰인 기호와 의미는 다음과 같다.

기호	의미
%Y	4자리 **년**
%G	4자리 **년**(년주일 형식에서 년)
%m	2자리 **월**
%d	2자리 (월 중) **일**(01-31)
%H	2자리 **시간**(00-23)
%M	2자리 **분**(00-59)
%S	2자리 **초**(00-59)
%j	3자리 (년 중) **일**(001-366)
%V	2자리 (년 중) **주**(01-53)
%u	1자리 (주 중) **일**(1-7, 1=월요일)

여기서 (년 중) **주**와 (주 중) **일**을 표기하는 방식은 다음에서 보듯이 여러 가지가 있다.

- (년 중) 주
    - %V : ISO 8601의 주와 일치한다. 1월 1일이 월, 화, 수, 목요일이면 새해의 첫째주, 금, 토, 일요일이면 지난 해의 마지막 주로 표기한다.
    - %U : 1월 1일이 일요일이면 첫번째 주, 그 밖에는 0번째 주로 표기한다.
- (주 중) 일
    - %u : **일**월화수목금토**일** 순서로 **7**123456**7**
    - %w : **일**월화수목금토**일** 순서로 **0**123456**0**

```
# "년-주-일"의 형식으로 만들 때에는 `%Y`가 아니라 `%G`를 써야 함을 주의하자.
# format()에서 날짜 형식을 위해 `%`가 쓰인다. `%%`라고 쓰면 문자 `%`가 된다.
for (y in 2022:2023)
  print(format(as.Date(paste0(y, '-12-30', sep='')),
               '%Y/%m/%d, %G-W%V-%u %%V=%V %%U=%U %%u=%u %%w=%w %%A=%A %%a=%a'))
```

```
## [1] "2022/12/30, 2022-W52-5 %V=52 %U=52 %u=5 %w=5 %A=금요일 %a=금"
## [1] "2023/12/30, 2023-W52-6 %V=52 %U=52 %u=6 %w=6 %A=토요일 %a=토"
```

6.4 날짜시간 표기 인식

6.4.1 ISO 8601

위에서 소개한 ISO 8601의 날짜 표기를 날짜 타입으로 정확하게 인식하기 위해서는 as.Date('', format='')의 format=에 정확한 값을 넣어야 한다.

표기	의미	예	날짜로 변환
(+-)YYYYMMDD	년월일	20250103	format='%Y%m%d'
(+-)YYYY-MM-DD	년-월-일	2025-01-03	format='%Y-%m-%d'
(+-)YYYYDDD	년일(1년의 몇번째 일)	2025003	format='%Y%j'
(+-)YYYY-DDD	년-일(1년의 몇번째 일)	2025-003	format='%Y-%j'
(+-)YYYYWwwD	년주일	2025W013	parse_iso_8601()
(+-)YYYY-Www-D	년-W주-일	2025-W01-3	parse_iso_8601()

```
library(parsedate)
as.Date("20210102", format = "%Y%m%d")
as.Date(parse_iso_8601("20210102"))
as.Date("2021-01-02", format = "%Y-%m-%d")
as.Date(parse_iso_8601("2021-01-02"))
```

```
## [1] "2021-01-02"
## [1] "2021-01-02"
## [1] "2021-01-02"
## [1] "2021-01-02"
```

```
as.Date('2021002', format='%Y%j'); as.Date(parse_iso_8601('2021002'))
as.Date('2021-002', format='%Y-%j'); as.Date(parse_iso_8601('2021-002'))
```

```
## [1] "2021-01-02"
## [1] "2021-01-02"
## [1] "2021-01-02"
## [1] "2021-01-02"
```

%V의 경우는 as.Date의 format=에 사용될 수 없다. 따라서 YYY-Www-D 형식의 문자열을 날짜 타입으로 바꾸려면 parsedate::parse_iso_8601()함수를 사용하는 게 편하다. 이때 타임존이 'UTC'로 설정되므로 적절하게 바꿔줘야 함을 유의하자.

```
as.Date(parse_iso_8601("2022W536"))
as.Date(parse_iso_8601("2022-W53-6"))
```

```
## [1] "2023-01-07"
## [1] "2023-01-07"
```

6.4.2 일상적인 날짜시간 표기 인식

앞에서도 얘기했듯이 미국에서는 Jan. 1, 2022 또는 January 1 2022과 같은 표기를 자주 쓴다. 이를 R에서 날짜타입으로 인식하려면 Jan 또는 January를 1월로 인식해야 한다. 한 가지 방법은 Sys.setlocale("LC_ALL", "English")을 통해 잠시 **지역 설정**을 미국으로 변경하는 것이다.[3] (하지만 RStudio[4]에서는 되도록 Sys.setlocale()로 LC_CTYPE과 LC_ALL을 변경하지 말라고 권장한다.)

```
library(magrittr)
as.Date('Jan 04 2022', format='%b %d %Y')
as.Date('January 04 2022', format='%B %d %Y')
# Windows: Sys.getlocale("LC_ALL") %>% strsplit(";")
# 만약 여러 운영체제에서 실행이 가능하도록 하려면,
# strsplit()은 <문자열>장, switch()은 <흐름 제어와 함수>장을 참조바란다.
lc_sys <- Sys.info()[["sysname"]]
lc_sep <- switch(lc_sys,
                 "Darwin"=, "SunOS" = "/",
                 "Linux" =, "Windows" = ";")
# 여기서 switch()는 lc_sys가 "Darwin" 또는 "SunOS"이면 "/"를
#                   "Linux" 또는 "Windows"이면 ";"를 반환한다.
Sys.getlocale("LC_ALL")
```

```
## [1] NA
## [1] NA
## [1] "LC_CTYPE=ko_KR.UTF-8;LC_NUMERIC=C;LC_TIME=ko_KR.UTF-8;LC_COLLATE=ko_KR.UTF-8;LC_MONETARY=ko_KR.UTF-8;LC_MESSAGES=ko_KR.UTF-8;LC_PAPER=ko_KR.UTF-8;LC_NAME=C;LC_ADDRESS=C;LC_TELEPHONE=C;LC_MEASUREMENT=ko_KR.UTF-8;LC_IDENTIFICATION=C"
```

Sys.getlocale() 또는 Sys.setlocale()의 출력을 쉽게 확인하기 힘들기 때문에 utils.R에 printlocales()라는 새로운 함수를 만들었다. source('utils.R')로 함수를 불러들인다.

```
source("utils.R")
printlocales()
```

```
##      LC_CTYPE = ko_KR.UTF-8
##      LC_NUMERIC = C
##      LC_TIME = ko_KR.UTF-8
```

---

[3]Sys.setlocale()로 지역을 설정하는 방법은 운영체제에 따라 다르다. 예를 들어 시간 설정을 독일로 하려면 대부분의 리눅스(Linux)에서는 Sys.setlocale("LC_TIME","de_DE"), 윈도우에서는 Sys.setlocale("LC_TIME", "German")으로 쓴다. 이 책의 결과는 별다른 얘기가 없다면 Linux의 결과이지만, 여러 운영체제에서 실행이 가능하도록 하였다. 윈도우와 리눅스 모두 가능한 로케일은 system("locale -a", intern = TRUE)로 확인할 수 있다. 우분투에서는 sudo apt-get install -y locales locales-all로 모든 로케일을 설치할 수 있다. ?Sys.setlocale(Sys.setlocale 도움말)도 참조하기 바란다.

[4]https://support.rstudio.com/hc/en-us/articles/200532197-Character-Encoding-in-the-RStudio-IDE

```
##  LC_COLLATE = ko_KR.UTF-8
##  LC_MONETARY = ko_KR.UTF-8
##  LC_MESSAGES = ko_KR.UTF-8
##  LC_PAPER = ko_KR.UTF-8
##  LC_NAME = C
##  LC_ADDRESS = C
## LC_TELEPHONE = C
## LC_MEASUREMENT = ko_KR.UTF-8
## LC_IDENTIFICATION = C
if (lc_sys == "Windows") {
  Sys.setlocale("LC_ALL", "English") %>%
    strsplit(lc_sep)  # Window
} else {
  Sys.setlocale("LC_ALL", "en_US.UTF-8") %>%
    strsplit(lc_sep)  # Linux
}
as.Date("Jan 04 2022", format = "%b %d %Y")
as.Date("January 04 2022", format = "%B %d %Y")

## [[1]]
##  [1] "LC_CTYPE=en_US.UTF-8"      "LC_NUMERIC=C"
##  [3] "LC_TIME=en_US.UTF-8"       "LC_COLLATE=en_US.UTF-8"
##  [5] "LC_MONETARY=en_US.UTF-8"   "LC_MESSAGES=ko_KR.UTF-8"
##  [7] "LC_PAPER=ko_KR.UTF-8"      "LC_NAME=C"
##  [9] "LC_ADDRESS=C"              "LC_TELEPHONE=C"
## [11] "LC_MEASUREMENT=ko_KR.UTF-8" "LC_IDENTIFICATION=C"
##
## [1] "2022-01-04"
## [1] "2022-01-04"
```

package:lubridate의 ymd(), ydm(), dmy() 등의 함수를 활용하면 좀 더 편하게 일상적인 날짜 표기를 날짜 타입으로 변환할 수 있다. 하지만 다음의 예를 보면 영어를 제외한 언어에서는 문제가 있어 보인다. 이런 결과는 아마도 플랫폼(예. 윈도우, 유닉스 등)에 따라 달라질 것이다.[5]

```
as.Date("March 01 2022", format = "%B %d %Y")
# Mars는 프랑스어로 3월을 의미한다.
as.Date("Mars 01 2022", format = "%B %d %Y")
```

---

[5] 플랫폼에 관계없이 실행되는 코드를 사용하려면 stringi 패키지를 활용할 수 있다. 예를 들어 Sys.setlocale()을 사용하지 않고 프랑스어 Mars 01 2022를 날짜로 변환하려면 다음과 같이 쓸 수 있다. tz = 'Asia/Seoul'; stri_datetime_parse('Mars 01 2022 00:00:00', 'MMMM dd yyyy HH:mm:ss', locale='fr', tz=tz) %>% as.Date(tz = tz)

6.4. 날짜시간 표기 인식

```
## [1] "2022-03-01"
## [1] NA
lc <- switch(lc_sys,
             "Darwin"= , "SunOS"= , "Linux" = "fr_FR",
             "Windows" = "French")
mdy('March 01 2022', locale=lc)
mdy('Mars 01 2022', locale=lc) # 로케일을 프랑스로 바꾸도 제대로 인식되지 않음

## [1] "2022-03-01"
## [1] "2022-01-20"
```

wday(, label=TRUE), month(, label=TRUE) 등의 결과는 다음과 같다.[6]

```
lc_french <- switch(lc_sys,
             "Darwin"= , "SunOS" = , "Linux" = "fr_FR",
             "Windows" = "French")
lc_german <- switch(lc_sys,
             "Darwin"= , "SunOS" = , "Linux" = "de_DE",
             "Windows" = "German")
wday(today(), label = TRUE, abbr = FALSE, locale = lc_german)
## [1] Dienstag
## 7 Levels: Sonntag < Montag < Dienstag < Mittwoch < ... < Samstag
wday(today(), label = TRUE, abbr = FALSE, locale = lc_french)
## [1] mardi
## 7 Levels: dimanche < lundi < mardi < mercredi < jeudi < ... < samedi
month(today(), label = TRUE, abbr = FALSE, locale = lc_german)
## [1] Dezember
## 12 Levels: Januar < Februar < M<e4>rz < April < Mai < Juni < ... < Dezember
month(today(), label = TRUE, abbr = FALSE, locale = lc_french)
## [1] d<e9>cembre
## 12 Levels: janvier < f<e9>vrier < mars < avril < mai < ... < d<e9>cembre
```

날짜와 시간을 동시에 인식하기 위해서는 strptime()/as.POSIXct() 또는 ymd_hms() 류의 함수를 사용할 수 있다.

- strptime()과 as.POSIXct()의 경우 타임존을 정해주지 않고 현재 사용하고 있는 타임존으로 설정된다. 현재 타임존은 Sys.timezone()으로 알 수 있다.
- ymd_hms()의 경우 tz=로 타임존을 정해주지 않으면 타임존의 기본값은 UTC이다.
- tz= 설정 시 tz='KST'는 작동하지 않는다. tz='Asia/Seoul'로 해야 한다.

```
if (.Platform$OS.type == "windows") {
  Sys.setlocale("LC_ALL", "English") %>%
```

---

[6]저자의 실험 경우 운영체제 및 로케일 설정에 따라 결과가 달랐다. 뒤에서 설명하는 stringi의 함수를 사용하면 stringi::stri_datetime_format(today(), format="MMMM", locale='fr_FR')

```r
    strsplit(";")  # Window
} else {
  Sys.setlocale("LC_ALL", "en_US.UTF-8") %>%
    strsplit(";")  # Unix
}
as.POSIXct("March 01 2022 11:13:22", format = "%B %d %Y %H:%M:%S")
strptime("March 01 2022 11:13:22", format = "%B %d %Y %H:%M:%S")
mdy_hms("March 01 2022 11:13:22")
mdy_hms("March 01 2022 11:13:22", tz = "Asia/Seoul")
```

```
## [[1]]
##  [1] "LC_CTYPE=en_US.UTF-8"        "LC_NUMERIC=C"
##  [3] "LC_TIME=en_US.UTF-8"         "LC_COLLATE=en_US.UTF-8"
##  [5] "LC_MONETARY=en_US.UTF-8"     "LC_MESSAGES=en_US"
##  [7] "LC_PAPER=ko_KR.UTF-8"        "LC_NAME=C"
##  [9] "LC_ADDRESS=C"                "LC_TELEPHONE=C"
## [11] "LC_MEASUREMENT=ko_KR.UTF-8"  "LC_IDENTIFICATION=C"
## 
## [1] "2022-03-01 11:13:22 KST"
## [1] "2022-03-01 11:13:22 KST"
## [1] "2022-03-01 11:13:22 UTC"
## [1] "2022-03-01 11:13:22 KST"
```

```r
if (.Platform$OS.type == "windows") {
  Sys.setlocale("LC_ALL", "French") %>%
    strsplit(";")  # Window
} else {
  Sys.setlocale("LC_ALL", "fr_FR.UTF-8") %>%
    strsplit(";")  # Unix
}
as.POSIXct("Mars 01 2022 11:13:22", format = "%B %d %Y %H:%M:%S")
strptime("Mars 01 2022 11:13:22", format = "%B %d %Y %H:%M:%S")
mdy_hms("Mars 01 2022 11:13:22")
mdy_hms("Mars 01 2022 11:13:22", tz = "Asia/Seoul")
```

```
## [[1]]
##  [1] "LC_CTYPE=fr_FR.UTF-8"        "LC_NUMERIC=C"
##  [3] "LC_TIME=fr_FR.UTF-8"         "LC_COLLATE=fr_FR.UTF-8"
##  [5] "LC_MONETARY=fr_FR.UTF-8"     "LC_MESSAGES=en_US"
##  [7] "LC_PAPER=ko_KR.UTF-8"        "LC_NAME=C"
##  [9] "LC_ADDRESS=C"                "LC_TELEPHONE=C"
## [11] "LC_MEASUREMENT=ko_KR.UTF-8"  "LC_IDENTIFICATION=C"
## 
## [1] "2022-03-01 11:13:22 KST"
## [1] "2022-03-01 11:13:22 KST"
```

```
## [1] "2022-01-20 11:13:22 UTC"
## [1] "2022-01-20 11:13:22 KST"
```

위에서 봤듯이 날짜-시간 표기의 의미는 타임존에 따라 달라진다. 한국시간 (tz='Asia/Seoul') March 01 2022 11:13:22는 그린위치 천문대의 시간(tz='GMT') March 01 2022 11:13:22보다 9시간 빠르다.

- R이 현재 사용하고 있는 타임존은 Sys.timezone()으로 알 수 있다.
- R이 사용하는 타임존을 바꾸려면 Sys.setenv(TZ='')을 통해 바꿀 수 있다.
- Sys.setsen(TZ='')에서 TZ=에 사용할 수 있는 타임존의 이름은 OlsonNames()로 확인할 수 있다. 세계 타임존은 **부록**에서 확인할 수 있다.

6.5 날짜, 시간 연산

문자열로 저장되어 있는 날짜(시간) 표기를 날짜형 또는 날짜시간형으로 바꾼다면 여러 가지 연산을 할 수 있어서 편리하다.

```
t0 <- as.POSIXct("2022-01-01 00:00:00")
t1 <- as.POSIXct("2023-01-01 00:00:00")
t1 - t0
difftime(t1, t0, units = "weeks")
difftime(t1, t0, units = "hours")
```

```
## Time difference of 365 days
## Time difference of 52.14 weeks
## Time difference of 8760 hours
```

```
t0s <- format(t0, format = "%Y-%m-%d %H:%S:%M")
t1s <- format(t1, format = "%Y-%m-%d %H:%S:%M")
t1s - t0s
```

```
## Error in t1s - t0s: non-numeric argument to binary operator
```

```
difftime(t1s, t0s, units = "weeks")
difftime(t1s, t0s, units = "hours")
```

```
## Time difference of 52.14 weeks
## Time difference of 8760 hours
```

위에서 보듯이 - 연산은 날짜형에서만 가능하다.(문자열에서 -는 정의되지 않았다.)

difftime은 문자열에 대해서도 작동한다(버전 3 이하에서는 결과값이 부정확했다).

```
t0s <- format(t0, format = "%d-%m-%Y %H:%S:%M")
t1s <- format(t1, format = "%d-%m-%Y %H:%S:%M")
t1s - t0s
```

```
## Error in t1s - t0s: non-numeric argument to binary operator
```

```
difftime(t1s, t0s, units = "weeks")
difftime(t1s, t0s, units = "hours")

## Time difference of 0 weeks
## Time difference of 0 hours
```

6.6 날짜(시간)의 특정한 정보 참조

- R의 기본 함수 (x가 Date, POSIXct, 또는 POSIXlt 클래스일 때)

함수	의미	지역 설정[7]
julian(x)	1970년 1월 1일 이후 몇번째 일	"Korean"
julian(x, origin =)	origin 이후 몇번째 일	"Korean"
quartes(x)	분기(Q1, Q2, Q3, Q4)	"Korean"
months(x)	월(1월, 2월, 3월, ⋯)	"Korean"
months(x)	월(January, Februrary, March, ⋯)	"English"
months(x, abbr = TRUE)	월(1, 2, 3, ⋯)	"Korean"
months(x, abbr = TRUE)	월(Jan, Feb, Mar, ⋯)	"English"
weekdays(x)	요일(월요일, 화요일, 수요일, ⋯)	"Korean"
weekdays(x)	요일(Monday, Tuesday, Wednesday, ⋯)	"English"
weekdays(x, abbr = TRUE)	요일(월, 화, 수, ⋯)	"Korean"
weekdays(x, abbr = TRUE)	요일(Mon, Tue, Wed, ⋯)	"English"

- lubridate 패키지의 함수 : 다음 페이지의 날짜를 갱신하는데 쓰이는 함수는 참조할 때에도 사용할 수 있다.

6.7 날짜(시간) 갱신

기존의 날짜 또는 시간의 일부분을 바꾸려고 한다면 package:lubridate의 day(), month() 등이 요긴하다.

함수	의미	함수	의미
year()	년	month()	월
week()	주	yday()	(년 중) 일(1-366)
mday()	(월 중) 일(1-31)		
day()	(월 중) 일	wday()	(주 중) 일(1-7, 1: 일)
hour()	시	minute()	분
second()	초		
tz()	타임존	dst()	써머타임(Daylight Saving Time)의 여부

---

[7]Sys.setlocale("LC_ALL", "Korean") 또는 Sys.setlocale('LC_TIME', 'Korean')의 방법으로 지역 설정을 변경한다.

6.7. 날짜(시간) 갱신

year(), month(), week(), day() 날짜 데이터에서 년, 월, 주, 일 정보를 얻거나 수정할 때 사용할 수 있다.

```
t <- Sys.time()
t
year(t); year(t) <- 2030; t
month(t); month(t) <- 1; t
week(t); week(t) <- 2; t
day(t); day(t) <- 2; t
```

```
## [1] "2021-12-14 19:09:41 KST"
## [1] 2021
## [1] "2030-12-14 19:09:41 KST"
## [1] 12
## [1] "2030-01-14 19:09:41 KST"
## [1] 2
## [1] "2030-01-14 19:09:41 KST"
## [1] 14
## [1] "2030-01-02 19:09:41 KST"
```

yday(), mday(), wday()는 일을 년, 월, 주를 기준으로 구해준다. 이 함수들의 장점은 yday()<-367와 같은 경우에도 '다음해 1일' 또는 '다음해 2일'로 적절하게 수정해준다.[8]

```
yday(t); yday(t) <- 1; t
yday(t); yday(t) <- 366; t
mday(t); mday(t) <- 2; t # same as day(t)
wday(t); wday(t) <- 3; t
wday(t, label=TRUE); wday(t);
wday(t) <- 1; t
```

```
## [1] 2
## [1] "2030-01-01 19:09:41 KST"
## [1] 1
## [1] "2031-01-01 19:09:41 KST"
## [1] 1
## [1] "2031-01-02 19:09:41 KST"
## [1] 5
## [1] "2030-12-31 19:09:41 KST"
## [1] 화
## Levels: 일 < 월 < 화 < 수 < 목 < 금 < 토
## [1] 3
## [1] "2030-12-29 19:09:41 KST"
```

---

[8]1년은 보통 365일이며, 윤년에는 366일이다.

hour(), minute(t), second(t)로 시, 분, 초를 구하거나 수정할 수 있으며, tz()는 타임 존을 dst()는 Daylight Saving Time(써머타임 ; 여름에 긴 일조시간을 활용하기 위해 시간을 한 시간 정도 앞당기는 것)을 의미한다. dst()는 수정이 불가능하니 유의하자.

```
hour(t); hour(t) <- 12; t
## [1] 19
## [1] "2030-12-29 12:09:41 KST"
minute(t); minute(t) <- 41; t
## [1] 9
## [1] "2030-12-29 12:41:41 KST"
second(t); second(t) <- 12; t
## [1] 41.43
## [1] "2030-12-29 12:41:12 KST"
tz(t) ; tz(t) <- "GMT"; t
## [1] ""
## [1] "2030-12-29 12:41:12 GMT"
dst(t); dst(t) <- TRUE; t # Daylight Saving Time
## [1] FALSE
## Error in dst(t) <- TRUE: could not find function "dst<-"
## [1] FALSE
## [1] "2030-12-29 12:41:12 GMT"
```

wday()는 ISO 8601과 다르다. options('lubridate.week.start'=)을 사용하여 wday() 의 결과를 ISO8601과 일치하도록 만들 수 있다.

```
format(as.Date(parse_iso_8601('2022-W53-6')), "%A")
# 'lubridate.week.start'=1이면
#월=1, 화=2, 수=3, 목=4, 금=5, 토=6, 일=7
options('lubridate.week.start'=1)
wday(as.Date(parse_iso_8601('2022-W53-6')))
# 'lubridate.week.start'=2이면
# 화(2)=1, 수=2, 목=3, 금=4, 토=5, 일=6, 월=7
options('lubridate.week.start'=2)
wday(as.Date(parse_iso_8601('2022-W53-6')))
## [1] "토요일"
## [1] 6
## [1] 5
```

마지막으로 타임존을 변경할 때에는 다음의 두 가지 방법이 있다. * 앞에서처럼 날짜 시간을 그대로 두고 타임존만 바꾸는 경우: 시간이 변한다. tz() <- * 주어진 날짜 시간을 타임 존을 바꾸서 표기하려고 하는 경우: 시간이 변하지 않는다. 표기법만 달라진다. with_tz(, tzone=" ")

6.8. 몇 가지 유의사항

```
t <- Sys.time()
t
tz(t) <- "GMT"    # 또는 force_tz(t, tzone='GMT')
t
with_tz(t, "Asia/Seoul")
```

```
## [1] "2021-12-14 19:09:41 KST"
## [1] "2021-12-14 19:09:41 GMT"
## [1] "2021-12-15 04:09:41 KST"
```

6.8 몇 가지 유의사항

- ifelse()의 결과는 클래스 POSIXct와 Date를 보존하지 않는다.

```
vdate <- c(Sys.Date(), as.Date(c("2000-01-01", "2022-01-18", "2030-12-31")))
# vposix <- c(Sys.time(), as.POSIXct(c('2000-01-01', '2022-01-18 13:00',
#   '2030-12-31 23:59')))
ifelse(vdate > as.Date("2010-10-10"), vdate + 3, vdate - 2)
```

```
## [1] 18978 10955 19013 22282
```

```
# ifelse(vposix > as.POSIXct('2010-10-10 01:44:33'),
# vposix+as.difftime(3, units='days'), vdate-as.difftime(10,
# units='mins'))
```

- dplyr::case_when()은 클래스 POSIXct와 Date를 보존한다. 만약 ifelse()를 쓴다면 마지막에 as.Date()를 할 수도 있다.

```
dplyr::case_when(vdate > as.Date("2010-10-10") ~ vdate + 3, TRUE ~ vdate -
  2)
```

```
## [1] "2021-12-17" "1999-12-30" "2022-01-21" "2031-01-03"
```

```
# as.Date(ifelse(vdate > as.Date('2010-10-10'), vdate+3, vdate-2),
# origin = '1970-01-01')
```

6.9 활용 예

나는 서울에서 프랑스 파리로 건너 왔다. 매니저가 2021년 1월 1일 오후 1시에 전화를 하겠다고 한다. 나는 당연히 프랑스 파리 시간이라고 생각했다(t0). 하지만 매니저는 서울 시간이라고 한다(t1). 이 시간을 파리 시간으로 바꾸면 오전 5시이다(t2). 나는 도저히 오전 5시에는 일어나지 못한다. 그래서 7시간만 늦추자고 했다(t3). 이 시간은 한국 서울 시간으로 오후 8시가 될 것이다(t4). 적절한 시간이다!

```
t0 <- as.POSIXct("2021-01-01 13:00:00", tz='Europe/Paris'); t0
t1 <- t0; tz(t1) <- "Asia/Seoul"; t1
t2 <- with_tz(t1, tzone='Europe/Paris'); t2
t3 <- t2; hour(t3) <- hour(t3) + 7; t3
t4 <- with_tz(t3, tzone='Asia/Seoul'); t4

## [1] "2021-01-01 13:00:00 CET"
## [1] "2021-01-01 13:00:00 KST"
## [1] "2021-01-01 05:00:00 CET"
## [1] "2021-01-01 12:00:00 CET"
## [1] "2021-01-01 20:00:00 KST"
```

앞의 예에서 t1과 t2를 출력해보면 표기되는 시간은 다르지만, t1==t2는 TRUE이다!

```
print(t1)
print(t2)
t1 == t2

## [1] "2021-01-01 13:00:00 KST"
## [1] "2021-01-01 05:00:00 CET"
## [1] TRUE
```

6.10 stringi 패키지

날짜는 나라마다 다르게 표시한다. 그래서 앞에서 `Sys.setlocale()`을 통해 지역 설정을 했다. 하지만 나라 등을 나타내는 기호가 운영체제에 따라 다르기 때문에 윈도우에서 사용하던 소스코드를 리눅스에서 실행하면 오류가 발생할 수 있다.

stringi 패키지는 ICU(International Component for Unicode)를 기반으로 작성되어 **로케일 설정이 표준화되어 있다.**[9] 여기서는 stringi의 로케일을 소개하고, 이어서 stringi의 함수를 활용하여 날짜와 시간을 다루는 방법을 알아본다.

6.10.1 stringi의 로케일

stringi 패키지에서 사용하는 로케일은 운영 체제에 따라 달라지지 않는다. 로케일은 다음의 세 가지 종류가 있다.

- Language : 2글자 언어 코드
- Language_Country : 2글자 언어 코드와 2글자 국가 코드
- Language_Country_Variant : 2글자 언어 코드_2글자 국가 코드_변이

---

[9]<<문자열>>에서 확인하겠지만 Unicode(유니코드)란 전세계의 모든 글자를 통합하기 위해 만들어졌다. ICU는 유니코드를 기반으로 나라마다 다른 날짜 표기, 숫자 표기 등을 손쉽게 처리하기 위해 만들어진 프로그램이다.

6.10. STRINGI 패키지

이때 2글자 언어 코드는 ISO-639-1 표준을 사용하며, 2글자 국가 코드는 ISO-3166 표준을 사용한다. 다음은 몇몇 주요 언어와 국가 코드를 보여준다. 한국(KR), 북한(KP), 한국어(ko)를 사용하면 ko(한국어), ko_KR(대한민국 한국어), ko_KP(북한 한국어)를 만들 수 있다.

언어(국문)	언어(영문)	639-1	639-2/T	639-2/B
한국어	Korean	ko	kor	kor
영어	English	en	eng	eng
중국어	Chinese	zh	zho	chi
일본어	Japanese	ja	jpn	jpn
힌디어	Hindi	hi	hin	hin
스페인어	Spanish	es	spa	spa
프랑스어	French	fr	fra	fre
아랍어	Arabic	ar	ara	ara
벵골어	Bengali	bn	ben	ben
러시아어	Russian	ru	rus	rus
포르투갈어	Portuguese	pt	por	por
인도네시아어	Indonesian	id	ind	ind
베트남어	Vietnamese	vi	vie	vie
독일어	German	de	deu	ger

stringi의 로케일은 stringi 함수의 매개변수 locale=에 설정하거나, stringi::stri_locale_set()으로 매개변수 locale=의 기본값으로 설정한다. stringi의 로케일은 Sys.getlocale() 또는 Sys.setlocale()의 설정과는 별개로 운영된다.

나라(국문)	나라(영문)	숫자코드	alpha-2	alpha-3	사용 언어
한국	Korea, Republic of	410	KR	KOR	ko
북한	Korea, ⋯	408	KP	PRK	ko
미국	United States of America	840	US	USA	en
중국	China	156	CN	CHN	zh
일본	Japan	392	JP	JPN	ja
인도네시아	Indonesia	360	ID	IDN	id
파키스탄	Pakistan	586	PK	PAK	pa, ur, ⋯
브라질	Brazil	076	BR	BRA	pt
나이지리아	Nigeria	566	NG	NGA	
러시아 연방	Russia Federation	643	RU	RUS	ru
베트남	Viet Nam	704	VN	VNM	vi
홍콩	Hong Kong	344	HK	HKG	en, zh
인도	India	356	IN	IND	hi
싱가포르	Singapore	702	SG	SGP	
멕시코	Mexico	484	MX	MEX	es
독일	Germany	276	DE	DEU	de
호주	Australia	040	AU	AUS	en
사우디아라비아	Saudi Arabia	682	SA	SAU	ar
카타르	State of Qatar	634	QA	QAT	ar

예를 들어 독일어 또는 영어로 설정한 후 날짜를 출력해보자.

```
library(stringi)
stri_locale_set('de') # stri_datetime_xxxx 함수의 기본 로케일을 독일어로
```

```
## You are now working with stringi_1.7.6 (de.UTF-8; ICU4C 63.1 [system#U_CHARSET_IS_UTF8];
```

```
stri_datetime_format(as.POSIXct('2023-01-01 13:00'), 'yyyy MMMM dd EEEE')
```

```
## [1] "2023 Januar 01 Sonntag"
```

```
# stri_datetime_xxxx()는 별도의 기호를 사용한다. 예) yyyy = 4자리 연도
format(as.Date('2024-01-01'), '%Y %B %d %A %a') # 내장함수의 로케일은 여전히 한글
```

```
## [1] "2024 1월 01 월요일 월"
```

```
# stri_datetime_xxxx 함수의 로케일을 직접 설정하는 방법
stri_datetime_format(Sys.time(), 'MMMM dd yyyy EEEE', locale='en')
```

```
## [1] "December 14 2021 Tuesday"
```

```
#"%Y-%m-%d"을 stri_datetime_xxxx()에 사용하는 기호로 변환하려면 stri_datetime_fstr()
stri_datetime_format(as.POSIXct('2025-01-01 13:00'),
                     stri_datetime_fstr('%B %d %Y %a'), locale='zh')
```

```
## [1] "一月 01 2025 周三"
```

중국어의 요일은 우리나라와 달리 周三(세 번째 요일)이라고 쓴다.

6.10.2 stringi의 날짜시간 함수

사용 언어에 따라 날짜가 달라지는 부분은 년/**월**/일/**요일** 중에서 월과 요일이다. 여기서는 stringi 패키지를 활용하여 날짜를 출력하고 다시 인식해본다.

2022년 4월 1일을 스페인어로 출력해보자. 스페인어에서 날짜를 길게 쓸 때에는 'de 월 de 년'의 형식으로 쓰는데, 영어와 다르게 월을 나타내는 단어의 첫 글자는 소문자이다.

```
(x <- stri_datetime_format(as.Date('2023-02-14'),
                           format= "dd 'de' MMMM 'de' yyyy, cccc[VV]",
                           locale = 'es', tz = 'Europe/Madrid'))
```

```
## [1] "14 de febrero de 2023, martes[Europe/Madrid]"
```

```
stri_datetime_parse(x, # "01 de abril de 2022"
                    format= "dd 'de' MMMM 'de' yyyy",
                    locale = 'es', tz= 'Europe/Madrid')
```

```
## [1] "2023-02-14 11:09:41 CET"
```

짧은 형식은 다음과 같다.

```
(x <- stri_datetime_format(as.Date('2023-02-14'),
                    format= "dd-MMM-yyyy, ccc[VVVV]",
                    locale = 'es', tz= 'Europe/Madrid'))
## [1] "14-feb.-2023, mar.[hora de España]"
stri_datetime_parse(x, # 14-feb-2023, mar[hora de España]
                    format= "dd-MMMM-yyyy",
                    locale = 'es', tz= 'Europe/Madrid')
## [1] "2023-02-14 11:09:41 CET"
```

6.11 국경일과 공휴일

국경일(國慶日)이란, 나라의 경사로운 날을 기념하기 위한 날로, 국경일에 관한 법률(국경일법; 2014. 12. 30 시행)에 따라 **3.1절**, **제헌절**(7.17), **광복절**(8.15), **개천절**(10.3), **한글날**(10.9)이 있다. 하지만 국경일은 시대에 따라 변해왔다.

공휴일이란 공공기관이 업무를 쉬는 날이라고 생각할 수 있다. 공휴일에 관한 법률(공휴일법; 2022.1.1 시행)에 따르면 공휴일은 제헌절을 제외한 국경일(3.1절, 광복절, 개천절 및 한글날), 1월 1일, 설날 전후 3일(전날, 설날, 설날 다음 날; 음력 12월 말일, 1월 1일, 2일), 부처님 오신 날(음력 4월 8일), 어린이날(5월 5일), 현충일(6월 6일), 추석 전후 3일(추석 전날, 추석, 추석 다음 날; 음력 8월 14일, 15일, 16일), 기독탄신일(12월 25일), 「공직선거법」 제34조에 따른 임기 만료에 의한 선거의 선거일, 그리고 기타 정부에서 수시 지정하는 날이다.

하지만 공휴일 역시 시기에 따라 다르게 운영되었기 때문에 과거의 공휴일도 정확히 알아내기는 쉽지 않다.[10]

이때 한국천문연구원[11]의 Open API 서비스인 공휴일 정보 조회[12]를 활용할 수 있다.[13]

```
library(httr)
library(dplyr)
year = 2004 # 2004부터 가능
api_key = "VNaEEzyFV1RPkG70I4pGTQbqJEIRPMDy%2FQlO6J1zw31lESO0NUcA2%2Frk%2BOqAx8HGtsAE
api_url = "http://apis.data.go.kr/B090041/openapi/service/SpcdeInfoService/"
api_srv = "getHoliDeInfo"
res = GET(paste0(
    api_url, api_srv,
    "?serviceKey=", api_key,
```

---

[10]우리나라는 2005년 7월 1일부터 행정기관 주 40시간 근무제 시행따라 매주 토요일 휴무를 실시했다.
[11]https://astro.kasi.re.kr/
[12]https://www.data.go.kr/data/15012690/openapi.do
[13]서비스를 사용하기 위해서는 공공데이터포털(data.go.kr)에 가입한 후 한국천문연구원_특일 정보 활용 신청을 해야 한다. 승인이 된 후 [마이페이지]에서 인증키를 확인할 수 있다.

```
    "&solYear=", year,
    "&numOfRows=100"),
  add_headers(.headers = c('Accept-Encoding' = 'gzip, deflate')))

if (.Platform$OS.type=='windows') {
  #cat(iconv(rawToChar(res$content), from='UTF-8', to='CP949'))
  dat = jsonlite::parse_json(
    iconv(rawToChar(res$content), from='UTF-8', to='CP949'))
} else {
  dat = jsonlite::parse_json(rawToChar(res$content))
}
dat2 = lapply(dat$response$body$item$item, data.frame)
if (dat$response$header$resultCode == "00") {
  datAll = do.call(bind_rows, dat2)
}
datAll %>% slice(5:10)
```

```
##   dateKind  dateName  isHoliday  locdate   seq
## 1       01     삼일절          Y 20040301     1
## 2       01     식목일          Y 20040405     1
## 3       01     어린이날        Y 20040505     1
## 4       01  석가탄신일         Y 20040526     1
## 5       01     현충일          Y 20040606     1
## 6       01     제헌절          Y 20040717     1
```

위의 코드에 year에 관심있는 해를 입력하여, 해당년의 공휴일을 확인할 수 있다. 아쉽게도 2004년부터 공휴일 확인이 가능하다. 위의 결과를 보면, 2004년에는 현재와 달리 현충일과 제헌절이 모두 공휴일이었음을 확인할 수 있다.

6.12 음력

일상생활에서 자주 사용하지는 않지만 앞에서 봤듯이 몇몇 공휴일(예. 설날, 석가탄신일)은 음력에 기반을 하고 있다. 그렇다면 R에서 음력은 어떻게 계산할 수 있을까? hongkong이란 패키지를 사용할 수 있다. 이 패키지는 CRAN에 등록되어 있지 않기 때문에 다음과 같이 설치할 수 있다. 윈도우에서는 저자가 살짝 수정한 소스코드[14]를 사용할 수 있다.

```
if (.Platform$OS.type == "windows") {
  remotes::install_github("kwhkim/hongkong")   # Windows
} else {
  remotes::install_github("chainsawriot/hongkong")   # UNIX
}
```

---

[14]https://github.com/kwhkim/hongkong

6.13. 먼 미래, 먼 과거, 그리고 기원

사용법은 간단하다. 예를 들어 2004년의 석가탄신일(음력 4월 8일)은 5월 26일이었다. 이날의 음력을 계산해보자.

```
library(hongkong)
lunarCal(as.Date("2004-05-26"))
```

```
## Year Month  Day Leap
## 2004     4    8    0
```

반대로 음력 2004년 5월 26일을 양력으로 바꾸려면, 먼저 음력 날짜를 입력한 후 동일하게 lunarCal() 함수를 사용한다.

```
birthBuddha <- as.lunar("2004-04-08")
# as.lunar()는 as.Date()와 같이 음력 날짜를 생성한다.
lunarCal(birthBuddha)
```

```
## [1] "2004-05-26"
```

양력 변환 결과 2004년 5월 26일로 한국천문연구원의 Open API를 사용한 결과와 동일하다.

6.13 먼 미래, 먼 과거, 그리고 기원

6.13.1 미래

1999년에서 2000년으로 바뀌던 때에 인류는 연도의 4자리가 모두 바뀌는 기념비적 사건에 흥분했다. 하지만 20-30년 후도 대비하지 못했던 컴퓨터 때문에 Y2K라는 버그로 인류가 종말에 가까운 재앙을 겪게 될지도 모른다며 두려워하기도 했다.

시계를 빠르게 돌려 9999년에서 10000년으로 넘어가는 순간을 상상해보자. 연도의 5자리가 한꺼번에 바뀌는 기대와 흥분을! 하지만 R의 as.Date()는 10000년에서 오류가 발생한다

```
as.Date("10000-01-01")
```

```
## Error in charToDate(x): character string is not in a standard unambiguous format
```

그 때까지 살 사람은 없겠지만, 9999년 12월 31일을 지나 10000년 1월 1일 어떻게 저장해야 할까?

```
x = as.Date("9999-12-31") + 1
x
```

```
## [1] "10000-01-01"
```

9999년 12월 31일에서 하루를 더하면 10000년 1월 1일이 된다. 인식은 안 되지만, 출력은 문제없다. 그런데 4자리 이상의 연도를 어떻게 입력해야 할까? 예를 들어 12222년 2월 14일의 요일을 구해보자. (2222년은 커플들의 해라는 속설이 있다.)

```
as.Date('12222-02-14')
## Error in charToDate(x): character string is not in a standard unambiguous format
y = as.Date('2222-02-14') + 10000 * 365.2425; y
## [1] "12222-02-14"
format(y, '%Y-%m-%d %A')
## [1] "12222-02-14 목요일"
```

일단 4자리 연도를 인식한 후, 1년은 평균적으로 365.2425일이라는 것을 활용하면 된다. 물론 정확하지 않을 수도 있으므로 출력해서 확인하는 게 좋다. 역시 출력은 문제 없다. 역사적(?)인 커플의 해 발렌타인 데이는 12222년 2월 14일은 목요일이다.

6.13.2 더욱 더 먼 미래와 과거

과학자들은 약 50억년 후가 되면 태양이 핵반응에 필요한 수소를 모두 소진하여 점차 소멸하게 될 것이라고 예측한다. 지구를 떠나 우주의 다른 식민 행성을 건설해야할 인류에게 현재 R은 충분한가? R에 저장할 수 있는 최대의 날짜는 언제일까?

R의 Date 클래스는 내부적으로 정수(integer)를 사용하므로 저장할 수 있는 최대 정수값 (.Machine$integer.max)으로 최대 날짜을 산출할 수 있지 않을까?

```
as.Date(.Machine$integer.max)
## Error in as.Date.numeric(.Machine$integer.max): 'origin' must be supplied
```

정수를 날짜로 변환하려면 origin=를 설정해야 한다. 기본적으로 origin = '1970-01-01'이다.

```
# print.default(as.Date('2000-01-01'))
# as.Date(10957, origin = '1970-01-01') # 2000-01-01
as.Date(.Machine$integer.max, origin = '1970-01-01')
## [1] "5881580-07-11"
```

저자의 64비트 컴퓨터에서 기원후 588만년 정도가 최댓값이다. 50억년을 저장하기엔 턱없이 부족하다. 만약 저장 가능한 최대 날짜에서 하루를 초과하면 overflow가 발생한다. overflow가 발생된 후에는 날짜를 더하거나 뺄 수 없게 된다.

```
(x = as.Date(.Machine$integer.max, origin = "1970-01-01") + 1)
## [1] "-5877641-06-23"
x + 1
## [1] "-5877641-06-23"
```

Date 클래스에서 저장 가능한 가장 빠른 날짜는 무엇일까?

6.13.3 기원, 그리고 역사연도와 천문연도

역사 연도는 예수 탄생을 기원후 1년으로 잡고 그 전년도를 기원전 1년으로 계산하였다. 그래서 역사연도에는 0년이 존재하지 않는다. 따라서 엄밀히 말해 이번 밀레니엄의 시작도 2000년이 아니라 2001년부터 시작했다고 전문가들은 말한다.

역사 연도는 계산하기 다소 불편하다. AD 1년(기원후 1년)에서 BC 1년(기원전 1년)을 빼면, $1-(-1)=2$ 가 아니라 1이 된다. 0년이 없으므로, BC 1년 다음해는 AD 1년인 것이다. 천문학자들은 이런 불편함 때문에 0년을 추가하여 쓰기도 한다. 천문학 연도에서 -2년은 기원전 3년이 된다.

```
# as.Date()은 천문학 연도를 따른다.
z = as.Date("0000-01-04")
(z = as.Date("0000-01-04") - 365)
## [1] "-1-01-04"
```

음수 연도에 대해 몇 자리로 출력할지는 다음과 같이 결정할 수 있다 (작동하지 않는 운영 체제도 있을 수 있다).

```
format(z, "%05Y")   # 자리 수 채우는 0
## [1] "-0001"
format(z, "%_5Y")   # 자리 수 채우는 공란
## [1]  "   -1"
format(z, "%04Y")
## [1] "-001"
```

하지만 음수 연도를 인식하지는 못한다.

```
as.Date("-0001-01-04")
## Error in charToDate(x): character string is not in a standard unambiguous format
as.Date("-001-01-04")
## Error in charToDate(x): character string is not in a standard unambiguous format
```

stri_datetime_parse()의 경우 역사 연도와 천문연도를 모두 지원한다.

```
## 천문연도는 `uuuu`를 쓰고, 역사 연도는 `yyyy`를 쓴다.
c(stri_datetime_format(z, "uuu-MM-dd"),
  stri_datetime_format(z, "uuuu-MM-dd"),
  stri_datetime_format(z, "yyyy-MM-dd"))
## [1] "-001-01-06"  "-0001-01-06" "0002-01-06"
## 역사연도는 마이너스가 붙지 않으므로 기원전/기원후를 추가해야 한다.
c(stri_datetime_format(z, "GG yyyy-MM-dd", locale='ko'),
  stri_datetime_format(z, "GGGG yyyy-MM-dd", locale='ko'))
## [1] "BC 0002-01-06"    "기원전 0002-01-06"
```

사실 `stri_datetime_xxxx`는 POSIXct 클래스를 다룬다. 그렇다면 POSIXct 클래스의 최저/최댓값은 언제일까? POSIXct는 실수로 날짜를 나타낸다. POSIXct에서 1은 1초를 의미한다.

```
print.default(as.POSIXct("2022-01-01"))
## [1] 1.641e+09
## attr(,"class")
## [1] "POSIXct" "POSIXt"
## attr(,"tzone")
## [1] ""
as.POSIXct(1640962800, origin = "1970-01-01")
## [1] "2022-01-01 KST"
as.POSIXct(1640962800 + 1, origin = "1970-01-01")
## [1] "2022-01-01 00:00:01 KST"
```

앞서와 마찬가지로 저장가능한 최대의 실수에서 시작해서 POSIXct 클래스에 입력 가능한 날짜의 최댓값을 찾아보자.

```
as.POSIXct(.Machine$double.xmax, origin = "1970-01-01")
## [1] NA
as.POSIXct(.Machine$double.xmax/1e+292, origin = "1970-01-01")
## [1] "569668246-08-30 21:12:36 KST"
```

저자의 64비트 R은 5억년쯤은 저장 가능하다. 50억년쯤 후 태양이 소멸하여 인류가 태양계를 벗어나야 할 때에는 천문학적인 시간도 자유자재로 다룰 수 있는 컴퓨터와 R이 개발되리라 기대해 본다. (아니, 그때쯤이면 새롭게 0년을 만들어서 쓸지도 모르겠다.)

제 7 장

팩터 자료형

팩터형은 범주형 데이터를 저장하는 데 사용한다. 범주형 데이터는 순위를 정할 수 있는 **순위형 데이터**와 순위가 없는 **범주형 데이터**로 나뉠 수 있듯이 R의 팩터형 데이터도 순위가 있는 순위형(ordered)과 순위가 없는 팩터형(factor)으로 나뉜다. 일단 팩터형과 순위형 벡터를 만드는 방법은 다음과 같다.

```
x <- factor(c("A", "B", "A", "A", "C", "B"))
x
```

```
## [1] A B A A C B
## Levels: A B C
```

```
class(x)
```

```
## [1] "factor"
```

팩터 벡터를 출력하면 언뜻 보기에 문자열처럼 보이지만 문자열 벡터와 달리 "(따옴표) 가 없다. 그리고 Levels:를 통해 특정한 수준의 값을 가질 수 있는 팩터형임을 알려준다. class()함수를 통해 벡터의 클래스를 확인할 수도 있다.

```
x <- ordered(c('High', 'Medium', 'Low', 'Medium', 'Low'),
             levels=c('Low', 'Medium', 'High'))
x
```

```
## [1] High   Medium Low    Medium Low
## Levels: Low < Medium < High
```

```
class(x)
```

```
## [1] "ordered" "factor"
```

순위형 벡터는 ordered() 함수를 사용한다. 이때 순위는 levels=를 통해 낮은 순위부터 높은 순위까지의 범주를 지정해준다. 순위형 벡터의 출력 결과는 팩터형 벡터의 출력 결과와 거의 비슷하지만 Levels:에 부등호(<)를 통해 범주 사이의 순위를 알려준다. 순위형 벡터는 factor형의 모든 특징을 갖고, ordered형의 특징(범주 사이의 순위)이 추가된다.

7.1 팩터형의 중요성

팩터형은 데이터 분석에 있어서 중요한 역할을 한다. 특히 어떤 변수가 팩터형이냐 연속형이냐에 따라서 분석 결과가 판이하게 달라질 수 있다. 다음은 변수 x에 1, 2, 3 중 하나의 값이 들어 있다. 이때 변수 x를 연속형으로 놓고 분석할 때와 범주형으로 놓고 분석할 때 결과가 달라짐을 확인할 수 있다.

```
n = 30
x <- sample(1:3, n, replace = TRUE)
x
```

```
## [1] 2 1 1 3 3 2 3 2 1 3 2 1 2 3 3 1 2 1 3 3 2 1 2 1 3 2 2 3 3 1
```

```
y <- ifelse(x > 2, x + rnorm(n), rnorm(n) - x)
lm(y ~ x)
```

```
## 
## Call:
## lm(formula = y ~ x)
## 
## Coefficients:
## (Intercept)            x
##       -4.65         2.21
```

```
x <- as.factor(x)
lm(y ~ x)
```

```
## 
## Call:
## lm(formula = y ~ x)
## 
## Coefficients:
## (Intercept)           x2           x3
##      -1.291       -0.994        4.215
```

앞의 두 분석 결과의 차이는 다음과 같이 시각적으로 나타낼 수 있다. 좀 더 자세한 내용은 데이터 분석 관련 도서나 이 책의 다음 시리즈(출간 예정일 미정)인 <R로 하는 빅데이터 분석: 통계 분석과 기계 학습>을 참조하자.

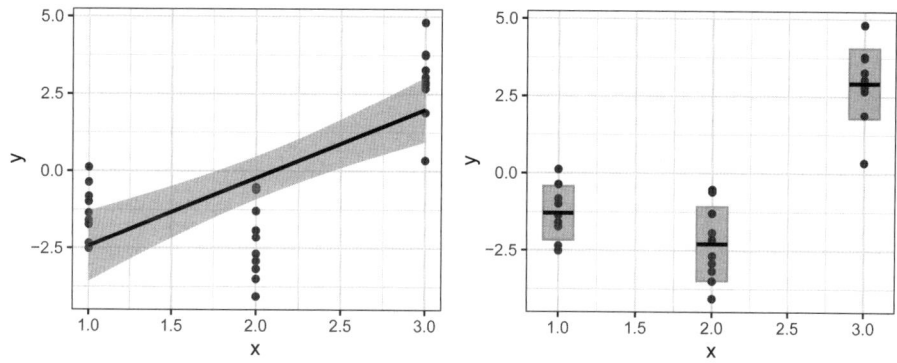

7.2 데이터 전처리에 있어서 팩터형

팩터형은 데이터를 전처리하기에 까다롭다는 단점이 있다. 그래서 몇몇 분석가들은 데이터 전처리를 할 때에는 문자열형으로 유지를 하다가 분석 직전에 팩터형으로 변환하라고 조언한다. 구체적으로 팩터형은 쉽게 새로운 범주를 추가하거나, 범주가 다른 두 팩터를 합칠 수 없다. 아래는 팩터형 fac1의 경우 기존의 수준인 b를 5번째 원소로 추가하는 것은 가능하지만 새로운 수준 c를 6번째 원소를 추가할 수 없음을 보여준다.[1]

```
fac1 <- factor(c("a", "b", "b", "a"))
fac1[5] <- "b"
fac1[6] <- "c"
## Warning in `[<-.factor`(`*tmp*`, 6, value = 'c') : invalid factor
## level, NA generated
fac1
## [1] a b b a b <NA> Levels: a b
```

버전 4 이상에서는 두 팩터형 벡터를 c()로 성공적으로 합칠 수 있다. 하지만 버전 4 미만에서는 두 팩터형 벡터를 c()로 합치면 예상치 못한 결과를 보인다.

```
fac1
## [1] a    b    b    a    b    <NA>
## Levels: a b
fac2 <- factor(c('a', 'b', 'c', 'c', 'b'))
c(fac1, fac2)
## 버전 3 이하에서
## [1] 1 2 2 1 2 NA 1 2 3 3 2
## 버전 4 이상에서
## [1] a b b a b <NA> a b c c b
## Levels: a b c
```

---

[1] 이런 문제점 때문에 데이터프레임을 생성하거나 파일에서 불러올 때 stringsAsFactors=FALSE로 놓기를 권장하기도 한다. R 버전 4에서는 stringsAsFactors의 기본값이 FALSE이다.

c()을 사용하여 팩터형과 수치형을 합친다면 여전히 주의해야 한다.[2]

```
x1 <- factor(c("a", "b", "a", "c"))
x2 <- c(1, 3, 2, 5, 2)
c(x1, x2)
```

```
## [1] 1 2 1 3 1 3 2 5 2
```

Hadley는 범주형 데이터 전처리를 도와주는 forcats라는 패키지를 만들었다. 여기서는 이 패키지를 활용하여 팩터형 데이터를 다루는 방법을 설명한다. 이에 대한 대안은 앞에서 말했듯이 (바로 위의 예에서도 문자열로 변환하였다) 팩터형 데이터를 모두 문자열로 바꾼 후 전처리를 하는 것이다. 문자열의 경우에는 새로운 수준을 도입하거나 수준이 다른 두 자료를 합치는 데에 아무런 문제가 없다.[3]

```
str1 <- c("a", "b", "b", "a")
str1[5] <- "c"
str1
```

```
## [1] "a" "b" "b" "a" "c"
```

```
str2 <- c("a", "d", "d", "c")
c(str1, str2)
```

```
## [1] "a" "b" "b" "a" "c" "a" "d" "d" "c"
```

7.3 forcats 패키지

forcats 패키지는 **FOR CAT**egorical data(?)란 의미인 듯 하다. 이 패키지의 함수는 크게 다음과 같이 분류할 수 있다. (부록 forcats 치트시트를 참조하자.)

1. 팩터형의 **수준 순서**를 바꾸는 함수
2. **수준**을 합치거나 이름을 바꾸는 함수
3. **새로운 수준**을 추가하는 함수
4. 그 밖의 함수

---

[2] 다음의 결과와 비교해보자. 팩터형과 수치형을 어떻게 합칠 것인가? 경우에 따라 달라질 수 있지만 대부분의 경우 다음의 방법이 적절하다. factor(do.call(c, lapply(list(x1,x2), as.character))) 만약 forcats 패키지를 활용한다면, fct_c(x1, factor(x2))도 사용할 수 있다.

[3] 만약 주어진 자료가 팩터형이라면 as.character() 함수를 통해 일단 문자열으로 바꾼 후 원하는 작업을 실시한다. 특히 수준(Level)이 숫자로 생성된 팩터형 벡터를 수치형 벡터로 변환할 때 주의해야 한다. as.numeric(x)는 거의 항상 틀린 방법이다. as.numeric(as.character(x))로 해야 한다. 다음의 두 결과를 비교해보자. as.numeric(factor(c(100,10,100)))의 결과는 c(2,1,2)이고 as.numeric(as.character(factor(c(100,10,100))))의 결과는 c(100,10,100)이다.

7.3.1 팩터형의 수준 순서 바꾸기

- fct_relevel() 함수를 사용하여 수준의 순서를 지정해 줄 수 있다. 순서가 지정된 수준 외에는 기존의 순서가 유지된다.

```
library(forcats)
x <- as.factor(x)
x
```

```
## [1] 2 1 1 3 3 3 2 3 2 1 3 2 1 2 3 3 1 2 1 3 3 2 1 2 1 3 2 2 3 3 1
## Levels: 1 2 3
```

```
fct_relevel(x, "3", "2", "1")
```

```
## [1] 2 1 1 3 3 3 2 3 2 1 3 2 1 2 3 3 1 2 1 3 3 2 1 2 1 3 2 2 3 3 1
## Levels: 3 2 1
```

- 만약 순위가 문자열 벡터에 담겨 있다면 다음을 활용하자.

```
fac2  # fct_relevel(fac2, 'b', 'a')을 하고 싶다면,
```

```
## [1] a b c c b
## Levels: a b c
```

```
newOrder = c("b", "a")
do.call(fct_relevel, c(list(fac2), as.list(newOrder)))
```

```
## [1] a b c c b
## Levels: b a c
```

- 사실 순위가 없는 팩터의 경우에 순서는 데이터 분석에서 큰 영향을 미치지 못한다. 하지만 자료를 보기 쉽게 출력할 때에는 도움을 줄 수 있다. 다음의 코드에서 fct_infreq는 범주를 출현 빈도순서로 배치함으로써 table()의 결과를 좀 더 읽기 쉽게 해준다.

```
x <- factor(unlist(strsplit(
 'wzwzzwzwzcczwzdzczwzwzdzdddzdyydddddwzwwwdddzzddddzdzzd',''
)))
table(x)
```

```
## x
##  c  d  w  y  z
##  3 20 11  2 19
```

```
x <- fct_infreq(x)
table(x)
```

```
## x
##  d  z  w  c  y
## 20 19 11  3  2
```

팩터의 범주 순서를 바꾸는 함수는 이 밖에도 fct_reorder(), fct_reorder2() 등이 있다.

```
dat = data.frame(animal = factor(rep(c("z", "d", "w", "c", "y"), each = 4)),
    weight = c(280, 350, NA, NA, 7.1, 5.3, 8, NA, 0.37, 0.44, 0.38, 0.32,
        12.3, 11.2, 143, NA, 380, NA, NA, NA))
dat = dat %>%
    filter(!is.na(weight))
```

예를 들어 위의 데이터에서 animal 범주 수준을 weight의 평균값 올림차순으로 정렬하고 싶다면, 다음의 코드를 참조하라.

```
# dat$animal 별로 weight의 mean을 구한 후, 그값의 내림차순으로
# dat$animal 정렬
dat$animal
```

```
## [1] z z d d d w w w w c c c y
## Levels: c d w y z
```

```
fct_reorder(dat$animal, dat$weight, mean)
```

```
## [1] z z d d d w w w w c c c y
## Levels: w d c z y
```

다음의 그래프에서 그 효과를 확인할 수 있다.

```
dat %>%
    ggplot(aes(x = animal, y = weight)) + geom_boxplot() + scale_y_log10()
```

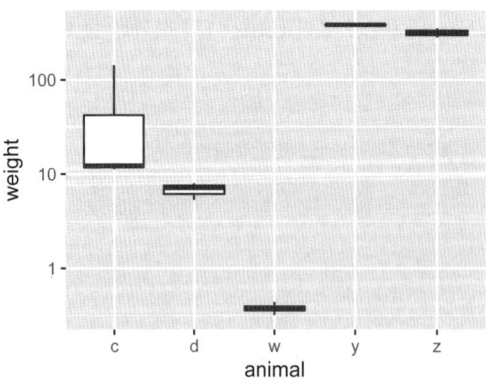

```
# .desc=TRUE : 내림차순 정렬, 만약 NA가 포함된 자료라면, na.rm=TRUE를
# 덧붙인다.
dat %>%
    mutate(x = fct_reorder(animal, weight, mean, na.rm = TRUE, .desc = TRUE)) %>%
    ggplot(aes(x = x, y = weight)) + geom_boxplot() + scale_y_log10()
```

7.3. FORCATS 패키지

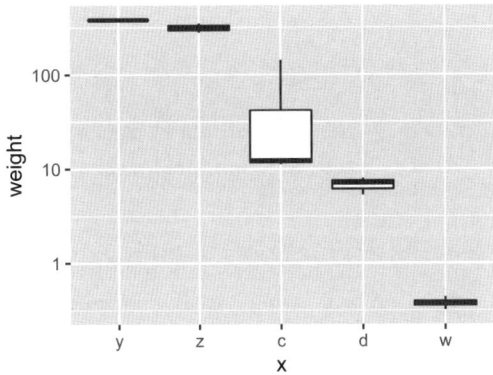

7.3.2 수준을 합치거나 이름을 바꾸는 함수

팩터의 범주 이름을 바꾸고 싶다면 fct_recode() 함수를 사용한다. 앞에서 의미 모를 문자로 이루어졌던 팩터형 벡터 x의 범주 이름을 다음과 같이 의미있는 단어로 바꿀 수 있다.

```
# dog=개, zebra=얼룩말, whimbrel=중부리도요, catfish = 메기, yak=야크
x2 <- fct_recode(x[1:14],
                "dog"="d", "zebra"="z", "whimbrel"="w",
                "catfish"="c", "yak"="y")
x2
```

```
## [1] whimbrel zebra    whimbrel zebra    zebra    whimbrel zebra
## [8] whimbrel zebra    catfish  catfish  zebra    whimbrel zebra
## Levels: dog zebra whimbrel catfish yak
```

- 만약 비슷한 범주를 모아 한 범주로 묶고 싶다면 fct_collapse() 함수를 사용한다.

```
x3 <- fct_collapse(x2,
                  "mammals"=c("dog", "zebra", "yak"),
                  "birds"="whimbrel",
                  "fish"="catfish")
x3
```

```
## [1] birds    mammals  birds    mammals  mammals  birds    mammals  birds
## [9] mammals  fish     fish     mammals  birds    mammals
## Levels: mammals birds fish
```

- 마지막으로 범주의 갯수가 너무 많으면 데이터 분석 결과의 신뢰도가 낮아질 수 있다. 이럴 때에는 비율이 작은 범주를 하나의 범주로 묶는 것이 좋다. 다음의 코드는 팩터형 벡터 x2에서 가장 적은 비율을 차지하는 범주 catfish, yak를 Others로 묶어준다.

```
x4 <- fct_lump(x2)
x4
```

```
##  [1] whimbrel zebra    whimbrel zebra    zebra    whimbrel zebra
##  [8] whimbrel zebra    Other    Other    zebra    whimbrel zebra
## Levels: zebra whimbrel Other
```

- 만약 기존의 범주 이름(f1)과 새로운 범주 이름(f2)이 문자열 벡터에 저장되었다면,

```
f1 = c("d", "z", "w", "c", "y")
f2 = c("dog", "zebra", "whimbrel", "catfish", "yak")
names(f1) <- f2
fct_recode(x[1:14], !!!f1)    # 출력을 제한하고자 x[1:14]만 사용
```

```
##  [1] whimbrel zebra    whimbrel zebra    zebra    whimbrel zebra
##  [8] whimbrel zebra    catfish  catfish  zebra    whimbrel zebra
## Levels: dog zebra whimbrel catfish yak
```

7.3.3 새로운 수준을 추가하는 함수

- fct_expand()는 주어진 팩터에 새로운 범주를 추가한다.
- fct_c()는 두 팩터 벡터를 합쳐서 새로운 팩터형 벡터를 만들어준다.

```
fac1
```

```
## [1] a    b    b    a    b    <NA>
## Levels: a b
```

```
fac2
```

```
## [1] a b c c b
## Levels: a b c
```

```
c(fac1, fac2)
```

```
## [1] a    b    b    a    b    <NA> a    b    c    c    b
## Levels: a b c
```

```
fct_c(fac1, fac2)
```

```
## [1] a    b    b    a    b    <NA> a    b    c    c    b
## Levels: a b c
```

제 8 장

R로 데이터 읽어오기

쉼표가 열분리문자일 때, **인용부호 따옴표**는 쉼표가 포함된 셀에 대해서만 사용할 수 있다. 그렇다면 쉼표를 포함하지 않는 모든 셀은 인용부호 따옴표를 생략할 수 있는가? 그렇지 않다면 이유는 무엇인가?

데이터를 파일로 저장하는 방식은 다양하다. 저장하는 방법에 따라 데이터를 읽어오는 방법도 달라져야 하므로, R에서 데이터를 읽어오는 방법도 매우 다양할 수밖에 없다.

데이터를 파일로 저장하는 방식은 크게 **텍스트 파일로 저장**하는 방식과 **바이너리(이진수) 파일로 저장**하는 방식으로 나눌 수 있다. 텍스트로 저장을 하면 사람이 그 내용을 쉽게 읽을 수 있다는 장점이 있지만, 바이너리로 저장하는 방법에 비해 저장 용량이 커진다는 단점이 있다. 그리고 텍스트로 저장된 파일은 사람이 읽기 쉽고, 손쉽게 고칠 수도 있다는 점이 장점이기만, 그만큼 실수 또는 고의로 데이터가 변경되는 경우도 발생하기에 단점도 된다. 또한 데이터 타입과 같이 텍스트 데이터 파일에 명시되지 않는 부분은 텍스트 파일을 읽는 설정값에 따라 다르게 읽힌다는 문제도 있다.[1]

반면 바이너리 파일은 상대적으로 저장 용량이 작고, 읽거나 쓸 때 상대적으로 빠르다. 데이터 타입과 같이 텍스트로 명기되지 않는 정보도 정확하게 저장된다는 점도 장점이다.[2] 하지만 한 번 에러가 발생하면 별다른 방법이 없어 속수무책이 되어 버리곤 한다.

이번 장에서는 여러 상황에서 데이터를 읽어들이는 방법에 관해 설명한다. 특히 텍스트 파일의 경우, 텍스트 파일이 작성되는 원리에 대해 알아봄으로써 혹시 데이터를 읽을 때

---

[1] 예를 들어 주어진 열이 문자열이라면 데이터 타입을 문자열로 읽을 수도 있고, 팩터형으로 읽을 수도 있다. 주어진 열이 1,2,3과 같은 정수라면 정수형으로 읽을 수도 있고, 범주형 데이터의 코딩(coding; 범주형 데이터 값을 간단하게 숫자 또는 기호 등으로 표기하는 행위)값으로 취급할 수도 있다.

[2] .csvy와 같은 텍스트 데이터 파일은 데이터 타입도 명시한다. 가장 간단한 방법은 rio::export(dat, 'filename.csvy')와 rio::import('filename.csvy')이다. 뒤에서 살펴보겠지만 rio 패키지의 export/import는 파일 확장자명을 고려하여 파일을 읽고 쓴다.

문제가 생기더라도 스스로 해결할 수 있도록 하였다. 사실 여러 데이터를 다루다보면 정확하게 읽기 까다로운 경우를 종종 접하게 된다.[3] 특히 특이한 형식으로 작성된 데이터 또는 사소한 오류가 발생한 데이터의 경우에는 데이터를 제대로 읽지 못해서 분석을 시작도 못하는 경우도 있다. 그런 경우에도 텍스트 데이터가 작성되는 원리를 이해한다면 문제 해결에 큰 도움이 된다. 특히 오류가 발생해 어떤 방법으로도 해결되지 않는 데이터 파일의 경우에도, 내용을 조금 수정해서 문제가 해결되는 경우도 종종 있다.[4]

이와 반대로 바이너리로 저장된 경우에는 사람이 손쉽게 할 수 있는 부분이 별로 없다. 데이터가 작성될 때 사용된 설정값을 기억해서 읽을 때 다시 활용하는 것 정도이다. 최근에는 rio(r input/output) 패키지가 여러가지 다양한 파일 형식에 대해 읽거나 쓰는 방법을 통일시킨 함수(import/export)를 제공하고 있기 때문에 굉장히 편리해졌다.

데이터 파일을 관리할 때, 흔히 원본 데이터는 원본 그대로 보존해 두길 권고한다. 원본이 존재해야 분석에 오류가 발생하거나, 문제가 발생할 때, 그 원인을 파악하기 쉽기 때문이다.

하지만 원본 데이터의 용량이 커지게 되면, 이들을 보관하기 위해 너무 많은 저장 공간을 차지하게 되고, 데이터를 읽는 데 필요한 시간도 길어진다. 이 경우에는 텍스트 파일을 압축해서 저장하거나, 바이너리 파일로 변환하여 저장하는 방법 등을 사용할 수 있다.

인터넷은 정보의 보고이다. 이번 장에는 이뿐만 웹에서 데이터를 긁어오는(Web-scraping) 방법에 대해서도 간단하게 소개한다. 인터넷에서 자료를 주고 받을 때 자주 사용되는 JSON 파일에 대해서도 알아본다. 마지막으로 이미지 파일에서 텍스트를 추출하는 방법까지 소개한다.

8.0.1 주요 내용

- R 내장 데이터 : `data()`
- 가장 기본적인 방법 : `read.table/write.table`, `load/save`
- 텍스트로 저장된 파일 읽어오기
    - `read.csv`
    - 빅데이터: `data.table::fread`, `readr::read_csv`
- 바이너리 파일 읽어오기 : `read_RDS`, `feather::read_feather`
- 압축 파일에서 읽어오기
- 엑셀 파일 : `readxl::read_excel`
- 웹에서 표 긁어오기 : `htmltab`, `readHTMLTable`
- JSON 파일 읽기
- 이미지에서 텍스트 추출하기

---

[3] 반대로 데이터 파일을 읽을 때 전혀 어려움을 겪지 못했다면 상대적으로 데이터 전처리에 초보일 확률이 크다.

[4] 부록 <수표기>의 내용도 텍스트 데이터를 작성하는 방법을 이해하는 데 도움이 된다.

- 정리

8.1 R 내장 데이터

데이터를 불러들이는 가장 쉬운 방법은 R의 내장 데이터를 사용하는 것이다. library(help = "datasets")는 내장 데이터의 목록을 보여준다. 패키지에 포함된 데이터를 사용할 경우에는 data()의 package 인자를 사용하거나 library()로 먼저 패키지를 읽어들인 후 data()를 사용한다.[5]

```
data(mtcars)
head(mtcars, n = 3)
##                mpg cyl disp  hp drat    wt  qsec vs am gear carb
## Mazda RX4     21.0   6  160 110 3.90 2.620 16.46  0  1    4    4
## Mazda RX4 Wag 21.0   6  160 110 3.90 2.875 17.02  0  1    4    4
## Datsun 710    22.8   4  108  93 3.85 2.320 18.61  1  1    4    1


# install.packages('AER')
data("BankWages", package = "AER")
head(BankWages, n = 3)
##       job education gender minority
## 1  manage        15   male       no
## 2   admin        16   male       no
## 3   admin        12 female       no
```

8.2 들어가기 : write.table/read.table, save/load

```
dat <- mtcars
head(dat, n = 3)
##                mpg cyl disp  hp drat    wt  qsec vs am gear carb
## Mazda RX4     21.0   6  160 110 3.90 2.620 16.46  0  1    4    4
## Mazda RX4 Wag 21.0   6  160 110 3.90 2.875 17.02  0  1    4    4
## Datsun 710    22.8   4  108  93 3.85 2.320 18.61  1  1    4    1
class(dat)
## [1] "data.frame"

write.table(dat, file = "dat.txt")
dat02 <- read.table(file = "dat.txt")

all.equal(dat, dat02)
## [1] TRUE
```

---

[5]설치된 패키지의 모든 데이터는 data(package = .packages(all.available = TRUE))로 확인할 수 있다.

데이터 프레임을 가장 손쉽게 읽고 쓸 수 있는 방법은 read.table과 write.table을 사용하거나, load와 save를 사용하는 것이다. read.table/write.table과 load/save의 가장 큰 차이는 저장된 데이터를 문서 편집기를 통해 읽을 수 있느냐, 없느냐이다. 앞에서 얘기했듯이 같은 내용의 경우, (사람이 읽을 수 있는) **텍스트 파일**은 대부분 사람이 읽을 수 없는 파일(**바이너리 파일**[6])보다 크기가 크다. 그리고 바이너리 파일은 텍스트 파일로 저장할 수 없는 미묘한 데이터의 차이를 저장할 수 있다(예를 들어 어떤 변수가 문자형인지 범주형인지를 메타데이터 없이 텍스트 자료만으로 구분할 수 없다).

```
dat <- mtcars

save(dat, file = "dat.RData")
datBackup <- dat
rm(dat)
head(dat)
## Error in head(dat): object 'dat' not found
## Error in head(dat) : object 'dat' not found

load(file = "dat.RData")

head(dat, n = 3)
##                mpg cyl disp  hp drat    wt  qsec vs am gear carb
## Mazda RX4     21.0   6  160 110 3.90 2.620 16.46  0  1    4    4
## Mazda RX4 Wag 21.0   6  160 110 3.90 2.875 17.02  0  1    4    4
## Datsun 710    22.8   4  108  93 3.85 2.320 18.61  1  1    4    1
all.equal(dat, datBackup)
## [1] TRUE
file.size("dat.txt")
## [1] 1780
file.size("dat.RData")
## [1] 1242
```

8.3 텍스트로 저장된 데이터 파일 읽기

8.3.1 직접 텍스트 데이터 파일을 작성해 보기

다음은 어떤 통신 회사의 문자 메세지 관련 데이터이다.

이름 : BTS
전화번호 : 010-4342-5842
지난달 총 사용료 : 38000원
메세지 : 날씨 좋다! "가즈아!"라고 말하고 싶다.
가격 : 30원

---

[6]바이너리 파일 : 파일의 내용이 이진수(Binary Number)로 저장되어 있다는 의미.

8.3. 텍스트로 저장된 데이터 파일 읽기

이름 : 트와이스
전화번호 : 010-xxx
지난달 총 사용료 : 58000원
메세지 : 춤추자! '너무너무너무'라고 노래 부를래.
가격 : 10원

이름 : 케이티 킴
전화번호 : 010-5532-4432
지난달 총 사용료 : 31000원
메세지 : Memorable!
가격 : <NA>

R은 다음과 같은 방법으로 datMsg라는 데이터 프레임에 데이터를 저장할 수 있다. (버전 4부터는 stringsAsFactors의 기본값이 FALSE로 변경되었다.)

```
datMsg <-
  data.frame(
    name = c("BTS", "트와이스", "케이티 킴"),
    phone = c('010-4342-5842', '010-xxx', '010-5532-4432'),
    usageLastMonth = c(38000, 58000,31000),
    message = c('날씨 좋다! "가즈아!"라고 말하고 싶다.',
                '춤추자! \'너무너무너무\'라고 노래 부를래.',
                'Memorable'),
    price = c(30, 10, NA),
    stringsAsFactors=FALSE)
datMsg
```

```
##        name         phone usageLastMonth
## 1       BTS 010-4342-5842          38000
## 2  트와이스       010-xxx          58000
## 3 케이티 킴 010-5532-4432          31000
##                                  message price
## 1     날씨 좋다! "가즈아!"라고 말하고 싶다.    30
## 2     춤추자! '너무너무너무'라고 노래 부를래.   10
## 3                               Memorable    NA
```

그리고 다음과 같이 텍스트 데이터 파일로 저장할 수 있다.

```
write.table(datMsg, file = "datMsg.txt")
```

이제 datMsg.txt의 내용을 확인하면 다음과 같다. 위의 데이터는 사람이 읽기 쉽게 적어놓은 것이라면, 아래의 텍스트 화일은 컴퓨터가 정확하게 데이터를 읽어들일 수 있도록 작성한 것이다. 텍스트의 내용을 자세히 살펴보면 위의 텍스트과 같은 점과 다른 점을 확인해보자.

```
cat(paste0(readLines("datMsg.txt"), collapse = "\n"))
## "name" "phone" "usageLastMonth" "message" "price"
## "1" "BTS" "010-4342-5842" 38000 "날씨 좋다! \"가즈아!\"라고 말하고 싶다." 30
## "2" "트와이스" "010-xxx" 58000 "춤추자! '너무너무너무'라고 노래 부를래." 10
## "3" "케이티 킴" "010-5532-4432" 31000 "Memorable" NA
```

8.3.2 확장자 csv

테이블의 형식의 데이터는 다양한 형태로 파일로 저장될 수 있다. 구체적인 형태는 흔히 파일의 확장자로부터 유추할 수 있다. 예를 들어 csv는 comma seperated value(쉼표로 구분된 값), tsv는 tab seperated value(탭으로 구분된 값)의 약자이다. 하지만 csv 확장자의 텍스트 파일이 반드시 쉼표(comma)로 열이 구분되는 것은 아니다. R에서 csv 파일을 사용하는 쉬운 방법은 write.csv()/read.csv() 함수를 사용하는 것이다. 이때 주의할 점이 있다. 다음을 보자.

```
write.csv(datMsg, file = "datMsg.csv")
datMsg02 <- read.csv(file = "datMsg.csv")
all.equal(datMsg, datMsg02)
## [1] 'Names: 5 string mismatches' [2] 'Length mismatch: comparison on
## first 5 components' ...

head(datMsg02, 3)

##   X    name         phone usageLastMonth
## 1 1     BTS 010-4342-5842          38000
## 2 2  트와이스       010-xxx          58000
## 3 3 케이티 킴 010-5532-4432          31000
##                                    message price
## 1         날씨 좋다! "가즈아!"라고 말하고 싶다.    30
## 2       춤추자! '너무너무너무'라고 노래 부를래.    10
## 3                                 Memorable    NA
```

특이하게도 write.csv()로 쓴 파일은 read.csv(, row.names=1)로 읽어야 한다.

```
datMsg03 <-
  read.csv(file='datMsg.csv', row.names=1, stringsAsFactors=FALSE)
all.equal(datMsg, datMsg03)
## [1] TRUE
```

이제 datMsg.csv에 어떤 식으로 자료가 찍어 있는지 확인해보고, 위의 datMsg.txt와 비교해 보자.

```
cat(paste0(readLines("datMsg.csv"), collapse = "\n"))

## "","name","phone","usageLastMonth","message","price"
```

```
## "1","BTS","010-4342-5842",38000,"날씨 좋다! ""가즈아!""라고 말하고 싶다.",30
## "2","트와이스","010-xxx",58000,"춤추자! '너무너무너무'라고 노래 부를래.",10
## "3","케이티 킴","010-5532-4432",31000,"Memorable",NA
```

이제 위의 datMsg.txt와 datMsg.csv의 내용을 비교해보자. 둘은 동일한 데이터를 담고 있기만 텍스트로 옮긴 결과는 같지 않다. 어떤 차이가 있을까?

8.3.3 수치 데이터를 텍스트 파일로 저장하기

분석에 사용되는 많은 데이터가 행과 열로 이루어진 직사각형의 형태로 나타낼 수 있다. R에서 데이터 프레임과 같은 형태이다. 수치 데이터로만 이루어진 데이터 프레임을 생각해보자. 데이터 프레임을 텍스트로 저장할 때 결정할 사항은 무엇일까?

가장 먼저 수를 어떻게 텍스트로 표시할 것인지를 결정해야 한다. 부록 <수표기>를 참조하면 수를 텍스트로 표기하는 데에도 다양한 방법이 존재함을 확인할 수 있다. 여기서는 논의의 편의상 가장 일반적인 방법, 즉 소수점은 점(.)을 사용하고 천단위 자리 기호는 사용하지 않는다고 가정하자.

데이터 프레임에는 여러 개의 수가 저장되어 있기 때문에 이들을 어떻게 구분할 지 결정해야 한다. 데이터 프레임은 직사각형의 형태임을 상기하자. 따라서 중요한 결정사항은 행구분과 열구분을 어떻게 하느냐이다. 텍스트 데이터 파일의 가장 큰 장점이 사람들이 데이터를 쉽게 읽을 수 있다는 점이라고 할 때, 가장 사람이 읽기 쉬운 방법은 fwf(**fixed with file**) 형식을 사용하는 것이다.

이 방법은 행의 구분은 "\n"(줄바꿈)으로 하고, 각 열의 위치가 고정되어 있다. 예를 들어 다음과 같은 방법이다.

```
170  65
185 101
190 110
166  45
```

네 사람의 키와 체중 자료를 텍스트로 작성했다. 각 줄의 처음 세 글자는 키를 나타내고, 그 뒤의 (공백을 포함한) 네 글자는 체중을 나타낸다. 사실 컴퓨터의 입장에서 중간의 공백은 불필요하지만 사람이 데이터를 읽을 때에는 크게 도움이 된다.

이런 방식의 데이터 저장 방법은 사람이 읽기는 좋지만 저장 효율은 좋지 않다. 중간에 공백 문자가 많이 들어가기 때문이다. 그리고 수의 길이를 미리 정해줘야 한다는 단점도 있다. 위의 예에서 소수점이 들어간 수(예. 167.45)를 추가해야 한다면, 이전의 자료를 새로 다시 써야 한다. 이런 문제를 해결하기 위해 열구분문자로 탭을 사용한다면 어떨까?

```
170  65
185 101
190 110
```

탭은 스페이스 등의 공백 문자와 구분되지 않지만 Notepad++와 같은 편집기에서 보기>기호보기>공백과 탭 표시 설정을 켜면 두 문자(공백 문자와 탭 문자)를 구분해서 볼 수 있다. 하지만 하나의 수를 표현하기 위해 사용하는 숫자의 갯수가 행마다 크게 다르다면 열을 구분하기가 쉽지 않게 된다. 그리고 열의 갯수가 많아질 수록 열의 구분은 더욱 더 힘들어진다. 다음의 데이터를 보자. 같은 열에 속하는 숫자를 확인하기가 쉽지 않다.

```
199000      43      34532.112       331231231111
29991443    32      123342111       11334
441233      11253411211.23411       11231   1111.00071
```

공백문자와 탭이 연결되어 있거나 여러 탭이 연이어 존재하는 경우에도 탭 하나 하나를 구분하기가 어려워진다. 만약 열구분문자를 쉼표로 쓴다면 이런 문제를 해소할 수 있다. 물론 고정길이 형식처럼 각 열을 쉽게 구분할 수 있는 것은 아니지만, 고정길이 형식이 지나치게 큰 용량을 차지하는 경우 차선책이 될 수 있다. 실제로 요즘 널리 사용되는 열구분문자 중의 하나가 쉼표이다.

다음의 예는 결측값이 여럿 존재할 때 열구분문자에 따른 텍스트 차이를 보여준다.

```
199000              34532.112       331231231111
29991443                    11334
441233      11253411211.23411

199000,,34532.112,331231231111
29991443,,,11334
441233,11253411211.23411,,
```

8.3.4 문자 데이터를 텍스트 파일로 저장하기

위에서 봤던 수치 데이터의 경우, 수치를 표기하기 위해 사용하는 문자(점과 숫자)와 행과 열을 구분하는 문자가 겹치지 않았다. 하지만 문자 데이터를 저장하는 경우에는 항상 그렇지 않다.

예를 들어, "You love me, don't you?"라는 문자열 데이터의 경우 **쉼표**가 포함되어 있다. 만약 **열구분문자로 쉼표**를 사용할 경우에는 데이터에 속하는 **문자 쉼표**와 **열구분문자 쉼표**를 구분하기 어렵다.

```
1,Mary,You love me, don't you?,love
2,John,I do love you.,dream
3,Suzy,Attention, please.,heart
```

위의 데이터의 첫 번째 열은 순번, 두 번째 열은 이름, 세 번째 열은 **자신이 좋아하는 문장**, 그리고 마지막 열은 자신이 좋아하는 단어를 나타낸다. 이때 쉼표가 문장 안에서 쓰인 것인지 아니면 열구분문자로 쓰인 것인지를 기계적으로 확인하는 방법은 없다. 그래서

8.3. 텍스트로 저장된 데이터 파일 읽기

보통 텍스트 자료에서 쉼표가 포함된 열을 표기하기 위해 값 전체를 큰 따옴표로 묶는 방법을 사용한다. 위의 자료는 다음과 같이 쓸 수 있다.

```
1,Mary,"You love me, don't you?",love
2,John,"I do love you.",dream
3,Suzy,"Attention, please.",heart
```

어떤 문자를 특수한 용도로 사용하게 되면, 그 문자를 **원래 문자 그대로** 사용하기 위해 다른 방법을 강구해야 한다. 행구분문자로 줄바꿈문자, 열구분문자로 쉼표를 사용할 경우 줄바꿈문자와 쉼표를 **문자 그대로** 쓰기 위해 따옴표[7]로 열의 시작과 열의 끝을 표시한다고 생각할 수 있다. 이때 따옴표는 열의 시작과 열의 끝을 나타내는 특별한 의미를 부여받았기 때문에, 이를 문자 그대로를 의미하기 위해 다시 특별한 방법이 필요하다(만약 따옴표가 문자열에 포함되지 않는다면 문제가 되지 않는다). 이때 보통은 **따옴표를 두번 연속** 사용해서 문자 따옴표를 나타내는 방식을 사용한다. 예를 들어 다음과 같다.

```
1,Mary,"I asked him, ""How are you?""",love
2,Paul,"I entered room.
He saw me and ran right away",run
3,Jim,"""Crazy!"" He spoke.
\'Wonderful!\'
She agreed.",agree
```

첫 번째 줄은 첫 번째 행을 나타낸다. "How are you?"에서 앞쪽과 뒤쪽의 따옴표를 표기하기 위해 **이중 따옴표**를 사용하고 있다. 두 번째 행에서는 행구분문자도 따옴표 안에서는 문자 그대로의 의미로 쓰였다. 네 번째 줄의 """에서 첫 번째 따옴표는 열의 시작을 나타내고, 두 번째와 세 번째 따옴표는 합쳐져(이중 따옴표) 문자 따옴표 하나를 나타내고 있다.

```
txt = "1,Mary,\"I asked him, \"\"How are you?\"\"\",love
2,Paul,\"I entered room.
He saw me and ran right away\",run
3,Jim,\"\"\"Crazy!\"\" He spoke.
'Wonderful!'
She agreed.\",agree"
read.csv(text = txt, header = FALSE)
##    V1   V2                                        V3    V4
## 1   1 Mary                I asked him, "How are you?"  love
## 2   2 Paul I entered room.\nHe saw me and ran right away   run
## 3   3  Jim "Crazy!" He spoke.\n'Wonderful!'\nShe agreed. agree
```

NA로 나타내는 결측값의 경우도 생각해보자. 수치형 데이터에서 결측값은 열구분문자 쉼표가 연속적으로 나타나는 것으로 확인할 수 있다.

---

[7]일반적으로 **인용기호**라고 부른다. 뒤에서 보겠지만 **인용기호**를 따옴표가 아닌 다른 문자로 설정할 수도 있다.

```
txt = "170,63,11
173,,14
168,53,"
dat = read.csv(text = txt, header = FALSE)
dat
```

```
##    V1 V2 V3
## 1 170 63 11
## 2 173 NA 14
## 3 168 53 NA
```

하지만 문자열 데이터의 경우에 이런 방법을 추천하기 힘들다. 왜냐하면 ""(아무런 대답도 하지 않은 경우)와 구분이 힘들기 때문이다.[8]

다음의 데이터를 보자.

```
txt = ",,
NA,NA,NA
\"NA\",1985,kindness
\"Grande-Butera, Ariana\",1993,heart"
dat1 = read.csv(textConnection(txt), header = FALSE)
library(readr)
dat2 = readr::read_csv(file = txt, col_names = FALSE)
library(data.table)
dat3 = data.table::fread(txt, header = FALSE)
```

이 텍스트에는 일부러 다양한 방식의 결측값을 넣었고 뒤에서 소개할 여러 가지 함수를 사용하여 텍스트 파일을 읽고 있다. 수치형 데이터의 경우, 숫자가 없이 열구분문자가 연속되어 있거나, 명시적으로 NA을 쓰면 모두 결측값으로 인식된다. 하지만 문자열의 경우에는 표기 방법에 따라, 그리고 사용하는 함수에 따라 결과가 달라지므로 유의해야 한다.

read.csv(), readr::read_csv(), data.table::fread()를 비교해보면, 세 함수 모두 na.strings= 또는 na=라는 매개변수를 가지고 있어서 NA(결측값)을 나타내는 문자열을 정해줄 수 있다. 만약 NA가 결측값을 나타내도록 설정을 했다면 결측값은 앞뒤 쉼표를 포함해서 ,NA,로 쓰고, 문자열 "NA"은 앞뒤 쉼표를 포함해서 ,"NA",로 쓰는 것이 가장 좋아보인다.[9] 필자가 앞에서 언급한 여러 함수를 시험해본 결과, 결측값을 어떤 식으로 인식할 것이냐에 대해 세 함수의 방법이 일치하지는 않았고, 개선 작업이 계속 이루어지고 있는 듯 하다.

---

[8]어떤 질문에 대해 아무런 대답을 하지 않은 것("")과 여러 가지 이유로 대답을 들을 수 없었던 경우(NA)는 엄연히 다른 상황이다. 어떤 대답을 했지만 여러 가지 사정으로 그 값을 알 수 없는 경우도 NA로 나타낼 수 있다.

[9]문자열 NA(알파벳 N과 알파벳 A)에 특별한 의미(결측값)을 부여한다면, 문자 그대로의 NA를 어떻게 표기해야 하는가? 한 가지 방법은 열구분 문자 쉼표와 마찬가지로 NA 전체를 따옴표로 감싸는 것이다. 이런 방법을 사용하면 텍스트 데이터 내의 ,NA,와 ,"NA",는 결측값과 문자열 NA로 구분된다. 공란 ,,과 ,"",에 대해서도 전자는 결측값, 후자는 무응답("")로 인식할 수 있다.

8.3. 텍스트로 저장된 데이터 파일 읽기

문자열 데이터의 결측값은 화면에 출력할 때에도 무응답("")과 구분하기 까다롭다. 다음은 문자열의 결측값이 '' 또는 문자열 'NA'와 구별이 용이한지를 데이터의 클래스에 따라 비교해준다.

```
dat2b = read_csv(file = txt, col_names = FALSE, na = "NA")
dat2c = read_csv(file = txt, col_names = FALSE, quoted_na = FALSE)
dat3[4, 1] = "<NA>"
dat1[4, 1] = "<NA>"
```

이번엔 위의 코드로 생성된 dat1, dat3과 dat2b를 출력해보자. 무응답(''), 결측값, 문자열 "NA" 또는 "<NA>"를 구분하는 능력에서는 read_csv()가 fread()보다 낫다고 할 수 있다. read_csv()의 결과인 티블의 경우, 결측값은 빨간색으로 하여 문자열 "NA"와 구별이 쉽도록 했다.

- 데이터프레임(read.csv())

```
dat1
```

```
##      V1   V2       V3
## 1            NA
## 2  <NA>   NA     <NA>
## 3  <NA> 1985 kindness
## 4  <NA> 1993    heart
```

- 티블(readr::read_csv())

```
dat2b
```

```
## # A tibble: 4 x 3
##    X1                       X2 X3
##    <chr>                 <dbl> <chr>
## 1 ""                       NA ""
## 2  <NA>                    NA  <NA>
## 3  <NA>                  1985 "kindness"
## 4 "Grande-Butera, Ariana" 1993 "heart"
```

- 데이터테이블(data.table::fread())

```
dat3
```

```
##       V1   V2       V3
## 1:            NA
## 2: <NA>   NA     <NA>
## 3:   NA 1985 kindness
## 4: <NA> 1993    heart
```

8.3.4.1 열구분문자 쉼표와 따옴표

문자 쉼표가 값에 포함되어 있는 경우, 열구분문자 쉼표가 구분하기 위해 열의 시작과 끝을 따옴표를 사용했다. 열구분문자와 열의 시작과 끝을 나타내는 문자는 사용자의 편의에 따라 다른 문자로 설정이 가능하다. 하지만 가장 흔히 사용되는 문자는 쉼표와 따옴표이다.

따옴표가 필요한 것은 **열구분문자로 쉼표**로 쓸 때 값에 **문자 쉼표**가 포함되어 있는 경우이다. 만약 값에 문자 쉼표가 포함되어 있지 않다면 따옴표로 시작하지 않아도 된다.

문제는 문자 따옴표가 값에 포함되어 있는 경우이다. 문자 쉼표는 없지만 문자 따옴표가 값에 포함되어 있는 경우에는 열을 감싸안는 인용기호 따옴표를 쓰지 않아도 될까? 다음의 예를 보자.

```
I am ok.,You are fine.,"Thank you, sir."
"A,B","A,B"
```

위의 텍스트는 열의 갯수가 3인 데이터를 텍스트로 나타낸 것이다. 첫 행의 두 값(첫 번째 열과 두 번째 열)은 쉼표를 포함하지 않기 때문에 열의 시작과 끝을 나타내기 위해 따옴표가 필요하지 않다. 세번째 값은 쉼표를 포함하기 때문에 두 따옴표로 값을 감싸 안았다. 두 번째 행을 보자. 만약 첫 번째 값이 따옴표와 대문자 A라면, 쉼표가 포함되어 있지 않기 때문에 따옴표로 감싸 안지 않았다. 두 번째 값은 대문자 B와 따옴표로 구성된 문자열이며, 이 역시 쉼표를 포함하지 않기 때문에 따옴표로 감싸지 않았다. 세 번째 값은 대문자 A, 쉼표, 대문자 B로 이루어진 문자열이며 이 값은 쉼표를 포함하기 때문에 따옴표로 감싸 안았다. 하지만 이 행은 두 번째 쉼표를 기준으로 앞과 뒤가 동일하기 때문에 첫 번째 값이 대문자 A, 쉼표, 대문자 B이고, 두 번째 값이 따옴표, 대문자 A, 세 번째 값이 대문자 B, 따옴표로 해석될 수도 있다. 다시 말해 쉼표가 포함되지 않은 값에도 문자 따옴표가 포함되어 있다면 그 값을 다음과 같이 따옴표로 감싸 안아야 이런 모호함을 방지할 수 있다.

```
I am ok.,You are fine.,"Thank you, sir."
"""A","B""","A,B"
```

8.3.5 텍스트 데이터 파일을 불러읽을 때 고려해야 할 사항

텍스트 데이터 화일을 불러 읽을 때에는 데이터를 저장할 때 고려 사항이 그대로 적용된다. 그 외에도 다음과 같은 고려사항이 있다.

먼저 화일을 정확히 텍스트로 읽기 위해서는 텍스트 화일의 인코딩을 알아야 한다. 최근에 생성된 화일은 거의 UTF-8를 사용한다. 하지만 그렇지 않은 경우도 있다. 확실치 않을 때에는 readr::guess_encoding()을 활용할 수 있다. 하지만 UTF-8-BOM과 UTF-8의 구분은 readr::guess_encoding()에서 불가능했다. notepad++라는 프로그램을 쓰면 BOM의 존재를 확인할 수 있다.[10]

---

[10]BOM이란 **B**yte **O**rder **M**ark의 약자로 바이트 순서를 나타내는 표식이다. 자세한 내용은 <문자열>의

8.3. 텍스트로 저장된 데이터 파일 읽기

다음은 `read.table` 함수를 통해 테이블 형태의 텍스트 데이터 화일을 읽어올 때 고려할 점들을 정리하여 보여준다.

1. 텍스트 인코딩
   - `readr::guess_encoding()`을 통해 유추할 수 있다. 하지만 확실하지 않다.
   - notepad++[11] 등의 문서작성 프로그램을 활용하여 인코딩을 확인할 수도 있다. 특히 UTF-8BOM과 UTF-8의 구분은 `readr::guess_encoding()`에서는 불가능하지만 notepad++에서는 가능했다.
2. 전체적인 형식 : 아래에서 `c(,)`로 묶인 원소 중 하나를 선택해야 한다(예. `header=TRUE` 또는 `header=FALSE`).
   - 행이름을 포함하는가? `header=c(TRUE,FALSE)`
   - 열이름을 포함하는가? 포함한다면 몇 번째 줄인가? `row.names=c(1,NULL)`
   - 열 구분자(delimiter) : `sep=c('\t', ',', ' ')`
   - 주석의 시작은 어떻게 표기하는가? `comment.char=`
3. 데이터를 표기하는 방법
   - 문자열 : 인용부호(quotation mark; 문자열의 시작과 끝을 나타내는 기호) : `quote=`
   - 수치형 : 소수점 표기 방법(decimal seperator) : `dec=` (나라마다 소수점 표기 방법이 다르다.[12])
4. 그 밖에
   - `stringsAsFactors=c(TRUE,FALSE)` : 문자열을 팩터형으로 변환할 것인가? R 버전 4에서 기본값이 `TRUE`에서 `FALSE`로 바뀌었다.
   - `colClasses=c(NA, 'NULL', 'logical', 'integer', 'numeric', 'complex', 'character', 'raw', 'factor', 'Date', 'POSIXct')` : 각 열의 데이터 클래스를 직접 정해줄 수 있다.

연습문제

- 다음의 코드를 보고 파일을 정확히 읽을 수 있도록 코드를 고쳐보자(참고로 Linux에서는 정상적으로 작동한다).

```
dat01 <- read.csv('서울시 한강공원 이용객 현황 (2009_2013년).csv',
            fileEncoding = 'UTF-8')
```

- 다음의 경우 열이름이 이상해 보인다.

---

[11] https://notepad-plus-plus.org/
[12] https://en.wikipedia.org/wiki/Decimal_separator#Examples_of_use

```
# fileEncoding의 기본값은 한글 Windows(CP949)와 리눅스 기반(UTF-8)에서 다르다.
# 동일한 OS에서 생성된 파일을 읽을 때 fileEncoding을 생략할 수 있지만,
# 그렇지 않을 때에는 fileEncoding= 을 정확하게 지정해야 한다.
dat02 <- read.csv('서울특별시 공공자전거 대여소별 이용정보(월간)_2017_1_12.csv',
                  fileEncoding = 'CP949')
head(dat02, n=3)
##     X.대여일자.  X.대여소번호.      X.대여소.  X.대여건수.
## 1     '201701'          '108'   ' 서교동 사거리'            246
## 2     '201701'          '503'   ' 더샵스타시티 C동 앞'       246
## 3     '201701'          '504'   ' 신자초교입구교차로'        232
##     X.반납건수.
## 1          198
## 2          224
## 3          261
```

- 홈페이지에서 바로 .csv를 불러 읽을 때에도 결과에 유의할 필요가 있다. 다음의 코드를 수정해보자.

```
dat03 <- read.csv(
 "http://www.nber.org/data/population-birthplace-diversity/JoEG_BP_diver
sity_data.csv")
head(dat03, n=3)
##     country_name.ccode.year.div1_a.div1_s.div1_u.div2_a.div2_s.div2_u
## 1  Afghanistan;AFG;1990;.0196283;.043451;.019022;.6398162;.5717205;.640
## 2      Albania;ALB;1990;.0700942;.0445751;.0726081;.1676445;.2764547;.160
## 3      Algeria;DZA;1990;.0121732;.0115634;.0121949;.58781;.5485816;.
```

8.3.6 빅데이터

```
readr::read_delim(file = , delim = , col_names = )
data.table::fread(file = , sep = , header = )
```

용량이 큰 텍스트 데이터 파일을 read.table로 읽으려면 시간이 너무 많이 소요된다. 이때에는 data.table 패키지의 fread 함수를 사용하자[13]. 다른 텍스트 데이터 파일을 읽을 때와 마찬가지로 가장 중요한 설정 사항은 열을 분리하는 기호(sep)을 정하는 것이다.

8.3.6.1 설정방법 비교 : read.table() vs read_delim() vs fread()

	read.table	read_delim	fread
인코딩	fileEncoding='UTF-8'	encoding='UTF-8'[14]	encoding='UTF-8'

---

[13] 7-8년 전에 통계 컨설팅을 하고 있을 때, 1 기가바이트(Gigabyte)인 텍스트 파일을 읽는데 read.csv()는 1시간 이상 소요되었다. data.table의 fread()를 사용하면 5분 이내 읽을 수 있었다.

8.3. 텍스트로 저장된 데이터 파일 읽기

	read.table	read_delim	fread
열구분자는?	sep=','	delim=','	sep=','
인용부호는?	quote='"'	quote='"'	quote='"'
열이름 존재?	header=T, F	col_names=T, F	header=T, F
열이름은?	col.names=	col_name=	col.names=
주석 표시	comment.char='#'	comment='#'	
수치 : 소수점	dec='.'	decimal_mark='.'.[15]	dec='.'
수치 : 천자리		grouping_mark=','.[16]	

각 열의 클래스를 정해주는 방법을 알아보자. read.table()에서는 colClasses=를 사용했다.

- read.table(colClasses = c(NA, 'NULL', 'logical', 'integer', 'numeric', 'complex', 'character', 'raw', 'factor', 'Date', 'POSIXct')) : NA는 자동으로 유추, 'NULL'은 해당 열 건너뛰기를 의미하며, 나머지는 R의 class이다.
- read_delim(col_types = '?_lid_c_fDT') : ?(유추), _(건너뛰기), l(logical), i(integer), d(double, 부동소수), c(caracter), f(factor), D(Date), T(dateTime)
- fread(colClasses = colClasses = c(NA, 'NULL', 'logical', 'integer', 'numeric', 'complex', 'character', 'raw', 'factor', 'Date', 'POSIXct')) : read.table의 방법과 동일하다.

text_data_file_01.csv를 가지고 연습해보자.

```
# 확인 사항:
# - TRUE, T, True, true는 logical에서 모두 참으로 인식하는가?
# - 만약 "1999-12-31 12:00"와 "1999-01-01"이 같은 열에 존재한다면 어떻게 되는가?
read.table(file = 'text_data_file_01.csv',
      sep=',', header=FALSE, row.names=NULL,
      colClasses = c(NA, 'NULL', 'logical', 'integer', 'numeric',
      'complex', 'character', 'raw', 'factor', 'Date', 'POSIXct'))
##   V1    V3  V4     V5       V6                    V7 V8 V9        V10
## 1  1  TRUE  24 2.51e+01  1+3.0i  I am cool, ain't I? 1f  R 2010-10-10
## 2  2 FALSE  32 1.00e-10  20-2.0i           Go and go ff  G 2100-01-01
```

[14] locale=locale(encoding='UTF-8')처럼 locale=locale()의 괄호 안에 설정한다.

[15] locale=locale(decimal_mark = '.')

[16] locale=locale(grouping_mark = ',')

```
## 3    3    TRUE    -10 1.00e-24 10-1.0i            Cool! ff  G 1999-09-24
## 4    a    TRUE   3102 6.02e-24 22-2.4i      Let's go, man 00  G 2000-01-01
##                          V11
## 1 2010-10-10 10:00:00
## 2 1999-09-09 23:11:03
## 3 1980-01-10 01:00:33
## 4 1919-03-01 10:00:22
##  [ reached 'max' / getOption("max.print") -- omitted 1 rows ]
readr::read_delim(file='text_data_file_01.csv',
  delim=',',col_names=FALSE, # complex와 raw는 지원하지 않기
  col_types = '?_lid_c_fDT') # 때문에 건너뛰었다(`_`)
## # A tibble: 5 x 8
##    X1    X3    X4      X5    X7     X9  X10        X11
##    <chr> <lgl> <int>   <dbl> <chr>  <fct> <date>     <dttm>
## 1  1     TRUE    24 2.51e+ 1 I am c~ R    2010-10-10 2010-10-10 10:00:00
## 2  2     FALSE   32 1    e-10 Go and~ G   2100-01-01 1999-09-09 23:11:03
## 3  3     TRUE   -10 1    e-24 Cool!   G   1999-09-24 1980-01-10 01:00:33
## 4  a     TRUE  3102 6.02e-24 Let's ~  G   2000-01-01 1919-03-01 10:00:22
## 5  b     FALSE -2231 3.1 e+24 Today ~ B   2001-01-01 2100-12-25 00:00:44
data.table::fread(file='text_data_file_01.csv', header=FALSE,
  colClasses = c(NA, 'NULL', 'logical', 'integer', 'numeric',
  'complex', 'character', 'raw', 'factor', 'Date', 'POSIXct'))
## Warning in data.table::fread(file = "text_data_file_01.csv", header =
## FALSE, : Attempt to override column 3 of inherent type 'string' down to
## 'bool8' ignored. Only overrides to a higher type are currently supported.
## If this was intended, please coerce to the lower type afterwards.
##       V1    V3   V4       V5      V6                     V7
## 1:    1  TRUE    24 2.51e+01    1.0+ 3.00i        I am cool, ain't I?
## 2:    2 FALSE    32 1.00e-10   20.0- 2.00i                 Go and go
## 3:    3     T   -10 1.00e-24   10.0- 1.00i                     Cool!
## 4:    a  TRUE  3102 6.02e-24   22.0- 2.40i              Let's go, man
##       V8 V9        V10                    V11
## 1:    1f  R 2010-10-10 2010-10-10 10:00:00
## 2:    ff  G 2100-01-01 1999-09-09 23:11:03
## 3:    ff  G 1999-09-24 1980-01-10 01:00:33
## 4:    00  G 2000-01-01 1919-03-01 10:00:22
##  [ reached getOption("max.print") -- omitted 1 row ]
```

8.3.6.2 fwrite()과 fread()

문자열에 인용기호와 동일한 문자가 포함된 경우, fwrite()으로 생성한 파일을 fread()로 정확하게 읽는 방법이 없다! fread()는 특이하게 인용부호 안의 따옴표를 그대로 읽

8.3. 텍스트로 저장된 데이터 파일 읽기

는다. 따라서 fread()를 하기 전에 두 번 반복되는 따옴표를 하나로 바꾼다면 성공적으로 fread()를 수행할 수 있을 것이다.

다음을 실행하여 fwrite()에서 따옴표가 어떻게 파일로 씌여지고, fread()로 어떻게 읽히는지 확인할 수 있다.

```
datScript = data.frame(
  A = c('"Hi!" I said', 'I paused.', 'Mike'),
  B = c('그는 말했다. "놀랍지?"', '응!', '"정말로!" 그랬다')
)

datScript$B = iconv(datScript$B, to='UTF-8') # Window

fwrite(datScript, file='datScript.txt', sep=',', qmethod="double")
# """Hi!""" I said","그는 말했다. """놀랍지?"""
fread('datScript.txt', sep=',', quote='"', encoding = 'UTF-8')
# 1: ""Hi!"" I said 그는 말했다. ""놀랍지?""
fwrite(datScript, file='datScript.txt', sep=',', qmethod="escape")
# "\"Hi!\" I said","그는 말했다. \"놀랍지?\"
fread('datScript.txt', sep=',', quote='"', encoding = 'UTF-8')
# 1: \\"Hi!\\" I said 그는 말했다. \\"놀랍지?\\"
```

8.3.6.3 윈도우에서 인코딩 문제

dat_UTF8.txt에는 다음의 내용이 저장되어 있다. 3행 2열의 문자열 데이터로 생각할 수 있다.

```
## UTF-8test.txt
création d\'un rôle,"ÿ, ô and y"
初演,重役
초연,"""중역""이라고"
```

위의 텍스트 데이터 파일을 보자. 열구분문자는 ,(쉼표)이다. 이를 R의 기본 함수인 read.csv()과 readr::read_csv(), data.table::fread()로 읽은 후 내용을 확인해보자. 텍스트 파일의 내용을 정확하게 읽혔는가?

```
dat1 <- read.csv('dat_UTF8.txt',
                 sep=',',
                 fileEncoding='UTF-8',
                 header=FALSE,
                 stringsAsFactors=FALSE); dat1
dat2 <- readr::read_delim('dat_UTF8.txt',
                          delim=',',
                          locale = readr::locale(encoding = 'UTF-8'),
                          col_names=FALSE); dat2
```

```
dat3 <- data.table::fread('dat_UTF8.txt',
                           sep=',',
                           encoding='UTF-8',
                           header=FALSE); dat3
```

dat1, dat2, dat3를 출력(print())해 본 결과와 원본 자료를 비교해 보자. 특히 알파벳 위의 작은 기호를 확인해보자. 그리고 print.listof()로 다시 출력해보자. read.csv()는 이런 작은 차이가 모두 사라져 버렸다. read_delim()과 fread()의 경우, print.listof()의 결과를 보면 데이터를 정확하게 읽었음을 확인할 수 있다. 하지만 print()의 결과에는 움라우트(알파벳 위의 작은 점 등)가 사라지는데, 이는 print()의 버그라고 한다.[17]

8.4 바이너리 파일 읽기

바이너리(이진) 파일은 데이터를 데이터를 컴퓨터만 읽을 수 있는 이진수로 저장한다고 생각하면 된다. R에 이미 데이터가 존재하는 경우, 이 데이터를 저장한 후 다음에 그대로 사용하고 싶다면, 바이너리 파일를 사용하는 것이 편리하다(텍스트 파일로 저장하면서 내용이나 형식이 조금씩 달라질 가능성이 적어진다). 바이너리 파일은 텍스트 파일보다 저장용량이 작고, 데이터의 미묘한 차이(예. 정수 또는 실수, 문자열 또는 범주, 수의 정확성 등)도 저장할 수 있다는 장점도 있다.

서두에 save()/load() 함수에 대해 알아봤다. saveRDS()/readRDS()는 하나의 변수(객체)를 저장하고, 불러읽는다. load()는 변수 이름이 미리 정해져 있고, readRDS()는 데이터를 읽으면서 이름을 정해줄 수 있다는 차이가 있다.

```
saveRDS(mtcars, "mtcars.RDS")
mtcars2 <- readRDS("mtcars.RDS")
all.equal(mtcars, mtcars2)
```

```
## [1] TRUE
```

데이터의 크기가 클 경우에는 feather 패키지를 활용하면 데이터를 읽고, 쓰고는 시간을 단축시킬 수 있다(write_feather/read_feather).

```
library(feather)
library(tibble)
write_feather(mtcars, "mtcars.feather")
mtcars3 <- read_feather("mtcars.feather")
all.equal(as_tibble(mtcars), mtcars3)
```

```
## [1] TRUE
```

---

[17]print(dat2$X1) 또는 print(dat3$V1)과 같이 각 열을 따로 출력해도 움라우트의 존재를 확인할 수 있다.

SSD(**S**olid-**S**tate **D**isk)와 멀티코어 CPU(**C**entral **P**rocessing **U**nit)를 사용할 수 있다면 fst 패키지를 사용할 수 있다. fst 패키지 소개 사이트[18]를 가보면 여러 패키지의 속도를 비교한 결과를 확인할 수 있다. 맥에서는 OpenMP라는 라이브러리를 설치해야 fst의 성능을 최대로 활용할 수 있다.[19]

8.5 압축 파일에서 읽어오기

앞에서 얘기했듯이 텍스트 데이터 파일은 바이너리 데이터 파일에 비해 용량이 크다. 데이터 파일이 10M 바이트 이하라면 상관이 없겠지만, 그 이상이거나, 파일이 여럿이라면 텍스트 파일로 저장하는 것이 부담스러울 수 있다. 만약 데이터 파일을 압축해서 보관한다면 디스크 용량을 절약할 수 있다.

아래에 압축된 데이터 파일에서 데이터를 바로 읽는 방법을 소개한다. read_csv()는 내장 함수인 unz()을 사용하고, fread()는 외부 프로그램(unzip)을 적용한다.

```
library(readr)
fn_zip = 'crypto2021-05.zip'
fns = as.character(unzip(fn_zip, list = TRUE)$Name)
# zip파일에 압축된 파일 목록
print(fns)
```

```
## [1] "crypto2021-05-01.csv"  "crypto2021-05-02.csv"  "crypto2021-05-03.csv"
```

```
dat <- read_csv(unz(fn_zip, fns[1]), col_types=cols())
# 첫번째 파일(fns[1])을 압축 풀고(unz) read_csv로 읽는다.
# read_csv는 파일 형식에 맞춰서 변경한다.
# read_csv의 col_types=cols()를 생략하면
# 각 컬럼의 데이터 타입(추정)이 출력된다
```

```
dat <- fread(cmd = paste('unzip -cq', fn_zip, fns[1]))
# Linux에 unzip이 설치되어 있지 않다면 apt install unzip으로 설치한다.

head(dat, n=3)
```

```
##    symbol            datetime price  volume
## 1:    BTC 2021-05-01 00:00:12 56047   15164
## 2:    ETH 2021-05-01 00:00:12  2738  264533
## 3:    BTC 2021-05-01 00:01:12 56208   15178
```

---

[18] https://www.fstpackage.org

[19] 맥에서 OpenMP는 brew install libomp(또는 arch -arm64 brew install <package>)를 사용하여 설치한다. 리눅스 기반에서는 sudo apt-get install libomp-dev로 한다.

아래의 코드는 crypto2021-05.zip에 압축된 crypto2021-05-01.csv, crypto2021-05-02.csv, crypto2021-05-03.csv의 데이터를 모두 읽어 하나의 데이터 프레임으로 합친다 (<<데이터 가공>>의 **여러 데이터 프레임 합치기**와 <<패키지 데이터테이블>>의 **data.table을 활용한 합병** 참조).

```
lst = vector("list", length(fns))
for (i in seq_along(fns)) {
  lst[[i]] = read_csv(unz(fn_zip, fns[i]), col_types = cols())
  lst[[i]]$src = fns[i]
}
dat <- data.table::rbindlist(lst)
head(dat, n = 3)
```

```
##    symbol            datetime price volume                      src
## 1:    BTC 2021-05-01 00:00:12 56047  15164 crypto2021-05-01.csv
## 2:    ETH 2021-05-01 00:00:12  2738 264533 crypto2021-05-01.csv
## 3:    BTC 2021-05-01 00:01:12 56208  15178 crypto2021-05-01.csv
```

readr::read_csv() 함수는 대체적으로 data.table::fread() 함수보다 느리지만, 파일 용량이 커질 수록 fread()와의 차이가 줄어들고, fread()와 다르게 unz()의 결과를 바로 사용할 수 있다는 장점이 있다. 따라서 압축 파일 속 개별 파일의 크기를 30MB 이상으로 유지한다면 fread()와 비슷한 속도를 유지하면서 데이터를 읽을 수 있을 것이다.[20]

8.6 EXCEL 파일 읽기

```
readxl::excel_sheets(path = )
readxl::read_excel(path = , sheet = )
```

연습문제

- 아래의 코드는 수정하여 엑셀 파일을 정확하게 불러읽어보자.

```
library(readxl)
readxl::read_excel("서울시 한강공원 이용객 현황 (2009_2013년).xls",
  sheet = 1)
## Error in read_fun(path = path, sheet = sheet, limits = limits, shim =
## Evaluation error: path[1]=' 서울시 한강공원 이용객 현황 (2009_2013 년
## ).xls': 지정된 파일을 찾을 수 없습니다.
```

---

[20]https://csgillespie.github.io/efficientR/input-output.html

8.6.1 엑셀 파일의 모든 시트(sheet) 읽어오기

엑셀의 한 파일 안에는 여러 개의 시트가 존재한다. package:readxl의 read_excel(path= filename, sheet=)을 통해 시트를 하나씩 읽어올 수 있다. 다음의 코드는 한 파일 내의 모든 시트를 시트 이름과 동일한 객체 이름으로 저장한다.

```r
library(readxl)

rm(list = ls())

fn = "excel_example.xls"
vSh <- excel_sheets(fn)

# li <- vector(mode='list', length=length(vSh)-1)
if (length(vSh) > 0) {
  for (iSh in 1:(length(vSh))) {
    vname <- vSh[iSh]
    if (exists(vname)) {
      cat("\b\b변수 ", vname, "이(가) 이미 존재합니다.\n")
      break
    }
    assign(vname, read_excel(fn, sheet = vSh[iSh]))
  }
} else {
  cat("No Sheet!!!\n")
}

vSh
```

```
## [1] "FirstSheet" "Tomato"    "Ketchup"
```

```r
ls()
```

```
## [1] "FirstSheet" "fn"         "fn_zip"     "fns"        "iSh"
## [6] "Ketchup"    "Tomato"     "vname"      "vSh"
```

실행이 끝난 후 ls()를 하거나, RStudio-Enviornment([Ctrl]+[8])의 Data를 보면 시트 이름과 동일한 데이터 프레임을 확인할 수 있다.

8.7 그 밖의 통계 프로그램 데이터 파일

다음은 다양한 데이터 형식을 R로 불러읽을 때, 사용할 수 있는 패키지와 함수를 보여준다.

```r
library(foreign)
read.spss()  # SPSS
read.dta()   # Stata
```

```
read.ssd()      # SAS
read.octave()   # Octave
read.mtp()      # Minitab
read.systat()   # Systat

library(haven)
read_dta()      # Stata
read_por()      # SPSS .por
read_sas()      # SAS
read_sav()      # SPSS .sav, .zsav
read_stata()    # Stata
read_xpt()      # SAS transport files

library(readstata13)
read.dta13()    # Stata version >= 13
```

이렇게 다양한 데이터 형식만큼이나, 패키지와 함수도 다양하다. 최근에 개발 중인 rio 패키지는 이렇게 다양한 패키지와 함수를 통합하여(여러 패키지를 모아 새로운 패키지를 만들었기 때문에 메타-패키지라고도 불린다) 다양한 형식의 데이터 파일을 **하나의 함수**로 읽거나 쓰는 방법을 제시한다.

먼저 rio 패키지를 설치한 후 install_formats()를 한다. rio 패키지 활용 방법을 알려주는 페이지에서 rio가 지원하는 다양한 파일 형식을 확인할 수 있다.[21]

```
install.packages("rio")
library(rio)
install_formats()
```

rio의 import() 함수는 데이터 형식을 파일의 확장자에서 유도하여 데이터를 읽는다(쓰기 위해서는 export()함수를 사용한다). 다음은 위에서 사용한 excel 데이터 파일을 import()와 read_excel()을 사용하여 읽는 법을 보여준다.

```
library(rio)
library(readxl)
dat_rio2 <- import('excel_example.xls', which=2) # 두번째 시트
dat_xl2 <- read_excel(
  path = 'excel_example.xls',
  sheet = excel_sheets('excel_example.xls')[2])
  # 두번째 시트의 이름(excel_sheets()[2])
all.equal(dat_rio2, as.data.frame(dat_xl2))
```

```
## [1] TRUE
```

---

[21]https://cran.r-project.org/web/packages/rio/vignettes/rio.html

8.7. 그 밖의 통계 프로그램 데이터 파일

```
dat_rio1 <- import('excel_example.xls', which=1)
dat_xl1 <- read_excel('excel_example.xls',
 sheet=excel_sheets('excel_example.xls')[1])
all.equal(dat_rio1, as.data.frame(dat_xl1))
```

```
## [1] TRUE
```

다음은 동일한 데이터를 Stata(버전 13 이상) 형식으로 저장하고 다시 읽어들인다. 몇몇 데이터 형식은 export()가 불가능함을 유의하자.

```
library(readstata13)
export(dat_rio1, "dat_rio1.dta")
read.dta13("dat_rio1.dta")
```

```
##   id name
## 1  1 한주리
## 2  2 이주리
## 3  3 고정운
## 4  4 이상운
```

```
import("dat_rio1.dta")
```

```
##   id name
## 1  1 한주리
## 2  2 이주리
## 3  3 고정운
## 4  4 이상운
```

만약 한글을 변수(컬럼)명에 사용하면 다음과 같은 문제가 발생할 수도 있다.

```
export(dat_rio2, "dat_rio2.dta")
# 에러: Failed to create column `怨쉽씪/梨꽃냄`: A provided name
# contains an illegal character.
```

연습문제

- 아래 주소의 Stata 데이터를 위에서 소개한 패키지/함수를 사용하여 읽어보자.

```
url = 'http://www.nber.org/data/population-birthplace-diversity/JoEG_BP_diversity_data.dta'
```

R Studio의 GUI 활용하기

R Studio - File - Import Data를 활용하면 좀 더 쉽게 파일을 읽어올 수 있다. 여기서는 File-Import Dataset-From Text(readr)를 사용하여 데이터를 불러들이는 방법에 대해 설명한다.

File/URL은 읽어올 화일의 위치(화일 경로 또는 인터넷 주소)을 적는다. Data Preview 이 이 화일을 현재 설정으로 읽었을 때, 데이터의 모습을 처음 50개 행에 대해 보여준다.

Import Options의 Name은 화일을 읽어 어떤 변수에 저장할 지를 결정한다. Skip은 처음 몇 개의 행을 생략하고 데이터를 읽을지 결정한다. [ ] First Row as Names는 텍스트 파일의 첫 줄이 열이름을 나타내는지 를 표시한다. [ ] Trim Spaces는 문자열의 경우 문자열의 앞 뒤에 붙은 불필요한 공란을 제거할 것인지를 결정한다. [ ] Open Data View 는 데이터를 읽은 후 곧바로 View() 함수를 사용하여 데이터를 확인할 것인지를 결정한다. Delimiter는 열구분문자를 의미하고, Quotes은 인용부호(열의 시작과 끝을 나타내는 기호)로 쓸 기호를 결정한다. Quotes가 None이라면 홑따옴표와 겹따옴표는 모두 문자 그대로 인식된다. 날짜형식, 시간형식, 문자 인코딩 방법, 소수점, 숫자 자리 기호, 타임존 등은 지역에 따라 달라진다. 이는 Locale에서 선택할 수 있다. [ ] Ascciify를 체크하면, 원래 정확하게 1 août(프랑스어로 8월 1일)로 써야 하는 날짜를 1 aout로 써도 날짜 8월 1일로 인식한다. Escape은 탈출 문자를 정한다. Backslash를 선택하면 \n은 문자 백슬래쉬(\)에 문자 n이 아니라 줄바꿈문자로 인식된다. Double은 인용부호가 두번 반복 (이중 인용부호)되면 인용부호를 문자로 인식하게 된다. Both는 Backslash와 Double을 동시에 사용한다는 의미이다. Comment는 데이터에 주석을 남기기 위해 사용한다. #를 많이 사용하는데, 줄의 첫글자가 #로 시작하는 경우 그 줄은 데이터로 읽지 않고 건너뛴다. NA 는 결측값을 나타내기 위해 사용하는 방법을 결정한다.

8.8 Web에서 데이터 긁어오기 (Web scraping)

Web에서 데이터를 긁어오는 웹 스크래핑은 광활한 주제이다. 데이터는 여기 저기에 흩어져 있고, 데이터를 확보하기 위해 자신의 아이디와 비밀번호를 입력하는 등의 까다로운 과정을 거쳐야 할 수도 있다. 여기서는 특정한 주소의 표(table)를 데이터 프레임을 읽어 오는 간단한 방법을 소개한다. 먼저 htmltab::htmltab() 함수를 사용하면 주소와 표의 순번을 특정하여 표를 읽어올 수 있다. (하지만 윈도우 결과를 살펴보면 문자열이 다소 부정확하게 인식되는 것을 확인할 수 있다.)

```
library(htmltab)
url <-
  "https://en.wikipedia.org/wiki/List_of_most_common_surnames_in_Europe"
surnames <- htmltab(doc = url, which = 13)
surnames[8:10,] %>% tibble # 출력 시 tibble을 하면 데이터 확인이 용이하다
```

8.8. WEB에서 데이터 긁어오기(WEB SCRAPING)

```
## (윈도우 결과)
## # A tibble: 3 x 4
##   Rank  Surname   `Meaning (*=variant/s also listed)` `#`
##   <chr> <chr>     <chr>                               <chr>
## 1 8     S첩rensen  Severus-son (Latin)                 109,746
## 2 9     Rasmussen Erasmus-son (Saint)                 93,723
## 3 10    J첩rgensen George-son                          87,466
```

XML 패키지의 readHTMLTable()을 사용하면 다음과 같이 할 수 있다. 이번에는 문자열을 정확하게 읽어들인다.

```
library(curl)
library(XML)
con <- curl(url)
html <- readLines(con)
df <- readHTMLTable(html, header = TRUE, which = 13,
                    stringsAsFactors = FALSE, encoding = "UTF-8")
df[8:10,] %>% tibble
```

```
## # A tibble: 3 x 4
##   Rank  Surname   `Meaning (*=variant/s also listed)` `#\n`
##   <chr> <chr>     <chr>                               <chr>
## 1 8     Sørensen  Severus-son (Latin)                 109,746
## 2 9     Rasmussen Erasmus-son (Saint)                 93,723
## 3 10    Jørgensen George-son                          87,466
```

좀 더 일반적인 스크래핑 방법은 주어진 html에서 원하는 부분(노드)을 찾아서 긁어오는 것이다. 다음의 코드에서 html_nodes('table')가 테이블 노드를 찾는다.

```
library(xml2)
library(dplyr)
library(rvest)
require(readr)
url <-
  "https://en.wikipedia.org/wiki/List_of_most_common_surnames_in_Europe"
html=read_html(url,encoding='UTF-8')
tables=html %>% html_nodes("table")
# html_table(tables[13])
# 데이터에 따라 종종 에러가 발생한다. 추후 버전에서 수정될 것 같다.
# html_table(tables[13], convert=FALSE)는 좀 더 안정적이다.
df <- html_table(tables[13], convert=FALSE)[[1]] %>% type_convert
# tables[13] : 13번째 테이블
df[8:10,]
```

```
## # A tibble: 3 x 4
##   Rank Surname    `Meaning (*=variant/s also listed)`      `#`
```

```
##      <dbl> <chr>       <chr>                         <dbl>
## 1        8 Sørensen    Severus-son (Latin)          109746
## 2        9 Rasmussen   Erasmus-son (Saint)           93723
## 3       10 Jørgensen   George-son                    87466
```

연습문제

- "https://en.wikipedia.org/wiki/List_of_Korean_surnames"의 첫 번째 테이블을 읽어오세요.

8.9 JSON

JSON(**J**ava**S**cript **O**bject **N**otation)은 인터넷을 통해 데이터를 주고 받을 때 많이 쓰이는 데이터 형식으로 텍스트로 저장된다. 많은 Open API는 XML(e**X**tensible **M**arkup **L**anguage)[22]과 JSON을 지원한다.

JSON의 JS가 의미하는 JavaScript는 주로 인터넷 브라우저에서 실행되는 프로그램을 위한 프로그래밍 언어로, JSON은 JavaScript(자바 스크립트)에서 객체를 정의하는 방식으로 데이터가 표현되지만, JSON이라는 데이터 형식은 JS(자바스크립트)와 독립적으로 활용될 수 있다.

JSON 형식에 대한 명세서는 사이트[23]에서 확인할 수 있다. 명세서 자체는 매우 간단하고 명확하다. JSON은 텍스트 화일로 저장되며, 사람이 읽기 쉽고, 또 쉽게 변형이 가능하다.

예를 들어, JSON에서 문자열은 처음과 끝을 겹따옴표로 구분해야 하지만, 홀따옴표로 구분되어 있다고 사람이 읽을 수 없는 것은 아니다 (아래 예시를 보자).

```
# s1.json: JSON
{"이름":"김다미",
 "전화번호":"0104432104x"}
# s2.json: JSON 형식이 아니지만, 사람이 읽기에는 불편이 없음
{'이름':'김다미',
 '전화번호':'0104432104x'}

jsonlite::fromJSON("s1.json")
jsonlite::fromJSON("s2.json")
RJSONIO::fromJSON(content = "s1.json")
RJSONIO::fromJSON(content = "s2.json")
rjson::fromJSON(file = "s1.json")
rjson::fromJSON(file = "s2.json")
```

---

[22]XML은 W3C(World-Wide Web Consortium)이 추천하는 데이터 전송 방식이지만, 같은 내용을 담은 csv 또는 json 화일보다 용량이 크고, 복잡하기 때문에 요즘에는 json이 좀 더 많이 쓰이는 추세이다.

[23]https://www.json.org/json-en.html

8.9. JSON

이번 장에서는 JSON 형식에 대한 공식 문서[24]를 살펴보고, R에서 JSON 형식을 활용할 때 나타날 수 있는 문제와 해결 방법에 대해 알아본다.

8.9.1 JSON 데이터 타입

JSON 공식 문서[25]에 따르면 JSON이 지원하는 데이터 타입은 4가지로 **문자열**, **수**, **논리값** (true/false), **널** (null)이다.

8.9.1.1 문자열

곂따옴표로 시작하고 끝난다. 사용 가능한 문자는 유니코드 코드포인트 20에서 10FFFF 까지로 정해져 있다. 이는 가능한 모든 유니코드 코드포인트를 모두 포함하는데, 유니코드 코드포인트 00에서 1F까지는 백스페이스, 수평탭과 같은 제어 문자들이 포함되어 있다.[26] 이들 중 코드포인트 08번부터 0C까지의 대부분은 탈출문자를 써서 문자열에 포함시킬 수 있다. JSON의 문자열은 R과 마찬가지로 \를 탈출 문자로 쓰는데, \", \\, \b, \f, \n, \r, \t와 유니코드 코드포인트 hhhh를 써서 \uhhhh를 쓸 수 있다. \"는 문자열의 시작과 끝을 표시하는 곂따옴표(")와 문자 곂따옴표를 구분하기 위해, 그리고 \\는 탈출문자로 백슬래쉬(\)를 쓰기 때문에 필요하다. \b(backspace), \t(tab), \n(new line), \f(feedforward), \r(carraige return)은 ASCII 코드 08번부터 0C까지의 제어문자에서 수직탭을 제외한 문자들이다. 사용 가능한 문자에 개행문자(Line Feed; "\n" 또는 "\u000a")와 캐리지리턴(Carriage Return; "\r" 또는 "\u000d")가 빠져 있기 때문에 다음과 같은 JSON 화일은 엄밀하게 말해 JSON 형식에 어긋난다(곂따옴표 안에 코드포인트 10 또는 13의 줄바꿈문자가 포함되어 있다). 그래서 JSON을 읽는 프로그램이나 R의 함수는 JSON 형식에 조금 어긋난 경우에도 읽을 수 있게 되어 있다.

```
# s1b.json
{"이름":"김다미",
 "전화번호":"0104432104x",
 "좌우명":"멋지게 살자.
 그리고 베풀며 어울리자."}
```

```
RJSONIO::fromJSON("s1b.json")
rjson::fromJSON("s1b.json")
jsonlite::fromJSON("s1b.json")
```

실제로 R의 여러 패키지로 위의 텍스트 화일을 읽어보면, RJSONIO를 제외한 패키지들은 에러를 발생시킨다. 해결책은 화일을 읽어서 곂따옴표 안의 "\r", "\n"과 같은 제어문자를 "\\r", "\\n"과 같이 탈출문자를 써서 표기해야 한다.

---

[24]https://www.json.org/json-en.html

[25]https://rakuraku.tistory.com/96

[26]유니코드 코드포인트 20에서 10FFFF를 사용가능하다는 것은 그 문자를 직접 입력한다는 의미이다. R 에서 "\u000f"와 같이 사용하는 것은 문자를 직접 입력하는 것이 아니다.

```
# s1c.json
{"이름":"김다미",
 "전화번호":"0104432104x",
 "좌우명":"멋지게 살자.\n그리고 베풀며 어울리자."}
```

8.9.1.2 수

수는 정수, 소수, 지수 형식을 띨 수 있다.

- 정수 : -3, 20, 7000
- 소수 : -3.24, 20.35, 7000.121
- 지수 형식 : -3e10, 20e+30, -20E-40

8.9.1.3 논리값 : true/false

- R과 다르게 모두 소문자임을 유의하자. True 또는 TRUE도 허용할 것이냐는 JSON 을 읽는 프로그램 또는 옵션에 따라 달라진다.

8.9.1.4 널 : null

- R과 다르게 모두 소문자이다. 그리고 R과 다르게 여러 값을 나열할 때에도 null이 나타날 수 있기 때문에 의미를 생각해보면 R의 NULL보다는 NA와 닮았다.

8.9.2 여러 값

이제 이런 값을 모아보자. 값을 모으는 방법에는 여러 값을 일렬로 늘어뜨리는 방법(R의 벡터 또는 리스트로 생각할 수 있다)과 일렬로 늘어뜨린 값에 이름을 붙이는 방법이 있다.[27] 다음의 두 예를 보자.

```
## vector or list
# s3a.json
[1, 3, 5, 10]
# s3b.json
[1, 4, null, true, "Jung"]
## dictionary
# s3c.json
{"A":1, "B":4, "C":null, "D":true, "E":"Jung"}
```

---

[27] R에서는 이런 값을 c(1,2,3) 또는 list(1, 'a', TRUE)와 같이 쓰거나, c(A=1, B=2, C=3) 또는 list(A=1, B='a', C=TRUE)로 쓸 것이다. 첫번째는 이름이 없는 벡터 또는 리스트이고, 두번째는 이름을 붙인 벡터 또는 리스트이다. 하지만 파이썬 진영에서는 두번째를 다른 형식으로 만들어서 사전(dictionary) 또는 딕트(dict)라고 칭하고, 새로운 형식(예. {'A':1, 'B':'a', 'C':TRUE})으로 표기한다. JSON이 파이썬을 따라간 것은 못내 유감이다.

8.9. JSON

```
# 여러 라이브러리의 fromJSON()으로 시도해보자자 library(jsonlite);
# library(RJSONIO); library(rjson)
fromJSON("s3a.json")
fromJSON("s3b.json")
fromJSON("s3c.json")
```

8.9.3 계층 구조

일련의 값을 모으는 두 방법에서 값이 쓰일 위치에 다른 일련의 값을 쓰면 계층적 구조를 만들 수 있다.

```
## vector or list
# s3b.json
[1, 4, null, true, "Jung"]
# s3b2.json
[1, 4, null, {"A":1, "B":4}, [false, "Mike"]]
## dictionary
# s3c.json
{"A":1, "B":4, "C":null, "D":true, "E":"Jung"}
# s3c2.json
{"A":1, "B":[4,5,2], "C":{"C1":null, "C2":"Yes"}}
```

8.9.4 R의 JSON 패키지

R에서 JSON 형식의 데이터를 다루는 패키지는 RJSONIO, rjson, 그리고 jsonlite이 있다.

패키지를 평가하는 방법은 여러 가지가 있겠지만, 쓰기 속도면에서는 jsonlite이 가장 빠르고, rjson과 RJSONIO가 뒤따른다고 알려져 있다(아래 실험 참조). jsonlite는 가장 최근에 개발된 패키지로 리스트를 사용하면 복잡해질 수 있는 데이터를 데이터 프레임, 행렬 등의 다루기 편한 데이터 구조로 만들어 주는 장점이 있다.

다음과 같은 JSON은 데이터 프레임과 행렬로 저장하면 편리하다(잘 알려진 mtcars에서 몇 가지 수정했다).

```
## ## df1.json
## [{"name":null, "mpg":21.0, "cyl":6, "vs":false},
##  {"name":"Mazda RX4 Wag", "mpg":21.0, "cyl":null, "vs":null},
##  {"name":"Datsun 710", "mpg":22.8, "cyl":4, "vs":true}]

## ## df2.json
## {"null":{"mpg":21.0, "cyl":6, "vs":false},
##  "Mazda RX4 Wag":{"mpg":21.0, "cyl":null, "vs":null},
```

```
##    "Datsun 710":{"mpg":22.8, "cyl":4, "vs":true}}

## ## mat1.json

## [[1,3,2],
##  [2,2,4],
##  [3,5,2]]
```

사실 데이터 프레임을 JSON으로 바꾸려면 다른 방법도 생각해볼 수 있다. 아래 두 JSON을 보자. 그리고 RJSONIO, rjson, jsonlite의 fromJSON() 함수로 읽어보자. 그리고 세 방식의 차이를 생각해보자(null을 문자열 "null"로 표기하지 않으려면 키:값의 형식에서 키에 해당하는 곳에는 R의 NA 또는 JSON의 null이 등장하지 않는 것이 좋겠다).

위에서 쓰기 속도는 jsonlite > rjson > RJSONIO 순이라고 했는데, 실제 작은 실험을 해보자.

```
data(diamonds, package='ggplot2')
dat = diamonds

library(rbenchmark)
benchmark(RJSONIO::toJSON(dat),
          rjson::toJSON(dat),
          jsonlite::toJSON(dat),
          replications = 10,
          columns= c("test", "replications", "elapsed", "relative"))
```

```
##                     test replications elapsed relative
## 3 jsonlite::toJSON(dat)           10   1.302    1.000
## 2    rjson::toJSON(dat)           10   2.161    1.660
## 1  RJSONIO::toJSON(dat)           10   4.893    3.758
```

읽기 속도에서는 아래와 같이 rjson, RJSONIO, jsonlite였다. 하지만 속도는 자료의 구조에 따라 크게 달라질 수 있다.

```
jtxt = unclass(jsonlite::toJSON(dat))
benchmark(jsonlite::fromJSON(jtxt),
          RJSONIO::fromJSON(jtxt, asText = TRUE),
          rjson::fromJSON(jtxt),
          replications = 10,
          columns= c("test", "replications", "elapsed", "relative"))
```

```
##                                       test replications elapsed relative
## 1              jsonlite::fromJSON(jtxt)           10   7.278    4.222
## 3                 rjson::fromJSON(jtxt)           10   1.724    1.000
## 2 RJSONIO::fromJSON(jtxt, asText = TRUE)           10   4.089    2.372
```

8.9.4.1 rio의 import, export

rio의 import(), export()는 jsonlite 패키지를 쓴다고 한다.

```
dat = rio::import("s3c.json")
rio::export(dat, "s3c_bak.json")
# s3c2.json에 대해서도 확인해보자
```

8.10 이미지에서 텍스트 인식

테서렉트(Tesseract)는 오픈 소스 광학 문자 인식(OCR; Optical Character Recognition) 프로그램이다. 쉽게 말해서 그림 화일에서 문자를 인식한다. 테서렉트는 CLI(Command Line Interaface)로 실행되지만, 여러 가지 응용 프로그램을 통해 GUI(Graphic User Interface)로도 운용될 수 있다. R에서는 tesseract 패키지를 설치하는 것만으로 손쉽게 테서렉트를 활용할 수 있다.

```
# Linux 기반 OS의 경우:
# https://tesseract-ocr.github.io/tessdoc/Installation.html
# 에서 각 버전에 맞는 방법을 찾을 수 있다.
install.packages('tesseract')
```

여타 패키지와 마찬가지로 library()로 불러들인 후 tesseract_info()를 통해 여러 가지 설정 사항을 확인할 수 있다.

```
library(tesseract)
tesseract_info()
##  $datapath
##  [1] "/usr/share/tesseract-ocr/tessdata/"
##  [1] "/Users/kwhkim/Library/Application Support/tesseract4/tessdata/" # Window
##
##  $available
##  [1] "eng"
##  [1] "osd"   "snum"
##  ...
```

$available은 인식 가능한 언어를 나타낸다. 관련 페이지[28]의 LangCode에서 osd의 의미를 확인할 수 있다. 영어와 한글을 인식하기 위해서는 훈련데이터(.traineddata)를 다운로드 받아야 한다.

```
tesseract_download('eng')
##    Downloaded: 3.92 MB  (100%)
##  [1] "/Users/kwhkim/Library/Application Support/tesseract4/tessdata/eng.traineddata"
```

---

[28] https://tesseract-ocr.github.io/tessdoc/Data-Files-in-different-versions.html

```
tesseract_download('kor')
## ...
```

리눅스 기반의 OS에서는 OS 커맨드라인에서 다음과 같이 해야 한다.
```
sudo apt-get install tesseract-ocr-kor
# /usr/share/tesseract-ocr/tessdata에 저장된다.
```

훈련데이터가 저장된 장소를 확인할 수 있다.[29] 이제 그림 화일에서 문자를 인식해보자. test.jpg란 광고 그림 화일에서 영어 또는 한글을 인식하려면 다음과 같이 한다.

```
txtHan <- ocr("test2.jpg", engine = "kor")
txtEng <- ocr("test2.jpg", engine = "eng")

txtHan %>% strsplit('\n') %>% .[[1]] %>% head(3)

## [1] "6           중         =" "고가 환요을 노"
## [3] "공간 활용을 높이고"

txtEng %>% strsplit('\n') %>% .[[1]] %>% head(3)

## [1] "0 Ss So"      "D7} sQ° &"    "Suv 223 20/0"
```

test.jpg에는 영어와 한글이 혼재되어 있으므로 다음과 같이 하는 게 낫겠다.

```
txtBoth <- ocr('test2.jpg', engine='kor+eng')
txtBoth %>% strsplit('\n') %>% .[[1]] %>% head(3)

## [1] "6           Ss         So" "고가 환요을 노"
## [3] "공간 활용을 높이고"
```

결과는 그리 만족스럽지 못하다. 좀 더 나은 결과를 원한다면 Hangul 훈련데이터[30]를 다운로드 받길 추천한다. Hangul.traineddata를 다운로드[31]받아서 tesseract_info()$datapath에 저장한다(또는 아래 코드를 실행한다). 그리고 다음과 같이 문자인식을 할 수 있다.

```
## Hangul traineddata 다운로드
if (!file.exists(
    file.path(tesseract_info()$datapath, 'Hangul.traineddata'))) {
download.file(url=
'https://github.com/tesseract-ocr/tessdata/blob/main/script/Hangul.traineddata?raw=true',
    dest = file.path(tesseract_info()$datapath, 'Hangul.traineddata'),
    mode = 'wb')
```

---

[29]훈련데이터가 저장되는 장소는 OS 환경변수 TESSDATA_PREFIX 또는 R 함수의 datapath= 매개변수로 설정할 수 있다. (예. tesseract_download('kor', datapath='C:/'))

[30]https://github.com/tesseract-ocr/tessdata/blob/main/script/Hangul.traineddata

[31]https://github.com/tesseract-ocr/tessdata/blob/main/script/Hangul.traineddata?raw=true

8.10. 이미지에서 텍스트 인식

```
}
## 만약 Linux기반 OS라면 운영체제 커맨드라인에서 다음과 같이 진행할 수 있다.
## 다음은 예시일 뿐이면 정확한 운영체제에 따라 달라질 것이다.
## sudo chmod -R 775 /usr/share/tesseract-ocr/4.00/tessdata/
## sudo mkdir /usr/share/tesseract-ocr/tessdata/
## sudo chmod -R 775 /usr/share/tesseract-ocr/tessdata/Hangul.traineddata
## Hangul traineddata를 활용하여 문자인식을 하기 전에
## sudo usermod -aG sudo <username> 을 통해 <username>을 sudoer에 포함시킨다
## sudo chown root /usr/share/tesseract-ocr/tessdata/Hangul.traineddata
## sudo chgrp root /usr/share/tesseract-ocr/tessdata/Hangul.traineddata
txtBoth2 <- ocr('test2.jpg', engine = 'Hangul')
```

결과는 다음과 같다. (경험상 많은 경우 kor+eng보다 결과가 나았다.)

```
txtBoth2 %>% strsplit('\n') %>% .[[1]] %>% head(3)

## [1] "고 ©"              "고가 황 요 을 농"       "공간 활 용 을 높이고"
```

만약 글자의 위치나 확률까지 알고 싶다면 다음과 같이 한다.

```
resXML <- ocr('test2.jpg', engine = 'Hangul', HOCR=TRUE)
resDF  <- ocr_data('test2.jpg', engine = 'Hangul')

resXML %>% substr(1,100) # 길이 1의 character 벡터

## [1] " <div class='ocr_page' id='page_1' title='image \"\"; bbox 0 0 860 304; ppageno 0'>
resDF %>% head(3)                  # 데이터프레임

## # A tibble: 3 x 3
##    word    confidence bbox
##    <chr>        <dbl> <chr>
## 1 고            13.3 280,59,305,72
## 2 ©             84.5 437,58,462,71
## 3 고가          93.3 276,67,310,78
```

윈도우에서 resDF의 결과가 약간 이상하다. Encoding(resDF$word)를 한 후 해결 방법을 생각해보자. 저자는 다음과 같이 해결하였다.

```
Encoding(resDF$word) = "UTF-8"
head(resDF, 3)
```

결과에 다소 실망했을 수도 있다. 그림에서 문자를 인식하는 과제는 이미지의 품질과 OCR 프로그램의 설정에 따라 결과가 크게 달라지기도 한다. 테서렉트의 설정은 다음의 함수로 확인할 수 있다.

```
tesseract_params() %>% head(3)

## # A tibble: 3 x 3
```

```
##     param                    default desc
##     <chr>                    <chr>   <chr>
## 1   editor_image_xpos        590     Editor image X Pos
## 2   editor_image_ypos        10      Editor image Y Pos
## 3   editor_image_menuheight  50      Add to image height for menu bar
```

예를 들어, 숫자만 인식하고 싶다면 (버전 4.1 이상에서) 다음과 같이 설정할 수 있다.

```
teNum <- tesseract(
    language = 'kor',
    options = list(tessedit_char_whitelist = "0123456789"))
# 언어 'kor'의 훈련데이터를 사용하여 숫자만 인식하도록 설정
txtNum <- ocr('test2.jpg', engine = teNum)
cat(txtNum)
```

문자를 숫자로 헷갈리는 경우도 있지만, 중요한 숫자인 2780과 1920, 1080은 모두 인식하였음을 확인할 수 있다.

문자 인식 결과 품질을 높이는 다른 방법은 관련 사이트[32]를 참고하기 바란다.

8.11 정리

R에서 외부의 파일을 가장 손쉽게 읽어들이는 방법은 `rio::import()` 함수를 사용하는 것이다. rio 패키지는 현재 버전 0.5.x로 아직 개발 중이지만 저자가 사용해본 경험에 의하면 큰 문제가 없었다. 만약 `rio::import`에서 오류가 날 경우에는 파일 형식에 맞는 패키지와 함수를 찾아서 데이터를 읽으면서, 설정사항을 변경시키는 작업이 필요할 것이다.

텍스트로 저장된 데이터를 읽을 때에는 열구분문자, 인용기호를 정확히 설정해야 한다. 만약 데이터가 테이블 형식이 아니라면 JSON을 활용하자.

R에 이미 존재하는 데이터를 쓰고, 읽을 때에는 `saveRDS()/readRDS()` 또는 `feather::write_feater()/read_feather()` 함수를 사용할 수 있다. `feather`는 속도 면에서 뛰어나지만 아직 버전이 0.5.x이다.

이번 장에서는 웹 또는 이미지에서 데이터를 읽어들이는 방법에 대해서도 설명했다.

---

[32]https://tesseract-ocr.github.io/tessdoc/ImproveQuality

제 9 장

데이터 가공

자료가 분석에 가장 적합한 상태로 제공되는 경우는 거의 없다.[1] 이 장에서는 주어진 데이터를 가공하는 방법을 살펴본다. 구체적으로 다음의 세 작업에 대해 알아본다.

1. **주어진 데이터에서 집단별 요약치를 구하거나 집단별로 함수를 적용하기** : 예를 들어 **학년별** 평균 체중을 구하거나, **학급별** 평균 체중을 구하는 경우를 생각해보자. 또는 우리나라 **광역도시별**로 지난해 출생자 합계를 구하고 싶을 때 어떻게 해야 하는가? 데이터를 특정한 변수를 기준으로 분리한 후 요약통계치를 구하거나, 어떤 작업을 한 후, 결과를 모아 합치는 작업을 R에서 어떻게 할 수 있을까?

2. **분리된 데이터를 합치기** : 자료는 여기저기 흩어져 있는 경우가 많다. GDP 자료는 통계청에서, 무역자료는 관세청에서 구했다. 이 둘을 적절하게 합쳐서 새로운 자료를 만들거나, 분석을 해야 경제와 무역에 관한 새로운 통찰을 얻을 수 있을 것이다. 어쨌든 우선 두 자료를 하나로 합쳐야 한다.

3. **가로형 데이터를 변환하여 세로형으로 만들거나 반대 방향으로 변환하기** : 가로형은 가로로 긴 형태의 자료이고, 세로형은 세로로 긴 형태의 자료이다. 영어로는 Wide-form, Long-form이라고 칭한다. 기본적으로 가로형은 한 행에 여러 관측값이 나열되어 있고, 세로형은 한 행에 하나의 관측값이 적혀 있다. 시각화, 자료 제출, 분석 등 목적과 요구에 따라 자료를 두 가지 형태로 변환할 수 있어야 한다.

---

[1] CrowdFlower의 설문 조사 결과에 따르면 데이터 분석가는 업무 시간의 무려 80%(!)를 데이터 수집과 전처리에 사용한다고 한다.

9.1 집단별로 함수 적용하기

벡터 v에 한 학급의 학생 키가 저장되어 있다. 이때 남자의 키 평균과 여자의 키 평균을 구하고 싶다면 어떻게 해야 할까? 전체 평균은 mean(v)으로 구할 수 있지만 누가 남자이고 누가 여자인지 모르면 남자키, 여자키 평균을 구할 수는 없다.

만약 g라는 벡터를 통해 벡터 v의 각 원소가 남자(Male) 키인지 여자(Female) 키인지가 알 수 있다면? g[1]이 Male이라서, v[1]의 값 172이 남자키임을 알 수 있고, g[2]는 Female 이라서 v[2]의 값 170이 여자키임을 알 수 있다.

이 경우 mean(v[g=='Male'])과 mean(v[g=='Female'])로 남자키 평균과 여자키 평균을 구할 수 있다. 하지만 집단의 갯수가 2개가 아니라 100개라면 어떨까? 예를 들어 v에는 **값**이 들어 있고, g에는 **소속**이 들어 있는데 소속은 1부터 100까지 100가지나 된다면? 다음의 코드는 그 일부를 보여준다.[2]

```
v <- c(172, 172, 170, 170, rnorm(96, 170, 3))
g <- rep(c("Male", "Female"), 50)
c(mean(v[g == "Male"]), mean(v[g == "Female"]))
```

```
## [1] 168.9 169.9
```

```
set.seed(0)
v <- rnorm(1000, 170, 3)
g <- rep(1:100, 10)
c(mean(v[g == 1]), mean(v[g == 2]), mean(v[g == 3]), mean(v[g == 4]))
```

```
## [1] 169.0 169.1 172.0 171.1
```

이제 g==5, g==6, ⋯, g==100을 추가하기만 하면 된다. 이렇게 반복되는 작업이 계속될 때 프로그래머라면 당연히 for문을 찾게된다. R에는 이런 경우를 위한 특별한 함수가 마련되어 있다.

---

[2]set.seed(0)은 무작위 자료를 항상 동일하게 생성하기 위해 사용한다.

9.1. 집단별로 함수 적용하기 151

9.1.1 주어진 벡터에 집단을 구분하여 함수 적용하기 : tapply
tapply(v, g, func)

내용 벡터 v | 2 | 2 | 6 | 8 | 9 | 1 | 2 | 7 | 5 |
집단 벡터 g | 1 | 3 | 1 | 2 | 3 | 2 | 2 | 1 | 2 |

- tapply 함수는 벡터 v의 원소를 다른 벡터 g의 원소를 기준으로 나눈 후, 함수 func 를 각 집단에 적용한다. 위의 그림에서 원소의 집단을 알려주는 벡터 g의 값에 따라 바탕색을 다르게 하였다. (벡터 g의 원소가 1인 경우는 항상 옅은 회색이고 2인 경우는 하얀색, 3인 경우는 짙은 회색이다.)

- 이때 집단 벡터 g는 집단을 효과적으로 알려주기만 하면 된다. 따라서 집단을 나타내는 벡터 g는 다음 중 어느 것을 사용해도 무방하다. (하지만 집단을 알려주는 내용으로 g의 원소를 정하면 결과를 해독하기 쉬워진다.)

```
g = c(1, 3, 1, 2, 3, 2, 2, 1, 2)
g = c(0, 7, 0, 5, 7, 5, 5, 0, 5)
g = c("A", "C", "A", "B", "C", "B", "B", "A", "B")
g = c("paul", "jack", "paul", "susan", "jack", "susan", "susan", "paul", "susan")
```

- 만약 적용되는 함수가 mean이라면, 그 결과는 다음과 같이 구할 수 있다.

```
v = c(2, 2, 6, 8, 9, 1, 2, 7, 5)
g = c(1, 3, 1, 2, 3, 2, 2, 1, 2)
tapply(v, g, FUN = mean)
```

```
##   1   2   3
## 5.0 4.0 5.5
```

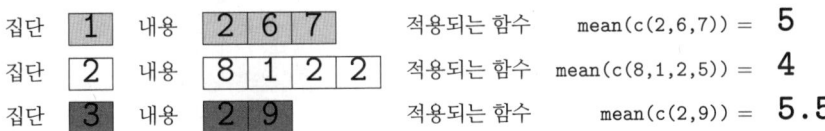

9.1.2 집단별로 함수 적용하기 : tapply, apply, lapply, sapply

벡터뿐 아니라, 행렬, 리스트, 데이터 프레임에 대해서도 원소들을 여러 집단으로 나눈 후 특정한 함수를 적용할 수 있다. tapply, apply, lapply, sapply는 다음과 같은 의미를 가지고 있다.

함수	의미
tapply	tag-apply
apply	array(?)-apply
lapply	list-apply
sapply	simplified-list-apply

다음의 표는 R에서 집단별로 함수를 적용하는 tapply, apply, lapply, sapply, aggregate 의 기능을 도식적으로 보여준다. 이들 함수는 적용되는 데이터 구조에 따라 구분될 수 있다.

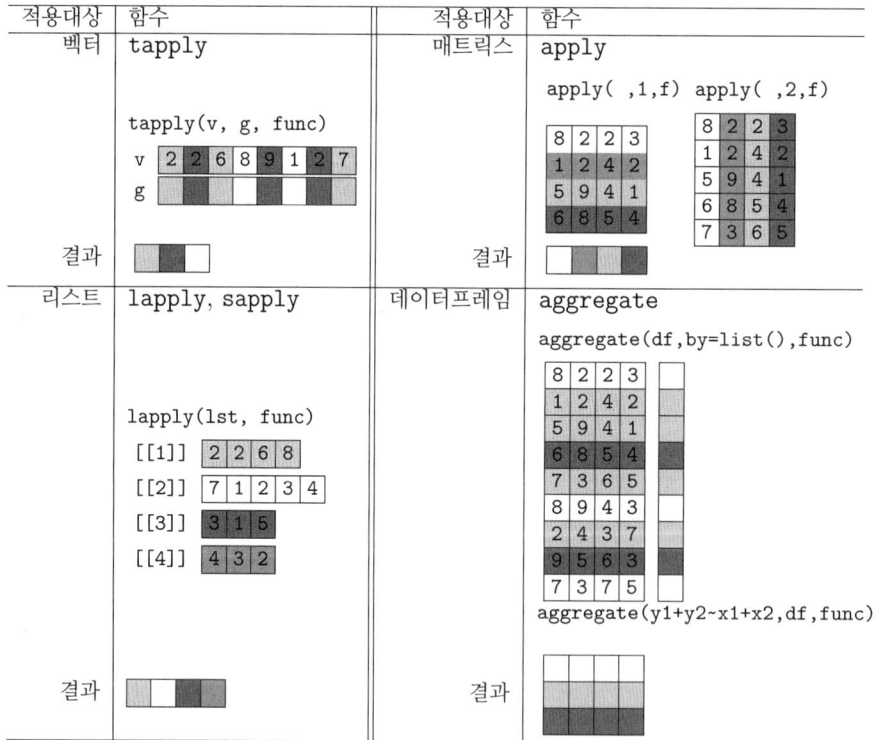

tapply와 aggregate는 자료의 소속을 알려주는 벡터가 있다. tapply는 별도의 벡터를 통해 집단을 알 수 있고, aggregate는 데이터프레임의 열을 통해 행의 소속을 알 수 있다. 그에 반해 lapply와 apply는 이미 존재하는 데이터 구조에서 집단을 결정한다. lapply는 리스트의 한 원소를 한 집단으로 생각하고 apply는 행렬의 한 행(또는 한 열)을 하나의 집단으로 생각한다.

9.1. 집단별로 함수 적용하기

다음은 dat라는 데이터 프레임을 gender와 num의 값에 따라 나누는 다양한 방법을 보여준다. aggregate에서 +, cbind, . 의 의미를 유추해보자. 힌트를 주자면 다음의 예에서 aggregate은 조건별로 어떤 변수의 합(sum) 또는 길이(length) 등을 계산한다. 조건은 ~ 의 오른쪽에 오고, 결과 변수는 ~의 왼쪽에 온다. . 는 나머지 열을 의미한다. 요즘은 뒤에서 앞에서 소개한 dplyr을 활용하는 편이 이해하기 쉽다. 주석으로 동일한 결과를 dplyr 패키지로 구현하였다.

```r
dat <- data.frame(gender=c('M','M','M','M','M','F','F','F','F','F'),
                  num=c(1,2,3,1,2,3,1,2,3,1),
                  h=c(170,180,190,180,170,150,160,170,160,150),
                  w=c(80,70,100,80,60,50,50,60,60,50))
dat$BMI <- dat$w/(dat$h/100)^2
table(dat$gender, dat$num)
```

```
## 
##     1 2 3
##   F 2 1 2
##   M 2 2 1
```

```r
#library(dplyr); library(tidyr)
#dat %>% group_by(gender, num) %>%
#       summarise(mean = mean(h)) %>% spread(key='num', value='mean')
#dat$h의 값을 dat$gender와 dat$num을 기준으로 분리한 후, mean
tapply(dat$h, list(dat$gender, dat$num), mean)
```

```
##     1   2   3
## F 155 170 155
## M 175 175 190
```

```r
#dat %>% group_by(gender, num) %>% summarise(h=sum(h)) %>% arrange(num)
#dat을 gender, num을 기준으로 분리 후, h를 sum
aggregate(h~gender+num, sum, data=dat)
```

```
##   gender num   h
## 1      F   1 310
## 2      M   1 350
## 3      F   2 170
## 4      M   2 350
## 5      F   3 310
##  [ reached 'max' / getOption("max.print") -- omitted 1 rows ]
```

```r
#dat %>% group_by(gender, num) %>% summarise(`h+w`=sum(h+w)) %>% arrange(num)
#dat를 gender, num을 기준으로 분리 후, h+w를 sum
aggregate(h+w~gender+num, sum, data=dat)
```

```
##   gender num h + w
## 1      F   1   410
```

```
## 2          M    1    510
## 3          F    2    230
## 4          M    2    480
## 5          F    3    420
## [ reached 'max' / getOption("max.print") -- omitted 1 rows ]
```
```r
#dat %>% group_by(gender, num) %>%
#      summarise(h=sum(h), w=sum(w)) %>% arrange(num)
#dat를 gender, num을 기준으로 분리 후, h와 w를 각각 sum
aggregate(cbind(h,w)~gender+num, sum, data=dat)
```
```
##   gender num   h   w
## 1      F   1 310 100
## 2      M   1 350 160
## 3      F   2 170  60
## [ reached 'max' / getOption("max.print") -- omitted 3 rows ]
```
```r
#dat %>% group_by(gender, num) %>% summarise_all(sum) %>% arrange(num)
#dat를 gender, num을 기준으로 분리 후, 나머지 열을 모두 각각 sum
aggregate(.~gender+num, sum, data=dat)
```
```
##   gender num   h   w   BMI
## 1      F   1 310 100 41.75
## 2      M   1 350 160 52.37
## 3      F   2 170  60 20.76
## [ reached 'max' / getOption("max.print") -- omitted 3 rows ]
```
```r
#dat %>% group_by(gender, num) %>% summarise_all(length) %>% arrange(num)
#dat를 gender, num을 기준으로 분리 후, 나머지 열을 모두 각각 length
aggregate(dat, list(dat$gender, dat$num), length)
```
```
##   Group.1 Group.2 gender num h w BMI
## 1       F       1      2   2 2 2   2
## 2       M       1      2   2 2 2   2
## [ reached 'max' / getOption("max.print") -- omitted 4 rows ]
```
```r
# dat를 dat$gender, dat$num를 기준으로 나눈 후, summary
by(dat, list(dat$gender, dat$num), summary)
```
```
## : F
## : 1
##  gender    num         h              w           BMI
##  F:2    Min.   :1   Min.   :150.0   Min.   :50   Min.   :19.53
##  M:0    1st Qu.:1   1st Qu.:152.5   1st Qu.:50   1st Qu.:20.20
##         Median :1   Median :155.0   Median :50   Median :20.88
##         Mean   :1   Mean   :155.0   Mean   :50   Mean   :20.88
##         3rd Qu.:1   3rd Qu.:157.5   3rd Qu.:50   3rd Qu.:21.55
## ...
```

9.1.3 `sweep`, `mapply`, `rapply`

9.1.3.1 `sweep`

`sweep`은 행렬(또는 배열)을 대상으로 한다는 점에서 `apply`와 비슷하다. 하지만 `apply`의 결과는 차원이 축소되지만 `sweep`은 차원이 축소되지 않는다. 집단별로 함수로 적용하는데 차원이 축소되지 않는다?[3] `sweep`에서 집단을 나눠야 하는 이유는 집단별로 다른 인자를 사용하기 때문이다. (`apply`는 집단별로 함수를 적용한다. `sweep`도 집단별로 동일한 함수를 적용하지만, 함수에 쓰이는 인자가 달라진다.

행렬은 벡터화가 되었기 때문에 행렬 mat에서 1을 뺀 mat-1은 모든 원소에서 1을 뺀다. 그런데 집단별로 빼는 수가 다르다면 어떻게 해야 할까? 첫 번째 행은 -1을 하고, 두 번째 행은 -2를 하고 세 번째 행은 -4를 하고 싶다면?

```
mat = matrix(c(1, 3, 6, 2, 4, 5), 3, 2)
mat - 1
#
mat[1, ] - 1
mat[2, ] - 2
mat[3, ] - 4
sweep(mat, MARGIN = 1, STATS = c(1, 2, 4), FUN = "-")
# 1번째 차원이 같은 원소들을 하나의 집단을 본다.

##      [,1] [,2]
## [1,]    0    1
## [2,]    2    3
## [3,]    5    4
## [1] 0 1
## [1] 1 2
## [1] 2 1
##      [,1] [,2]
## [1,]    0    1
## [2,]    1    2
## [3,]    2    1
```

만약 2번째 차원이 같은 원소들을 하나의 집단으로 생각한다면, 다음과 같이 쓴다.

```
sweep(mat, MARGIN = 2, STATS = c(1, 2), FUN = "*")

##      [,1] [,2]
## [1,]    1    4
## [2,]    3    8
## [3,]    6   10
```

행렬의 열을 하나의 집단으로 생각하여 집단별로 평균을 뺀다면 다음과 같이 쓸 수 있다.

---

[3]사실 `apply`는 차원이 축소되지 않는 함수와 함께 쓸 수도 있다. `apply(mat, MARGIN=1, FUN=function(x) x-1)`를 하면 단순히 모든 벡터에 1를 빼준다.

```
sweep(mat, MARGIN = 2, STATS = apply(mat, MARGIN = 2, mean), FUN = "-")
```

```
##          [,1]    [,2]
## [1,] -2.3333 -1.6667
## [2,] -0.3333  0.3333
## [3,]  2.6667  1.3333
```

9.1.3.2 `mapply` : multivariate apply

`mapply`는 `lapply(sapply)`의 다차원 버전으로 생각할 수 있다. 다음의 결과는 동일하다.

```
x <- list(c(1, 3, 2), c(1, 4, 4, 4, 5), c(1, 0))
lapply(x, sum)
mapply(sum, x, SIMPLIFY = FALSE)
```

```
x <- list(c(1, 3, 2), c(1, 4, 4, 4, 5), c(1, 0))
sapply(x, sum)
mapply(sum, x, SIMPLIFY = TRUE)
```

```
## [1]  6 18  1
## [1]  6 18  1
```

`lapply(sapply)`가 **하나의** 리스트에 대해 각 원소별로 함수를 적용한다면, `mapply`는 **둘 이상**의 리스트에 대해서도 각 원소별로 함수를 적용한다.

`lapply(lst, func)`은 `func(lst[[1]])`, `func(lst[[2]])`, ·, 를 하고, `mapply(func, lstA, lstB, lstC)`은 `func(lstA[[1]]`, `lstB[[1]]`, `lstC[[1]])`, `func(lstA[[2]]`, `lstB[[2]]`, `lstC[[2]])`, …를 한다고 생각할 수 있다. 여기서 `mapply`에서 적용되는 함수는 인자의 갯수가 두 개 이상인 것이 자연스럽다.

단순하게 다음과 같이 쓸 수도 있다. (x가 벡터일 때에도 x[[1]], x[[2]]를 사용할 수 있고, 이는 x[1], x[2]와 동일하다.)

```
x <- c(12, 14, 11)
y <- c(3, 1, 5)
z <- c("a", "b", "c")
mapply("-", x, y)   # c(12-3, 14-1, 11-5)
```

```
## [1]  9 13  6
```

```
mapply(paste, x, y, z, MoreArgs = list(sep = "/"))   # paste는 <문자열> 장을 참조한다.
```

```
## [1] "12/3/a" "14/1/b" "11/5/c"
```

9.1.3.3 rapply: recursive apply

rapply는 리스트의 계층 구조를 따라 함수를 적용한다. how='list'는 리스트 구조를 보존하며, how='unlist'(기본값)은 리스트를 벡터로 변환한 결과를 보여준다.

```
rapply(list(c(1, 4, 2), list(c(1, 1, 1), c(2, 5, 2, 5))), sum)
rapply(list(c(1, 4, 2), list(c(1, 1, 1), c(2, 5, 2, 5))), sum, how = "list")
```

```
## [1]  7  3 14
## [[1]]
## [1] 7
## 
## [[2]]
## [[2]][[1]]
## [1] 3
## 
## [[2]][[2]]
## [1] 14
```

sweep, mapply, rapply 종합

함수	적용대상	결과
sweep	배열(행렬)	동일한 크기(원소 갯수)의 배열(행렬)
mapply	리스트(벡터)	첫 번째 원소끼리 함수 적용
rapply	계층 구조 리스트	모든 리스트 원소에 대해 함수 적용

9.2 여러 데이터 프레임 합치기

자료가 여러 데이터프레임에 분산되어 있는 경우 이들을 하나의 데이터 프레임으로 합쳐야 시각화 또는 분석을 할 수 있다.

자료가 여러 데이터프레임에 분산되는 원인에 대해 생각해보자. 만약 사용자 로그 데이터라면 날짜별로 화일로 저장하는 것이 자연스러울 것이다. 이 경우 전체 로그 자료를 분석하려면 날짜별 자료를 불러들여서 합쳐야 할 것이다.

다른 이유는 자료를 분리해서 저장하면 저장공간을 절약할 수 있기 때문이다. 예를 들어 소비자의 구매 목록과 상품 정보를 따로 저장하는 것이 이 둘을 함께 저장하는 것보다 저장 공간이 절약된다. 표 9.3의 예를 보자.

표 9.3를 통해 소비자, 구매품목, 그리고 가격을 알 수 있다. 소비자의 구매품을 보면 바지가 3번, 샴푸가 2번, 텔레비전이 1번 나오고, 그에 따라 가격 열에는 바지 가격이 3번, 샴푸 가격이 2번 반복되고 있다. 만약 표 9.4과 같이 상품의 가격을 별도의 표로 저장한다면 가격이 반복되어 저장되는 것을 막을 수 있다. 소비자와 구매품목이 증가함에 따라 반복되는 구매품도 증가할 것이며 이에 따라 절약되는 저장공간도 증가할 것이다.

하지만 이렇게 분리된 표는 데이터 분석을 위해 합쳐져야한다. 이때 기준열이 필요하다. 표 9.4의 두 표를 보자. 이 경우 두 표에 공통으로 존재하는 상품(product) 열을 기준으로 합치는 것이 자연스럽다.

이제 앞에서 설명한 두 가지 경우(동일한 형식의 자료가 날짜별로 저장된 경우와 구매목록과 상품정보가 두 표로 저장된 경우)에 데이터프레임(표)을 합치는 방법은 다음과 같다.

- 동일한 형식의 데이터프레임이 DF1, DF2, DF3로 나눠져 있을 때
    - rbind(DF1, DF2, DF3)
    - data.table::rbindlist(list(DF1, DF2, DF3))
- 두 데이터에 공통으로 존재하는 열을 기준으로 두 데이터프레임을 합칠 때
    - merge(DF1, DF2)
    - dplyr::left_join(DF1, DF2)

표 9.3: 소비자의 구매목록

name	product	price
김희선	바지	80000
박보검	샴푸	13800
김희선	텔레비전	560000
설현	바지	80000
김수현	바지	80000
박보검	샴푸	13800

9.2. 여러 데이터 프레임 합치기

표 9.4: 소비자의 구매목록과 상품목록

name	product	product	price
김희선	바지	샴푸	13800
박보검	샴푸	텔레비전	560000
김희선	텔레비전	바지	80000
설현	바지		
김수현	바지		
박보검	샴푸		

많은 경우 이 두 가지 방법으로 처리할 수 있다. 이 두 가지 방법으로 처리할 수 없는 경우에는 어떻게 해야 할까?

9.2.1 기준열을 사용하지 않는 경우

두 데이터프레임을 합칠 때, 두 데이터프레임을 있는 그대로 합치는 방법이다. 두 데이터프레임을 세로로 합칠 수도 있고, 가로로 합칠 수도 있다.

세로로 합친다는 것은 두 데이터프레임이 다른 사례에 대한 자료라는 가정이 있고, 가로로 합친다는 것은 두 데이터프레임이 서로 다른 변수를 저장하고 있다는 가정이 있다고 생각하면 된다.

예를 들어 표 9.5의 두 데이터프레임은 가로로 합쳐야 할 것이다. 만약 두 데이터프레임이 DFa, DFb이라면 cbind(DFa, DFb)를 사용한다.

표 9.6의 두 데이터프레임은 세로로 합쳐야 할 것이다. 만약 두 데이터프레임이 DF1, DF2라면 rbind(DF1, DF2)로 간단하게 합칠 수 있다.

R의 기본 함수인 cbind, rbind을 적용하기 위해서는 몇 가지 조건이 있다. 가로로 합치기 (cbind, column-bind) 위해서는 두 데이터프레임의 행 갯수가 같아야 하고, 세로로 합치기(rbind, row-bind) 위해서는 두 데이터프레임의 열 갯수가 같아야 한다. 그리고 rbind의 경우 열이름이 존재하고, 두 데이터 프레임의 열이름이 동일하고 순서도 같아야 한다 (예. 표 9.6).

표 9.5: 동일한 행 갯수, 다른 변수를 가진 두 데이터프레임

id	name	addr	phonenumber
1	김희선	서울시	0104432332
2	박보검	부산시	0106642632
3	설현	인천시	01059382
4	김수현	강릉시	0109958372
5	전지현	목포시	0102929484

표 9.6: 열의 갯수가 동일하고 동일한 변수를 저장하고 있는 두 데이터프레임

id	name	addr	phonenumber
1	김희선	서울시	0104432332
2	박보검	부산시	0106642632
3	설현	인천시	01059382

	id	name	addr	phonenumber
4	4	김수현	강릉시	0109958372
5	5	전지현	목포시	0102929484

하지만 두 데이터프레임의 열 갯수가 동일하고 동일한 변수가 동일한 열이름으로 저장되어 있더라도 순서가 다르다면 rbind를 적용할 수 없다. 표 9.7를 보자.

이 경우는 열의 순서도 다르고, 열의 갯수마저 다르다. 이렇게 열 이름은 동일하지만 순서와 갯수가 다르면 다음의 두 가지 방법을 활용할 수 있다.

```
data.table::rbindlist(list(DF1, DF2), fill = TRUE)
dplyr::bind_rows(DF1, DF2)
```

만약 열이름이 다르다면 열이름을 통일한 후에 위에서 설명한 함수를 적용해야 할 것이다. 만약 두 데이터프레임의 모양이 동일하고, 변수의 순서도 동일하지만 열이름만 다른 경우에는 다음과 같이 열이름을 간단하게 통일할 수 있다.

```
colnames(DF2) <- colnames(DF1)
```

9.2.2 기준열을 사용하는 경우

표 9.8의 자료를 보자. 이 자료를 통해 우리는 고객의 이름, 주소, 전화번호를 알 수 있다. 하지만 특정한 고객의 이름이 동일한 행에 저장되어 있지 않기 때문에 앞에서 설명한 cbind로 합칠 수 없다. 두 데이터프레임을 합치기 위해서(혹은 첫 번째 데이터프레임의 한 행을 두 번째 데이터프레임의 한 행과 합치기 위해서)는 기준열이 필요하다. 여기서는 name열을 기준으로 두 데이터프레임을 합칠 수 있다. 이렇게 기준열을 사용하여 두 데이터프레임을 합치는 것을 조인(join) 또는 병합(merge)라고 한다.

표 9.7: 동일한 열이름, 다른 순서

id	name	addr	phonenumber	name	addr	id
1	김희선	서울시	0104432332	김수현	강릉시	4
2	박보검	부산시	0106642632	전지현	목포시	5
3	설현	인천시	01059382			

9.2. 여러 데이터 프레임 합치기

표 9.8: 행의 순서가 다른 두 데이터프레임

	name	addr		name	phonenumber
1	김희선	서울시	2	박보검	0106642632
5	전지현	목포시	4	김수현	0109958372
4	김수현	강릉시	3	설현	01059382
3	설현	인천시	5	전지현	0102929484
2	박보검	부산시	1	김희선	0104432332

위의 경우 데이터프레임이 DFa, DFb라면 dplyr::left_join(DFa, DFb)로 간단하게 합칠 수 있다. left_join은 두 데이터프레임에 존재하는 공통 열을 기준으로 행을 연결하여 합친다.

표 9.8의 경우, 두 데이터프레임의 모든 행을 1대 1로 대응시킬 수 있었다. 표 9.9의 경우처럼 두 데이터에 저장된 행을 서로 연결할 수 없는 경우도 있다. 이때에는 결정을 해야 한다. 어떤 행을 결과에 남길 것이다. 패키지 dplyr에는 ****_join 꼴의 일련의 조인 함수가 있다. 이들은 두 데이터프레임의 모든 행을 1대 1 대응시킬 수 없을 때 남기는 행이 다르다. (이들의 작동 과정은 https://github.com/gadenbuie/tidyexplain에서 확인할 수 있다. 만약 두 데이터프레임의 모든 행이 기준열에 의해 1대 1로 대응한다면 left_join, right_join, inner_join, full_join의 결과는 모두 같다.)

- left_join : 첫 번째 데이터프레임의 모든 행을 남긴다.
- right_join : 두 번째 데이터프레임의 모든 행을 남긴다.
- inner_join : 두 데이터프레임에 동시에 존재하는 행만 남긴다.
- full_join : 두 데이터프레임에 존재하는 모든 행을 남긴다.

이밖에 semi_join과 anti_join이 있다. 이들은 엄밀한 의미에서 두 데이터프레임을 합친다고 볼 수 없다. 이들은 filtering join이라고 해서 첫 번째 데이터프레임에서 남길 열을 두 번째 데이터프레임을 통해 결정하고 두 번째 데이터프레임을 합치지 않는다.

- semi_join : 두 번째 데이터프레임에 존재하는 열만 남긴다.(inner_join에서 두 번째 데이터프레임의 열을 제외한 것과 같다.)
- anti_join : 두 번째 데이터프레임에 존재하지 않는 열만 남긴다.

표 9.9: 행을 1대1 대응할 수 없는 두 데이터프레임

	name	addr		name	phonenumber
1	김희선	서울시	2	박보검	0106642632
4	김수현	강릉시	5	전지현	0102929484
3	설현	인천시	1	김희선	0104432332
2	박보검	부산시			

데이터프레임의 공통 열이름이 2개 이상일 때에는 공통인 모든 열을 기준으로 합친다. 만약 그들중 일부만을 사용하고자 한다면 by=를 사용한다.

예를 들어 위의 두 데이터프레임을 ****_join을 통해 합친다면 동일한 id와 name을 가진 행끼리 합친다. 하지만 두 데이터프레임에 동일한 id와 name을 가진 행이 존재하지 않는다 (왼쪽 데이터프레임에서 설현은 id=1이지만, 오른쪽 데이터프레임에서 설현은 id=3이기 때문에 두 행을 합칠 수 없다). 만약 id를 무시하고 동일한 name을 가진 두 행을 연결하고 싶다면 left_join(DF1, DF2, by='name')을 사용한다.

```
full_join(DF1, DF2)

## Joining, by = c("id", "name")

##    id  name phonenumber   addr
## 1   3  김희선  0104432332   <NA>
## 2   4  박보검  0106642632   <NA>
## 3   1  설현    01059382     <NA>
## 4   5  김수현  0109958372   <NA>
## 5   2  전지현  0102929484   <NA>
## 6   2  박보검        <NA>   부산시
## 7   3  설현          <NA>   인천시
## [ reached 'max' / getOption("max.print") -- omitted 2 rows ]

full_join(DF1, DF2, by = "name")

##   id.x  name phonenumber id.y  addr
## 1    3  김희선  0104432332   NA  <NA>
## 2    4  박보검  0106642632    2  부산시
## 3    1  설현    01059382      3  인천시
## 4    5  김수현  0109958372    4  강릉시
## 5    2  전지현  0102929484    5  목포시
```

이때 두 데이터프레임이 동일하게 존재하는 id열이 어떻게 되었는지 확인해보자.

표 9.10: name과 id가 다른 두 데이터프레임

id	name	phonenumber	id	name	addr
1	설현	01059382	2	박보검	부산시
2	전지현	0102929484	3	설현	인천시
3	김희선	0104432332	4	김수현	강릉시
4	박보검	0106642632	5	전지현	목포시
5	김수현	0109958372			

9.2. 여러 데이터 프레임 합치기

R의 기본함수 merge를 사용할 수도 있다. 다음의 표는 ****_join과 merge의 활용방법을 비교하고 있다. 여기서는 all.x, all.y의 x, y는 첫번째 데이터프레임, 두번째 데이터프레임을 지칭한다.

dplyr::****_join	merge
left_join(a,b)	merge(a,b, all.x=TRUE)
right_join(a,b)	merge(a,b, all.y=TRUE)
full_join(a,b)	merge(a,b, all=TRUE)
inner_join(a,b)	merge(a,b, all=FALSE)

merge의 경우에도 별다른 얘기가 없다면 열이름이 동일한 모든 열을 기준으로 행을 연결한다. 만약 그 중 일부만을 사용하고 싶은 경우에는 by=을 통해 기준열을 지정한다. merge는 두 데이터프레임의 열이름이 다를 때에도 기준열로 사용할 수 있는 장점이 있다. 예를 들어 DFa의 열이름 name1과 DFb의 열이름 surname을 기준으로 두 데이터프레임을 합치고 싶다면 merge(DFa, DFb, by.x='name1', by.y='surname')으로 쓴다.

만약 dplyr::inner_join을 사용한다면 colnames(DFb)[colnames(DFb)=='surname'] = 'name1'으로 두 데이터프레임의 기준열을 통일한 후에 inner_join(DFa, DFb, by='name1')을 해야 한다.

9.3 세로형/가로형 변환

영어로 보통 long-form/wide-form으로 불리는 두 형태를 여기서는 **세로형**/**가로형**이라고 부르겠다.[4] wide-form은 보통 한 개체에 대한 측정을 여러 번 하는 반복 측정에서 많이 쓰인다.

다음은 가로형과 세로형을 변환하는 예제이다.

- 데이터 준비

```
library(dplyr)
library(tidyr)
mtcars$name = rownames(mtcars)
rownames(mtcars) = NULL
mtcars %>%
  select(name, mpg, cyl, disp) -> mtcars01
head(mtcars01, 4)
```

```
##                name  mpg cyl disp
## 1         Mazda RX4 21.0   6  160
## 2     Mazda RX4 Wag 21.0   6  160
## 3        Datsun 710 22.8   4  108
## 4    Hornet 4 Drive 21.4   6  258
```

9.3.1 패키지 `tidyr`을 활용한 세로형/가로형 변환

- 가로형을 세로형으로 변환(gather)

```
mtcars01 %>%
  gather(key = "key", value = "value", mpg, cyl, disp) -> mtcarsLong
head(mtcarsLong, 4)
```

```
##                name key value
## 1         Mazda RX4 mpg  21.0
## 2     Mazda RX4 Wag mpg  21.0
## 3        Datsun 710 mpg  22.8
## 4    Hornet 4 Drive mpg  21.4
```

---

[4] 긴 형태와 넓은 형태 등으로 번역을 했는데 자연스럽지 않았다. 세로형/가로형은 강의를 들었던 한 수강생의 제안인데 괜찮은 것 같다.

9.3. 세로형/가로형 변환

- 세로형을 가로형으로 변환(spread)

```
mtcarsLong %>%
  spread(key = "key", value = "value") -> mtcars02
head(mtcars02, 4)
```

```
##                name cyl disp  mpg
## 1       AMC Javelin   8  304 15.2
## 2 Cadillac Fleetwood   8  472 10.4
## 3        Camaro Z28   8  350 13.6
## 4  Chrysler Imperial   8  440 14.7
```

가로형을 세로형으로 변환한 후, 다시 가로형으로 변환한 결과는 처음 자료와 다르게 보인다.

```
all.equal(mtcars01, mtcars02)
```

```
## [1] "Names: 3 string mismatches"
## [2] "Component \"name\": 30 string mismatches"
## [3] "Component 2: Mean relative difference: 0.692"
## [4] "Component 3: Mean relative difference: 36.29"
## [5] "Component 4: Mean relative difference: 0.9129"
```

하지만 행과 열의 순서만 다를 뿐이다.

```
all.equal(mtcars01 %>% arrange(name),
          mtcars02 %>% select(name, mpg, cyl, disp) %>% arrange(name))
```

```
## [1] TRUE
```

세로형/가로형 변환 정리

- gather는 여러 컬럼을 하나의 컬럼으로 모은다. gather(key='key', value='value', ...)을 일종의 어구(Idiom)으로 생각하고, ... 부분에 하나의 컬럼으로 모으고 (gather) 싶은 컬럼을 적어나가면 된다.
  - 'key'와 'value'는 세로형 데이터의 두 컬럼 이름이 된다.
- spread는 세로형 데이터를 가로형으로 변환한다.
  - 만약 gather(key='key', value='value', ...)로 만들어진 자료라면 간단하게 spread(key='key', value='value')을 쓰면 된다.

9.3.2 패키지 reshape2의 활용

패키지 reshape2의 melt/dcast 함수를 사용하여 세로형/가로형 변환을 할 수도 있다. 다음 코드는 앞에서 gather/spread 함수가 한 세로형/가로형 변환을 melt/dcast 함수를 써서 재연하고 있다. 결과가 같다!

```
library(reshape2)
mtcarsLong <- mtcars %>% select(am, name, mpg, cyl, disp) %>%
  gather(-name, -am,
         mpg, cyl, disp,
         key='key', value='value',
         factor_key=TRUE)
mtcarsWide <-
  mtcarsLong %>% spread(key='key', value='value')

mtcarsLong2 <- mtcars %>% select(am, name, mpg, cyl, disp) %>%
  melt(id=c("am", "name"),
       measure.vars = c("mpg", "cyl", "disp"),
       variable.name = "key", value.name = 'value')
mtcarsWide2 <-
  mtcarsLong2 %>% dcast(am + name ~ key) -> mtcarsWide2

all.equal(mtcarsLong, mtcarsLong2)
all.equal(mtcarsWide, mtcarsWide2)
```

```
## [1] TRUE
## [1] TRUE
```

차근 차근 두 코드를 비교해보자. gather의 경우 데이터 테이블의 열에서 명시적으로 지정된 열은 **측정변수**로, 그 외의 변수는 **식별자**(identifier)로 활용한다. 식별자를 명시하려면 변수명 앞에 -를 붙이면 된다. 이렇게 하면 세로형으로 변환하려는 데이터프레임의 모든 열을 **식별자**와 **측정변수**로 구분하여 gather 함수에 알려줄 수 있다. 무엇보다 우리가 **식별자**와 **측정변수**를 명확하게 구분할 수 있다. key=와 value=는 변환된 세로형의 열이름으로 여기서는 기본값인 key와 value로 하였다. 그리고 factor_key=TRUE로 하여 melt의 결과와 일치하게 만들었다. (factor_key=TRUE는 key 열을 팩터형으로 만든다.)

gather를 melt 함수로 구현하려면 역시 **식별자**와 **측정변수**를 명시한다. id=에 **식별자** 변수이름을 문자열 벡터로, measure.vars=에 **측정변수** 이름을 문자열 벡터로 입력한다. 그리고 variable.name=과 value.name=은 gather의 key=와 value=에 대응하는 인자이다. 세로형의 열 이름을 결정한다. dcast의 기본값은 variable과 value이지만 gather 결과와 일치하게 만들기 위해 key와 value로 하였다.[5]

---

[5]확장성 측면에서는 melt/dcast가 gather/spread보다 나은 듯하다. tidyr패키지는 최근에 비슷한 기능으로 pivot_longer/pivot_wider 함수를 도입했다.

9.3. 세로형/가로형 변환

spread(dat, key='key', value='value')는 일종의 어구로 생각했다. (열이름이 바뀌었다면 반영해서 key=과 value=를 바꾼다.) 이를 dcast로 구현하는 방법을 알아보자. 형식은 dcast(dat, ~)꼴이고, ~의 왼쪽에 **식별자** 변수를, 오른쪽에 key를 적는다.

이렇게 melt/dcast로 세로형/가로형 변환을 할 수 있음을 보였다. 그런데 똑같은 일을 왜 굳이 다른 함수로 하는건가? melt와 dcast는 세로형/가로형 변환 뿐 아니라 집계통계치 (또는 요약 통계치)을 구하는 데에도 사용할 수 있다.

앞의 코드에서 mcarsLong과 mcarsLong2의 **식별자**는 name과 am이었다. 만약 am의 값에 따른 **측정변수** mpg, cyl, disp의 평균을 알고 싶다면 다음과 같이 한다.

```
dcast(mtcarsLong2, am ~ key, fun.aggregate = mean)
```

```
##   am   mpg   cyl  disp
## 1  0 17.15 6.947 290.4
## 2  1 24.39 5.077 143.5
```

앞의 가로형 변환(dcast(mcarsLong2, name + am ~ key))과 비교해 보면 ~의 좌측에 name이 빠진 것을 확인할 수 있다. 그리고 결과를 보면 표의 좌측에 am의 값이 나열되고, 우측에 **측정변수**(key)가 나열되어 있음을 볼 수 있다.

다시 dcast(mtcarsLong2, name + am ~ key) 또는 원자료를 살펴보자.

```
dcast(mtcarsLong2, name + am ~ key, fun.aggregate = mean) %>%
  head(5)
```

```
##                name am  mpg cyl disp
## 1        AMC Javelin  0 15.2   8  304
## 2 Cadillac Fleetwood  0 10.4   8  472
## 3         Camaro Z28  0 13.3   8  350
## 4   Chrysler Imperial 0 14.7   8  440
## 5         Datsun 710  1 22.8   4  108
```

이 데이터프레임 첫 행을 보자. 이름(name)이 AMC Javelin이고 am==0(자동기어)인 차의 3가지 측정변수 mpg, cyl, disp을 보여준다. 만약 **식별자**로 쓰인 name과 am에서 name을 생략하고 am만 사용한다면 am==0인 여러 자동차의 데이터가 한 행에 모이게 된다. 이들을 하나의 값으로 바꾸기 위해서 fun.aggregate=의 함수를 적용한 결과가 dcast(mcarsLong2, am ~ key, fun.aggregate=mean)이다.

이것은 앞에서 봤던 다차원 행렬의 한 차원을 제거하여 차원을 축소하면서 집계 함수를 적용하는 것과 비슷하다. dcast는 차원을 축소하면서 원하는 형태의 표로 자료를 변환할 수 있다. 다음의 코드를 실행해보자.

```
dcast(mtcarsLong2, key ~ am, fun.aggregate = mean)
```

```
##   key      0      1
## 1 mpg 17.147 24.392
## 2 cyl  6.947  5.077
```

```
## 3 disp 290.379 143.531
```
```r
dcast(mtcarsLong2, . ~ am + key, fun.aggregate = mean)
```
```
##   . 0_mpg 0_cyl 0_disp 1_mpg 1_cyl 1_disp
## 1 . 17.15 6.947  290.4 24.39 5.077  143.5
```
```r
dcast(mtcarsLong2, . ~ key + am, fun.aggregate = mean)
```
```
##   . mpg_0 mpg_1 cyl_0 cyl_1 disp_0 disp_1
## 1 . 17.15 24.39 6.947 5.077  290.4  143.5
```
```r
dcast(mtcarsLong2, am + key ~ ., fun.aggregate = mean)
```
```
##   am  key       .
## 1  0  mpg  17.147
## 2  0  cyl   6.947
## 3  0 disp 290.379
## 4  1  mpg  24.392
## 5  1  cyl   5.077
## 6  1 disp 143.531
```

참고자료

R에는 `tidyr`의 `gather`/`spread`과 `reshape2`의 `melt`/`dcast` 함수 외에도 다양한 함수를 사용하여 세로형/가로형 변환과 관련된 작업을 할 수 있다. 좀 더 알고 싶은 독자는 다음의 자료를 참고하기 바란다.

- Long to Wide Data in R : https://www.datacamp.com/community/tutorials/long-wide-data-R
- long-form/wide-form : http://ds.sumeun.org/?p=930

제 10 장

패키지 데이터테이블(data.table)

10.1   package:dplyr과 package:data.table의 비교

- package:data.table는 대용량의 데이터를 분산 처리 시스템의 도움없이 처리할 수 있는 최선의 방법이다. 여러 벤치마킹 결과는 데이터테이블(data.table)이 빅데이터를 처리하는데 타의 추종을 불허함을 보여주었다.[1] 그러나 전통적인 R의 문법과 상이하고, 다소 난해한 문법 때문에 널리 사용되지 못하는 듯 하다.

- 여기서는 읽기 쉬운 package:dplyr의 여러 함수(slice, filter 등)을 package:data.table로 번역하여, 데이터테이블의 접근성을 높이려 하였다.

- package:dplyr는 읽기 쉽고, 프로그래밍하기 쉽다는 장점이 있지만, 데이터의 크기가 커질 수록 속도가 느려지고, 메모리 요구가 증가한다는 단점있다. 상대적으로 data.table은 빠르고 메모리 요구량이 적다.[2]

- 함수 번역 순서는 일반적인 package:dplyr의 작업 순서인 slice-select-filter-mutate/transmute-group_by-summarise-arrange(,by_group=T)이다.

---

[1] 빅데이터의 정의는 여러가지이지만, 보통 한 컴퓨터의 메모리에서 처리할 수 없을 만큼 큰 데이터를 의미한다. 이 책에서는 빅데이터를 "한 컴퓨터의 메모리에서 처리하기 벅차게 큰 데이터"로 정의했다.

[2] 다음의 링크에서 package:data.table, package:dplyr, 그리고 Python의 pandas를 비교한 벤치마킹 결과를 확인할 수 있다. 데이터의 크기가 커질수록 package:data.table의 장점은 두드러진다. 다음의 링크를 참조하라: https://github.com/Rdatatable/data.table/wiki/Benchmarks-%3A-Grouping, https://h2oai.github.io/db-benchmark/

10.1.1 목차

- slice
- select
- filter
- mutate
- transmute
- arrange : DT[order(cola)]
- group_by : DT[i, j, by]
- 종합

10.1.2 데이터

```
library(dplyr)
library(data.table)
data(mtcars)
df <- mtcars
TB <- as_tibble(mtcars, rownames='rn')
# rownames='rn'으로 하면 행이름을 열 rn으로 보존한다.
DT <- as.data.table(mtcars, keep.rownames=TRUE)
# keep.rownames = TRUE 로 놓으면 행이름이 열 rn으로 보존된다.
# 데이터테이블과 티블은 행이름(rownames)를 지원하지 않는다.

print(head(TB))
```

```
## # A tibble: 6 x 12
##   rn             mpg   cyl  disp    hp  drat    wt  qsec    vs    am  gear  carb
##   <chr>        <dbl> <dbl> <dbl> <dbl> <dbl> <dbl> <dbl> <dbl> <dbl> <dbl> <dbl>
## 1 Mazda RX4     21       6   160   110  3.9   2.62  16.5     0     1     4     4
## 2 Mazda RX4 W~  21       6   160   110  3.9   2.88  17.0     0     1     4     4
## 3 Datsun 710    22.8     4   108    93  3.85  2.32  18.6     1     1     4     1
## 4 Hornet 4 Dr~  21.4     6   258   110  3.08  3.22  19.4     1     0     3     1
## 5 Hornet Spor~  18.7     8   360   175  3.15  3.44  17.0     0     0     3     2
## # ... with 1 more row
```

```
print(head(DT))
```

```
##                   rn  mpg cyl disp  hp drat    wt  qsec vs am gear carb
## 1:         Mazda RX4 21.0   6  160 110 3.90 2.620 16.46  0  1    4    4
## 2:     Mazda RX4 Wag 21.0   6  160 110 3.90 2.875 17.02  0  1    4    4
## 3:        Datsun 710 22.8   4  108  93 3.85 2.320 18.61  1  1    4    1
## 4:    Hornet 4 Drive 21.4   6  258 110 3.08 3.215 19.44  1  0    3    1
## 5: Hornet Sportabout 18.7   8  360 175 3.15 3.440 17.02  0  0    3    2
## 6:           Valiant 18.1   6  225 105 2.76 3.460 20.22  1  0    3    1
```

10.1.3 slice

- 행을 선택하는 slice(TB, c(row1, row2, ...))는 데이터테이블에서 DT[c(row1, row2, ...),] 또는 DT[c(row1, row2, ...)]으로 번역할 수 있다.

- rows = c(row1, row2, ...)일 때, DT[rows,]는 데이터프레임(data.frame)과 동일한 형식이다. 반면 DT[rows]는 data.frame에서와 다른 의미를 나타냄을 주의하자. 데이터테이블에서 DT[10]는 10번째 행(row)을 나타낸다. 반면 데이터프레임에서는 mtcars[10]은 10번째 열(column)을 나타낸다.

```
TB %>%
  slice(3)
DT[3, ]
DT[3]
```

```
##           rn  mpg cyl disp hp drat   wt qsec vs am gear carb
## 1: Datsun 710 22.8   4  108 93 3.85 2.32 18.61  1  1    4    1
```

```
TB %>%
  slice(c(3, 5))
DT[c(3, 5), ]
DT[c(3, 5)]
```

```
##                 rn  mpg cyl disp  hp drat   wt  qsec vs am gear carb
## 1:      Datsun 710 22.8   4  108  93 3.85 2.32 18.61  1  1    4    1
## 2: Hornet Sportabout 18.7   8  360 175 3.15 3.44 17.02  0  0    3    2
```

```
rows <- c(1, 5, 6)
TB %>%
  slice(rows)
DT[rows, ]
DT[rows]
```

```
##                 rn  mpg cyl disp  hp drat   wt  qsec vs am gear carb
## 1:       Mazda RX4 21.0   6  160 110 3.90 2.62 16.46  0  1    4    4
## 2: Hornet Sportabout 18.7   8  360 175 3.15 3.44 17.02  0  0    3    2
## 3:         Valiant 18.1   6  225 105 2.76 3.46 20.22  1  0    3    1
```

10.1.4 filter

- 특정한 조건을 만족시키는 행을 선택하는 `filter(TB, cond)`는 데이터테이블에서 `DT[cond,]`로 번역할 수 있다. (이때 cond는 논리형 벡터이다.)
- `data.table`은 dplyr과 마찬가지로 컬럼이름을 바로 쓸 수 있다. 아래 코드에서 데이터프레임, 티블, 그리고 데이터테이블을 비교한다.

```
# cyl==4(실린더가 4개)이고 gear==5 인 행
mtcars[mtcars$cyl == 4 & mtcars$gear == 5, ]
TB %>%
    filter(cyl == 4 & gear == 5)
DT[cyl == 4 & gear == 5, ]
DT[cyl == 4 & gear == 5]
```

```
##                 rn  mpg cyl disp  hp drat    wt qsec vs am gear carb
## 1: Porsche 914-2 26.0   4 120.3  91 4.43 2.140 16.7  0  1    5    2
## 2:   Lotus Europa 30.4   4  95.1 113 3.77 1.513 16.9  1  1    5    2
```

- 컬럼이름을 따옴표 없이 쓸 수 있어서 편리하지만, 컬럼이름이 벡터에 저장되어 있을 때에는 문제가 있다. 다음의 예제에는 `eval()` 함수를 사용한 해결책을 제시한다.

```
coln <- c("cyl", "gear")
conds <- c("==4", "==5")
cond <- parse(text=paste0(coln, conds, collapse=" & "))

mtcars[with(mtcars, eval(cond)),]
TB %>% filter(eval(cond))
DT[eval(cond),]
DT[eval(cond)]
DT[get(coln[1])==4 & get(coln[2])==5]
```

```
##                 rn  mpg cyl disp  hp drat    wt qsec vs am gear carb
## 1: Porsche 914-2 26.0   4 120.3  91 4.43 2.140 16.7  0  1    5    2
## 2:   Lotus Europa 30.4   4  95.1 113 3.77 1.513 16.9  1  1    5    2
```

10.1.5 select

컬럼을 이름 또는 순번으로 선택하는 select(TB, cols) 또는 select(TB, colA, colB, ...)는 DT[,.(cols)] 또는 DT[,.(colA, colB)]로 번역할 수 있다. 여기서는 mtcars의 행을 두 개만 선택해서 진행한다.

- 데이터

```
DF2 <- mtcars[2:3,]; # 데이터프레임(data.frame)
TB2 <- as_tibble(TB) %>% slice(2:3) # 티블(tibble)
DT2 <- DT[2:3,] # 데이터테이블(data.table)
```

10.1.5.1 열 선택

- 순번으로 열선택

```
DF2[,c(3,5)]
TB2 %>% select(c(3,5))
DT2[, c(3,5)]
```

```
##    cyl  hp
## 1:   6 110
## 2:   4  93
```

- 이름으로 열선택

```
DF2[,c("cyl", "hp")]
TB2 %>% select(c(cyl, hp))
DT2[, .(cyl, hp)]
```

```
##    cyl  hp
## 1:   6 110
## 2:   4  93
```

- 변수로 열 순번 선택

```
icols = c(3,5)
DF2[, icols]
TB2 %>% select(icols)
DT2[, ..icols]
```

```
##    cyl  hp
## 1:   6 110
## 2:   4  93
```

- 변수로 열 이름 선택

```
nacols = c('cyl', 'hp')
DF2[, nacols]
```

```
TB2 %>% select_at(nacols)
DT2[, ..nacols]
```

```
##    cyl  hp
## 1:   6 110
## 2:   4  93
```

위에서 결과 클래스는 선택 전 클래스와 동일하다. 하지만 데이터프레임의 경우 하나의 열을 선택하면 벡터가 된다. 데이터테이블에서 열 하나를 선택해서 벡터를 얻는 방법은 다음과 같다.

```
## 순번으로 선택
DT2[, 3] #데이터테이블
DT2[ ,3][[1]] #벡터
```

```
## [1] 6 4
```

```
## 이름으로 선택
DT2[, .(cyl)] #데이터테이블
DT2[, cyl] # 벡터
```

```
## [1] 6 4
```

```
## 변수로 순번 선택
irows = c(3)
DT2[, ..irows] #데이터테이블
DT2[, ..irows][[1]] #벡터
```

```
## [1] 6 4
```

```
## 변수로 열이름 선택
nrows = c('cyl')
DT2[, ..nrows] # 데이터테이블
DT2[, ..nrows][[1]] #벡터
```

```
## [1] 6 4
```

10.1.5.2 열 제외

주어진 자료에서 컬럼을 선택할 때에는 필요한 컬럼을 나열할 수도 있지만, 필요없는 컬럼을 제외할 수도 있다.

```
DT2[, -c(3,4)] # 순번으로 열 제외
icols = c(3,4) # 순번 변수로 열 제외
DT2[, -..icols]; DT2[, !..icols]

colnm = c('cyl', 'disp') # 열이름 변수로 열 제외
DT2[, !..colnm]
colnm2 = colnames(DT2)[!colnames(DT2) %in% colnm]
```

10.1. PACKAGE:DPLYR과 PACKAGE:DATA.TABLE의 비교

```
DT2[, .SD, .SDcols=colnm2]

##                  rn  mpg  hp drat    wt  qsec vs am gear carb
## 1: Mazda RX4 Wag 21.0 110 3.90 2.875 17.02  0  1    4    4
## 2:     Datsun 710 22.8  93 3.85 2.320 18.61  1  1    4    1
```

10.1.6 mutate

- dplyr의 mutate는 기존의 컬럼을 유지하면서 일부를 수정하거나, 새로운 컬럼을 만들기 위해 쓰인다.
- data.table에서는 수정 또는 생성 컬럼이 하나인 경우, DT[, newcola :=]를 사용한다. 만약 생성/수정 컬럼이 두 개 이상이라면 DT[, c('cola','colb'):=list(,)] 또는 DT[, `:=` (cola= , colb=)]을 사용한다.
- data.table의 :=는 조금 특별하다. :=는 새로운 데이터 테이블을 생성하지 않고 기존의 데이터 테이블에 덮어씌우거나(수정), 새로운 컬럼을 추가한다.

다음의 예제는 hp*qsec을 구해서 wt2라는 컬럼 이름으로 저장한다. 그리고 hp, qsec라는 컬럼은 hp*2, qsec*2로 수정한다.

```
# 데이터
DF3 <- DF2[, c("hp", "qsec")]
TB3 <- TB2 %>%
  select(hp, qsec)
DT3 <- DT2[, .(hp, qsec)]
```

- 하나의 컬럼 생성/수정

```
DF3[, "wt2"] = DF3$hp * DF3$qsec
DF3$wt2 = DF3$hp * DF3$qsec
DF3[["wt2"]] = DF3$hp * DF3$qsec
TB3 %>%
  mutate(wt2 = hp * qsec)
DT3[, `:=`(wt2, hp * qsec)]
print(DT3)
```

```
##     hp  qsec  wt2
## 1: 110 17.02 1872
## 2:  93 18.61 1731
```

- 둘 이상의 컬럼 생성/수정

```
DF3[, c("hp", "qsec")] = data.frame(DF3$hp * 2, DF3$qsec * 2)
TB3 <- TB3 %>%
  mutate(hp = hp * 2, qsec = qsec * 2)
DT3[, `:=`(c("hp", "qsec"), list(hp * 2, qsec * 2))]
```

```
DT3[, `:=`(hp = hp * 2, qsec = qsec * 2)]
print(DT3)

##     hp  qsec  wt2
## 1: 220 34.04 1872
## 2: 186 37.22 1731
```

- 컬럼 이름 변수: 하나의 컬럼 생성/수정

```
coln = "wt2"
DF3[, coln] = DF3$hp * DF3$qsec
DF3[[coln]] = DF3$hp * DF3$qsec
# TB3 <- TB2 %>% mutate_at(coln, funs(hp*qsec))
TB3 <- TB2 %>%
  mutate(`:=`(UQ(rlang::sym(coln)), hp * qsec))
DT3[, `:=`(c(coln), hp * qsec)]

##     hp  qsec  wt2  cyl disp
## 1: 220 34.04 1872 7489 7489
## 2: 186 37.22 1731 6923 6923
```

- 컬럼 이름 변수: 여러 컬럼 생성/수정

```
coln = c("hp", "qsec")
DF3[, coln] = lapply(DF3[, coln], function(x) x * 2)
DF3[, coln] = do.call(data.frame, lapply(DF3[, coln], function(x) x * 2))
TB3 <- TB3 %>%
  mutate_at(coln, ~. * 2)
DT3[, `:=`(c(coln), lapply(.SD, function(x) x * 2)), .SDcols = coln]
print(DT3)

##     hp  qsec  wt2   cyl  disp
## 1: 220 34.04 1872 14978 14978
## 2: 186 37.22 1731 13846 13846
```

10.1.7 transmute

dplyr의 transmute는 기존의 컬럼을 제외하고 새롭게 생성된 컬럼만을 보존한다.

data.table에서 =는 새로운 컬럼을 생성하고, 위에서 봤던 :=는 기존의 컬럼을 수정한다. data.table에서 =을 사용할 때에는 결과가 기존의 데이터 테이블과 같은 크기일 필요가 없다.

- 하나의 컬럼 생성/수정

```
DF4 = data.frame(wt2 = DF3$hp * DF3$qsec)
TB4 <- TB3 %>% transmute(wt2 = hp*qsec)
DT4 <- DT3[, .(wt3=hp*qsec)]; print(DT4)
```

```
##       wt3
## 1: 7489
## 2: 6923
```

- 둘 이상의 컬럼 생성/수정

```
DF4 = data.frame(hp2 = DF3$hp * 2, qsec2 = DF3$qsec * 2)
DF4 = with(DF3, data.frame(hp2 = hp * 2, qsec2 = qsec * 2))
TB4 <- TB3 %>%
  transmute(hp = hp * 2, qsec = qsec * 2)
TB4 <- TB3 %>%
  transmute_at(c("hp", "qsec"), funs(. * 2))
DT4 <- DT3[, .(hp2 = hp * 2, qsec2 = qsec * 2)]
DT4 <- DT3[, lapply(.SD, function(x) x * 2), .SDcols = c("hp", "qsec")]
print(DT4)
```

```
##      hp  qsec
## 1: 440 68.08
## 2: 372 74.44
```

- 변수: 하나의 컬럼 생성/수정

```
coln = "wt2"
DF4 = data.frame(DF3$hp * DF3$qsec)
colnames(DF4) = coln
TB4 <- TB3 %>%
  transmute(hp * qsec)
colnames(TB4) = coln
DT4 <- DT3[, .(hp * qsec)]
colnames(DT4) = coln
print(DT4)

##        wt2
## 1:  7489
## 2:  6923
```

- 변수: 여러 컬럼 생성/수정

```
coln = c("hp", "qsec")
DF4 <- do.call(data.frame, lapply(DF3[, coln], function(x) x * 2))
TB4 <- TB3 %>%
  transmute_at(coln, funs(. * 2))

## Warning: `funs()` was deprecated in dplyr 0.8.0.
## Please use a list of either functions or lambdas:
## 
##   # Simple named list:
##   list(mean = mean, median = median)
## 
##   # Auto named with `tibble::lst()`:
##   tibble::lst(mean, median)
## 
##   # Using lambdas
##   list(~ mean(., trim = .2), ~ median(., na.rm = TRUE))
## This warning is displayed once every 8 hours.
## Call `lifecycle::last_lifecycle_warnings()` to see where this warning was generated.
DT4 <- DT3[, lapply(.SD, function(x) x * 2), .SDcols = coln]
print(DT4)

##       hp   qsec
## 1:  440  68.08
## 2:  372  74.44
```

10.1.8 arrange

- 데이터

```
DF5 <- mtcars[c(2:5), 1:4]
TB5 <- as_tibble(mtcars) %>%
  slice(2:5) %>%
  select(1:4)
DT5 <- as.data.table(mtcars, keep.rownames = TRUE)[2:5, c(1:4)]
print(DT5)
```

```
##                   rn  mpg cyl disp
## 1:     Mazda RX4 Wag 21.0   6  160
## 2:        Datsun 710 22.8   4  108
## 3:    Hornet 4 Drive 21.4   6  258
## 4: Hornet Sportabout 18.7   8  360
```

dplyr의 arrange(TB, col1, desc(col2))는 데이터테이블에서 DT[order(col1, -col2)]로 번역할 수 있다. 데이터테이블의 order는 문자형이나 순위형 컬럼에 대해서도 order(-col) 형태로 쓸 수 있다.

```
DF5[order(DF5$cyl, -DF5$mpg),]
TB5 %>% arrange(cyl, desc(mpg))
DT5[order(cyl, -mpg),]; DT5[order(cyl, -mpg)]
```

```
##                   rn  mpg cyl disp
## 1:        Datsun 710 22.8   4  108
## 2:    Hornet 4 Drive 21.4   6  258
## 3:     Mazda RX4 Wag 21.0   6  160
## 4: Hornet Sportabout 18.7   8  360
```

10.1.9 group_by

- dplyr의 group_by(byG)는 DT[, , byG]로 번역할 수 있다.

- 보통 group_by는 홀로 쓰이지 않고, group_by() %>% summarise() 또는 group_by() %>% do() 또는 group_by() %>% arrange()로 구문으로 많이 쓰인다.

- group_by(byG) %>% summarsize(fn_sum) 또는 group_by(byG) %>% do(fn_do)는 모두 DT[, fn_sum, byG] 또는 DT[, fn_do, byG]로 나타낼 있다.

- 보통 데이터 테이블은 DT[i, j, byG]로 나타내는 데, 여기서 j는 앞에서 봤던 컬럼을 선택하는 것 이상을 수행할 수 있다. 여러 가지 함수를 사용할 수 있는 데 유일한 제한 조건은 그 결과가 리스트여야 한다는 것이다.

```
DF6 <- mtcars[c(10:2), c("mpg", "cyl", "disp", "hp", "am")]
TB6 <- TB %>%
  slice(10:2) %>%
  select(mpg, cyl, disp, hp, am)
DT6 <- DT[10:2, .(mpg, cyl, disp, hp, am)]
print(head(DT6))
```

```
##     mpg cyl  disp  hp am
## 1: 19.2   6 167.6 123  0
## 2: 22.8   4 140.8  95  0
## 3: 24.4   4 146.7  62  0
## 4: 14.3   8 360.0 245  0
## 5: 18.1   6 225.0 105  0
## 6: 18.7   8 360.0 175  0
```

- cyl을 기준으로 집단을 분리한 후 각 집단의 mpg 평균을 구하는 방법은 다음과 같다. 데이터테이블에서 key=을 쓰면 기준 변수에 대한 정렬이 이루어지지 않으며(변수의 순서는 원 자료의 순서와 같다), keyby=를 쓰면 정렬이 이루어진다.

```
aggregate(mpg ~ cyl, data = DF6, FUN = mean)
TB6 %>%
  group_by(cyl) %>%
  summarise(mpg = mean(mpg))
DT6[, mean(mpg), cyl]  # cyl는 정렬되지 않는다.
DT6[, .(mpg = mean(mpg)), by = cyl]  # cyl는 정렬되지 않는다.
DT6[, mean(mpg), keyby = cyl]  # cyl는 정렬된다.
```

```
##    cyl   mpg
## 1:   6 19.92
## 2:   4 23.33
## 3:   8 16.50

##    cyl    V1
## 1:   4 23.33
```

10.1. PACKAGE:DPLYR과 PACKAGE:DATA.TABLE의 비교   181

```
## 2:    6 19.92
## 3:    8 16.50
```

- 만약 집단을 나누는 기준을 두 변수(am, cyl)로 하고 **두 변수(mpg, hp)의 평균**을 구하고 싶다면 다음과 같다.

```
aggregate(cbind(mpg, hp) ~ am + cyl, data = DF6, FUN = mean)
TB6 %>%
  group_by(cyl, am) %>%
  summarise(mpg = mean(mpg), hp = mean(hp))
DT6[, .(mpg = mean(mpg), hp = mean(hp)), by = .(cyl, am)]
DT6[, .(mpg = mean(mpg), hp = mean(hp)), keyby = .(cyl, am)]
```

```
##   am cyl   mpg    hp
## 1  0   4 23.60  78.5
## 2  1   4 22.80  93.0
## 3  0   6 19.57 112.7
## 4  1   6 21.00 110.0
## 5  0   8 16.50 210.0
```

```
## `summarise()` has grouped output by 'cyl'. You can override using the `.groups` argumen
```

```
## # A tibble: 5 x 4
## # Groups:   cyl [3]
##     cyl    am   mpg    hp
##   <dbl> <dbl> <dbl> <dbl>
## 1     4     0  23.6  78.5
## 2     4     1  22.8  93
## 3     6     0  19.6 113.
## 4     6     1  21   110
## 5     8     0  16.5 210
```

```
##    cyl am   mpg    hp
## 1:   6  0 19.57 112.7
## 2:   4  0 23.60  78.5
## 3:   8  0 16.50 210.0
## 4:   4  1 22.80  93.0
## 5:   6  1 21.00 110.0
```

```
##    cyl am   mpg    hp
## 1:   4  0 23.60  78.5
## 2:   4  1 22.80  93.0
## 3:   6  0 19.57 112.7
## 4:   6  1 21.00 110.0
## 5:   8  0 16.50 210.0
```

- 만약 기준으로 사용되지 않은 모든 열에 대해 평균을 구한다면 다음과 같다. aggregate에서 .은 나머지 열을 의미한다.

```
aggregate(. ~ am + cyl, data = DF6, FUN = mean)
TB6 %>%
  group_by(cyl, am) %>%
  summarise_all(mean)
DT6[, lapply(.SD, mean), by = .(cyl, am)]    # cyl, am에 대해 정렬되지 않음
DT6[, lapply(.SD, mean), keyby = .(cyl, am)] # cyl, am에 대해 정렬

##    cyl am   mpg  disp    hp
## 1:   6  0 19.57 216.9 112.7
## 2:   4  0 23.60 143.8  78.5
## 3:   8  0 16.50 360.0 210.0
## 4:   4  1 22.80 108.0  93.0
## 5:   6  1 21.00 160.0 110.0

##    cyl am   mpg  disp    hp
## 1:   4  0 23.60 143.8  78.5
## 2:   4  1 22.80 108.0  93.0
## 3:   6  0 19.57 216.9 112.7
## 4:   6  1 21.00 160.0 110.0
## 5:   8  0 16.50 360.0 210.0
```

- group_by() %>% summarise() %>% arrange()의 경우는 다음과 같이 []의 연쇄를 활용하면 된다.

```
DF6 <- aggregate(cbind(mpg, hp) ~ am + cyl, data=DF6, FUN=mean);
DF6[order(DF6$mpg),]
TB6 %>% group_by(cyl, am) %>% summarise(mpg=mean(mpg), hp=mean(hp)) %>%
  arrange(mpg)
DT6[, .(mpg = mean(mpg), hp = mean(hp)), by=.(cyl, am)][order(mpg)]
DT6[, .(mpg = mean(mpg), hp = mean(hp)), keyby=.(cyl, am)][order(mpg)]

##    cyl am   mpg    hp
## 1:   8  0 16.50 210.0
## 2:   6  0 19.57 112.7
## 3:   6  1 21.00 110.0
## 4:   4  1 22.80  93.0
## 5:   4  0 23.60  78.5

##    cyl am   mpg    hp
## 1:   8  0 16.50 210.0
## 2:   6  0 19.57 112.7
## 3:   6  1 21.00 110.0
## 4:   4  1 22.80  93.0
## 5:   4  0 23.60  78.5
```

10.1.10 종합

- data.table의 문법은 DT[i, j, by/keyby=, .SDcols=][]로 나타낼 수 있다.
  - i는 행을 선택하거나 순서를 조정한다.
  - j는 열을 선택하거나, 열 또는 데이터 테이블 전체(.SD)에 어떤 함수를 적용한다.
  - by(또는 keyby)는 집단을 나눈다.
  - .SDcols=는 j를 수행하기 이전에 열을 선택한다.
  - 마지막의 []는 생략하거나, 열을 정렬하거나([order()]), :=이후에 데이터 테이블을 출력할 때([]) 사용할 수 있다.

10.1.11 example(data.table)

data.table의 홈페이지[3]에서도 확인할 수 있듯이, example(data.table)을 통해 data.table의 주요 기능을 확인할 수 있다. example(data.table)의 결과를 보고 얼마나 이해할 수 있는지 확인해 보자.

example(data.table)

example(data.table)의 결과에서 생소한 부분은 on=, nomatch=, roll=, .EACHI, mult=, copy(), setkey(), haskey(), .I, .GRP, .BY 등이 있다.

이들이 필요한 기능에 따라 구분해 보면 다음과 같다.

- 데이터테이블에 키 설정 및 활용 : setkey(), haskey(), J()
- 두 데이터테이블의 병합(조인) : on=, nomatch=, roll=, mult=
- 특별한 기능을 하는 변수 : .I, .GRP, .BY, .EACHI

다음에서 이들에 대해 차례로 알아본다.

---

[3]https://github.com/Rdatatable/data.table/wiki

10.2 data.table의 키(key) 활용하기

data.table의 특별한 기능인 데이터테이블의 키(key)를 설정하고 활용하는 방법을 알아본다. 키는 dplyr에는 존재하지 않는 기능이다. 키를 활용하면, 데이터의 탐색 및 처리 속도를 극적으로 향상시킬 수 있다.

- 데이터

```
DF7 <- mtcars[c(2:10), c(1,8:10)]

TB7 <- as_tibble(mtcars, rownames='rn') %>%
  slice(2:10) %>%
  select(c(1, 8:10))

DT7 <- as.data.table(mtcars, keep.rownames=TRUE)[2:10, c(1, 8:10)]
DT7[,amch:=ifelse(am==1, "Automatic", "Manual")]
DT7[,vsch:=ifelse(vs==0, "V-shaped", "straight")]

print(head(TB7))
print(head(DT7))

## # A tibble: 6 x 4
##   rn                qsec    vs    am
##   <chr>            <dbl> <dbl> <dbl>
## 1 Mazda RX4 Wag     17.0     0     1
## 2 Datsun 710        18.6     1     1
## 3 Hornet 4 Drive    19.4     1     0
## 4 Hornet Sportabout 17.0     0     0
## 5 Valiant           20.2     1     0
## # ... with 1 more row

##                   rn  qsec vs am      amch     vsch
## 1:     Mazda RX4 Wag 17.02  0  1 Automatic V-shaped
## 2:        Datsun 710 18.61  1  1 Automatic straight
## 3:    Hornet 4 Drive 19.44  1  0    Manual straight
## 4: Hornet Sportabout 17.02  0  0    Manual V-shaped
## 5:           Valiant 20.22  1  0    Manual straight
## 6:        Duster 360 15.84  0  0    Manual V-shaped
```

10.2.1 setkey() : 키 설정

- setkey()는 키를 설정한다. 만약 키가 문자열 벡터로 저장되어 있다면 setkeyv()를 활용한다.
- key()는 데이터테이블에 설정된 키를 보여준다.
- haskey()는 데이터테이블에 키가 설정되었는지 확인한다.
- tables()는 현재 메모리에 존재하는 데이터 테이블, 데이터테이블의 크기, 키의 리스트를 출력한다.

key(DT7)

NULL

setkey(DT7, qsec)
haskey(DT7); key(DT7)

[1] TRUE

[1] "qsec"

tables()

```
##      NAME NROW NCOL MB                     COLS KEY
## 1:   dat3    4    3  0                   V1,V2,V3
## 2:    DT7    9    6  0 rn,qsec,vs,am,amch,vsch qsec
## 3:    DT8    9    6  0 rn,qsec,vs,am,amch,vsch qsec
## Total: 0MB
```

setkey(DT8, am, vsch)
key(DT8)

[1] "am"   "vsch"

coln <- c("am", "vsch")
setkeyv(DT8, coln)
key(DT8)

[1] "am"   "vsch"

tables()

```
##      NAME NROW NCOL MB                     COLS     KEY
## 1:   dat3    4    3  0                   V1,V2,V3
## 2:    DT7    9    6  0 rn,qsec,vs,am,amch,vsch am,vsch
## 3:    DT8    9    6  0 rn,qsec,vs,am,amch,vsch am,vsch
## Total: 0MB
```

10.2.2 J : 키를 활용한 행 선택

- DT8[4,]는 4번째 행을 선택한다. DT8[J(1),]는 키값이 1인 행을 선택한다. 앞에서 DT8의 키는 am으로 설정했다. 따라서 DT[J(1),]는 DT[am==1,] 또는 DT[amch=="Automatic",]의 결과와 일치한다. 하지만 키를 활용하여 빠르다.

- DT8[amch=="Automatic",]의 경우 만약 DT8의 키가 amch로 설정되어 있다면 data.table은 내부적으로 DT8[J('Automatic'),]로 바꾸어 실행한다. 마찬가지로 DT[J(1),] 대신 DT[am==1,]을 사용해도 내부적으로는 DT[J(1),]와 마찬가지로 속도가 빠르다.

- DT8에는 키가 두 개 설정되어 있다. 이 둘을 모두 사용하려면 DT8[J(1, "straight")]와 같은 방법을 사용한다. 첫 번째 키값이 1, 두 번째 키값이 'straight'인 행을 선택한다.

- DT8[am > 0,] 같은 경우도 am이 키로 설정되어 있다면 그렇지 않은 경우보다 훨씬 빠르다.

```
DT8[J(1), ]
DT8[am == 1, ]
DT8[amch == "Automatic", ]

##              rn  qsec vs am      amch     vsch
## 1: Mazda RX4 Wag 17.02  0  1 Automatic V-shaped
## 2:     Datsun 710 18.61  1  1 Automatic straight

DT8[J(1, "straight"), ]
DT8[am == 1 & vsch == "straight", ]

##           rn  qsec vs am      amch     vsch
## 1: Datsun 710 18.61  1  1 Automatic straight

DT8[am > 0, ]

##              rn  qsec vs am      amch     vsch
## 1: Mazda RX4 Wag 17.02  0  1 Automatic V-shaped
## 2:     Datsun 710 18.61  1  1 Automatic straight
```

10.2.3 mult= : 키가 동일한 행이 여럿인 경우

- 키가 동일한 행이 여럿인 경우 다음의 선택지가 존재한다.
    - mult='first' : 첫 번째 행을 선택한다.
    - mult='last' : 마지막 행을 선택한다.
    - mult='all' : 모든 행을 선택한다(기본 설정).

```
DT8[J(1), mult = "first"]
```

```
##                rn  qsec vs am      amch      vsch
## 1: Mazda RX4 Wag 17.02  0  1 Automatic V-shaped
```

```
DT8[J(1), mult = "last"]
```

```
##             rn  qsec vs am      amch     vsch
## 1: Datsun 710 18.61  1  1 Automatic straight
```

```
DT8[J(1), mult = "all"]   # DT8[J(1)]
```

```
##                rn  qsec vs am      amch      vsch
## 1: Mazda RX4 Wag 17.02  0  1 Automatic V-shaped
## 2:     Datsun 710 18.61  1  1 Automatic straight
```

10.3 data.table을 활용한 병합

dplyr에는 left_join, right_join, inner_join, full_join 등 여러 가지 방법으로 두 티블을 병합할 수 있다.

data.table은 키를 사용하거나, on=을 활용하여 두 데이터테이블을 병합한다.

다음은 dplyr이 지원하는 _join의 종류와 의미, data.table 번역을 보여준다. ****_join(DT1, DT2)를 가정했다.

- inner_join : 두 데이터에 모두 존재하는 경우(DT1[DT2, nomatch=0])
- full_join : 어느 한 쪽에 존재하는 경우(merge(DT1, DT2, all=TRUE))
- left_join : 첫 번째 데이터에 존재하는 경우(DT2[DT1])
- right_join : 두 번째 데이터에 존재하는 경우(DT1[DT2])
- semi_join : inner_join과 비슷하지만 두 번째 데이터를 병합하지 않는다.(DT1[DT2, .SD])
- anti_join : 두 번째 데이터에 존재하지 않는 첫 번째 데이터를 선택한다. 두 번째 데이터를 병합하지 않는다.(DT1[!DT2, .SD])

다소 난해해보이는 data.table의 병합 방법을 이해해 보자. 일단 DT1[DT2]에서 DT2는 데이터테이블이기 때문에 앞에서 살펴봤던 DT[i, j, by] 형태와는 다르다. 하지만 목적을 생각해보면 유사성이 드러난다. DT[i, j, by]에서 i는 DT의 행을 선택한다. DT1[DT2]에서 DT2의 역할도 비슷하다. DT1의 행을 선택한다.

DT1[DT2]는 key를 사용해서 행을 선택하는 DT[J()] 형태와 더 비슷하다. 실제로 다음의 예는 DT1[DT2]와 DT1[J(DT2$id)]의 결과가 행의 수에서 동일함을 보여준다. DT1[DT2]는 단지 DT1에서 행을 선택하는 데 그치는 것이 아니라 DT2의 열까지 포함한다고 볼 수 있다. 지금 잘 이해가 안 가더라도 뒤의 내용을 다 읽고 다시 보면 이해할 수 있을 것이다.

```
dt1 <- data.table(
  id = c(1,NA,3,4,4,5,6,6),
  x = c('1','2','3','4a','4b','5','6a','6b')
)

dt2 <- data.table(
  id = c(NA,2,3,4,5,5,6,6),
  y = c('1','2','3','4a','5a','5b','6a','6b')
)

dt1[dt2, on = "id"]
setkey(dt1, id)
dt1[J(dt2$id), ]
```

10.3.1   소목차

- 병합1 : DT1[DT2, on=' ']
- 병합2 : 일치하는 키가 여럿일 때
- 키를 사용한 병합 : DT1[DT2]
- 병합되는 행의 갯수 조정 : multi='first', 'last', 'all'
- Rolling-join : 키가 정확히 일치하지 않는 병합(roll=)

10.3.2   데이터

```r
library(dplyr)
library(data.table)

TBA <- as_tibble(mtcars, rownames='rn') %>%
  slice(3:4) %>%
  select(1:4)
TBB <- as_tibble(mtcars, rownames='rn') %>%
  slice(4:5) %>%
  select(1, 8:10)

DTA <- as.data.table(mtcars, keep.rownames=TRUE)[3:4, c(1:4)]
DTB <- as.data.table(mtcars, keep.rownames=TRUE)[4:5, c(1, 8:10)]

print(DTA)
```

```
##                rn  mpg cyl disp
## 1:     Datsun 710 22.8   4  108
## 2: Hornet 4 Drive 21.4   6  258
```

```r
print(DTB)
```

```
##                   rn  qsec vs am
## 1:    Hornet 4 Drive 19.44  1  0
## 2: Hornet Sportabout 17.02  0  0
```

10.3.3 DT1[DT2, on=] : 병합1

두 데이터프레임을 공통의 열을 통해 합치는 것을 병합이라고 한다.

두 데이터를 병합할 때 정해야 하는 기본 요소는 두 자료와 공통의 컬럼이다. 이때 첫 번째 자료(A)와 두 번째 자료(B)의 공통 컬럼 내용이 1:1로 대응되는 경우에는 행의 순서만 바꿔서 두 자료를 연결해 주기만 하면 된다. 두 데이터테이블의 모든 행이 상대 행과 1:1 대응이 가능할 경우 inner_join, full_join, left_join, right_join의 결과는 동일하다.

데이터 테이블에서 DT1[DT2, on='key']는 DT1와 DT2를 key 컬럼을 기준으로 병합한다. 이때 DT2에 존재하지 않는 컬럼 원소는 결과에 나타나지 않는다. 따라서 left_join(DT2, DT1)과 유사하다. (DT1[DT2, on='key']를 DT2가 존재하는 상태에서 왼쪽에서 key를 기준으로 DT1가 덧붙여진다고 상상해보자. 만약 일치하는 key를 갖지 못한 행은 붙을 수 없음으로 탈락된다.)

만약 DT2에는 존재하지만, DT1 존재하지 않는 컬럼 원소를 결과에 포함시키지 않으려면 nomatch=0을 사용한다. merge 함수는 첫 번째 인자가 data.table인 경우 merge.data.table을 수행하며 DT1[DT2] 처럼 속도가 빠르다.

다음은 실제 구현 결과를 보여준다.

- inner-join

```
inner_join(TBA, TBB, by = "rn")
DTA[DTB, on = "rn", nomatch = 0]
merge(DTA, DTB, by = "rn", all = FALSE) # merge.data.table

##               rn  mpg cyl disp  qsec vs am
## 1: Hornet 4 Drive 21.4   6  258 19.44  1  0
```

- full-join

```
full_join(TBA, TBB, by = "rn")
merge(DTA, DTB, by = "rn", all = TRUE)

##                    rn  mpg cyl disp  qsec vs am
## 1:         Datsun 710 22.8   4  108    NA NA NA
## 2:     Hornet 4 Drive 21.4   6  258 19.44  1  0
## 3:   Hornet Sportabout   NA  NA   NA 17.02  0  0
```

10.3. DATA.TABLE을 활용한 병합

- left-join

```
left_join(TBA, TBB, by = "rn")
DTB[DTA, on = "rn"]
# merge에서 x는 첫 번째 데이터프레임, y는 두 번째 데이터프레임
merge(DTA, DTB, by = "rn", all.x = TRUE)
```

```
##                rn qsec vs am  mpg cyl disp
## 1:      Datsun 710   NA NA NA 22.8   4  108
## 2: Hornet 4 Drive 19.44  1  0 21.4   6  258

##                rn  mpg cyl disp qsec vs am
## 1:      Datsun 710 22.8   4  108   NA NA NA
## 2: Hornet 4 Drive 21.4   6  258 19.44  1  0
```

- right-join

```
right_join(TBA, TBB, by = "rn")
DTA[DTB, on = "rn"]
merge(DTA, DTB, by = "rn", all.y = TRUE)
```

```
##                  rn  mpg cyl disp  qsec vs am
## 1:   Hornet 4 Drive 21.4   6  258 19.44  1  0
## 2: Hornet Sportabout   NA  NA   NA 17.02  0  0
```

- semi-join

```
semi_join(TBA, TBB, by = "rn")
DTA[DTB, .SD, on = "rn"]
```

```
##                  rn  mpg cyl disp
## 1:   Hornet 4 Drive 21.4   6  258
## 2: Hornet Sportabout   NA  NA   NA
```

- anti-join

```
anti_join(TBA, TBB, by = "rn")
DTA[!DTB, .SD, on = "rn"]
```

```
##           rn  mpg cyl disp
## 1: Datsun 710 22.8   4  108
```

10.3.4 DT1[DT2, on=] : 병합2

- 두 데이터를 병합할 때 기준이 되는 컬럼에 동일한 원소가 두 개 이상 존재하는 경우가 있다.

- DT1[DT2, on=]의 기본적인 결과는 모든 DT2의 모든 행에 대해 DT1에 동일한 컬럼 원소를 가져다 붙인다. 따라서 DT1에 동일한 컬럼 원소를 가지는 행이 두 개 이상이라면 이 모두가 포함된다.

```
DF <- data.frame(rn = rownames(mtcars), mtcars)

TBA <- as_tibble(DF) %>%
  slice(3:4) %>%
  select(1:4)
TBB <- as_tibble(DF) %>%
  slice(4:7) %>%
  select(1, 3, 9:10)

DTA <- as.data.table(DF)[3:4, c(1:4)]
DTB <- as.data.table(DF)[4:7, c(1, 3, 9:10)]

print(DTA)

##                 rn  mpg cyl disp
## 1:       Datsun 710 22.8   4  108
## 2:   Hornet 4 Drive 21.4   6  258

print(DTB)

##                 rn cyl vs am
## 1:   Hornet 4 Drive   6  1  0
## 2: Hornet Sportabout   8  0  0
## 3:          Valiant   6  1  0
## 4:       Duster 360   8  0  0
```

- inner_join

```
inner_join(TBA, TBB, by='cyl')
DTA[DTB, on='cyl']

##                 rn  mpg cyl disp              i.rn vs am
## 1: Hornet 4 Drive 21.4   6  258    Hornet 4 Drive  1  0
## 2:            <NA>   NA   8   NA Hornet Sportabout  0  0
## 3: Hornet 4 Drive 21.4   6  258           Valiant  1  0
## 4:            <NA>   NA   8   NA        Duster 360  0  0
```

10.3.5 DT1[DT2] : 키를 사용한 병합

- 만약 첫 번째 데이터 테이블과 두 번째 데이터 테이블에 공통의 키가 있다면, 그 키를 활용하여 병합을 한다.

```
setkey(DTA, rn)
setkey(DTB, rn)
DTA[DTB]
```

```
##                     rn   mpg  cyl  disp  i.cyl  vs  am
## 1:         Duster 360    NA   NA    NA      8   0   0
## 2:     Hornet 4 Drive  21.4    6   258      6   1   0
## 3:  Hornet Sportabout    NA   NA    NA      8   0   0
## 4:            Valiant    NA   NA    NA      6   1   0
```

10.3.6 DT1[DT2, mult=] : 병합되는 열의 갯수

병합의 기준이 되는 키(key) 또는 기준열(on=)에 해당하는 행의 수가 하나 이상일 때, 병합되는 행의 수를 mult=을 사용하여 결정할 수 있다. 첫 번째 행(mult='first')을 선택하거나 마지막행(mult='last'), 또는 모든 행(mult='all', 기본값)을 보존할 수 있다.

다음과 같이 [] 연쇄를 통해서 비슷한 결과를 구할 수 있지만, 완전히 같진 않다.

```
DT1[DT2, on='key']
# DT2의 한 행마다 DT2$key에 해당하는 DT1의 행을 모두 찾아 DT2와 합친다.
DT1[DT2, on='key', mult='first']
# DT2의 한 행마다 DT2$key에 해당하는 DT1의 첫 번째 행을 찾아 DT2와 합친다.
DT1[DT2, on='key'][, .SD[1], by='key']
# DT2의 한 행마다 DT2$key에 해당하는 DT1의 행을 모두 찾아 DT2와 합친 후,
# key 열의 값마다 첫 번째 행을 남긴다. key 열의 값은 중복된 값이 없다.
# 하지만 DT1[DT2, on='key', mult='first'] 의 경우,
# DT2에서 key 열에 중복된 값이 존재한다면 결과에도 중복된 값이 남게 된다.
DT1[DT2, on='key', mult='last']
DT1[DT2, on='key'][, .SD[.N], by='key']
```

다음은 mult=를 활용한 예를 보여준다.

- inner_join

```
#inner_join(TBA, TBB, by='cyl')
#inner_join(TBA, TBB, by='cyl') %>% group_by(cyl) %>% .[1,]
#inner_join(TBA, TBB, by='cyl') %>% group_by(cyl) %>% .[nrow(.),]
DTB[DTA, on='cyl', nomatch=0]
DTB[DTA, on='cyl', nomatch=0, mult='first']
DTB[DTA, on='cyl', nomatch=0, mult='last']
```

```
##                rn cyl vs am          i.rn  mpg disp
## 1: Hornet 4 Drive  6  1  0 Hornet 4 Drive 21.4  258
## 2:        Valiant  6  1  0 Hornet 4 Drive 21.4  258
##                rn cyl vs am          i.rn  mpg disp
## 1: Hornet 4 Drive  6  1  0 Hornet 4 Drive 21.4  258
##         rn cyl vs am          i.rn  mpg disp
## 1: Valiant  6  1  0 Hornet 4 Drive 21.4  258
```

- left-join

```
#left_join(TBA, TBB, by='cyl')
#left_join(TBA, TBB, by='cyl') %>% group_by(cyl) %>% do(head(., n=1))
#left_join(TBA, TBB, by='cyl') %>% group_by(cyl) %>% do(tail(., n=1))
DTB[DTA, on='cyl']
DTB[DTA, on='cyl', mult='first']
DTB[DTA, on='cyl', mult='last']
```

```
##                rn cyl vs am          i.rn  mpg disp
## 1:           <NA>  4 NA NA      Datsun 710 22.8  108
## 2: Hornet 4 Drive  6  1  0 Hornet 4 Drive 21.4  258
## 3:        Valiant  6  1  0 Hornet 4 Drive 21.4  258
##                rn cyl vs am          i.rn  mpg disp
## 1:           <NA>  4 NA NA      Datsun 710 22.8  108
## 2: Hornet 4 Drive  6  1  0 Hornet 4 Drive 21.4  258
##         rn cyl vs am          i.rn  mpg disp
## 1:    <NA>  4 NA NA      Datsun 710 22.8  108
## 2: Valiant  6  1  0 Hornet 4 Drive 21.4  258
```

10.3.7 DT1[DT2, roll=] : Rolling-join

- Rolling-join은 기준되는 컬럼의 내용이 동일하지 않아도 병합된다. 예를 들어 접속 데이터와 구매 데이터를 합치고 싶다고 해보자. 접속 시각과 구매 시각이 완전히 일치할 수는 없다. 구매 시간과 가장 근접한 접속 시간을 병합하고 싶다면 Rolling-join을 쓸 수 있다.

- 형식은 다음과 같다. DT1[DT2, on=' ', rolling=]

```
DTA = data.table(
  date = as.Date(c('2018-12-31', '2019-1-4', '2019-1-9')),
  duration = c(60, 30, 40))
DTB = data.table(
  date = as.Date(c('2018-1-2', '2019-1-5', '2019-1-6')),
  product = c('Cosmetics', 'Toys', 'Books'))
```

- DTA에는 어떤 사람의 온라인 쇼핑몰 접속 기록을 보여준다. 2018년 12월 31일에 60분간 접속했고, 2019년 1월 4일에는 30분간 접속했다(표 10.1).

- DTB는 구매 기록을 보여준다. 2018년 1월 2일에는 Cosmetics를 구매했다(표 10.1).

- 여기서 2018년 1월 2일보다 빠르지만 가장 근접한 쇼핑몰 접속 기록을 연결시키고 싶다면? 또는 쇼핑몰 접속 시간과 가장 근접한 이후 구매 시각을 알고 싶다면?

- DTB[DTA, on=date, roll=-Inf]은 DTA에 date를 기준으로 DTB를 연결할 때 만약 일치하는 date가 없다면 DTB의 date를 이전으로 변경시켜서 일치하는 date를 찾는다(roll=Inf 또는 roll=TRUE).

- 따라서 DTB의 2018년 1월 2일은 DTA의 2018년 1월 2일, 1월 1일, 2017년 12월 31일 등과 연결을 시도 한다. 여기서 roll=-Inf은 동일한 date을 찾을 때까지 지속됨을 의미한다.

표 10.1: DTA과 DTB

date	duration	date	product
2018-12-31	60	2018-01-02	Cosmetics
2019-01-04	30	2019-01-05	Toys
2019-01-09	40	2019-01-06	Books

```
DTB[DTA, on = "date", roll = -Inf]

##          date product duration
## 1: 2018-12-31    Toys       60
## 2: 2019-01-04    Toys       30
## 3: 2019-01-09    <NA>       40
```

- 만약 구매 시간까지 보존하고자 한다면 date를 하나 더 복사해 두면 될 것이다.

```
DTB[, `:=`(datePurchase, date)]
DTB[DTA, on = "date", roll = -Inf]

##          date product datePurchase duration
## 1: 2018-12-31    Toys   2019-01-05       60
## 2: 2019-01-04    Toys   2019-01-05       30
## 3: 2019-01-09    <NA>         <NA>       40
```

- 만약 구매 시간 이후의 가장 근접한 접속 기록을 찾고 싶다면 roll=Inf을 쓴다.
- 만약 구매 시간 이후 3일 내의 접속 기록을 찾고 싶다면 roll=3을 쓴다.

```
DTB[DTA, on = "date", roll = Inf]

##          date   product datePurchase duration
## 1: 2018-12-31 Cosmetics   2018-01-02       60
## 2: 2019-01-04 Cosmetics   2018-01-02       30
## 3: 2019-01-09     Books   2019-01-06       40

DTB[DTA, on = "date", roll = 3]

##          date product datePurchase duration
## 1: 2018-12-31    <NA>         <NA>       60
## 2: 2019-01-04    <NA>         <NA>       30
## 3: 2019-01-09   Books   2019-01-06       40
```

10.4 그 밖의 특수기호 : .SD, .GRP, .N, .I, .BY, .EACHI, ..

- DT1[i, j, by]에서 데이터테이블은 by에 의해 집단별로 나눠진 부분데이터테이블에 j라는 연산을 행하게 된다.

- 이때 부분데이터테이블 전체(.SD)를 가르키거나, 집단 순번(.GRP), 부분데이터테이블의 행의 갯수(.N), 전체데이터테이블에서의 열순번(.I)을 나타내기 위해 .SD, .GRP, .N, .I을 사용한다.

- .EACHI의 경우 두 데이터테이블을 조인한 후, 조인 기준 또는 키에 따라 연산을 해야할 경우에 사용한다.

10.4.1 목차

- .SD : Subset of Data
- .N : SD의 행수
- .GRP : SD의 순번
- .I : SD의 각 행의 전체 행순번
- .BY : 집단을 나눈 기준값
- .EACHI : 조인의 각 행
- .. : 부모 환경의 변수

10.4.2 데이터

```
library(dplyr)
library(data.table)
df <- data.frame(rn = rownames(mtcars), mtcars)
TB <- as_tibble(df) %>%
  slice(3:7) %>%
  select(1:4)
DT <- as.data.table(mtcars, keep.rownames = TRUE)[3:7, c(1:4)]
```

10.4.3 .SD : Subset of Data(by=로 나눠진 부분 데이터)

- .SD: package:dplyr의 summarise_all, summarise_at 등에 해당하는 기능을 구현하려면 data.table의 .SD를 활용할 수 있다.

```
TB %>%
  group_by(cyl) %>%
  summarise_at(vars(mpg, disp), funs(sum(.)))

## # A tibble: 3 x 3
##     cyl   mpg  disp
```

```
##   <dbl> <dbl> <dbl>
## 1     4  22.8   108
## 2     6  39.5   483
## 3     8    33   720
```
DT[, lapply(.SD, sum), by = cyl, .SDcols = c("mpg", "cyl", "disp")]

```
##    cyl  mpg cyl disp
## 1:   4 22.8   4  108
## 2:   6 39.5  12  483
## 3:   8 33.0  16  720
```
DT[, lapply(.SD, sum), by=cyl] # 컬럼 rn이 문자이기 때문에 sum을 쓸 수 없다.

10.4.4 .N : 부분 데이터의 행의 갯수

- .N은 부분 데이터의 행의 수를 나타낸다. 아래 예에서 보듯이 특정한 열을 잡아서 length()을 해도 되지만 좀더 간편하다. 요약 통계치를 구할 때 대상 데이터포인트의 수를 구할 때 요긴하다.

DT[, .N, by = cyl]

```
##    cyl N
## 1:   4 1
## 2:   6 2
## 3:   8 2
```
DT[, length(mpg), by = cyl] # 위의 결과와 동일.

```
##    cyl V1
## 1:   4  1
## 2:   6  2
## 3:   8  2
```
DT[, c(.N, lapply(.SD, mean)), by=cyl, .SDcols=c('mpg', 'cyl', 'disp')]

```
##    cyl N   mpg cyl  disp
## 1:   4 1 22.80   4 108.0
## 2:   6 2 19.75   6 241.5
## 3:   8 2 16.50   8 360.0
```
DT[, c(list(N=.N), lapply(.SD, mean)), by=cyl,
     .SDcols=c('mpg', 'cyl', 'disp')]

```
##    cyl N   mpg cyl  disp
## 1:   4 1 22.80   4 108.0
## 2:   6 2 19.75   6 241.5
## 3:   8 2 16.50   8 360.0
```

10.4.5 .I : 전체 데이터에서 행의 순번

- .I는 전체 데이터에서 행의 순번을 의미한다. 이것이 필요한 이유는 부분데이터로 나눠지면 전체 데이터 내에서의 행 순번을 알 수 없기 때문이다.

```
DT[, .I, by = cyl]
```

```
##    cyl I
## 1:   4 1
## 2:   6 2
## 3:   6 4
## 4:   8 3
## 5:   8 5
```

```
DT[, .I, keyby = cyl]
```

```
##    cyl I
## 1:   4 1
## 2:   6 2
## 3:   6 4
## 4:   8 3
## 5:   8 5
```

```
DT[, .I[1], by = cyl]
```

```
##    cyl V1
## 1:   4  1
## 2:   6  2
## 3:   8  3
```

```
DT[, .I[1], keyby = cyl]
```

```
##    cyl V1
## 1:   4  1
## 2:   6  2
## 3:   8  3
```

10.4.6 .GRP : 집단 순번

- .GRP은 by=로 나눠진 집단의 순번을 나타낸다. by=를 쓰면 기존의 열 순서가 보존되고, keyby=를 쓰면 집단이 정렬된 후 순번이 매겨진다.

```
DT[, .GRP, by = cyl]
```

```
##    cyl GRP
## 1:   4   1
## 2:   6   2
## 3:   8   3
```

```
DT[, .GRP, keyby = cyl]


##    cyl GRP
## 1:   4   1
## 2:   6   2
## 3:   8   3
```

10.4.7 .BY : 집단 이름

- .BY는 by=에 의해서 그룹지어진 그룹의 이름을 나타낸다. 다음의 예시를 보자.

```
DT[, .BY, by = cyl]


##    cyl BY
## 1:   4  4
## 2:   6  6
## 3:   8  8
DT[, `:=`(lDisp, ifelse(disp < 300, "<300", ">=300"))]
DT[, c(.BY), by = c("cyl", "lDisp")]


##    cyl lDisp cyl lDisp
## 1:   4  <300   4  <300
## 2:   6  <300   6  <300
## 3:   8 >=300   8 >=300
# DT[, .BY, by=c('cyl', 'lDisp')]
```

- 위의 예시를 보면 물론 다음과 같이 고칠 수도 있다.

```
DT[, c(.BY), by = c("cyl", "lDisp")]


##    cyl lDisp cyl lDisp
## 1:   4  <300   4  <300
## 2:   6  <300   6  <300
## 3:   8 >=300   8 >=300
DT[, .(cyl[1], lDisp[1]), by = c("cyl", "lDisp")]


##    cyl lDisp V1    V2
## 1:   4  <300   4  <300
## 2:   6  <300   6  <300
## 3:   8 >=300   8 >=300
# DT[, .BY, by=c('cyl', 'lDisp')]
```

- 하지만 .BY는 집단의 기준이 늘어나도 사용할 수 있다는 장점이 있다.

10.4. 그 밖의 특수기호 : .SD, .GRP, .N, .I, .BY, .EACHI, ..

```
DT[, do.call(paste0, .BY), by = c("cyl", "lDisp")]

##    cyl lDisp     V1
## 1:   4  <300   4<300
## 2:   6  <300   6<300
## 3:   8 >=300  8>=300

DT[, .(grpname = do.call(paste0, .BY)), by = c("cyl", "lDisp")]

##    cyl lDisp grpname
## 1:   4  <300   4<300
## 2:   6  <300   6<300
## 3:   8 >=300  8>=300
```

10.4.8 .EACHI : 조인 후 집단 나누기

- .EACHI는 조인 후에 집단을 나눈 후 조인을 하기 위해 수행된다.

- DT1[DT2]는 앞에서 얘기했듯이 DT2의 각 행을 key로 사용하여 DT1의 해당하는 key를 얻어낸다고 할 수 있다. 이때 DT1에는 해당하는 key가 없을 수도 있고, 단 하나 있을 수도 있고, 여럿 있을 수도 있다. 만약 여럿이 존재한다면 그들을 묶어 하나의 집단으로 생각할 수 있다.

- 이들 집단에 대해 각각 요약통계치를 구하고 싶다면, by=.EACHI를 쓴다.

```
df <- data.frame(rn = rownames(mtcars), mtcars)
TB_A <- as_tibble(df) %>%
  slice(3:10) %>%
  select(1:4, 9)
TB_B <- as_tibble(df) %>%
  slice(7:10) %>%
  select(1, 3, 8:10)
DT_A <- as.data.table(mtcars, keep.rownames = TRUE)[3:10, c(1:4, 9)]
DT_B <- as.data.table(mtcars, keep.rownames = TRUE)[7:10, c(1, 3, 8:10)]

DT_A[DT_B, on = "cyl"]

##                 rn  mpg cyl  disp vs       i.rn qsec i.vs am
## 1: Hornet Sportabout 18.7   8 360.0  0 Duster 360 15.84    0  0
## 2:        Duster 360 14.3   8 360.0  0 Duster 360 15.84    0  0
## 3:        Datsun 710 22.8   4 108.0  1  Merc 240D 20.00    1  0
## 4:         Merc 240D 24.4   4 146.7  1  Merc 240D 20.00    1  0
## 5:          Merc 230 22.8   4 140.8  1  Merc 240D 20.00    1  0
## 6:        Datsun 710 22.8   4 108.0  1   Merc 230 22.90    1  0
## 7:         Merc 240D 24.4   4 146.7  1   Merc 230 22.90    1  0
## 8:          Merc 230 22.8   4 140.8  1   Merc 230 22.90    1  0
```

```
##  9:      Hornet 4 Drive 21.4  6 258.0  1  Merc 280 18.30  1 0
## 10:             Valiant 18.1  6 225.0  1  Merc 280 18.30  1 0
## 11:            Merc 280 19.2  6 167.6  1  Merc 280 18.30  1 0
DT_A[DT_B, sum(disp), on = "cyl", by = "cyl"]

##    cyl    V1
## 1:   8 720.0
## 2:   4 791.0
## 3:   6 650.6
DT_A[DT_B, sum(disp), on = "cyl", by = .EACHI]

##    cyl    V1
## 1:   8 720.0
## 2:   4 395.5
## 3:   4 395.5
## 4:   6 650.6
```

- 특히 by='cyl'과 by=.EACHI의 기능을 구분해 보길 바란다.
- 다음의 예시는 거의 동일하지만 조금 다른 결과를 보여준다.

```
DT_A[DT_B, .SD[1], on = "cyl", by = .EACHI]

##    cyl               rn  mpg disp vs
## 1:   8 Hornet Sportabout 18.7  360  0
## 2:   4      Datsun 710  22.8  108  1
## 3:   4      Datsun 710  22.8  108  1
## 4:   6   Hornet 4 Drive 21.4  258  1
DT_A[DT_B, on = "cyl", mult = "first"]

##                    rn  mpg cyl disp vs       i.rn  qsec i.vs am
## 1: Hornet Sportabout 18.7   8  360  0 Duster 360 15.84   0  0
## 2:       Datsun 710  22.8   4  108  1  Merc 240D 20.00   1  0
## 3:       Datsun 710  22.8   4  108  1   Merc 230 22.90   1  0
## 4:    Hornet 4 Drive 21.4   6  258  1   Merc 280 18.30   1  0
```

10.4.9 .. : 부모 환경의 변수

- 데이터테이블의 열이름과 변수의 이름이 동일할 경우, DT[i,j]의 i와 j에서 변수를 바로 사용할 수 없다.

```
rn = c("Valiant", "Bolt", "Duster 360")
DT[, list(rn)]  # DT[, .(rn)]

##            rn
## 1: Datsun 710
```

10.4. 그 밖의 특수기호 : .SD, .GRP, .N, .I, .BY, .EACHI, ..

```
## 2:       Hornet 4 Drive
## 3: Hornet Sportabout
## 4:              Valiant
## 5:           Duster 360
```

- ..는 최근의 업데이트에서 추가된 기능으로 데이터테이블의 열이름과 외부 변수의 이름이 겹치는 경우에 사용할 수 있다.

```
rn = c("Valiant", "Bolt", "Duster 360")
DT[, list(rn)]   # DT[, .(rn)]
```

```
##                    rn
## 1:         Datsun 710
## 2:     Hornet 4 Drive
## 3:  Hornet Sportabout
## 4:            Valiant
## 5:         Duster 360
```

```
DT[, list(..rn)]  # DT[, .(..rn)]
```

```
##            ..rn
## 1:      Valiant
## 2:         Bolt
## 3:   Duster 360
```

```
DT[, list(rn[rn %in% ..rn])]
```

```
##            V1
## 1:    Valiant
## 2: Duster 360
```

- 하지만 DT[i,j]에서 j에서만 사용할 수 있다는 점을 유의하자. 이런 이유로 Stack-Overflow의 관련 질문 답변[4]도 제시한다.

```
# 해법 1
env <- environment()
DT[rn %in% get("rn", env)]
# 해법 2
.. <- function(..., .env = sys.parent(2)) {
  get(deparse(substitute(...)), env = .env)
}
DT[rn %in% ..(rn)]   # `..`는 위에서 정의된 함수이므로 ..rn으로 쓸 수 없다.
```

```
##           rn  mpg cyl disp lDisp
## 1:    Valiant 18.1   6  225  <300
## 2: Duster 360 14.3   8  360 >=300
```

---

[4]https://stackoverflow.com/questions/21658893/subsetting-data-table-using-variables-with-same-name-as-column

10.4.10 특수기호 종합

- data.table의 by=는 데이터테이블을 집단별로 나눈다. 이때 각 집단은 행의 수, 전체 데이터에서 차지했던 행순번 등에서 차이가 난다.

- 집단별로 나눠진 부분데이터테이블(.SD), 부분데이터테이블의 집단순번(.GRP), 부분데이터테이블의 행수(.N), 부분데이터테이블의 각 행에 대한 기존 행순번(.I), 그리고 각 집단을 나눈 변수의 수준(.BY)을 나타내기 위해 특수기호를 사용한다.

- 특수 기호에 대해서는 ?"special-symbols"을 통해 좀더 알아 볼 수 있다.

10.5 데이터테이블 종합

- 데이터테이블은 본격적인 분산 처리를 시작하기 전에 시도할 수 있는 마지막 수단이라고 할 수 있다. 여러 벤치마킹에서 드러났듯이 데이터테이블은 용량이 큰 데이터를 다룰 때 속도와 메모리 효율에서 타의 추종을 불허한다.

- 하지만 다소 이해하기 어려운 문법(DT[i, j, by=, roll=, mult=][] 또는 DT1[DT2, j, by=, on=, roll=, mult=])으로 인해 널리 사용되고 있지 못하는 느낌이다. 하지만 i, on=, roll=, mult=는 데이터테이블의 행을 선택하고, by=는 집단을 구성하며, j는 열을 선택하거나, 일정한 함수를 적용한다고 정리할 수 있다.

- 여기서는 dplyr의 기능을 데이터테이블에서 구현하는 방법을 알아보았고 dplyr의 기능 대부분은 data.table에서도 구현할 수 있음을 확인할 수 있었다.

10.5.1 참고 자료

- Advanced tips and tricks with data.table[5]

---

[5]http://brooksandrew.github.io/simpleblog/articles/advanced-data-table/

제 11 장

문자열 (character)

11.1 인코딩

컴퓨터는 전기 신호의 있고 없음 또는 1과 0만으로 모든 데이터를 표현한다. 1과 0을 여러 개 연결하면 큰 수를 표현할 수 있다. 만약 문자를 표현하고 싶다면 수와 문자를 연결하는 방법을 미리 정해놔야 한다. 이런 약속을 **인코딩 방법**이라고 한다.

인코딩 방법은 표현하고자 하는 문자(한글, 알파벳, 한자 등)와 언어, 나라에 따라 달라진다. 현재 인코딩 방법의 방법은 1000개를 훌쩍 넘는 것으로 알려져 있다. 하지만 인테넷 웹에서 사용되는 인코딩은 90% 이상이 UTF-8이라고 한다.[1]

대표적인 컴퓨터 운영체제(OS; Operating System)의 인코딩 방법은 다음과 같다.

- Microsoft Windows : CP949(한글버전) 또는 CP1252(영문버전)였다가 최근에 UTF-16으로 바뀌었다.[2]
- Mac OSX : 내부적으로 UTF-16LE을 쓴다.
- 리눅스 : UTF-8

---

[1]출처 : https://w3techs.com/technologies/cross/character_encoding/ranking
[2]마이크로소프트의 코드페이지(CodePage) 949와 IBM의 코드페이지 949를 구별하기 위해 마이크로소프트의 CP949를 MS949, 또는 Windows-949로 부르기도 한다.

11.2 대표적인 인코딩 방법

- **ASCII(American Standard Code for Information Interchange; 아스키) 코드** : 미국에서 만든 인코딩 방법. 7비트[3]를 사용하여 영문 알파벳 대소문자와 숫자, 공백 문자, 그리고 제어 문자를 나타낸다. 이 장의 마지막에 ASCII 표를 수록하였다.

- **2바이트 한글 인코딩 방법** : 알파벳을 사용하는 서구권에서는 필요한 문자를 모두 나타내기 위해 1바이트로 충분했지만 우리나라는 알파벳과 한글을 동시에 담아야 하기 때문에 1바이트로는 불충분했고 2바이트의 새로운 인코딩 방법을 만들어야 했다. 2바이트 조합형(KSSM)과 2바이트 완성형(KS C 5601, KS X 1001) 등이 있다. 최근의 EUC-KR(Extended Unix Code-KoRea)은 KS X 1001을 따른다. KS X 1001은 표현할 수 있는 한글의 갯수가 2350자뿐이기 때문에 '똠방각하'의 '똠'을 사용할 수 없는 문제가 있다. 한글 윈도우의 CP949는 KS X 1001을 확장하여 11172자의 한글(현대 사용되는 문자 한글)을 표현할 수 있다.

- **유니코드(Unicode)** : 인터넷의 폭발적 성장 이후 국제적으로 문서를 교환하는 일이 빈번해졌다. 하지만 인코딩 방법은 자신 (그리고 주변 국가의) 언어만을 고려하여 만들었기 때문에 한 나라에서 생성한 문서를 다른 나라로 전송하면 내용을 알 수 없게 깨지는 경우가 다반사였다. 이런 불편함을 없애기 위해 유니코드가 개발되었다. 유니코드란 세상의 (거의) 모든 문자와 기호를 숫자에 대응시키는 방법이다. 유니코드 콘소시엄(Unicode Consortium)이 개발하고 있으며 하나의 문자에 대응하는 숫자를 코드 포인트(code point)라고 한다. 구체적인 문자 또는 기호의 대응은 유니코드 코드 차트[4]에서 확인할 수 있다. 유니코드에 할당되는 문자는 버전이 증가함에 따라 계속 증가하였다. 1991년 버전 1.0.0은 7129개의 문자(24개의 문자체계)를 지원했고, 2021년 9월 발표된 버전 14.0에서는 총 144,697개의 문자(159개의 문자체계)를 지원한다. 한글은 버전 1.0.0에서부터 포함되어 버전 5.2에서는 옛한글까지 포함하여 모든 한글을 표현할 수 있게 되었다. 버전 6.0(2010년)에는 이모지(emoji)와 같은 그림 문자도 포함하게 된다. 이는 핸드폰 생산자들의 요구를 받아들인 것으로 이 역시 나라마다 각자의 이모지 인코딩을 만들어 서로 호환되지 않는 상황을 예방했다고 볼 수 있다. (사실 유니코드에 이모지가 등록되기 전에는 생산자마다 각자의 이모지 인코딩을 사용했다.) 유니코드는 이렇게 세상의 모든 문자를 포함하였기 때문에 세상의 다양한 인코딩은 유니코드로 변환될 수 있다. 유니코드는 UTF-8, UTF-16, UTF-32와 같은 인코딩 방법으로 구체화된다.

---

[3]1비트(bit)는 0 또는 1을 나타낼 수 있다. 1비트를 8개 모으면 1바이트(8비트)가 된다. 1바이트 256개의 수를 나타낼 수 있다.

[4]http://www.unicode.org/charts/

11.3 인코딩 방법의 종류

- 유니코드(Unicode) 기반
    - UTF-32[5] : 32비트의 숫자로 유니코드의 모든 문자를 나타내는 방법. 16진수로 0x00000000에서 0x0010FFFF까지의 수를 사용한다.
    - UTF-16 : 유니코드에는 영문 알파벳, 한글, 한자뿐 아니라, 아라비아어, 고대 문자들도 포함하고 있다. 하지만 영어권의 사람들은 영문 알파벳 외의 다른 문자를 거의 사용하지 않으며, 우리나라 사람들도 고대 문자를 일상 생활에서 사용할 일이 별로 없다. 그래서 자주 사용되는 문자의 갯수는 16비트의 숫자로도 충분히 나타낼 수 있다. UTF-16에서는 자주 사용되는 문자는 16비트의 숫자로, 가끔씩 사용되는 문자는 32비트의 숫자로 나타내기 때문에 한 문자를 나타내기 위해 필요한 비트 수를 줄일 수 있다.
    - UTF-8 : UTF-16의 논리와 비슷하다. 영미권의 영어 사용자는 영문 알파벳과 숫자 등의 일상적인 문자를 나타내는데 8비트면 충분하기 때문에 UTF-8에서는 필요에 따라 문자를 8비트, 16비트, 24비트, 또는 32비트의 코드로 나타낸다.

- ASCII(아스키) 코드 기반 : 아스키 코드는 7비트를 사용하고, 이를 1 바이트[6]에 담으면, 1 비트의 여유가 있다. 이는 128-255에 해당하는 숫자이고, 이를 어떻게 활용할 것인지에 대해 여러 제안이 있었다. 보통은 ASCII 코드로 표현할 수 없는 자국의 글자 또는 기호에 할당한다.
    - Latin-1(ISO-8859-1) : 아스키 코드에 127개의 문자가 추가된다. 추가되는 문자의 대부분은 유럽 알파벳을 나타낸다(추가되는 문자 예: à,á,â,ã,ä,å,æ,ç,⋯).
    - CP1252(Window Code Page 1252) : Latin-1 코드와 코드번호 0x80-0x9f의 32개의 문자를 제외하고는 동일하다.
    - 그 외의 코드 : 8비트의 코드에서 아스키 코드를 제외한 127개의 문자를 키릴 문자(8859-5), 그리스 문자(8859-7), 히브리문자(8859-8)에 할당한 ASCII 코드의 확장판도 있다.

- 한글 인코딩 : 한글을 포함하는 인코딩 방법으로는 윈도우 CP949, EUC-KR 등을 포함하여 무수히 많이 개발되었다. 이때 쟁점은 코드를 만들때, 조합형으로 할 것인가 아니면 완성형으로 할 것인가였다. 조합형은 2 바이트 또는 3 바이트를 5-8 비트씩 나누어 초성, 중성, 종성을 결정하는 방법이며, 완성형은 초성, 중성, 종성에 대한 고려없이 한글 한 글자에 코드 하나를 대응시키는 방법이다. 한글 인코딩의 또 다른 쟁점은 가능한 모든 문자를 포함할 것인지였다. 예를 들어 똠과 같이 자주 사용되지 않는 글자도 인코딩에 포함시키면 한 글자를 표현하기 위해 더 많은 바이트가 필요하다. 유니코드는 가능한 모든 현대 한글 뿐 아니라 옛한글도 나타낼 수 있다.

---

[5] Universal Character Set Tranformation Format-32 Bit

[6] 컴퓨터의 정보 저장 단위. 1 바이트는 8 비트로 구성되며, 1 바이트는 0에서 255까지의 숫자를 저장할 수 있다.

11.4 R에서 인코딩 다루기

R의 문자열 벡터는 각 원소마다 인코딩 방법을 따로 저장한다. 이는 Encoding()을 통해 확인할 수 있고, Encoding()<-를 사용하여 바꿀 수도 있다. 이때 대입할 수 있는 값은 'UTF-8', 'latin1', 'bytes'이고, 그 외의 모든 값은 'unknown'으로 대입된다.[7]

```
x <- '한글사랑'
Encoding(x)
## [1] "UTF-8"
Encoding(x) <- 'UTF-8';   c(Encoding(x), x)
## [1] "UTF-8"     "한글사랑"
Encoding(x) <- 'latin1'; c(Encoding(x), x)
## [1] "latin1"    "í·œê€ì,¬ëž'"
Encoding(x) <- '';       c(Encoding(x), x)
## [1] "unknown"   "한글사랑"
Encoding(x) <- 'bytes';  c(Encoding(x), x)
## [1] "bytes"
## [2] "\\xed\\x95\\x9c\\xea\\xb8\\x80\\xec\\x82\\xac\\xeb\\x9e\\x91"
# UTF-8, latin1, bytes, unknown 외에는 그냥 무시된다.
# 이때 아무런 경고나 오류가 출력되지 않으므로 주의한다.
Encoding(x) <- '';        c(Encoding(x), x)
## [1] "unknown"   "한글사랑"
Encoding(x) <- 'CP949';   c(Encoding(x), x)
## [1] "unknown"   "한글사랑"
Encoding(x) <- 'unknown', c(Encoding(x), x) #
## [1] "unknown"   "한글사랑"
```

Encoding(x)<-는 내부에 저장된 숫자는 그대로 둔 채 인코딩 레이블만 바뀌기 때문에 다시 출력해보면 다른 글자가 출력된다. ASCII로 표현할 수 있는 영문 알파벳의 경우, 'UTF-8'과 'latin1' 등의 대부분의 인코딩 방법에서 동일하기 때문에 인코딩을 바꿔도 글자 변하지 않으며 Encoding(x) <- 결과가 unknown이다.

```
x <- 'English'
Encoding(x)
## [1] "unknown"
Encoding(x) <- 'UTF-8'; c(x, Encoding(x))
## [1] "English" "unknown"
Encoding(x) <- 'latin1'; c(x, Encoding(x))
## [1] "English" "unknown"
Encoding(x) <- 'CP949'; c(x, Encoding(x))
```

---

[7]Encoding(x) <- 'CP949'를 하면 아무 경고도 오류도 없다. 하지만 UTF-8을 쓰는 시스템에서 이는 Encoding(x) <- 'unknown'과 같고, 보통 Encoding(x) <- "UTF-8"과 같은 결과가 된다. 그럼에도 아무런 오류나 경고가 없고, 분석가는 x의 인코딩이 CP949로 바뀌었다고 착각하기 쉽다. 이에 대한 대안으로 utils.R에 encoding() 함수를 정의하였다. encoding(x)는 Encoding(x)와 동일하며, encoding(x) <- "..."도 Encoding(x) <- "..."와 동일하다. 단지 encoding(x) <- "..."에서 "..."가 latin1, UTF-8, bytes, unknown, '' 중 하나가 아닐 경우에는 오류가 발생한다.

11.4. R에서 인코딩 다루기

```
## [1] "English" "unknown"
```

여기서 "unknown" 또는 ""는 R의 로케일로 설정된 기본 인코딩 방법을 나타내며 Sys.getlocale('LC_CTYPE')으로 확인할 수 있다.

```
Sys.getlocale("LC_CTYPE")
```

```
## [1] "ko_KR.utf8"
```

(윈도우에서 자주 볼 수 있는 결과로) Korean_Korea.949에서 Korean은 언어, Korea는 국가, 그리고 949는 인코딩 방법을 나타낸다. 한글 윈도우용 R은 CP949(**C**ode**P**age 949)를 사용한다.[8] <<R로 데이터 읽어오기>>에서 데이터 프레임의 내용이 제대로 출력되지 않은 이유는 윈도우가 UTF-8이 아니라 CP949를 사용하기 때문이다.

문자열의 내용은 바꾸지 않고 인코딩 방법을 바꾸기 위해서는 내부 숫자를 인코딩 방법의 변화에 맞춰 변환해줘야 한다. 이를 위해서는 iconv(x, from=, to=) 또는 stringi::stri_conv(str, from=, to=)를 사용한다.[9]

iconv(x, from=, to=)에서 from=과 to=에는 인코딩 이름을 적어줘야 하는데, "unknown"을 사용할 수는 없다. iconvlist()를 하면 from=과 to=에 적을 수 있는 인코딩 이름을 확인할 수 있다. 만약 현재 사용 인코딩을 UTF-8로 인코딩만 바꾸고 싶다면, Sys.getlocale('LC_CTYPE')으로 현재 인코딩 방법을 확인한 후 from=에 적어준다. Korean_Korea.949라면 from='CP949'로 하면 된다.

```
# Windows 실행 결과
x <- c("한글사랑", "création d'un rôle")
x <- iconv(x, from='CP949', to='UTF-8'); x; Encoding(x)
## [1] "한글사랑"          "creation d'un role"
## [1] "UTF-8"   "unknown"

x <- iconv(x, from='UTF-8', to='latin1'); x; Encoding(x)
## [1] NA                   "creation d'un role"
## [1] "unknown" "unknown"

x <- c("한글사랑", "création d'un rôle")
x <- stringi::stri_conv(x, from='windows-949', to='UTF-8'); x; Encoding(x)
## [1] "한글사랑"          "creation d'un role"
## [1] "UTF-8"   "unknown"

x <- stringi::stri_conv(x, from='UTF-8', to='latin1'); x; Encoding(x)
```

---

[8] 시작 메뉴 검색창에 cmd(엔터) 후 chcp(change codepage) 명령을 통해 기본 인코딩을 확인하고, 바꿀 수 있다. chcp 437을 한 후 텍스트 파일을 type <filename>으로 확인해보자. chcp 949로 다시 한글 윈도우의 기본값인 codepage 949로 설정을 변경한다. 만약 UTF-8로 저장된 파일을 확인하고자 한다면 chcp 65001을 한다.

[9] 대부분의 유닉스(Unix) 운영체제에는 iconv란 프로그램이 있다. iconv는 internationalization **conv**ersion의 약자로 텍스트의 인코딩을 변환하는 프로그램이다. EUC-KR을 UTF-8로 변환한다면, iconv -f EUC-KR -t UTF-8 in.txt -o out.txt의 형식으로 쓴다.

```
## Warning messages:
## 1: In stringi::stri_conv(x, from = "UTF-8", to = "latin1") :
##   the Unicode code point \U0000d55c cannot be converted to destination encoding
   ...
## [1] "\032\032\032\032"    "creation d'un role"
## [1] "unknown" "unknown"
```

iconv와 stri_conv는 그 기능이나 사용법이 유사하다. "한글사랑"의 경우 Latin-1 코드로는 나타낼 수 없는 문자들이다(Latin-1 코드는 영문 알파벳과 유럽어를 위한 코드이다). 따라서 "한글사랑"을 Latin-1 코드로 변환하려는 시도 결과 iconv()에서는 NA, stri_conv()에서는 "\032\032\032\032"가 되었다.[10]

stri_conv(str, from=, to=)의 from=과 to=에 사용되는 코드 이름은 stri_enc_list()로 찾아볼 수 있다. 한글 윈도우에서 UTF-8로 인코딩을 변경하는 방법은 stri_conv(x, to='UTF-8')이다.

위에서 Encoding(x)<-에서도 봤듯이 R의 문자열 벡터는 UTF-8 또는 OS의 기본 인코딩(unknown)만 허용한다. 그래서 iconv() 함수 사용시 유의할 점이 있다. 만약 기본 인코딩이 CP949일 때 y <- iconv('한글', from='CP949', to='UTF-32')를 하면, 결과로 y는 '한글'을 UTF-32 인코딩으로 바꾼 값이 저장된다. 하지만 Encoding(y)<-"UTF-32"은 허용되지 않기 때문에 Encoding(y)='unknown'이 된다. '한글'의 UTF-32는 0x0000d55c, 0x0000ae00이다.[11] 여기서 0x00(NUL)은 R의 문자열 벡터에서 허용되지 않는 값이기 때문에 Error가 발생한다. 이런 문제를 방지하려면 y <- iconv('한글', from='CP949', to='UTF-32', toRaw=TRUE)를 할 수 있다. 하지만 결과가 1바이트 16진수의 나열이라 그 의미를 확인하기 힘들다. 이때에는 writeBin(y[[1]], 'textUTF-32.txt')로 파일을 생성한 후 UTF-32을 읽을 수 있는 텍스트 에디터를 활용하자.[12]

윈도우에서 문자열의 인코딩이 문제가 되는 경우는 많지 않다. 하지만 다음의 예를 보자. 윈도우에서 한글 파일 이름이 UTF-8로 인코딩된 경우에는 파일을 열 수 없는 경우도 있었다.

```
# Windows 실행 결과
fn = iconv("테스트.png", to = "UTF-8")
imager::load.image(fn)
## Error in readfun(f, ...) : unable to open ?뜻뒝??png
```

---

[10]"\032" 또는 "\32"은 ASCII코드로 8진수 32(10진수 26)에 해당하는 문자로 SUB(**SUB**stitue)라고도 표기한다. 이 글자는 문자 전송시 유효하지 않은 문자를 나타내기 위해 고안되었다. iconv()와 stri_conv()에서 인코딩 이름을 다르게 사용하기 때문에 주의해야 한다. iconv()에서 CP949는 윈도우의 코드페이지 949를 의미하고, stri_conv()에서 CP949는 IBM의 코드페이지 949를 의미한다. 윈도우 코드페이지 949는 windows-949로 써야 한다.

[11]'\U0000d55c\U0000ae00'은 '한글'과 같다. stri_enc_fromutf32(c(0xd55c, 0xae00))의 결과도 '한글'이다.

[12]UTF-32 인코딩 텍스트 파일을 읽을 수 있는 에디터는 흔치 않다. R에서 UTF-32 인코딩의 텍스트 파일은 다음과 같이 읽을 수 있다. readLines(file("textUTF-32.txt", encoding = "UTF-32")) 또는 readr::read_file('textUTF-32.txt', locale=locale(encoding = 'UTF-32'))

11.5 문자열 상수

R의 변수 str에 création d'un rôle[13]을 할당하고자 한다. 여기서 문제는 한글 키보드에서 é 또는 ô를 입력할 수 없다는 것이다. 사실 이것은 빙산의 일각일 뿐이다. 유니코드의 무수히 많은 문자들을 어떻게 입력할 수 있을까?

앞에서 제어문자를 보았다. 키보드로 직접 입력할 수 없는 제어문자를 \(Back Slash; 백슬래시)의 도움을 얻어서 입력할 수 있었다. 아래에는 여러 제어문자에 대해 아스키 코드(십진수), R에서 입력하는 방법, 의미, 기능을 보여준다.

ASCII	제어문자	의미(기능)	약칭
07	'\a'	**a**lert beep(비프 알람 소리)	BEL
08	'\b'	**b**ackspace(한 문자 앞으로)	BS
09	'\t'	horizontal **t**ab(탭)	HT
10	'\n'	**n**ewline(다음 줄로)	LF[14]
11	'\v'	**v**ertical tab	VT
12	'\f'	**f**orm feed(다음 페이지의 첫 위치로)	FF
13	'\r'	carriage **r**eturn(동일한 줄의 첫 위치로)	CR

여기서 따옴표(" 또는 ')로 둘러쌓인 \은 어떤 문자를 의미하는 것이 아니라 다음에 오는 문자와 합쳐져서 새로운 문자(제어문자)를 나타내기 위해 쓰였다. \b는 두 문자(백슬래쉬와 소문자 b)를 나타내는 것이 아니라 backspace라는 하나의 제어문자를 나타낸다. \는 뒤에 나오는 문자 b가 알파벳 소문자 b를 나타내는 것이 아니라 \와 합쳐져서 새로운 문자를 의미하게 됨을 표시하고 있다. 이처럼 문자를 문자 그대로 해석하지 말고 새롭게 해석하기를 요구한다는 의미에서 \를 영미권에서는 escape letter(탈출 문자)라고 부른다.

- \는 제어문자 외에도 직접 키보드로 입력할 수 없는 문자들을 나타내기 위해 쓰인다.

활용법	의미
\\	백슬래쉬
\'	작은 따옴표
\"	큰 따옴표
\ooo	현재 코드에서 8진수(최대 3자리) ooo에 해당하는 문자
\xhh	현재 코드에서 16진수(최대 2자리) hh에 해당하는 문자
\uhhhh	유니코드에서 16진수(최대 4자리) hhhh에 해당하는 문자
\Uhhhhhhhh	유니코드에서 16진수(최대 8자리) hhhhhhhh에 해당하는 문자

cat("'\\b'는 백슬래쉬를 의미한다.\n")

---

[13]불어. '배역의 초연'이라는 의미.
[14]**Line Feed**

```
cat('"어떻게 해?"라고 말했다. \'음...\'\n')
cat('\"어떻게 해?\"라고 말했다. '음...'\n")
cat('좋아요\041\n')
cat('좋아요\x21\n')
cat('\u00a9는 copyright 표시이다.\n')

## '\b'는 백슬래쉬를 의미한다.
## "어떻게 해?"라고 말했다. '음...'
## "어떻게 해?"라고 말했다. '음...'
## 좋아요!
## 좋아요?
## ©는 copyright 표시이다.
```

이 장의 마지막에 ASCII와 Latin-1의 문자표를 수록하였다. 위의 표에 나와 있지 않은 제어 문자를 사용하려면 \001(SOH), \032(SUB)와 같이 8진수로 코드를 쓰거나 \x01(SOH), \x1a(SUB)와 같이 16진수로 쓸 수 있다. 유니코드의 코드포인트는 유니코드 문자표[15] 또는 유니코드 문자 이름표[16]에서 확인할 수 있다.

만약 유니코드 문자의 이름을 알고 있다면 Unicode 패키지의 함수 u_char_from_name() 을 활용할 수 있다.

```
Unicode::u_char_from_name('COPYRIGHT', type='grep')
## [1] U+00A9 U+2117
# 결과로 나온 뒤에 U+00A9, U+2117에 대해 알아보려면,
u_chars("\u00a9\u2117")  # 이 함수는 뒤에서 정의된다.
```

이때 유니코드의 코드포인트와 현재 인코딩 방법에 의한 내부 숫자 표기는 다를 수 있음을 유의하자. 컴퓨터 내부에 저장된 숫자를 알고 싶다면 charToRaw()함수를 사용할 수 있다.

```
(x <- c('\u00b1\u00bd-\u00be'))
Encoding(x)
charToRaw(x) # 반대는 rawToChar()


## [1] "±½-¾"
## [1] "UTF-8"
## [1] c2 b1 c2 bd 2d c2 be
```

따옴표로 둘러 싸인 문자열은 보이는 그대로 입력되는 것이 아니다. 따라서 \(역슬래쉬), "(큰 따옴표), 또는 '(작은 따옴표)이 포함된 문자열을 따옴표로 입력하고 싶을 때에는 신경을 써야 한다. 만약 문자열을 보이는 그대로 따옴표 형식으로 나타내고 싶다면 다음을 활용할 수 있다. (마치 출력에서 print()와 cat()의 차이를 생각하면 된다.) 하지만 윈도 우에서는 인코딩에 따라 정확하게 입력되지 않는 문자도 있으므로 신경을 써야 한다.

---

[15]https://unicode.org/charts/

[16]https://unicode.org/charts/charindex.html

11.6. 유니코드, 엔디언 (ENDIANNESS), BOM

```
scan(what="", sep='\n', quote='')
## 1: 영어 한글 \\ "How can you", I thought 'Hmmm'\\'
## 2:
## Read 1 item
## [1] "영어 한글 \\\\ \"How can you\", I thought 'Hmmm\"\\\\'"
scan(what="", sep='\n', quote='') # 윈도우 R의 경우 û, é가 제대로 입력되지 않는다.
## 1: 불어 brûlée 한자 鬼 \ 와 ", '
## 2:
## Read 1 item
## [1] "불어 brulee 한자 鬼 \\ 와 \", '"
```

R 4.0.0부터는 raw string을 지원한다. raw string에서는 \(역슬래쉬), ", ' 등이 문자 그대로 인식된다. 형식은 r"(...)" 또는 r'(...)'가 되어 ...에 원하는 문자를 넣으면 된다. 이때 시작하는 따옴표의 종류에 따라)" 또는)'은 입력할 수 없음을 주지하자. 다음은 위에서 scan()으로 입력한 텍스트를 raw string으로 나타낸 것이다. 파일 경로나 정규표현식처럼 백슬래쉬가 많이 들어가는 문자열 입력에 요긴할 것이다.

```
x = c(r"(영어 한글 \\ "How can you", I thought 'Hmmm'\\')",
      r"(불어 brûlée 한자 鬼 \ 와 ", ')")
x
```

```
## [1] "영어 한글 \\\\ \"How can you\", I thought 'Hmmm\"\\\\'"
## [2] "불어 brûlée 한자 鬼 \\ 와 \", '"
```

11.6 유니코드, 엔디언(endianness), BOM

보통 유니코드를 문자를 인코딩하는 방법 정도로 알고 있지만 유니코드는 사실 좀 더 넓은 개념으로 **문자 인코딩**과 **정렬, 정규화, 정규표현식 등의 알고리즘**을 모두 포함한다. 여기서 문자 인코딩 부분은 UCS(**U**niversal **C**oded **C**haracter **S**et)라고 부르기도 한다.

UCS는 전세계 어디서나 쓸 수 있는 범용(**U**niversal)으로 설계되었기 때문에 과거 또는 현재 사용되는 세상의 거의 모든 문자를 포함한다. 유니코드의 주요 목적 중의 하나는 인터넷에서 다른 나라의 문서를 읽을 때 문자가 깨지지 않고 정확하게 보이도록 하는 것이다. UCS에 포함된 문자와 유니코드 코드포인트(문자에 대응하는 수)는 유니코드 문자-코드표(Unicode Character Code Charts)[17]에서 확인할 수 있다.

유니코드 코드포인트는 **4바이트의 수**이므로 ASCII로 인코딩된 경우에 비해 텍스트 데이터의 용량이 4배 증가한다는 단점이 있다. 이런 단점을 해결하기 위해 UTF-8, UTF-16 등의 인코딩 방법이 등장한다.[18] 이들 인코딩 방법에서 자주 쓰는 문자는 1바이트 또는 2바이트 수에 대응하기 때문에 유니코드 코드포인트를 그대로 사용하는 것보다 메모리가 절약된다. 다음은 몇몇 글자에 대한 UTF-8, UTF-16 인코딩(16진수) 결과이다.

---

[17] https://unicode.org/charts/
[18] UTF = **U**nicode **T**ransformation **F**ormat

글자	코드포인트	UTF-16	UTF-8
A	000041	00 41	41
나	00b098	b0 98	eb 82 98
Σ	002211	22 11	ea 88 91
囗	010384	d8 00 df 84	f0 90 8e 84
"\ufeff"	00feff	fe ff	ef bb bf

컴퓨터는 보통 수를 1바이트 단위로 저장하는데, 하나의 수를 표현하는데 2바이트가 필요하다면, 이 2바이트를 저장할 때 순서를 선택할 수 있다. 이를 엔디언(endian)이라고 하는데, 빅 엔디언(big-endian)은 가장 큰 자리를 먼저, 리틀 엔디언(little-endian)은 가장 작은 자리를 먼저 쓴다. 예를 들어 나를 의미하는 UTF-16 코드 0xb098를 빅 엔디언은 0xb0, 0x98의 순서로 저장하고, 리틀 엔디언은 0x98, 0xb0의 순서로 저장한다. UTF-16로 인코딩된 결과는 16비트 단위이기 때문에 엔디언을 결정해야 한다. 보통 컴퓨터의 엔디언은 컴퓨터 내부 작동 방식에 따라 결정되어 바꿀 수 없고, 파일을 저장할 때에도 동일한 엔디언이 적용된다. 따라서 동일한 컴퓨터에서는 상관없지만 엔디언이 다른 컴퓨터가 생성한 파일을 읽을 때에는 문제가 생길 수 있다. 그래서 UTF-16의 경우 엔디언을 명시하여 UTF-16LE(Little Endian) 또는 UTF-16BE(Big Endian)으로 나눈다.

파일을 정확하게 읽으려면 인코딩 방법과 엔디언을 알아야 한다. 파일이 한두 개라면 상관없겠지만, 무수히 많은 파일의 인코딩과 엔디언을 별도로 기억하는 것은 상당히 불편하다. 파일 안에 인코딩 방법과 엔디언을 기록하는 방법이 없을까?

유니코드 문자 "\ufeff"는 ZWNS(Zero Width No-break Space)이다. 이 글자는 폭이 0인 공란(space)인데 줄바꿈(break)을 허용하지 않는다는 의미이다. 이 문자를 어떤 문자열 안에 끼어 넣어도 의미가 달라지지 않으며 출력도 거의 달라지지 않는다. 이 문자를 파일의 가장 처음에 삽입하면 어떨까?

만약 UTF-16BE로 "\ufeff"를 첫 글자로 쓰면 0xfe, 0xff가 된다. 이를 다시 2 바이트씩 읽어보면, UTF-16BE에서는 0xfeff가 되고, UTF-16LE에서는 0xfffe가 된다. 만약 UTF-16BE로 인코딩된 ZWNS("\ufeff")를 UTF-16LE로 읽으면 0xff, 0xfe이다. 0xfffe는 유니코드에서 어떤 문자에도 할당되지 않은 값이므로 UTF-16LE로 인코딩되지 않았음을 알 수 있다. 다시 말해 가장 먼저 나타나는 값을 보고 파일의 엔디언을 결정할 수 있다. 그리고 UTF-8에서는 ZWNS가 0xef, 0xbb, 0xbf가 되는데, 다른 인코딩에서 이런 값에 해당되는 문자가 파일의 가장 처음에 나올 확률이 거의 없기 때문에 이 역시 UTF-8을 나타내는 표식으로 사용할 수 있다. 이렇게 코드의 단위가 2바이트 이상일 때 엔디언을 나타내기 위해 파일을 가장 처음에 포함되는 ZWNS('\ufeff')를 바이트 순서 표식(Byte Order Mark)이라고 한다.[19]

필자가 만든 u_chars()란 함수를 사용하면 다음과 같은 표를 얻을 수 있다.

---

[19] UTF-8에는 엔디언이 없으므로, 최초의 0xef, 0xbb, 0xbf를 유니코드 서명(Unicode signature)이라고 부른다. 요즘(유니코드 3.2 이후)에는 '\ufeff'를 아예 BOM으로 정의하고, ZWNS의 기능을 위해서는 단어 결합자(Word Joiner)인 '\u2060'을 쓰길 권장한다.

11.6. 유니코드, 엔디언 *(ENDIANNESS)*, BOM

```
u_chars = function(s, encodings) {
  stopifnot(class(s) == "character")
  stopifnot(length(s)==1)
  if (Encoding(s) != 'UTF-8' && Encoding(s) != "unknown") {
    s = iconv(s, from = Encoding(s), to='UTF-8')  }

  dat = data.frame(ch = unlist(strsplit(s, "")))  # 글자 단위로 분리
  cps = sapply(dat$ch, utf8ToInt)                 # unicode codepoint
  cps_hex = sprintf("%02x", cps)                  # 16진수로 변환

  # 16진수는 다음의 하나로 표현된다: "  ..ff", "  a1ff", "011f3e"
  # 처음 두 자리수는 거의 사용되지 않으므로 0일 때 공란으로 표시
  # 다음 두 자리수는 ASCII의 경우 사용되지 않으므로 0일 때 .으로 표시
  cps_hex =
    ifelse(nchar(cps_hex) > 2,
           stringi::stri_pad(cps_hex, width = 4, side = 'left', pad = '0'),
           stringi::stri_pad(cps_hex, width = 4, side = 'left', pad = '.'))
  dat$codepoint =
    ifelse(nchar(cps_hex) > 4,
           stringi::stri_pad(cps_hex, width=6, side='left', pad='0'),
           stringi::stri_pad(cps_hex, width=6, side='left', pad=' '))

  # encodings가 주어졌다면, 주어진 인코딩으로 변환 결과
  if (!missing(encodings)) {
    for (encoding in encodings) {
      ch_enc = vector(mode='character', length=nrow(dat))
      for (i in 1:nrow(dat)) {
        ch = dat$ch[i]
        ch_enc[i] =
          paste0(sprintf("%02x",
                         as.integer(unlist(
                           iconv(ch, from = 'UTF-8',
                                 to=encoding, toRaw=TRUE)))),
                 collapse = ' ')
      }
      dat$enc = ch_enc
      names(dat)[length(names(dat))] = paste0('enc.', encoding)
    }
  }
  dat$label = Unicode::u_char_label(cps);
  dat
}
```

```
u_chars('\u2060\ufeff',
        encodings = c("UTF-8", "UTF-16LE", "UTF-32LE"))
##   ch codepoint enc.UTF-8 enc.UTF-16LE enc.UTF-32LE
## 1          2060  e2 81 a0     60 20       60 20 00 00
## 2          feff  ef bb bf     ff fe       ff fe 00 00
##                      label
## 1              WORD JOINER
## 2 ZERO WIDTH NO-BREAK SPACE
```

11.7 유니코드 정규화(Normalization)

유니코드에는 같은 문자를 나타내는 다른 방법이 존재한다.

- 움라우트(umlaut)[20] : 움라우트를 포함하는 문자의 경우, 하나의 문자로 표현하는 방법과 움라우트를 제외한 문자에 움라우트를 추가하는 방법이 존재한다.
- 타이포그래픽 리거쳐(ligature)[21] : ff는 f가 두 번 반복되는 경우이지만 유니코드 상에서는 하나의 문자로 인식된다.
- 한글의 초성, 중성, 종성 분리 : "한"이라는 글자는 하나의 코드포인트 0xd55c에 대응될 수도 있고, 초성 0x1112, 중성 0x1161, 종성 \u11ab로 나눠질 수도 있다. 겉보기에는 이 둘("\ud55c"와 "\u1112\u1161\u11ab")은 동일한 글자이지만, "\ud55c" == "\u1112\u1161\u11ab"는 FALSE이다.

하나의 문자를 표현하는 여러 방법(움라우트, 리거쳐, 한글 등)을 통일하여 모두 한 가지 방법으로 나타내기 위해서는 stringi::stri_trans_nfkc() 함수를 활용한다. ff는 ff가 되고, 움라우트가 따로 존재하는 문자는 움라우트와 알파벳이 합쳐진 하나의 문자로 변환된다(영문 pdf 자료에 대해 전처리할 때 유용하다). 초성, 중성, 종성이 조합된 한("\u1112\u1161\u11ab")은 문자 하나인 한("\ud55c")로 바뀐다.

```
x <- c("He sni\ufb00ed. sniffed!", "\u00fc and u\u0308")
cat(x, "\n")
y <- stringi::stri_trans_nfkc(x)
cat(y, "\n")

## He sniffed. sniffed! ü and u◻

## He sniffed. sniffed! ü and ü
```

---

[20]création의 é, ô처럼 일부 언어에서 발음을 명시하기 위해 모음 위에 붙이는 표시
[21]ff처럼 두 알파벳을 연결하여 좀 더 멋진 글자체를 얻는 방법.

11.8 문자열의 정렬

- 움라우트가 포함된 알파벳의 경우 나라와 언어마다 알파벳 순서가 다르다. 알파벳 순서에 대한 정보는 Sys.getlocale('LC_COLLATE')를 통해 알아 볼 수 있다. 다음은 알파벳 ä,A,D,P,Z,CH,C,H,Ü를 정렬한다.

```
Sys.getlocale('LC_COLLATE')
x <- c("ä", "A", "D", "P", "Z", "CH", "C", "H", "Ü")
x <- stringi::stri_trans_nfkc(x)
#cat(paste0(x, collpase=" "), "\n")
sort(x)

## [1] "ä"  "A"  "C"  "CH" "D"  "H"  "P"  "Z"  "Ü"
```

- 만약 다른 나라의 기준으로 정렬을 하고 싶다면 Sys.setlocale('LC_COLLATE', '')을 통해 기준을 정할 수 있다.

```
x <- c("ä", "A", "D", "P", "Z", "CH", "C", "H", "Ü")
Sys.setlocale("LC_COLLATE", "German")  # de
## [1] "German"
sort(x)
## [1] "A"  "ä"  "C"  "CH" "D"  "H"  "P"  "Ü"  "Z"
Sys.setlocale("LC_COLLATE", "Finnish")  # fi
## [1] "Finnish"
sort(x)
## [1] "A"  "ä"  "C"  "CH" "D"  "H"  "P"  "Ü"  "Z"
# Sys.setlocale('LC_COLLATE', 'English') # en, window
Sys.setlocale("LC_COLLATE", "en_US")   # en, unix
## [1] "en_US"
sort(x)
## [1] "A"  "ä"  "C"  "CH" "D"  "H"  "P"  "Ü"  "Z"
Sys.setlocale("LC_COLLATE", "Czech")  # cs
## [1] "Czech"
sort(x)
## [1] "A"  "ä"  "C"  "CH" "D"  "H"  "P"  "Ü"  "Z"
Sys.setlocale("LC_COLLATE", "Korean")  # ko
## [1] "Korean"
sort(x)
## [1] "A"  "ä"  "C"  "CH" "D"  "H"  "P"  "Ü"  "Z"
```

- RStudio에서는 Sys.setlocale()의 사용을 권장하지 않는다. 만약 써야 한다면 R을 처음 시작했을 때 한 번 쓰기를 권장한다. 로케일(locale)을 변경하지 않는 방법은 다음과 같다.

```
library(stringr)
# locale은 https://en.wikipedia.org/wiki/List_of_ISO_639-1_codes에서 확인가능
```

```
str_sort(x, locale='en') # 영어; English
## [1] "A"  "ä"  "C"  "CH"  "D"  "H"  "P"  "Ü"  "Z"

str_sort(x, locale='de') # 독어; Deutsch
str_sort(x, locale='fi') # 핀란드어; Finnish
str_sort(x, locale='cs') # 체코어; čeština
str_sort(x, locale='ko') # 한국어; Korean
## [1] "A"  "ä"  "C"  "CH"  "D"  "H"  "P"  "Ü"  "Z"
## [1] "A"  "C"  "CH"  "D"  "H"  "P"  "Ü"  "Z"  "ä"
## [1] "A"  "ä"  "C"  "D"  "H"  "CH"  "P"  "Ü"  "Z"
## [1] "A"  "ä"  "C"  "CH"  "D"  "H"  "P"  "Ü"  "Z"
```

- stringi::stri_sort() 함수를 활용하면 인자 opts_collator을 통해 알파벳의 순서를 좀 더 정밀하게 조정할 수 있다. 자세한 내용은 ?stri_opts_collator를 참조한다.

```
stri_sort(x, opts_collator = stri_opts_collator(locale='de'))
stri_sort(x, opts_collator = stri_opts_collator(locale='fi'))
stri_sort(x, opts_collator = stri_opts_collator(locale='en'))
stri_sort(x, opts_collator = stri_opts_collator(locale='cs'))
stri_sort(x, opts_collator = stri_opts_collator(locale='ko'))

## [1] "A"  "ä"  "C"  "CH"  "D"  "H"  "P"  "Ü"  "Z"
## [1] "A"  "C"  "CH"  "D"  "H"  "P"  "Ü"  "Z"  "ä"
## [1] "A"  "ä"  "C"  "CH"  "D"  "H"  "P"  "Ü"  "Z"
## [1] "A"  "ä"  "C"  "D"  "H"  "CH"  "P"  "Ü"  "Z"
## [1] "A"  "ä"  "C"  "CH"  "D"  "H"  "P"  "Ü"  "Z"
```

11.9 문자열을 다루는 함수들

다음은 문자열을 다루는 함수을 기능별로 보여준다. R의 베이스 함수와 stringr 패키지의 함수를 구분하였다. 만약 **문자열 상수**을 활용하여 함수를 사용한다면 결과에 어떤 차이가 있을까?.[22]

기능	R의 베이스 함수[23]	package:stringr
알파벳 대/소문자	letters[], LETTERS[]	
알파벳 대/소문자 변환	tolower(t), toupper(t)	str_to_lower(t), ⋯
문자 수	nchar(t)	str_length(t)
문자열 내 공란 제거	trimws(t)	str_trim(t)
문자열 연결	paste(t1, t2), sprintf(f, t)	str_c(t1, t2)

[22]**문자열 상수**란 바뀔 수 없는 특정한 문자열을 의미한다. 예를 들어 car라는 문자열은 언제까지나 car이다. 이에 반해 뒤에서 다룰 정규표현이 나타내는 패턴은 여러 가지 문자열을 포함할 수 있다. 예를 들어 정규표현 [Cc][Aa][Rr]에 해당하는 문자열은 Car, car, cAr 등 다양하다.

11.9. 문자열을 다루는 함수들

기능	R의 베이스 함수[23]	package:stringr
문자열의 일부	substring(t, 1, 2)	str_sub(t, 1, 2)
문자열 분해	strsplit(t, p)	str_split(t, p)
부분 문자열의 존재 여부[24]	grepl(p, t)	str_detect(t, p)
부분 문자열의 횟수		str_count(t, p)
부분 문자열의 위치	gregexpr(p, t), regexec(p, t)	str_locate(t, p)
부분 문자열의 교체	gsub(p, r, t)	str_replace(t, p, r)
부분 문자열의 추출/배제	regmatches(t, gregexpr(p, t))	str_extract(t, p)

11.9.1 letters[]와 LETTERS[]

- letters와 LETTERS라는 벡터에는 알파벳 소문자와 대문자가 순서대로 들어가 있다.

```
# 알파벳 15번째 소문자와 대문자는?
c(letters[15], LETTERS[15])
```

```
## [1] "o" "O"
```

11.9.2 tolower(), toupper(), str_to_lower(), str_to_upper(), str_to_title()

주어진 문자열의 알파벳을 모두 소문자로, 또는 모두 대문자로 바꾸거나, 단어의 첫 문자만 대문자로 만들고 싶을 때 쓴다. 이때 ASCII를 벗어나는 문자에 대해서도 정확한 결과를 얻으려면 str_to_xxxx()를 써야 한다. 특히 소문자-대문자 대응관계는 언어에 따라 달라질 수 있으므로 정확한 결과를 얻고자 한다면 locale=로 언어를 지정해 줘야 한다.

```
str <- c("BoYs, Be aMbiTioUS!", "Er ist so groß.")
toupper(str)
str_to_upper(str, locale = "de")   # Er ist so groß. = He is so big.
str_to_upper(str, locale = "tr")   # 터키어: i가 İ로 변한다.
```

```
## [1] "BOYS, BE AMBITIOUS!" "ER IST SO GROß."
## [1] "BOYS, BE AMBITIOUS!" "ER IST SO GROSS."
## [1] "BOYS, BE AMBİTİOUS!" "ER İST SO GROSS."
```

---

[23]함수에서 t는 문자열, p는 패턴, r는 대체 문자열을 의미한다. 여기서는 패턴에 문자열 상수가 들어가는 경우만 생각한다. f는 형식(format), 1과 2는 문자열 속에서 문자의 위치를 나타낸다.

[24]**부분 문자열(상수)**과 관련된 함수의 경우, R의 베이스 함수는 인자로 fixed=TRUE를 붙인다. package:stringr의 함수에서는 pattern=fixed('')을 사용한다.

11.9.3 nchar()

문자열의 문자수를 알고 싶다면 nchar()를 쓴다. 문자열의 문자수 뿐만 아니라 내부 코드의 길이(2바이트; type='bytes'), 그리고 화면에 출력되는 문자의 길이(type='width')도 알 수 있다. (str에 어떤 문자가 들어가 있는지는 직접 확인해보자.)

```
str <- "\U903a9 딸기 !"
nchar(str)
nchar(str, type='bytes')
nchar(str, type='width')
```

```
## [1] 6
## [1] 11
## [1] 9
```

11.9.4 trimws(), str_trim()

trimws은 **trim** white space의 약자인 듯 하다. 여기서 white space(공란)은 ASCII의 공란인 ' ', '\t', '\r', \n을 의미한다. 유니코드에는 좀더 많은 공란 문자가 있다.

표 11.5: 유니코드 공란 문자

codepoint	label
2002	EN SPACE
2003	EM SPACE
2004	THREE-PER-EM SPACE
2005	FOUR-PER-EM SPACE
2006	SIX-PER-EM SPACE
2007	FIGURE SPACE
2008	PUNCTUATION SPACE
2009	THIN SPACE
200a	HAIR SPACE
200b	ZERO WIDTH SPACE
202f	NARROW NO-BREAK SPACE
205f	MEDIUM MATHEMATICAL SPACE

trimws()의 경우, 이런 유니코드 공란을 제거하지 못한다. str_trim()은 유니코드 공란도 제거한다. ä, A, D, P, Z, CH, C, H, Ü로 놓은 후 trimws(x)와 str_trim(x)를 해보자.

```
x = '\u2002\u2003spac\u2004\u2005\u2006\u2007es\u2008\u2009\u200a'
trimws(x)
str_trim(x) # u_chars(str_trim(x)) 해 보면 좀 더 확실하다.
```

```
## [1] "   spac   es   "
```

11.9. 문자열을 다루는 함수들 221

```
## [1] "spac   es"
```

데이터가 문자열 데이터 타입일 때, 공란 제거는 일종의 정규화라고 생각할 수 있다.

- 문자열에서 단어의 앞 또는 뒤의 공백이 큰 의미가 없다면 삭제하는 것이 문자열을 비교할 때 용이하다.
- trimws()는 앞쪽의 공란(which='left'), 뒤쪽의 공란(which='right'), 혹은 앞뒤의 공란 모두(which='both')를 제거할 수 있다(str_trim()의 경우는 side='left', side='right', side='both').
- 만약 문자열 안에 연결되어 있는 공란을 하나의 공란으로 대체하고 싶다면 stringr::str_squish()를 활용하자.

```
str_squish(x)
# 위의 결과에 연이어 %>% u_chars를 해보면
# "\u2004\u2005\u2006\u2007"가 단 하나의 공란(" ")으로
# 바뀌었음을 확인할 수 있다.
```

```
## [1] "spac es"
```

11.9.5 paste, paste0

paste 또는 paste0은 문자열 벡터의 원소를 연결한다. 이 함수는 벡터화되어 있다. paste0(str1, str2)의 결과 벡터의 첫 번째 원소는 벡터 str1과 벡터 str2의 첫 번째 원소를 연결시킨 것이다. 다음의 예를 보면 쉽게 이해할 수 있을 것이다.

```
paste0("I have ", "a car")
paste0(c("I have ", "I want "), c("a car", "a cake"))
```

```
## [1] "I have a car"
## [1] "I have a car"  "I want a cake"
```

paste() 함수는 두 벡터가 연결될 때 사이에 특정한 문자를 삽입할 수 있다. 기본적으로 공란(" ")이 삽입된다. 삽입되는 문자는 인자 sep=으로 설정한다.

```
paste(c("ab", "cd"), c("cd", "ab"))
paste(c("ab", "cd"), c("cd", "ab"), sep = "__")
```

```
## [1] "ab cd" "cd ab"
## [1] "ab__cd" "cd__ab"
```

만약 paste() 함수의 collapse= 인자를 NULL이 아닌 문자로 설정하면 paste() 결과로 나온 문자열 벡터를 모두 연결하여 하나의 문자열로 만든다. 다음의 예를 보자.

```
paste(c("ab", "cd"), c("ef", "gh"), collapse = "**")
paste(c("ab", "cd"), c("ef", "gh"), sep = "__", collapse = "")
paste(c("ab", "cd"), c("ef", "gh"), sep = "__", collapse = NULL)
```

```
## [1] "ab ef**cd gh"
## [1] "ab__efcd__gh"
## [1] "ab__ef" "cd__gh"
```

특이하게 paste(NA, 'abc')는 "NA abc"가 된다.[25] 보통 NA가 포함된 연산 결과는 NA가 되는 것과는 다르다. str_c()의 역할은 paste()와 거의 동일하다. 한 가지 다른 점은 str_c(NA, 'abc')의 결과는 NA이다. str_c()가 좀더 NA의 의미를 충실히 따르고 있다.[26]

11.9.6 sprintf : 실수를 형식에 맞춰 출력하기

```
x1 <- c(0, -1, exp(1), -pi*10, exp(1)*1e+6)
x2 <- c(0, 1, 314, 9923, -1123224)
x3 <- c(0, 314.413, pi*100, -1123224*0.123)

print(x1); print(x2); print(x3)
## [1]  0.000e+00 -1.000e+00  2.718e+00 -3.142e+01  2.718e+06
## [1]        0        1      314     9923 -1123224
## [1]      0.0    314.4    314.2 -138156.6
```

벡터 x1, x2, x3에는 실수가 담겨 있다. 이를 출력한 결과는 어지럽고, 난잡하다. 좀 더 깔끔하고 보기 쉽게 출력할 수 없을까?

```
sprintf("%6.2f", x1); sprintf("%6.2f", x2); sprintf("%6.2f", x3);
## [1] "  0.00"   " -1.00"   "  2.72"   "-31.42"   "2718281.83"
## [1] "  0.00"   "  1.00"   "314.00"   "9923.00"
## [5] "-1123224.00"
## [1] "  0.00"   "314.41"   "314.16"   "-138156.55"
```

"%6.2f"는 숫자를 어떤 형식에 맞춰서 출력할 것인지를 나타낸다.

- 이런 형식은 %로 시작해서 aAdifeEgGosxX중의 한 문자로 끝나야 한다.[27]
- f의 경우 소수를 나타내며, .2의 2는 소수점 이하 숫자의 갯수를 나타낸다.
- f 대신 a,A,d,i,e,E,g,G,o,s,x,X 중의 하나가 올 수 있다.[28]
- d 또는 i는 정수(integer)를 의미한다. 만약 d 또는 i라면 .2는 무시된다. (정수는 소수점 이하가 모두 0인 수이다.)

우선 소수(f)를 나타내는 경우의 형식을 살펴보자.

---

[25] paste('NA', 'abc')와 같지 않은가?

[26] 물론 ifelse(is.na(x) | is.na(y), NA, paste(x, y, sep=''))로 하여 str_c()와 동일한 결과를 산출할 수도 있다.

[27] sprintf에서 %는 숫자 형식을 나타내기 때문에, 문자 %를 출력하려면 %과 다른 방법이 필요하다. sprintf 에서는 %%로 간단하게 해결하였다. 따옴표("") 안에서 \로 시작하는 경우 제어문자를 나타내기 때문에 문자 \를 나타내기 위해서 \\를 쓰는 것과 비슷하다.

[28] 자세한 내용은 도움말(?sprintf)을 이용하자.

11.9. 문자열을 다루는 함수들

- "%6.2f"의 6은 숫자가 문자열에서 차지하는 문자의 갯수가 된다. 이때 주의할 점은 수가 너무 크거나, 너무 작아서 6자리 문자로 나타내기 힘들 경우에는 문자의 갯수가 늘어날 수도 있다. 예를 들어, 1000000을 6자리에 맞추려고 000000 또는 100000로 바꾸지는 않는다는 것이다.
- "%6.2f"의 .2는 소수점 이하의 숫자 갯수를 나타낸다. 만약 3.14159라는 숫자를 "%6.2f"의 형식으로 표시하면 3.14가 된다. 3.14 앞의 공란 두 개에 주목하자. 총 문자 갯수는 6이다.
- 공란을 0으로 채우려면 "%06.2f"로 바꾸고, + 또는 -를 항상 쓰려면 %+6.2f로 쓴다.
- 소수점 이하 숫자가 2개일 때, 공란을 어디에 채우느냐는 선택할 수 있다. 기본적으로 앞쪽에 공란을 채우지만, 뒤 쪽에 채우려면 "%-6.2f"로 쓴다. 이때 -는 음수의 의미가 아님을 주의하자.
- 0, -, +는 혼용될 수 있다.

```
sprintf(c("%10.2f", "%010.2f", "%+10.2f", "%+010.2f"), pi)   # 우측 정렬
sprintf(c("%-10.2f", "%-+10.2f"), pi)   # 좌측 정렬
sprintf(c("%10.2f", "%+10.2f"), pi * 1e+06)   # 좌측 정렬
```

```
## [1] "      3.14" "0000003.14" "     +3.14" "+000003.14"
## [1] "3.14      " "+3.14     "
## [1] "3141592.65" "+3141592.65"
```

참고로 print(pi)에서 소수점 이하의 숫자 갯수는 print(pi, digits=10) 또는 options(digits=10); print(pi)로 조정할 수 있다. getOption('digits')는 현재 설정을 반환한다.

11.9.7 substring 또는 substr

substring() 또는 substr() 함수는 문자열의 시작 위치와 끝 위치를 설정하여 문자열의 일부를 선택한다. substring()<-를 통해 수정할 수도 있다. 다음의 예를 보자.

```
x <- c("abcdefg", "hijklmnop")
substring(x, 1, 4)
substring(x, 1, 4) <- c("aaaa", "bbbb"); x
```

```
## [1] "abcd" "hijk"
## [1] "aaaaefg"   "bbbblmnop"
```

11.9.8 특정 문자열에 대한 stringr의 함수

- 탐지 : str_detect()
- 갯수 : str_count()
- 기준으로 분리 : str_split()
- 위치 정보 : str_locate()

- 대체 : str_replace()

stringr의 함수를 사용하여 **특정 문자열**[29]을 찾는 방법은 다음과 같다.

```
library(stringr)
patt = 'xxxx'
str = c("I don't know", "How the xxxx do I know?", "Wow, x is 5!",
        "xxxx xxxx xxxx", "Don't say xxxx to me, xxxx.")
str_detect(str, pattern = fixed(patt))
```

```
## [1] FALSE  TRUE FALSE  TRUE  TRUE
```

이 외에도 다음과 같이 stringr의 함수들을 활용할 수 있다.

```
str_count(str, pattern = fixed(patt))
str_split(str, pattern = fixed(patt))
str_locate(str, pattern = fixed(patt))
str_replace(str, pattern = fixed(patt), replacement = "yyyy")
```

```
## [1] 0 1 0 3 2
## [[1]]
## [1] "I don't know"
## 
## [[2]]
## [1] "How the "    " do I know?"
## 
## [[3]]
## [1] "Wow, x is 5!"
## 
## [[4]]
## [1] ""  " "  " "  " "  ""
## 
## [[5]]
## [1] "Don't say "  " to me, "  "."
## 
##      start end
## [1,]    NA  NA
## [2,]     9  12
## [3,]    NA  NA
## [4,]     1   4
## [5,]    11  14
## [1] "I don't know"          "How the yyyy do I know?"
## [3] "Wow, x is 5!"          "yyyy xxxx xxxx"
## [5] "Don't say yyyy to me, xxxx."
```

---

[29] 뒤에서 설명할 정규표현식과 달리 단 하나의 문자열을 나타낸다는 의미에서 **문자열 상수**라고 부르기도 한다.

앞에서 봤듯이 유니코드 문자열은 하나의 문자를 여러 문자를 조합해서 나타낼 수 있다(예. 한글 한 글자는 초성, 중성, 종성으로 쪼갤 수 있다). 이런 상황에서 인코딩 값이 다르더라도 최종 글자가 동일한 것을 기준으로 위의 함수를 실행할 수 있다.

예를 들어 "한글"에서 글자 '한'을 찾아보자. 초성/중성/종성으로 분리시킨 stri::stri_trans_nfd('한')도 찾아보자.[30] 만약 '한'과 stri::stri_trans_nfd('한')이 동일한 글자라고 가정하고 탐색하려면 fixed() 대신 coll()을 해준다.

```
str_detect("한글", "한")
## [1] TRUE
str_detect("한글", fixed(stringi::stri_trans_nfd("한")))
## [1] FALSE
str_detect("한글", coll(stringi::stri_trans_nfd("한")))
## [1] TRUE
```

11.10   패키지 stringr을 활용한 문자열 관리

stringr에는 특정문자열을 탐지, 대체 등을 하는 함수 외에도 문자열과 관련된 다양한 함수들이 존재한다. 아래에는 이들 함수들을 간략하게 정리하였다. **부록의 치트시트**도 참고하자.

1. **패턴과 일치하는 문자열 찾기 (Detect Matches)**
   - 패턴의 존재 유무 확인 : str_detect()
   - 문자열 벡터에서 패턴이 존재하는 원소의 순번 : str_which()
   - 패턴의 갯수 : str_count()
   - 패턴의 위치 : str_locate(), str_locate_all()
2. **문자열의 부분 선택 (Subset Strings)**
   - 문자열의 부분(첫문자위치-마지막문자위치) : str_sub()
   - 패턴이 존재하는 문자열 : str_subset()
   - 패턴에 해당하는 문자열 내용 : str_extract(), str_extract_all()
   - 패턴과 패턴 내의 그룹((과)사이 내용)에 해당하는 문자열 내용 : str_match(), str_match_all()
3. **문자열의 길이 조정하기 (Manage Lengths)**
   - 문자열의 길이 : str_length()
   - 특정한 길이까지 문자열 늘이기 : str_pad()
   - 특정한 길이까지 문자열 줄이기 : str_trunc()
   - 문자열에서 공란 제거하기 : str_trim()

---

[30] 위에서 소개한 함수를 써서 u_chars(stringi::stri_trans_nfd('한'))을 해보자.

4. **문자열 변형하기 (Mutate Strings)**
    - 문자열의 일부분(시작위치, 끝위치) 바꾸기 : str_sub()<-[31]
    - 문자열의 패턴과 일치되는 첫 부분 바꾸기 : str_replace()<-
    - 문자열의 패턴과 일치되는 모든 부분 바꾸기 : str_replace_all()<-
    - 모든 대문자를 소문자로 바꾸기(en=영어) : str_to_lower(x, locale='en')
    - 모든 소문자를 대문자로 바꾸기(en=영어) : str_to_upper(x, locale='en')
    - 제목 형식(첫 문자 대문자)으로 바꾸기 : str_to_title(x, locale=)

5. **합치고 분리하기 (Join and Split)**
    - 여러 문자열을 합쳐서 하나의 문자열로 만들기 : str_c()
    - 여러 문자열 벡터를 합쳐서 하나의 문자열로 만들기 : str_c(, collapse=NULL)
    - 문자열을 n번 반복하기 : str_dup(x, times=n)
    - 문자열을 패턴을 기준으로 분리하여 열길이 n의 행렬로 만들기 : str_split_fixed(x, pattern, n)
    - 문자열과 {expression}(표현식)을 통해 문자열 만들기 : str_glue()

6. **문자열 정렬하기 (Order String)**
    - 문자열을 정렬하는 순번 벡터 : str_order(x, decreasing=FALSE, na.last=TRUE, locale='en')
    - 문자열을 정렬 결과 : str_sort()

7. **편의 기능 (Helpers)**
    - str_conv() : 문자열의 인코딩**만** 바꾸기(내부 표기 보존)
    - str_view(), str_view_all() : 패턴에 해당하는 부분 확인하기
    - str_wrap() : 문자열은 특정한 길이의 문단형식으로 변환하기

---

[31] str_sub()<-는 어떤 문자열 s에 대해 str_sub(x, 1, 2)='xx'와 표현이 가능함을 나타낸다. 예를 들어 x='abcdefg'; str_sub(x,2,2)='..'; x를 해보자.

11.11 주요 인코딩 표

ASCII(1986)

	□0	□1	□2	□3	□4	□5	□6	□7	□8	□9	□A	□B	□C	□D	□E	□F
2□		!	"	#	$	%	&	'	(	)	*	+	,	-	.	/
3□	0	1	2	3	4	5	6	7	8	9	:	;	<	=	>	?
4□	@	A	B	C	D	E	F	G	H	I	J	K	L	M	N	O
5□	P	Q	R	S	T	U	V	W	X	Y	Z	[	\	]	^	_
6□	`	a	b	c	d	e	f	g	h	i	j	k	l	m	n	o
7□	p	q	r	s	t	u	v	w	x	y	z	{	|	}	~	⊠

ASCII 코드는 00-7F까지 7비트를 사용한다. 00-1F는 제어문자이다. 제어 문자 중 대부분은 전보 기계를 위한 문자이다. R 문자열에 NUL을 포함할 수 없다. 20은 공란(SPace)이고, 7F는 DEL이라는 제어문자이다.

- 00번대 제어문자 : NUL, SOH, STX, ETX, EOT, ENQ, ACK, BEL, BS, HT, LF, VT, FF, CR, SO, SI
- 10번대 제어문자 : DLE, DC1, DC2, DC3, DC4, NAK, SYN, ETB, CAN, EM, SUB, ESC, FS, GS, RS, US

Latin-1 Supplement

유니코드의 A0부터 FF까지와 같다. A0은 NBSP이며, AD은 SHY라는 제어문자이다.

	□0	□1	□2	□3	□4	□5	□6	□7	□8	□9	□A	□B	□C	□D	□E	□F
A□		¡	¢	£	¤	¥	¦	§	¨	©	ª	«	¬	⊠	®	¯
B□	°	±	²	³	´	µ	¶	·	¸	¹	º	»	¼	½	¾	¿
C□	À	Á	Â	Ã	Ä	Å	Æ	Ç	È	É	Ê	Ë	Ì	Í	Î	Ï
D□	Ð	Ñ	Ò	Ó	Ô	Õ	Ö	×	Ø	Ù	Ú	Û	Ü	Ý	Þ	ß
E□	à	á	â	ã	ä	å	æ	ç	è	é	ê	ë	ì	í	î	ï
F□	ð	ñ	ò	ó	ô	õ	ö	÷	ø	ù	ú	û	ü	ý	þ	ÿ

그 밖의 1 바이트 인코딩

ISO-8859-1는 ASCII와 Latin-1 Supplement를 합친 것과 동일하다.

유니코드의 80-9F는 **C1 Controls**이라고 부르는 제어문자이다.

- 80번대 제어문자 : XXX, XXX, BPH, NBH, IND, NEL, SSA, ESA, HTS, HTJ, VTS, PLD, PLU, RI, SS2, SS3
- 90번대 제어문자 : DCS, PU1, PU2, STS, CCH, MW, SPA, EPA, SOS, XXX, SCI, CSI, ST, OSC, PM, APC

Windows-1252(CP1252)라고 불리는 인코딩 방법은 ASCII와 Latin-1 Supplement에 다음과 같이 문자를 추가 배정한다.

	□0	□1	□2	□3	□4	□5	□6	□7	□8	□9	□A	□B	□C	□D	□E	□F
8□	€		‚	ƒ	„	…	†	‡	ˆ	‰	Š	‹	Œ		Ž	
9□		'	'	"	"	•	–	—	˜	™	š	›	œ		ž	Ÿ

표 11.9: 유니코드(한글 자음)[반각(halfwidth), 괄호((ㄱ)), 원(㉠)]

글자	영문명	자음	초성	종성	반각	괄호	원
ㄱ	KIYEOK	3131	1100	11a8	ffa1	3200	3260
ㄲ	SSANGKIYEOK	3132	1101	11a9	ffa2	NA	NA
ㄳ	KIYEOK-SIOS	3133	NA	11aa	ffa3	NA	NA
ㄴ	NIEUN	3134	1102	11ab	ffa4	3201	3261
ㄵ	NIEUN-CIEUC	3135	115c	11ac	ffa5	NA	NA
ㄶ	NIEUN-HIEUH	3136	115d	11ad	ffa6	NA	NA
ㄷ	TIKEUT	3137	1103	11ae	ffa7	3202	3262
ㄸ	SSANGTIKEUT	3138	1104	d7cd	ffa8	NA	NA
ㄹ	RIEUL	3139	1105	11af	ffa9	3203	3263
ㄺ	RIEUL-KIYEOK	313a	a964	11b0	ffaa	NA	NA
ㄻ	RIEUL-MIEUM	313b	a968	11b1	ffab	NA	NA
ㄼ	RIEUL-PIEUP	313c	a969	11b2	ffac	NA	NA
ㄽ	RIEUL-SIOS	313d	a96c	11b3	ffad	NA	NA
ㄾ	RIEUL-THIEUTH	313e	NA	11b4	ffae	NA	NA
ㄿ	RIEUL-PHIEUPH	313f	NA	11b5	ffaf	NA	NA
ㅀ	RIEUL-HIEUH	3140	111a	11b6	ffb0	NA	NA
ㅁ	MIEUM	3141	1106	11b7	ffb1	3204	3264
ㅂ	PIEUP	3142	1107	11b8	ffb2	3205	3265
ㅃ	SSANGPIEUP	3143	1108	d7e6	ffb3	NA	NA
ㅄ	PIEUP-SIOS	3144	1121	11b9	ffb4	NA	NA
ㅅ	SIOS	3145	1109	11ba	ffb5	3206	3266
ㅆ	SSANGSIOS	3146	110a	11bb	ffb6	NA	NA
ㅇ	IEUNG	3147	110b	11bc	ffb7	3207	3267
ㅈ	CIEUC	3148	110c	11bd	ffb8	3208	3268
ㅉ	SSANGCIEUC	3149	110d	d7f9	ffb9	NA	NA
ㅊ	CHIEUCH	314a	110e	11be	ffba	3209	3269
ㅋ	KHIEUKH	314b	110f	11bf	ffbb	320a	326a
ㅌ	THIEUTH	314c	1110	11c0	ffbc	320b	326b
ㅍ	PHIEUPH	314d	1111	11c1	ffbd	320c	326c
ㅎ	HIEUH	314e	1112	11c2	ffbe	320d	326d

제 12 장

정규표현식

특정한 문자열이 아니라 어떤 패턴을 띄는 문자열들을 찾고자할 때 정규표현식을 사용할 수 있다. 문자열 str 속에서는 1에서 3까지의 숫자를 찾아내려고 할 때, 다음의 두 방법을 비교해보자.

```
str <- c("인터스텔라의 장면 62.",
         "부모가 되면[5-7],",
         "아이들-내 아이는 10살이다.-이 안심하고 자랄 수 있게 하고 싶다.",
         "2027년 2월 3일.")
## 숫자를 나타내는 문자 "1", "2", "3"
grepl("1", str, fixed=TRUE) | grepl("2", str, fixed=TRUE) |
  grepl("3", str, fixed=TRUE)
## 숫자 "1", "2", "3"을 나타내는 정규표현식 "[1-3]"
grepl(pattern = "[1-3]", str)
```

```
## [1]  TRUE FALSE  TRUE  TRUE
## [1]  TRUE FALSE  TRUE  TRUE
```

두 번째 방법의 [1-3]은 문자 [, 1, -, 3,]가 합쳐진 문자열이 아니라 문자 1, 2, 3을 가리키는 정규표현식이다. 정규표현식은 문자의 패턴을 나타내기 위해 [, -,] 같은 문자를 문자 그대로가 아니라 특별한 의미로 활용한다. (위의 예에서 [, -,]이 포함된 두 번째 문장의 결과를 확인해 보자.)

12.1 R과 정규표현식

정규표현식은 문자열 패턴을 나타내는 간편한 방법이다. 영어로 Regular Expression은 줄여서 RegEx, RegExp로 표기하기도 하고, 더 간단하게 REx, RE로 표기하기도 한다.

예를 들어 사용자의 입력 문자열이 이메일인지 확인하거나, 긴 문자열에서 이메일을 나타내는 부분을 찾고자 한다고 생각해보자. 가능한 모든 이메일을 문자열 상수로 만들어서 비교하거나 검색을 한다는 것은 불가능에 가깝다.[1]

이메일을 나타내는 문자열들은 몇 가지 특징적인 패턴을 가지고 있다. @가 존재하고 @ 다음에는 도메인 이름이 나오고, 도메인은 문자와 숫자로 구성되고 등등. 정규표현식은 이런 문자열 패턴을 간단하게 문자열로 나타낼 수 있는 방법을 제공한다.

R에는 정규표현식을 활용할 수 있는 멋진 패키지와 함수가 여럿 있다. R의 기본함수로는 grep, grepl, sub, gsub 등의 함수가 있으며, 이들은 ERE(Extended Regular Expression; 확장정규표현식) 또는 PCRE(Perl Compatible Regular Expression; Perl 호환 정규표현식)을 사용한다. 그렇다! **정규표현식에는 여러 가지 변종(?)이 존재한다**.[2] 패키지 stringr과 stringi는 ICU 정규표현식을 사용한다.[3]

여기서는 R의 기본 함수들이 사용하는 ERE를 중심으로 살펴본다. 그리고 PCRE의 차이점을 살펴본 후, 패키지 stringr과 stringi이 가지는 장점 또는 특징을 설명한다.

12.2 확장정규표현식(ERE; Extended Regular Expressions)

이 장의 내용은 주로 R의 도움말[4]의 내용을 참조하였지만, 자잘한 오류를 수정하고 체계적으로 정리하였다.

R의 ERE는 **POSIX 1003.2 표준**을 구현했다. 그런데 **POSIX 1003.2 표준**에 해석이 가능한 부분이 있기 때문에 POSIX 1003.2 표준을 구현한 두 정규표현식 엔진이 언제나 동일한 결과를 내놓는다는 보장은 없다고 한다.

앞에서 정규표현식은 문자열 패턴을 문자열로 표기하는 것이라고 했다. 따라서 정규표현식에는 우리가 문자열을 만들 때 사용하는 모든 문자를 사용할 수 있다. 단지 문자 중의 일부는 패턴 표현을 위해 정규표현식에서 새로운 의미를 가지게 된다. 이런 문자들을 보통 **메타 문자**(meta character)라고 한다. 정규표현식의 메타 문자는 다음과 같다.

. \ | ( ) [ ] { } ^ $ * + ?

이들 문자들은 홀로 혹은 뒤에 따라 나오는 문자와 합쳐져서 정규표현식에서 새로운 의미를 가지게 되고, 그 이외의 문자들은 문자 그대로의 의미를 보존한다. 다시 말해 위의

---

[1] 가능한 모든 이메일 주소라면 a@a.a, a@a.b 등을 모두 나열하는 것이다.

[2] 이렇게 많은 선택 사항이 존재하는 것은 문자열을 처리하는 것이 생각보다 까다롭고, R은 **정확하고 정밀한** 연산을 제공하기 때문이다. 마이크로소프트 엑셀과 같은 프로그램은 사람이 사용하기 편리하지만 대용량의 데이터를 정확하게 처리하는 데에는 부적합하다. 특히 **자동 수정 기능**이 문제를 일으키는 경우가 많은데, 전화번호 앞의 0이 저절로 사라지거나, 신용카드 번호가 지수 표기(예. 4.4842436452134E+14)으로 바뀌기도 한다. 과학계에서도 이런 일로 골치를 썩히고 있다. 특히 MARCH1, SEPT1, DEC2와 같이 날짜 표기와 비슷한 유전자명이 문제를 일으키는 경우가 많다고 한다(Software is subbing mistakes into scientific papers, The Economist, 2021.9.2).

[3] ICU(International Components for Unicode). http://userguide.icu-project.org/intro

[4] ?base::regex를 통해 확인할 수 있다.

12.2. 확장정규표현식 (ERE; EXTENDED REGULAR EXPRESSIONS)

문자를 제외한 문자열 x에 대해 grep(pattern = x, str)와 grep(pattern = x, str, fixed=TRUE)는 같은 의미이다.

12.2.1 문자 집합

정규표현식에서 문자를 통해 패턴을 만드는 가장 기본은 문자 집합을 만드는 것이다.

앞에서 grep(pattern = 'a', str)는 문자열 str에서 문자 a가 존재하는 원소를 찾아낸다. 만약 문자 a 또는 문자 b가 존재하는 원소를 찾고 싶다면 grep(pattern = '[ab]', str)로 쓴다. grep(pattern='[ab]', str)은 문자 [또는 문자]를 찾지 않는다. 정규표현식에서 문자 [와]는 두 브라켓 사이의 문자들로 문자집합을 구성하라는 의미이다. 그래서 정규표현식 [ab]은 문자 a 또는 문자 b를 나타낸다.

[와] 사이에는 원하는 만큼의 문자를 넣어서 더 큰 문자집합을 구성할 수 있다. 예를 들어 grep(pattern='[abcd]', str)은 문자열 벡터 str에서 문자 a, b, c, 또는 d를 포함하는 원소를 찾아낸다.

[와] 사이에서는 앞에서 얘기한 많은 메타 문자들이 메타 문자의 의미를 잃고 문자 그대로의 문자를 의미한다. [와] 사이에서도 메타 문자로 작동하는 문자는 ^이고, -는 [,] 밖에서는 메타 문자가 아니었지만, [,] 사이에서는 메타 문자가 된다.

12.2.2 메타 문자를 문자 그대로 나타내기

ERE의 메타 문자는 다음과 같다.[5]

문맥	메타 문자
[,] 밖	. \ | ( ) [ ] { } ^ $ * + ?
[,] 안	^ -

정규표현식을 만들 때 문맥에 따른 메타 문자를 잘 기억해야 한다. 만약 잘 기억하지 못한다면 정규표현식을 만들 때 계속 참조를 해야 한다. 그렇지 않으면 얘기치 못한 논리적 오류에 봉착하게 된다.

[,] 밖에서 . \ | ( ) [ ] { } ^ $ * + ?는 문자 그대로를 의미하지 않고 새로운 의미를 갖기 때문에, 문자 그대로의 . \ | ( ) [ ] { } ^ $ * + ?를 나타내기 위한 방법이 필요하다.

ERE에서는 \를 탈출 문자로 사용한다. 따라서 \는 문자열 속에서 문자 \를 나타내지 않고 이후의 문자(들)과 합쳐져서 새로운 의미를 지니게 된다.

---

[5])는 앞쪽의 (와 쌍 지을 수 있을 때에는 메타 문자로, 그렇지 않을 때에는 문자 그대로 인식된다. 하지만 \)는 항상 문자 그대로)를 의미하므로 정규표현식을 작성할 때에는 \)로 쓰는 것이 좋을 것 같다. }과]도 마찬가지이다.

그리고 [,]밖의 메타 문자를 문자 그대로 나타내기 위해서는 메타 문자 앞에서 \를 덧붙이면 된다. 이렇게 이해하자. 정규표현식 문자열에서 [는 **문자 집합의 시작**을 나타낸다. 하지만 \[은 정규표현식 문자 [의 의미인 **문자 집합의 시작**이 아니라 문자 [를 나타낸다.

이때 몇 가지 주의할 점이 있다. 앞에서 \[에 따옴표가 붙어있지 않다. R에서 문자열을 따옴표로 나타낼 때에도 \는 탈출 문자로 쓰인다. 다시 말해 따옴표로 문자열을 나타낼 때 \는 문자 그대로의 의미가 아니라 이후의 문자(들)과 합쳐져서 새로운 **문자**를 나타낸다. 그래서 문자 \를 따옴표로 나타내기 위해서는 "\\"로 쓴다. 마찬가지 이유로 정규표현식 문자열 \[를 따옴표로 나타내기 위해서는 "\\["로 쓴다.

예를 들어, x <- "\\["라고 쓰면, R은 따옴표로 둘러싸인 문자열을 해석하여 (탈출 문자를 적절히 해석하여) 변수 x에 \[를 저장한다. 그리고 이것이 정규표현식으로 해석될 때 문자 [를 가리키게 된다. 따라서 "\\["은 grep(pattern = , x=)에서 어떤 인자에 쓰이냐에 따라 다른 의미를 갖게 된다. 만약 pattern=에 입력으로 쓰인다면 정규표현식 문자열로 해석되어 문자 [를 의미하고, x=의 입력으로 쓰인다면 R에 의해 문자열 상수 \[로 해석된다. 기억하자. **따옴표로 둘러싸인 문자열은 먼저 R에 의해 문자열로 해석된다.**

만약 정규표현식으로 문자 \를 나타내야 한다면 따옴표로 어떻게 표현할 수 있을까? 정규표현식에서 문자 \는 \\로 써야 한다. 문자열 \\를 따옴표로 나타내기 위해서는 "\\\\"로 써야 한다. 첫 번째 문자 \는 탈출문자이고, 뒤의 \와 합쳐져서 하나의 문자 \를 의미하게 되는 것이다.

[,] 안에서 사용되는 메타 문자 ^, -는 특정한 위치에서만 메타 문자로 쓰인다. 따라서 문자 그대로의 문자로 사용하고 싶다면 위치를 조정해주기만 하면 된다. 예를 들어 ^는 [이후에 쓰지 말고, -의 경우에는 가장 마지막으로 옮기면 된다.

마지막으로 [또는]를 [,] 안에서 나타낸다면, [는 [[],]는 []], [또는]는 [][]로 쓴다. 만약 다른 문자와 함께 쓴다면 [[abc] 또는 []abc] 또는 []][abc]와 같이 [,] 안에] 또는 [를 먼저 나열한 후 다른 문자를 나열하면 된다. [,] 안에 ^이 가장 먼저 나오는 경우(특정 문자집합의 여집합)에도 마찬가지 순서를 따르면 된다.

이렇게 [,] 안에서 문자를 문자 그대로의 의미로 사용하고자 할 때에는 모든 문자를 별도의 탈출 문자 없이 사용할 수 있다.

12.2.3 문자 집합 안의 메타 문자

이제 문자 집합 안의 메타 문자와 의미를 알아보자.

- ^ : [이후에 첫문자로 ^가 쓰이면 [,] 안의 모든 문자를 제외한 문자 집합을 의미한다. 예를 들어 [^abc]는 a, b, c를 제외한 모든 문자의 문자 집합이다. [^^]로 쓰면 ^를 제외한 모든 문자를 나타내게 된다.

- - : [,] 안에서 두 문자 사이에 쓰여 문자 범위를 나타낸다. 예를 들어 [a-z]로 쓰면 a부터 z까지의 문자를 의미한다. a부터 z까지의 문자는 보통 a, b, c, …, z를 의미하지만 지역 설정, 플랫폼, 인코딩에 따라 달라질 수 있다. 만약 -에서

12.2. 확장정규표현식 (ERE; EXTENDED REGULAR EXPRESSIONS)

2까지의 문자 범위를 나타내고자 한다면 [--2].[6] -는 [,] 안에서 여러 번 사용될 수도 있다. 예들 들어 [a-cf-h]는 문자 집합 [abcfgh]을 나타낸다(물론 지역 설정 등의 의해 달라질 수도 있다. 영문 알파벳을 나타내는 가장 확실한 방법은 [ABCDEFGHIJKLMNOPQRSTUVWXYZabcdefghijklmnopqrstuvwxyz]로 쓰는 것이라고 한다. [A-Za-z]의 경우는 지역설정, 플랫폼 등에 의해 의미가 달라질 수 있다고 한다.)

- ^와 - 함께 : ^와 -는 함께 쓸 수도 있다. 예를 들어 [^a-c]는 [a-c]를 제외한 모든 문자를 나타낸다.

- [,] 안에서 문자 그대로의 ^, -: 앞에서 이미 설명했지만 ^가 [다음에 바로 나오지 않거나, -가 두 문자 사이에 나타나지 않을 때에는 문자 그대로의 문자를 의미한다. 보통 문자 그대로의 -는 [,]안에서 가장 마지막에 놓는다.

12.2.4 미리 설정된 문자 집합: POSIX 브라켓

- 자주 쓰이는 문자 집합(예. 문자, 숫자, 문장 기호 등)의 경우에는 미리 만들어져 있다.

- 다음 표는 미리 정해진 문자 집합을 보여준다. 표의 '비슷한 문자집합' 열은 지역 설정이 영문인 경우이다. 만약 설정이 한글로 되어 있다면 [:alnum:], [:alpha:], [:graph:], [:print:]은 한글을 포함한다. (한글은 [:lower:], [:upper:]에 포함되지 않는다.)

POSIX 브라켓	의미	비슷한 문자집합
[:alnum:]	알파벳과 숫자	[[:alpha:][:digit:]]
[:alpha:]	알파벳	[[:lower][:upper:]]
[:ascii:]	아스키 문자	"[\x01-\x7F]"
[:blank:]	Space와 Tab	[\t]
[:cntrl:]	제어문자	"[\x01-\x1F\x7F]"
[:digit:]	숫자	[0-9]
[:graph:]	볼 수 있는 문자[7]	"[\x21-\x7E]"
[:lower:]	소문자	[a-z]
[:print:]	볼 수 있는 문자와 공란[8]	"[\x20-\x7E]"
[:punct:]	문장부호와 기호	[!"\#$%&'()*+,\./:;<=>?\[\\\]_^{|} -]
[:space:]	모든 공란 문자[9]	[\t\r\n\v\f]
[:upper:]	대문자	[A-Z]
[:xdigit:]	16진수 숫자	[A-Fa-f0-9]

---

[6] -의 아스키코드는 0x2d이고, 이후 아스키코드 문자는 ., /, 0, 1, 2 순이다.
[7] 공란, 제어문자 제외 모든 문자
[8] 제어문자 제외
[9] 줄바꿈 포함

위의 POSIX 브라켓은 [,] 안에서 다른 문자와 동일한 방법으로 쓰인다. 다음의 코드는 POSIX 브라켓을 사용하여 문장부호가 들어 있는 원소, 문장부호나 숫자가 들어 있는 원소, 그리고 문장부호가 아닌 문자가 포함된 원소를 찾는다.

```
x <- c('I dare to love you', 'I dare to love you!',
       'Oh1', 'Dear, my love.2', '!!?!')
grep('[[:punct:]]', x)  # 문장부호가 포함되었는가?
grep('[[:punct:]1]', x) # 문장부호 또는 1이 포함되었는가?
grep('[1[:punct:]]', x) # 1 또는 문장부호가 포함되었는가?
grep('[^[:punct:]]', x) # 문장부호가 아닌 문자가 포함되었는가?
```

```
## [1] 2 4 5
## [1] 2 3 4 5
## [1] 2 3 4 5
## [1] 1 2 3 4
```

12.2.5 미리 설정된 문자 집합 : \ + 문자 집합 기호

- 앞에서 사용한 POSIX 브라켓은 간편하게 사용할 수 있지만 너무 길다! 그리고 [,] 안에서만 사용할 수 있다.
- 다음은 [,] 밖에서 탈출문자 \를 활용하여 사용할 수 있는 문자 집합을 보여준다.

정규표현식	의미
\d	숫자(**d**git)
\D	숫자를 제외한 모든 문자(**other than D**igit)
\w	알파벳, 숫자(alphanumeric)
\W	알파벳, 숫자를 제외한 모든 문자(non-alphnumeric)
\s	공란(' ', '\t', '\r', '\n'; space)
\S	공란을 제외한 모든 문자(**other than S**pace)

```
x <- c('Idaretoloveyou', 'I dare to love you!',
       'Oh1', 'Dear, my love.1', '!!?!')
grep('\\w', x)
grep('\\W', x)
```

```
## [1] 1 2 3 4
## [1] 2 4 5
```

```
grep('\\s', x)
grep('\\S', x)
```

```
## [1] 2 4
## [1] 1 2 3 4 5
```

12.2.6 정규표현식의 탈출문자 \를 활용한 문자

정규표현식 문자열에서도 \는 탈출 문자로 쓰이며, 뒤이어 오는 문자와 합쳐져 하나의 문자를 나타내기도 한다. 다음은 정규표현식에서 하나의 문자를 나타내기 위해 탈출문자를 활용한 경우이다.

정규표현식	문자
\a, \f, \n, \r, \t	제어문자
\e	제어문자("\x1b")
\x{dddd}	16진수 유니코드 dddd 문자

여기서 \a, \f, \n, \r, \t는 R에서 지원하는 제어 문자와 동일한 형태임을 주목하자. R에서 제어문자는 따옴표(" 또는 ') 안에서 키보드로 입력할 수 없는 제어문자를 나타내기 위해서 사용되었다. 예를 들어 "\a"는 \와 a가 합쳐져서 아스키코드 07의 제어문자를 의미한다.

정규표현식은 문자열로 패턴을 나타낸다. 정규표현식 문자열 \a은 아스키코드 07의 한 제어문자를 가리킨다. 문자열 상수 \a를 따옴표를 나타내려면 "\\a"로 써야 한다. R은 따옴표 안의 \\를 \로 해석하여 "\\a"는 문자열 상수 \a를 의미하게 된다. 그리고 문자열 상수 \a이 정규표현식으로 사용될 때 아스키코드 07의 제어문자를 의미하게 된다.

그래서 아스키코드 07의 제어문자를 나타내는 정규표현식은 R에서 "\a"로 쓸 수도 있고, "\\a"로 쓸 수도 있다. 다음의 예를 보자.

```
x <- c("\a", "\b")
grep("\a", x)
grep("\\a", x)
```

```
## [1] 1
## [1] 1
```

\e는 정규표현식에서만 지원하는 문자이기 때문에 "\e"로 쓸 수 없다.

```
x <- c('\x1b', '\x1c')
grep('\\e', x)
```

```
## [1] 1
```

```
grep('\e', x)
```

```
## Error: '\e' is an unrecognized escape in character string starting "'\e"
```

그리고 이들은 모두 탈출문자 \가 제대로 작동할 때 사용할 수 있다. [,] 안에서 \는 문자 그대로의 의미만을 가지기 때문에 [,] 안에서는 사용될 수 없다. 다음의 예를 보고 결과를 해석해보자.

```
x <- c('\u00b1', '\u00b2')
grep('\u00b1', x)
grep('\\x{00b1}', x)
grep('[\u00b1]', x)
grep('[\\x{00b1}]', x) # grep("[\\x{000b1}]", "{")의 결과를 예측해보자.

## [1] 1
## [1] 1
## [1] 1
## integer(0)
```

12.2.7 . : 모든 문자

만약 모든 문자를 나타내는 문자 집합을 만들고 싶다면 어떻게 해야 할 까? 예상을 해 보자면 다음과 같다. 하지만 너무 길다. 모든 문자를 나타내는 정규표현식은 . 이다.

```
x <- c("ldare", " \t", "\f\v", "가나", "\u00b1\u00bd")
grep('[\x01-\xff]', x)
grep('[\u01-\U001bffff]', x)
grep('.', x)

## [1] 1 2 3 5
## [1] 1 2 3
## [1] 1 2 3 4 5
```

12.2.8 문자 혹은 문자집합의 반복

문자 혹은 문자집합이 반복되는 패턴을 나타내기 위해서 정규표현식에서는 {m,n}꼴을 반복하는 문자 혹은 문자집합 뒤에 붙인다. 예를 들어 a{2,3}은 a가 2번 혹은 3번 반복되는 aa, aaa 중 하나를 의미한다. [ab]{1,2}는 a, b의 문자집합이 1번 혹은 2번 반복되는 패턴을 의미하고, a, b, aa, ab, ba, bb가 이 패턴에 해당한다.

{m,n}에서 n을 생략하면 반복횟수가 m 이상임을 나타낸다. 예를 들어 a{3,}는 aaa, aaaa, aaaaa, … 등을 포함하는 패턴이다.

자주 쓰이는 {0,1}, {0,}, {1,}은 ?, *, +로 간략하게 표기할 수도 있다. 예를 들어 a+는 a{1,}과 같은 의미로 a가 1번 이상 반복되는 a, aa, aaa, … 등을 포함하는 패턴이다.

반복을 사용하는 패턴은 하나의 문자열에서 여러 가지 방법으로 찾을 수 있다. 예를 들어 정규표현식 <.+>에 해당하는 패턴을 Test On. <h> Hi! </h> Test Off.에서 찾는다고 하면, 패턴과 일치하는 부분은 <h>가 될 수도 있고, <h> Hi! </h>가 될 수도 있다. 이때 최대한 긴 일치를 찾는 방법을 그리디(greedy; 탐욕) 방법이라고 하고, 최소한의 일치를 찾는 방법을 레이지(lazy; 게으른) 방법이라고 한다. <h>는 레이지한 일치이고, <h> Hi! </h>는 그리디한 일치 결과이다.

12.2. 확장정규표현식 (ERE; EXTENDED REGULAR EXPRESSIONS)

정규표현식은 기본적으로 탐욕적인 방법을 사용하지만 레이지한 방법을 사용하고 싶다면 반복을 나타내는 + 뒤에 ?를 덧붙인다.

```
x <- "Test On. <h> Hi! </h> Test Off."
grepl("<.+>", x)
grepl("<.+?>", x)
```

```
## [1] TRUE
## [1] TRUE
```

```
regmatches(x, regexpr("<.+>", x))
# stringr::str_extract(x, '<.+>')을 사용하면 편하다.
regmatches(x, regexpr("<.+?>", x))
```

```
## [1] "<h> Hi! </h>"
## [1] "<h>"
```

레이지한 방법을 나타내는 ?는 반복을 나타내는 *, +, ?, 그리고 {m,n} 뒤에 붙일 수 있다.

12.2.9 둘 이상 문자의 연결

만약 문자 또는 문자집합을 연결해 놓으면 해당 문자 또는 문자집합에 속하는 문자가 연결되어 있는 패턴을 가리킨다. 예를 들어 [ab]a는 aa 또는 ba를 포함하는 패턴이고, [ab][ac]는 aa, ac, ba, bc를 포함하는 패턴이다. [[:punct:]]b는 문장부호 다음에 문자 b가 나오는 문자열을 가리키는 패턴이고, abc는 문자열 abc를 ab[cd]는 abc 또는 abd를 나타낸다.

문자집합의 연결과 **문자집합의 반복**이 모두 포함하는 정규표현식은 **문자집합의 반복**을 먼저 해석한다. 예를 들어, [ab][cd]{2,2}는 [cd]{2,2}을 나타내는 패턴 cc, cd, dc, dd 앞에 [ab] 패턴이 연결된 것으로 해석된다. 만약 [ab][cd]를 먼저 해석해서 ac, ad, bc 또는 bd 중의 하나가 두 번 반복되는 패턴을 나타내고 싶다면 ([ab][cd]){2,2}로 써야 한다.[10]

12.2.10 또는(or)을 나타내는 |

정규표현식에서 가장 마지막에 해석되는 |는 **또는**을 의미한다. a|b는 a 또는 b를 나타내고, ab|cd는 ab 또는 cd를 나타낸다. 이때 a와 b의 연결과 c와 d의 연결이 우선 해석되었음을 주지하자. a{2,3}c|b?|cd의 경우에도 a{2,3}c의 패턴 또는 b?의 패턴(b가 0번 또는 1번 반복) 또는 cd를 의미한다.

---

[10] {2,2}는 2번 반복을 의미한다. {2}로 쓸 수도 있다.

12.2.11 앵커링(Anchoring; 닻내림): 위치를 나타내는 정규표현식

정규표현식의 일부는 앵커라고 해서 특정 위치를 나타낸다. 예를 들어 [,] 밖에서 ^는 문자열의 처음, $는 문자열의 마지막을 가리킨다. 그 밖에도 다음과 같이 위치를 나타내는 방법이 있다.

정규표현식	의미
\b	단어 경계(word boundary): \w와 \W의 연결
\B	단어 경계가 아닌 경우

다음의 예를 통해 위치를 나타내는 ^, $, \b, \B가 어떻게 작동하는지 살펴보자.

```
x <- c("hook", "I have a hook", "He shook me")

grepl("hook", x)
grepl("^hook", x)
grepl("hook$", x)

## [1] TRUE TRUE TRUE
## [1]  TRUE FALSE FALSE
## [1]  TRUE  TRUE FALSE

grepl("\\bhook", x)
grepl("\\Bhook", x)

## [1]  TRUE  TRUE FALSE
## [1] FALSE FALSE  TRUE
```

정규표현식 ^hook은 hook으로 시작하는 패턴이고, hook$는 hook으로 마치는 패턴을 의미한다. 정규표현식 \bhook은 단어 경계(공란 또는 기호와 문자 사이)에서 hook이 나타나는 패턴이다. I have a hook에서는 hook의 앞 문자가 공란으로 단어 경계가 존재한다. 반면 He shook me에서는 hook 바로 앞이 s로 s와 hook 사이에는 단어 경계(\b)가 존재하지 않고, 단어 경계가 아니다(\B).

12.2.12 괄호(): 우선 순위 변경, 캡쳐, 부분일치

앞에서 정규표현식의 메타문자의 해석 순위를 바꾸기 위해 괄호를 사용했다. 괄호는 그 밖에도 패턴의 일부를 저장했다 다시 사용하기 위해 사용할 수도 있다. 다음의 코드를 보자.

```
x <- c("abcxabc", "abxab", "abcxab", "abxabc")

grepl("[abc]{2,3}x[abc]{2,3}", x)
grepl("([abc]{2,3})x\\1", x)

## [1] TRUE TRUE TRUE TRUE
## [1]  TRUE  TRUE FALSE  TRUE
```

12.2. 확장정규표현식 (ERE; EXTENDED REGULAR EXPRESSIONS)

먼저 첫 번째 정규표현식을 보자. 문자집합 [abc]에 속하는 문자가 2번 또는 3번 반복된 후, 문자 x, 그리고 다시 문자집합 [abc]에 속하는 문자가 2번 또는 3번 반복되는 패턴을 나타낸다. 두 번째 정규표현식은 문자집합 [abc]에 속하는 문자가 2번 또는 3번 반복되는 패턴을 괄호로 감쌌다. 이렇게 하면 괄호로 감싼 부분이 먼저 해석되고(우선순위가 높아지고), 괄호로 감싼 부분의 패턴과 일치하는 문자열이 저장되어 후에 문자열과 비교할 수 있다. 저장된 일치 문자열은 괄호의 순서에 따라 \1, \2, \3으로 사용할 수 있다.

위의 예에서 "\\1"은 첫 번째 괄호 안의 패턴과 일치된 부분을 가리키며 문자열 abcxabc에서는 abc를, 문자열 abxab에서는 ab를 가리킨다. 따라서 정규표현식 [abc]{2,3}x\1 패턴은 문자열 abcxabc을 포함하지만, abcxab는 포함하지 않는다. 반면 abxabc에서 [abc]{2,3}x\1의 패턴을 찾을 수 있다. abxabc에서 abxab는 정규표현식 패턴 [abc]{2,3}x\1과 일치하기 때문이다.

만약 괄호가 여럿 존재한다면 괄호 순서에 따라 \1, \2로 가리킬 수 있다. 다음의 예를 보자.

```
x <- c("abba", "2xx2", "a22z", "xaxx")
grepl("(\\w)(\\w)\\2\\1", x)
```

```
## [1]  TRUE  TRUE FALSE FALSE
```

\1, \2, \3 등은 \9까지 가능하다. 만약 정규표현식이 길어진다면 괄호의 갯수가 9개를 넘어 가는 수도 있다. 이때에는 10번째 이후의 괄호 부분을 나중에 인용할 수 없다. 따라서 9번째까지의 괄호 중에서 단지 우선순위를 바꾸기 위해서 쓰인 괄호를 컴퓨터에게 알려줄 필요가 있다. 이때에는 (?:)를 사용한다. 다음을 보자.

```
x <- c("axxbba", "axybba", "2yyxx2", "cxy22c")
grepl("(\\w)(xx|yy)(\\w)\\3\\1", x)
grepl("(\\w)(?:xx|yy)(\\w)\\2\\1", x)
```

```
## [1]  TRUE FALSE  TRUE FALSE
## [1]  TRUE FALSE  TRUE FALSE
```

(xx|yy)의 괄호는 단지 |의 해석이 가장 마지막이 아니라 (xx|yy) 안에서 먼저 이루어진다는 것을 의미하기 위해 쓰였다. 따라서 (xx|yy)에 해당하는 문자열이 xx이던, yy이던 나중에 사용되지 않고 이 부분을 (?:) 안에 넣을 수 있다. 이에 따라 \2는 (?:)를 제외한 2번째 괄호 부분을 가리키게 된다.

12.2.13 정규표현식 활용 예

정규표현식을 활용하는 대표적인 예는 특정한 패턴을 띄는 문자열을 찾는 것이다. 예를 들어 이름에서 성이 **박**이고, 마지막 글자가 **수**인 사람을 찾는다면 다음과 같다.

```
names <- c("김남수", "하이연", "정진성", "김우주", "박구수",
    "성우장", "박의수")
grep("^박.*수$", names)
```

```
## [1] 5 7
```

12.2.14 정규표현식을 활용한 치환: sub

sub 함수에서 치환 문자열을 replacement=에 입력할 때 \1은 첫 번째 괄호 일치, \2는 두 번째 괄호 일치를 나타낸다. replacement=에 입력되는 문자열을 따옴표 안에 표기한다면 여느 R 문자열 입력과 마찬가지로 \는 탈출문자이다. 문자 \를 나타내려면 \\로 적어야 한다.

치환 문자열은 우선 정규표현식으로 해석이 되는데 이때에도 \은 탈출 문자이다. 왜냐하면 \1, \2는 백슬래쉬와 숫자라는 두 문자가 아니라 첫 번째 괄호일치와 두 번째 괄호일치를 가리키기 때문이다. 하지만 앞에서 봤던 \a, \f, \n, \r, \t, \e, \x{dddd}은 작동하지 않는다. \가 탈출문자로 적절히 작동하는 경우는 뒤이어 오는 문자가 1에서 9까지이다. 이때는 괄호일치부분을 의미하고 \\은 문자 \를 의미한다. 그외의 경우에 \는 무시된다.

아래의 코드와 결과를 보자.

```
names <- c('김남수', '하이연', '정진성', '김우주',
           '박구수', '성우장', '박의수')
sub(pattern='^([김박])(.*)([주수])$',
    replacement="\\1\\2수\\\\김\\2\\3", names)

## [1] "김남수\\김남수"  "하이연"         "정진성"
## [4] "김우수\\김우주"  "박구수\\김구수"  "성우장"
## [7] "박의수\\김의수"
```

replacement=의 "\\1\\2수\\\\김\\2\\3"는 문자열 \1\2수\\김\2\3이 된다. 이 문자열은 다시 치환문자열 표기용 정규표현식으로 해석된다. \1, \2, \3은 괄호 일치로 ([김박]), (.*), ([주수])에 해당하는 문자열을 가리키고, \\는 \을 의미한다.

12.2.15 정규표현식을 활용할 수 있는 함수들

R에는 앞에서 소개한 함수 이외에도 dir, list.files, apropos, find 등의 함수에서 정규표현식을 사용할 수 있다.

12.3 Perl 호환 정규표현식

함수 grep, regexpr, gregexpr, sub, gsub에서 perl=TRUE로 놓으면 **Perl 호환 정규표현식**(PCRE; Perl-Compatible Reguar Expression)을 사용한다. PCRE은 PCRE1, PCRE2가 있는데 R은 PCRE1을 사용한다.[11]

---

[11] extSoftVersion()["PCRE"]을 실행하면 사용하는 PCRE의 버전을 확인할 수 있다. PCRE은 현재 개발이 완료되어 버그를 수정하는 작업만 이루어지고 있다.

12.3. PERL 호환 정규표현식

먼저 R의 PCRE은 앞에서 설명한 ERE의 모든 기능과 호환이 된다.[12] 그리고 몇 가지 확장 기능을 포함한다. 여기서는 PCRE이 ERE와 다른 점을 먼저 설명한 후, PCRE의 확장 기능을 소개한다.

12.3.1 PCRE과 ERE의 비교

R의 PCRE은 ERE보다 광범위하게 \를 사용한다. 일단 키보드 상의 모든 기호 ~!@#$%^&*()_-+=|\]{["':;?/>.<,와 `에 대해 앞에 \ 붙여서 문자 그대로 문자를 의미할 수 있다. 사실 ~ 이나 %은 정규표현식에서 특별한 의미를 지니지 않기 때문에 굳이 \를 붙일 필요가 없지만, 붙일 수도 있다. (ERE에서는 \<과 \>가 특별한 의미를 가진다.)

ERE에서 [,] 안의 거의 모든 문자가 문자 그대로의 의미를 가지고, \도 그렇기 때문에 \를 탈출문자로 쓸 수 없지만, PCRE에서는 [,]안에서도 \가 탈출문자로 기능한다. 다음의 예를 보자.

```
grepl("[\\d]", c("3", "d", "\\"))
grepl("[\\d]", c("3", "d", "\\"), perl = TRUE)

## [1] FALSE  TRUE  TRUE
## [1]  TRUE FALSE FALSE
```

12.3.2 PCRE의 모드

PCRE에서는 (?...) 형태의 문자열을 여러 가지 목적으로 활용한다. 먼저 PCRE에서는 정규표현식의 모드를 설정할 수 있다. PCRE 정규표현식의 모드와 의미는 다음과 같다.

기호	모드	의미
i	ignore-case(대소문자 무시)	대소문자를 동일하게 취급한다.
m	multiline(여러 줄)	^와 $을 한 줄이 시작과 끝을 의미한다.
s	single line(한줄)	.이 새줄 제어 문자(\n또는 \r)를 포함한다.
x	extended	탈출되지 않은 공란은 무시된다.

최초 모드는 위의 모든 모드가 off된 상태이다. (?i)는 ignore-case 모드를 on하고, (?s)는 single line 모드를 on한다. (?is)는 ignore-case 모드와 single line 모드를 동시에 on한다. (?...)를 통한 모드 설정은 정규표현식 중간에서 이루어질 수도 있다. 만약 on된 모드를 off하고 싶다면 -를 앞에 붙인다. 예를 들어 (?s-i)는 single mode를 on하고 ignore-case 모드를 off한다. 다음의 예를 보자.

- 모드의 on, off

---

[12]유일하게 사용하지 못하는 기능은 ERE에서 설명하지 못한 \<, \>이다. ERE에서 \<와 \>는 \b와 비슷한 역할을 한다.

```
grepl("(?i)[abc]", c("a", "A", "e", "E"), perl = TRUE)
grepl("(?i)[abc](?-i)[abc]", c("aa", "AA", "ee", "EE"), perl = TRUE)

## [1]  TRUE  TRUE FALSE FALSE
## [1]  TRUE FALSE FALSE FALSE
```

- multiline(여러줄) 모드: ^와 $가 한 줄의 시작과 끝이 된다.[13]

```
grepl("^I", c("You\nI\nHe", "I\nYou\nHe"))
grepl("(?m)^I", c("You\nI\nHe", "I\nYou\nHe"), perl = TRUE)

## [1] FALSE  TRUE
## [1]  TRUE  TRUE
```

12.3.3 문자 그대로 : \Q … \E

R의 PCRE는 \Q와 \E를 써서 정규표현식의 중간에 모든 문자를 문자 그대로의 문자를 가리키게 만들 수 있다. 백문이 불여일견이다.

```
grepl('\\d+*!*+\\d', c("3+*!*+2", "2!!!2"), perl=TRUE)
## Error in grepl("\\d+*!*+\\d", c("3+*!*+2", "2!!!2"), perl = TRUE) :
##   invalid regular expression '\d+*!*+\d'
## ...
grepl('\\d\\Q+*!*+\\E\\d', c("3+*!*+2", "2!!!2"), perl=TRUE)
## [1]  TRUE FALSE
```

12.3.4 주변을 살피기(Look around)

앞에서 살펴본 앵커링과 비슷하게 특정한 문자와 매칭되지 **않고**, **특정한 위치**와 매칭되는 정규표현식으로 Look-Around가 있다. Look-Around는 다음과 같이 쓴다. 시작은 언제나 (?(괄호와 물음표)이다. (문자 ?을 의미할 경우에는 [?] 또는 \?로 써야 한다.) 그리고 문자 =, <, !는 일반적인 정규식에서 특별한 의미를 가지지 않지만, (? 뒤에서는 Look-Around를 위해 쓰인다.

정규표현식	의미
(?=pattern)	pattern이 뒤에 나오는 위치
(?!pattern)	pattern이 뒤에 나오는 **않는** 위치
(?<=pattern)	pattern이 앞에 나오는 위치
(?<!pattern)	pattern이 앞에 나오는 **않는** 위치

---

[13]만약 여러줄 모드에서 문자열의 시작과 끝을 나타내고 싶다면 \A(문자열의 시작), \Z(**문자열의 마지막** 또는 **마지막에 있는 새줄 제어문자 바로 앞**), \z(문자열의 마지막)를 사용한다.

(?=)은 뒤쪽에 나올 문자 내용을 적어주고, (?<=)은 앞쪽, (?!)은 (?=)에서 =을 !로 바꾼 것으로 뒤쪽에 나오지 않아야 할 문자를, (?<!) 역시 (?<=)에서 =을 !으로 바꾼 것으로 앞쪽에 나오지 말아야 할 문자를 나타낸다. 사실 (?=b)a와 같은 정규표현식을 만족하는 문자열은 존재 불가능하다. 왜냐하면 (?=b)a는 뒤쪽에 b가 나오는 위치 다음에 a가 나와야 하는데, 뒤쪽에 b가 나오는 위치와 문자 a가 모순되기 때문이다. 하지만 이 구문을 사용하여 일반적으로 정규표현식에 지원하지 않는 **특정한 문자들을 제외한 모든 문자**을 정규표현식으로 나타낼 수 있다. 예를 들어 (?=abc).{3}은 문자열 abc를 제외한 모든 3 글자 문자열을 나타낸다.

```
grepl("(?<=a)b(?=c)", perl = TRUE, c("abc", "ab", "bc", "xabcx"))
```

```
## [1]  TRUE FALSE FALSE  TRUE
```

a.c라는 패턴 뒤의 xy를 찾고 싶으면 (?<=a.c)xy라고 쓴다. 보통 특정한 위치의 문자(예. 단순히 xy가 아니라 abc 뒤의 xy)를 추출하기 위해 사용한다.

```
x <- c("xy", "aecxy", "aecx1bbbb", "babaccxy", "babaccxz")
regmatches(x, regexpr("(?<=a.c)x.", x, perl = TRUE))
```

```
## [1] "xy" "x1" "xy" "xz"
```

R의 기본 함수인 regmatches(, regexpr())을 활용한 문자 추출은 조금 복잡하기 때문에 뒤에서 소개할 stringr::str_extract() 함수를 사용하면 편하다. (여기서 주의할 점은, str_extract()는 정규표현식을 두 번째 인자로 받고, 기본적으로 PCRE 기반의 ICU 정규표현식을 사용하기 때문에 perl=TRUE가 필요없다.)

```
stringr::str_extract(x, "(?<=a.c)x.")
```

```
## [1] NA   "xy" "x1" "xy" "xz"
```

12.4 패키지 stringr, stringi

앞 장에서 살펴봤듯이 패키지 stringr에도 문자열을 처리하는 여러 가지 함수가 있다. stringr 패키지는 stringi 패키지를 기반으로 만들어졌다. stringr의 함수들은 stringi 의 함수보다 좀 더 쉽고 편리하게 사용할 수 있다.

stringi 패키지는 ICU(International Components for Unicode) 정규표현식을 사용 한다. ICU 정규표현식은 PCRE를 기반으로 만들어졌지만 완전히 일치하지는 않기 때문에 주의할 필요가 있다.[14] stringi의 장점은 R의 기본 함수와 달리 플랫폼이나 지역 설정에 무관하게 결과가 동일하다는 것이다. stringi의 함수는 이밖에도 결과가 항상 UTF-8로 인코딩되며, 문자열 뿐만 아니라 패턴, 그리고 치환 문자열에 대해서도 벡터화되어 있다는 점에서 R의 기본 함수와 차이가 난다.

그리고 stringi 또는 stringr의 함수는 문자열이 첫 번째 인자, 패턴이 두 번째 인자로 설정되었기 때문에 %>%을 활용하여 함수를 연쇄하기 편리하다.

---

[14]http://userguide.icu-project.org/strings/regexp

```
library(stringr)
str <- c("3+*!*+2", "2!!!2")
str %>%
  str_detect("\\d\\Q+*!*+\\E\\d")
```

```
## [1]  TRUE FALSE
```

마지막으로 함수의 이름이 대부분 str_(stringr 패키지) 또는 stri_(stringi 패키지)로 시작해서 쉽게 외우고, 편리하게 찾을 수 있다는 장점이 있다.

stringr은 stringi를 기반으로 만들어졌지만 정규표현식이 완전히 동일하지는 않다. 특히 문자열 치환시 stringr은 \1, \2, …을 이용하고, stringi는 $1, $2, …를 이용한다.

12.5 stringi 패키지와 정규표현식을 활용한 문자열 데이터 가공

다음은 stringi 패키지의 함수 기능을 개념적으로 구분해 본 것이다. 정규표현식을 활용했을 때 stringi의 함수는 다음의 작업이 가능하다.

- **탐지** : 정규표현식 패턴이 있느냐? 없느냐?
- **어디에 있느냐?** 문자열의 어디서부터 어디까지가 패턴과 일치하는가?
- **무엇이 있느냐?** 패턴과 일치하는 문자열의 내용은 무엇인가?
- **그것으로 무엇을 할 것인가?**
    - 정보를 알려준다. 패턴이 있느냐, 어디에 있느냐, 무엇이 있느냐.
    - **치환**: 일치하는 패턴을 다른 문자열로 바꾼다.
    - **분리**: 일치하는 패턴을 기준으로 문자열을 분리한다.

정규표현식으로 가능한 작업은 크게 두 가지로 나눠볼 수 있다. 문자열에 어떤 변형도 가하지 않고 **정보**만 얻는 경우와 문자열에 어떤 **변형**을 하는 경우.

12.5.1 패턴과 일치하는 부분과 관련된 정보

정규표현식에 일치하는 패턴의 **존재 유무**와 존재한다면 **무엇이**, 그리고 **어디에** 존재하는가?

이때 패턴과 일치하는 부분이 한 개 존재하는 경우와 여러 개 존재하는 경우를 나눠볼 수 있다. 여러 개 존재하는 경우, 관심의 대상이 **첫 번째 일치하는 부분인가? 마지막에 일치하는 부분인가? 일치하는 부분 모두인가?**로 다시 나눠볼 수 있다.

- 일치 패턴의 **존재 유무** : stri_detect
- 일치하는 **위치** : stri_locate
- **일치하는 부분의 문자열** : stri_extract

- 일치하는 부분의 문자열과 부분 패턴[15]의 내용 : stri_match

12.5.2 패턴과 일치하는 부분을 활용하여 가공하기

패턴을 사용하여 문자열을 가공하는 방법은 크게 **1) 치환하는 방법**과 **2) 일치하는 부분을 기준으로 문자열을 분리하는 방법**으로 나눠 볼 수 있다. 치환할 때에는 패턴과 일치하는 부분이 여럿이라면 첫 번째 일치하는 부분만 사용하는 경우와 마지막 부분만 사용하는 경우, 그리고 모든 부분을 사용하는 경우로 나눠볼 수 있다.

- 치환 : 치환은 제거를 포함한다. (제거하기 위해서는 ''으로 치환하면 된다.)
    - 첫번째 일치 부분 치환 : stri_replace_first
    - 모든 일치 부분 치환 : stri_replace_all
    - 마지막 일치 부분 치환 : stri_replace_last
- 분리
    - 모든 일치 부분에 대해 분리 : stri_split

12.6 활용 예

12.6.1 숫자 탐색 및 인식

숫자에서 쉼표 제거

필자가 가장 많이 사용한 정규표현식은 아마도 gsub(',', '', col)일 것이다. 이 정규표현식은 1,000,000과 같이 천 자리의 쉼표의 제거해준다. str_replace_all(col, fixed(','), '')도 가능하다.

JSON 수

수는 여러 가지 다양한 방식으로 표기될 수 있다. 예를 들어 JSON 형식에 대한 명세서[16]를 보면 소수점 .의 일반적인 형식과 지수 표기법(예, 1E+3, 1.21e-10 등)을 모두 지원한다. 그리고 number가 왼쪽 위 가장자리에 적혀있는 다이어그램(아래 그림)이 등장하는데 이를 정규표현식으로 만들어 보자.

---

[15]정규표현식에서 (과)로 둘러싸인 부분
[16]https://www.json.org/json-en.html

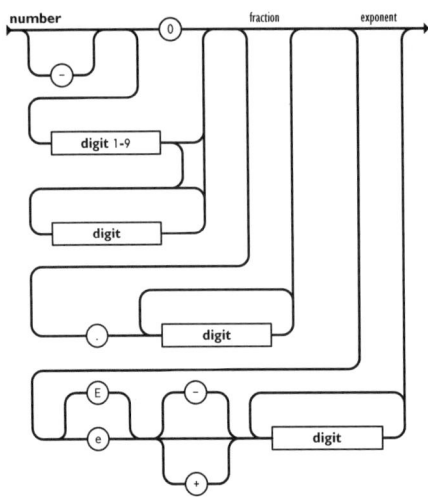

number에서 시작한 선은 분기가 이루어져 아무것도 지나치지 않고 분기가 모이거나 "-"를 거친다. 이를 정규표현식으로 나타내면 (|[-])이 된다. 문자 그대로의 "-" 또는 ""(아무것도 없는 것)이다. (이는 간단하게 [-]?로 나타낼 수 있다.) 이후에 다시 분기가 이루어져 0 또는 아랫 방향으로 진행된다. 이는 (0|...)이 되고 ...에 아래 방향에서 거쳐가는 문자를 나열하면 될 것이다. 아랫 방향에서 먼저 1부터 9까지의 숫자를 거친 후 다시 분기가 이루어진다. 이 분기는 다시 (a|b)로 나타낼 수 있다. 그런데 한 분기는 아무것도 거치지 않고 곧바로 다음 단계로 넘어가므로 (|b)가 될 것이다. b 부분은 digit(숫자)가 1번 이상 한없이 반복될 수 있다. 따라서 \d+로 쓰면 된다. 여기까지 정리하면 다음과 같다.

"([-]|)(0|(|[1-9](|\\d+)))" 또는 "[-]?(0|(|[1-9]\\d*))"

이런 식으로 정규표현식을 작성해 나가면 된다. 가장 중요한 것은 **분기가 시작되는 점과 끝나는 점**을 파악하는 것이다. 이렇게 작성된 정규표현식은 https://regexper.com/와 같은 사이트에서 다시 다이어그램으로 그려 볼 수 있다. 다음의 정규표현식을 입력해보자.

"[-]?(0|[1-9])\\d*([.]\\d+)?([eE][+-]?\\d+)?"

천 자리 쉼표를 포함한 수

주어진 문자열이 수라는 것을 안다면 간단히 쉼표를 제거하는 것만으로도 as.numeric()[17] 또는 as.integer()로 수치형으로 변환할 수 있는 수 문자열을 얻을 수 있다.

```
x = c("123.455", "1730,000", "153,421,000.1005050")
as.integer(gsub(",", "", x)) %>% sprintf("%13d    ", .)
as.numeric(gsub(",", "", x)) %>% sprintf("%17.3f", .)

## [1] "          123      " "      1730000      " "  153421000      "
## [1] "          123.455" "      1730000.000" "  153421000.101"
```

---

[17]as.numeric()은 함수 이름이 모호하므로 실수형을 예상한다면 as.double()이 나을 것이다. 이때 options('digits')를 확인하자. 만약 options('digits')가 너무 작다면 소수점 이하 숫자가 짤리게 된다. options('digits'=13) 등으로 넉넉한 숫자를 지정한다.

12.6. 활용 예

하지만 천 자리 쉼표가 들어간 수와 문장 기호로 쓰인 쉼표(,)를 어떻게 구분할 수 있을까? 다음의 두 경우를 보자.

삼성전자에 100,000,000원을 투자했다.
각 물품의 가격은 250000, 400000, 120000원이다.

다음은 필자가 천 단위 구분 기호 ,를 고려하여 작성한 정규표현식이다. 아래 예에서 볼 수 있겠지만, 천 단위 기호를 포함한 수가 쉼표도 없이 이어질 경우에는 모호한 면이 있고, 주변 맥락을 고려해야 하는 경우에는 수를 잘못 인식하기도 한다.

```
x = c('ESG ETF에 100,000,000원을 투자했다.',
      '각 물품의 가격은 250000, 400000, 120000원이다.',
      '각각은 1000,1400,320,5820원이다.',
      '이건 1000,200,300,500원이야.')
str_extract_all(x,
  "(?<!\\d)[-+]?(\\d{4,}|\\d{1,3}(,?\\d{3})*)([.]\\d+)?(?!\\d)")
```

```
## [[1]]
## [1] "100,000,000"
##
## [[2]]
## [1] "250000" "400000" "120000"
##
## [[3]]
## [1] "1000"   "1400"   "320"    "5820"
##
## [[4]]
## [1] "1000"           "200,300,500"
```

12.6.2 텍스트에서 정보 추출 및 변형

텍스트에서 name = 이후에 나오는 이름을 추출하고자 한다면 다음과 같이 쓸 수 있다.

```
txt <- "여기에 자료가 있습니다.
자료에는 이름 정보가 숨어 있습니다.
name = 김이박 이름 정보를 찾았습니까?"
stri_extract(txt, regex='(?<=name [=] )[^ ]*')
#regmatches(txt, gregexpr("(?<=name [=] )[^ ]*", txt, perl=TRUE))
str_extract(txt, '(?<=name [=] )[^ ]*')
```

```
## [1] "김이박"
```

개인정보를 지우기 위해 이름을 모두 아무개로 바꿔보자.

```
stri_replace(txt, regex='(?<=name [=] )[^ ]*', replacement='아무개')
str_replace(txt, '(?<=name [=] )[^ ]*', '아무개')
```

[1] "여기에 자료가 있습니다. \n자료에는 이름 정보가 숨어 있습니다. \nname = 아무개 이름 정보를 찾

제 13 장

흐름 제어와 함수

13.0.1 재연 가능성과 스크립트(Scripts)

- **스크립트**란 순차적으로 실행하게 될 함수들을 모아 놓은 텍스트이다. 이는 두 가지 이유에서 큰 의미가 있다.
    - **동일한 분석 과정을 재연할 수 있다.** 따라서 다른 사람이 쉽게 분석 과정을 검증하고 수정할 수 있다.
    - 동일한 분석을 **다른 자료**에 적용할 수 있다.
- 특히 최근에 **재연가능한 연구**가 큰 이슈가 되었다. 그 하위 개념으로 **재연 가능한 분석**은 누구라도 동일한 데이터에 동일한 분석을 적용해서 동일한 분석 결과를 얻을 수 있음을 의미한다.
- R에서 재연 가능한 분석을 하기 위해서는 다음과 같이 설정하는 것이 좋다.
    - 스크립트를 실행하기 전에 rm(list=ls())을 실행하여 관련없는 변수를 모두 삭제한다.
    - 분석을 하기 전에 혹시 남아 있을 수 있는 변수를 모두 삭제하는 게 좋다. R Studio - Options - General - Restore .Rdata into workspace at startup 은 R Studio 시작 시 .RData(저장해둔 환경)을 불러들여오는지를 설정한다. 특별한 이유가 없다면 체크하지 않는 것이 좋다.

13.1 제어문: 조건과 반복

- 일련의 함수들 중 일부를 조건에 따라, 혹은 반복적으로 실행해야 할 경우가 있다.
    - 조건문: if/else, ifelse, switch
    - 반복문: for, while, repeat(next, break)

13.1.1 조건문

- 조건에 따라 다른 결과를 얻게 되는 if/else, ifelse, switch중 ifelse와 switch는 함수이고, if/else는 흐름 제어문이다.
  - if/else의 의미는 바뀔 수 없는 예약어이고 switch와 ifelse는 다른 함수로 정의할 수도 있다.

```
s = 'here'
if (s == "here") {
  print("Seoul")
} else {
  print("Somewhere else than Seoul")
}

## [1] "Seoul"
s2 <- ifelse(s=="here",
             "Moon", # if s=="here"
             "Somewhere else than Moon") # if s!="here"

x <- "two"
switch(x,
       one = 1,
       two = 2,
       3)

## [1] 2
x <- "two"; z <- 3
switch(x,
       one=1,
       two={
         y <- paste(x,"is entered.")
         z + 1},
       three=z^2)

## [1] 4
```

- **문제 1:** 변수 x에 1,2,3,4 중의 한 수가 저장되어 있다. 1일 때는 "one", 2일 때는 "two", 그 외에는 else!라고 출력하는 R 스크립트를 작성하세요.
- **문제 2:** 변수 ch에 문자가 저장되어 있다. 'a' 또는 'b'일 때는 1을, 'c' 또는 'd'일 때는 3을, 그 밖의 경우에는 0을 출력하세요.

13.1.2 반복문

- 다음은 1부터 10까지 더하는 프로그램을 for, while, repeat를 사용하여 구현하였다. for, while, repeat는 거의 모든 컴퓨터 언어에서 사용하는 반복문이기 때문에

13.1. 제어문: 조건과 반복

쉽게 이해할 수 있을 것이다. 단, repeat의 경우 조건 반복이 아니라 무조건 무한 반복하는 제어문이기 때문에 조건문과 break을 써서 무한 반복에서 탈출한다.

```
# for
s=0
for (i in 1:10)
  s = s + i
print(s)

## [1] 55

# while
s=0; i=1
while (i <= 10) {
  s=s+i;
  i=i+1
}
print(s)

## [1] 55

# repeat
s=0; i=1
repeat {
  s=s+i; i=i+1
  if (i>10) break
}
print(s)

## [1] 55
```

- break는 for, while, repeat를 끝내라는 의미이고, next는 반복되는 부분 중 나머지를 건너뛰고 반복되는 부분의 처음으로 되돌아 가라는 의미이다.

13.1.3 다중 반복문

for와 같은 반복 안에 다시 for를 써서 다중 반복문을 만들 수 있다. **반복 안의 반복**이다. 러시아의 마트료시카[1]나 영화 인셉션(Inception)[2]의 꿈 속의 꿈과 비슷하다.

다중 반복문에서 까다로운 문제 하나는 어떻게 깊은 꿈 속에서 깨어나는가이다. 여기에는 두 가지 선택지가 있을 수 있다.

- 여러 번 break를 반복한다.[3]
- 함수 안에서 return을 쓴다.

---
[1] 까고 까도 새로운 인형이 나오는 러시아의 목각 인형
[2] 꿈 속에서 다시 꿈을 꾸고, 그 꿈 속에서 다시 꿈을 꾸는 내용의 영화
[3] 몇몇 프로그래머들은 이런 이유로 구조적 프로그래머들의 주장과 달리 goto문을 적절하게 사용할 수 있어야 한다고 주장한다.(구조화 프로그래밍: goto와 같이 멋대로 분기하는 프로그램은 읽기고 설켜 사람이 이해하기

```
for (i in 1:10) {
  for (j in 1:10) {
    for (z in 1:10) {
      if (i+j+z == 15) break }
    if (i+j+z == 15) break }
  if (i+j+z == 15) break }
print(c(i,j,z))

## [1]  1  4 10

f = function() {
  for (i in 1:10) {
    for (j in 1:10) {
      for (z in 1:10) {
        if (i+j+z == 15) return(c(i,j,z))
      }}}}
f()

## [1]  1  4 10
```

13.1.4 반복문 다시 보기

13.1.4.1 반복문의 기본적인 구조

1. 결과를 저장할 장소(변수)를 마련한다.
2. 특정한 값을 따라, 혹은 주어진 조건이 만족할 때까지 반복하도록 한다.
3. 반복되는 내용

- 예: 1부터 10까지 더하기

```
s=0 # 결과를 저장할 변수 s
for (i in 1:10) # 변수 i가 1부터10까지 반복된다.
  s = s + i # 반복되어 수행되는 작업
print(s)

## [1] 55
```

- 예: 벡터 x의 모든 원소에 대해 제곱한 값 구하기

```
x = c(1, 3, 5, 9, 15)
s = rep(NA, 5) # 결과를 저장할 변수 s
#for (i in 1:5) # 변수 가i 벡터 의x 길이에 맞춰 변한다.
#for (i in 1:length(x))
for (i in seq_along(x))
```

힘든 스파게티 프로그램이 되기 때문에 goto문을 금지하고 for 또는 while과 같은 반복문, 조건문으로 대체하는 프로그래밍 방법)

```
    s[i] = x[i]^2  # 반복되어 수행되는 작업
print(s)
```

```
## [1]   1   9  25  81 225
```

위의 코드에는 for문을 돌리는 3가지 방법을 주석문에 제시하였다.

- `for (i in 1:5)` : 만약 벡터의 길이를 알고, 그 길이가 변하지 않는다면.
- `for (i in 1:length(x))` : 만약 벡터의 길이를 사전에 알 수 없다면. 이때 잠재적 문제의 하나는 벡터 x의 길이가 0일 수도 있다는 점이다. 만약 벡터 x의 길이가 0이라면 `for (i in 1:0)`이 실행되고 x[1]과 x[0]은 모두 NULL이다.
- `for (i in seq_along(x))` : 위의 단점 때문에 Hadley(2017)은 이 방법을 권장했다. `seq_along(x)`는 벡터 x의 길이가 0보다 클 때에는 `1:length(x)`와 동일하다. 만약 벡터 x의 길이가 0이라면 for문은 실행되지 않는다. 하지만 필자가 이 방법을 사용해 본 결과 단점이 전혀 없는 것은 아니었다. 만약 계속 스크립트를 수정, 개선하고 디버깅을 하고 있는 경우에는 for문을 i가 1이 아니라 중간 숫자부터 돌려봐야 하는 경우가 생기기 때문이다. 이 경우에는 다음의 형태를 사용하면 될 것이다.

```
x = c(1, 3, 5, 9, 15)
s = rep(NA, 5)
```

```
for (i in seq_along(x)) if (i <= 2) next  # i가 2이하일 때는 건너뛴다
  s[i] = x[i]^2  # 반복되어 수행되는 작업
print(s)
```

```
## [1]  NA  NA  NA  NA 225
```

13.1.4.2 반복문의 대체

다음의 코드는 for 문을 대체하는 두 가지 방법을 보여준다.

- 벡터화된 함수 : 벡터화된 함수는 벡터의 모든 원소에 함수를 적용한다.
- sapply 함수 : `sapply(x, func)`는 x[[1]]에 func을 적용한 결과를 첫 번째 원소에, x[[2]]에 func을 적용한 결과를 두 번째 원소에 저장한다.

```
# 01. Vectorized function
x <- c(1, 3, 5, 9, 15)
s <- sqrt(x)
s
```

```
## [1] 1.000000000000 1.732050807569 2.236067977500 3.000000000000
## [5] 3.872983346207
```

```
# 02. sapply
x <- c(1, 3, 5, 9, 15)
s <- sapply(x, sqrt)
s
```

```
## [1] 1.000000000000 1.732050807569 2.236067977500 3.000000000000
## [5] 3.872983346207
```

- 다음의 예는 벡터화되지 않은 함수를 Vectorize란 함수를 활용하여 벡터화하는 과정을 보여준다.

```
# 01. if the function is not vectorized
tonum = function(x) {
  switch(x, one = 1, two = 2, 3)
}
x <- c("one", "three", "two", "four", "two")
s <- tonum(x)

## Error in switch(x, one = 1, two = 2, 3): EXPR must be a length 1 vector
tonumV = Vectorize(tonum)
s <- tonumV(x)
print(s)

##   one three   two  four   two
##     1     3     2     3     2
# 02. sapply with Vectorized function
x <- c("one", "three", "two", "four", "two")
s <- sapply(x, tonumV)
print(s)

##   one.one three.three     two.two   four.four     two.two
##         1           3           2           3           2
```

sapply을 for문을 대신해서 쓸 수 있다. 예전에 작성된 R 스크립트에서 종종 등장했다. 하지만 for문과 달리 next/break를 사용할 수 없고, 최근에는 속도도 더 느리기 때문에 다른 언어 사용자들을 골탕먹일 의미가 아니라면 굳이 사용할 이유가 없어 보인다.

```
# 01a. for
x <- c(1, 3, 7, 2, 5)
s <- rep(NA, length(x))
for (i in 1:10) {
  s[i] <- x[i]^2
}

# 01b. sapply
x <- c(1, 3, 7, 2, 5)
s <- rep(NA, length(x))
s <- sapply(1:5, function(i) x[i]^2)

# 02a. for
x <- c(1, 3, 7, 2, 5)
```

13.1. 제어문: 조건과 반복

```
s <- 0
for (i in 1:10) {
  s <- s + x[i]^2
}

# 02b. sapply
x <- c(1, 3, 7, 2, 5)
s <- 0
invisible(sapply(1:5, function(i) s <<- x[i]^2))
```

13.1.4.3 for의 몇 가지 변형

- for (x in xs), for (nm in names(xs))
  - for 문은 for (i in 1:100)처럼 인덱스를 하나씩 증가시키지 않고, 필요한 내용을 벡터 또는 리스트에 저장하여서 반복하거나, 필요한 내용을 담고 있는 벡터 또는 리스트의 원소 이름을 사용하여 반복할 수도 있다.
- 결과의 길이가 가변적일 때: 결과를 먼저 리스트에 담는다.

```
x <- c(1, 3, 2, 4)
result = vector("list", length(x))
# result = c()
for (i in seq_along(x)) {
  result[[i]] = rep(x, x)
  # result = c(result, rep(x,x))
}
result <- unlist(result)
```

위의 코드에서 주석(# 이후 부분)은 초보자가 하기 쉬운 실수를 보여주고 있다. 처음에 빈 벡터를 하나 만든 후에 계속 기존의 벡터와 새로운 벡터를 concatenate(연결) 해 나간다 (result=c(result, rep(x,x))). 하지만 이런 방법은 벡터가 길어질수록 엄청나게 느려지는 단점이 있으므로 지양해야 한다.[4]

- 반복의 횟수가 가변적일 때: while, repeat/break
  - 만약 반복의 횟수가 for을 시작하기 전에 알 수 없을 때에는 while 또는 repeat 문을 써야 한다.

---

[4]페인트공 알고리즘(Schlemiel the Painter's algorithm)과 비슷한 상황이다. 조엘 스폴스키(Joel spolsky)의 저서 '조엘 온 소프트웨어'에서 소개된 내용으로 다음과 같다. 도로 차선 페인트 작업을 하는 러시아 페인트공이 있었습니다. 작업 첫날 페인트공은 페인트 통을 들고 나가서 300야드를 칠했습니다. 깜짝 놀란 책임자는 "정말 놀라운데! 정말 손놀림이 좋군."이라며, 페인트공에게 1코펙을 주었습니다. 다음날 페인트공은 겨우 150야드만 칠했습니다. 그래도 책임자는 "음, 어제 만큼은 못하지만, 여전히 손놀림이 좋아. 150야드도 대단하지.", 라며, 1코펙을 주었습니다. 그 다음날 페인트공은 30야드를 칠했습니다. 책임자는 "고작 30야드라니! 용납할 수 없네! 첫날에는 어떻게 오늘보다 10배를 넘게 칠한건가? 도대체 뭐가 문제야?" 라고 윽박질렀습니다. 풀이 죽은 페인트공은 이렇게 말했습니다. "저도 어쩔 수 없었습니다. 매일 페인트통에서 점점 멀어지니까요."

13.1.4.4 반복문의 속도 비교

- 동일한 반복 작업을 수행하는 여러 가지 다른 방법의 속도를 비교해 보면 속도의 순서는 대부분 다음과 같다.

    R의 내장 함수 > apply > for

```
mat <- matrix(1:1000, 1000, 1000, byrow = T)
# R 내장 함수
result <- colSums(mat)

# apply
result <- apply(mat, 2, sum)

# for
result <- rep(NA, 1000)  # result <- NA, length(result) <- 1000
for (i in 1:ncol(mat)) {
  result[i] <- sum(mat[, i])
}
```

R의 과거 버전에서는 for문을 쓰는 것보다 apply을 쓰는 것이 압도적으로 빨랐다. 하지만 Hadley가 지적했듯이 최근 버전의 R에서는 for문을 사용해도 성능 저하가 그리 크지 않다.

여기서 잠깐 실험을 해보자. 아래의 코드로 동일한 기능(행렬의 각 열을 합한다)을 하는 서로 다른 방법에 대한 소요 시간을 측정해 보면 다음과 같다.

	colSums	apply(, 2, sum)	for
소요 시간(초)	0.911	9.774	5.705

위의 결과를 보면 속도 순서는 첫 번째가 R에서 그 기능만을 위해 특별히 제작된 함수, 두 번째가 for, 세 번째가 apply이다. 이 경우에는 위에서 얘기한 일반적인 경우와 다소 차이를 보인다. 따라서 속도가 중요한 경우에는 상황과 조건에 맞춰 모의 실험을 해보는 것이 좋을 것이다.[5]

13.2 함수

13.2.1 함수(Functions)

- 스크립트와 비슷하게 **반복해서 활용하게 될 코드**를 모아 놓은 것.
- **매번 동일하게 실행되는 부분**과 **달라지는 부분**으로 구분해 볼 수 있다.

---

[5]시뮬레이션 소스 코드는 http://ds.sumeun.org 에서 확인할 수 있다.

13.2.2 함수 만들기의 예

다음은 1에서 5까지의 합, 1에서 10까지의 합, 1에서 20까지의 합을 구하고 있다.

```
s = 0
for (i in 1:5) {
  s = s + i
}
print(s)
## [1] 15

s = 0
for (i in 1:10) {
  s = s + i
}
print(s)
## [1] 55

s = 0
for (i in 1:20) {
  s = s + i
}
print(s)
## [1] 210
```

여기서 공통되는 부분을 함수로 나타내는 방법은 다음과 같이 진행할 수 있다.

- **공통되는 부분**을 확인한 후, **달라지는 부분**을 변수로 치환한다.
- 전체를 { }로 감싼다.
- **반환값**을 명시한다: return( )
- **함수의 이름**과 **인자**를 명시한다: = function(a, b, ...)

이를 따라 해보자.

달라지는 부분을 변수로 나타낸다 (앞의 예에서 **5, 10, 20**).

```
s=0
for (i in 1:n) {
  s = s + i }
print(s)
```

전체를 { }로 감싼다.

```
{
  s=0
  for (i in 1:n) {
```

```
    s = s + i }
  print(s)
}
```

반환값을 명시한다.

```
{
  s=0
  for (i in 1:n) {
    s = s + i }
  print(s)
  return(s)
}
```

함수의 이름과 인자를 명시한다.

```
sumToN = function(n) {
  s=0
  for (i in 1:n) {
    s = s + i }
  print(s); return(s)  # 여기서 return은 생략하고 그냥 s로 써도 된다.
}
```

- 이제 새롭게 정의된 함수 sumToN을 활용하면 앞의 긴 스크립트는 다음과 같이 간단해 진다.

```
sumToN(5)
sumToN(10)
sumToN(20)

## [1] 15
## [1] 15
## [1] 55
## [1] 55
## [1] 210
## [1] 210
```

13.2.3 함수의 인자

인자가 여럿일 때 구분하는 방법은 1) 이름으로, 2) 위치로, 3) 부분 매칭(partial matching)이 있다. 다음의 함수를 예로 설명해보자.

```
# startNum부터 endNum까지 더하는 함수
sumAToB = function(startNum, endNum) {
  s = 0
```

13.2. 함수

```
  for (i in startNum:endNum) {
    s = s + i
  }
  s    # s 대신 invisible(s)로 써보자.
  # x = sumAToB(1,10)에서는 차이가 없지만 sumAToB(1,10)의 출력이
  # 달라진다.
}
```

1. 이름으로 : sumAToB(startNum=1, endNum=5), sumAToB(endNum=5,startNum=1)

2. 위치로 : sumAToB(1, 5)

3. 부분 매칭으로 : sumAToB(startNum = 1, end=5)

13.2.3.1 인자

인자는 기본값(default value)을 설정해 줄 수 있고, 기본값이 주어진 인자는 함수를 부를 때 생략할 수 있다.

```
sumAToB2 = function(startNum = 1, endNum = 10) {
  s = 0
  for (i in startNum:endNum) {
    s = s + i
  }
  print(s)
  return(s)
}
```

함수는 ...(dot-dot-dot)을 활용하여 불특정 다수의 인자를 받아들일 수 있다. 이때에는 부분 매칭이 불가능하다. 보통 함 mean에서처럼 인자의 갯수가 가변적이거나 인자들을 다른 함수로 넘길 때 사용된다.

```
sqPlot = function(x, y, ...) {
  plot(x, y^2, ...)
}
sqPlot((-3):3, (-3):3)
sqPlot((-3):3, (-3):3, col = "gray50", pch = 3)
```

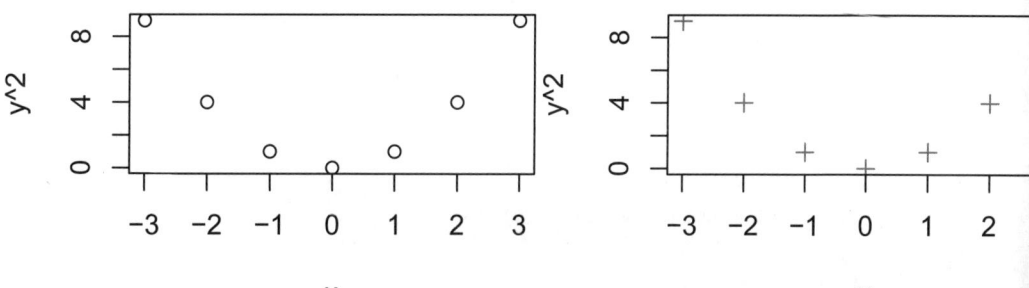

... 이후의 인자는 부분매칭이 되지 않는다.

```r
# startNum부터 endNum까지 더하는 함수
sumAToB3 = function(..., startNum, endNum) {
  args <- list(...)
  step = ifelse(is.null(args$step), 1, args$step)
  return(sum(seq(from = startNum, to = endNum, by = args$step)))
}
sumAToB3(startNum = 1, end = 5)
```

```
## Error in seq.default(from = startNum, to = endNum, by = args$step): argument "endNum" is r
```

위의 코드에서 보듯이 ...의 인자는 list(...)를 통해 리스트로 변환한 후 확인할 수 있다.

```r
sumAToB3(startNum = 1, endNum = 10, step = 2)   # 1+3+5+7+9 = 25
```

```
## [1] 25
```

만약 함수가 제대로 작동하기 위해 인자가 특별한 조건을 만족해야 하는 경우가 있다. 이때에는 if문과 stop("Error Message")을 활용할 수 있다. 논리적 오류에 강건한 함수를 만드는데 도움이 된다. 다음의 boxcox함수는 x와 lambda 두 인자를 받는데 lambda는 길이가 1이어야 한다. 만약 그렇지 않다면 boxcox 함수는 에러를 발생시킨다.

```r
boxcox = function(x, lambda = 1) {
  if (length(lambda) != 1)
    stop("the length of lambda must be one.")

  if (lambda != 0) {
    return((x^lambda - 1)/lambda)
  } else {
    log(x)
  }
}
boxcox(c(1, 3, 2))
boxcox(c(1, 3, 2), 2)
boxcox(c(1, 3, 2), c(1, 2))
```

```
## Error in boxcox(c(1, 3, 2), c(1, 2)): the length of lambda must be one.
```

```
## [1] 0 2 1
## [1] 0.0 4.0 1.5
```

stopifnot(cond)으로 대체할 수도 있다. 에러 메세지는 조건문이 그대로 출력된다.

```r
boxcox = function(x, lambda = 1) {
  stopifnot(length(lambda) == 1)

  if (lambda != 0) {
```

13.2. 함수

```
    return((x^lambda - 1)/lambda)
  } else {
    log(x)
  }
}
boxcox(c(1, 3, 2))
boxcox(c(1, 3, 2), 2)
boxcox(c(1, 3, 2), c(1, 2))
```

```
## Error in boxcox(c(1, 3, 2), c(1, 2)): length(lambda) == 1 is not TRUE
```

```
## [1] 0 2 1
## [1] 0.0 4.0 1.5
```

13.2.4 함수와 인자의 클래스

- **범용함수(Generic function)**: 인자의 클래스(class)에 따라 함수의 행동이 달라지는 함수이다. methods( )를 통해 클래스에 따른 함수를 확인할 수 있다.

```
options(max.print = 10)
methods(print)    # 또는 methods('print')
```

```
##   [1] print,ANY-method             print,diagonalMatrix-method
##   [3] print,sparseMatrix-method    print.acf*
##   [5] print.AES*                   print.all_vars*
##   [7] print.anova*                 print.anova.gam*
##   [9] print.anova.lme*             print.Anova.mlm*
##  [ reached getOption("max.print") -- omitted 423 entries ]
## see '?methods' for accessing help and source code
```

```
methods(summary)
```

```
##   [1] summary,ANY-method              summary,DBIObject-method
##   [3] summary,diagonalMatrix-method   summary,sparseMatrix-method
##   [5] summary.Anova.mlm*              summary.aov
##   [7] summary.aovlist*                summary.aspell*
##   [9] summary.bcnPowerTransform*      summary.bcnPowerTransformlmer*
##  [ reached getOption("max.print") -- omitted 90 entries ]
## see '?methods' for accessing help and source code
```

print라는 함수는 입력되는 인자의 클래스에 따라 서로 다른 함수를 부르는데 예를 들어 만약 인자의 클래스가 factor라면 print.factor라는 함수를 부른다. 만약 인자의 클래스가 xyz인데, print.xyz라는 함수가 존재하지 않는다면, print.default 함수를 부른다.

13.2.5 그 밖의 몇 가지

- R은 기본적으로 Call by value이다. 함수의 인자는 인자의 주소가 아니라 값이 함수로 전달된다.

- 함수 내에서 사용된 변수는 함수가 끝나는 순간 사라진다.

- 함수 밖에서 할당된 변수는 참조할 수 있지만 = 또는 <-로 수정할 수 없다. 따라서 R의 함수 내 변수는 흔히 말하는 지역 변수(local variables)라고 할 수 있다.

- 만약 함수 밖에서 할당된 변수에 새로운 값을 할당하려면 연산자 <<-를 사용한다.

- R의 어떤 함수에 대해 도움말을 보고 싶다면 ? 또는 help( )를 사용한다. 예를 들어 함수 read.table에 대한 도움말을 보고 싶다면 help(read.table)을 콘솔에 입력한다.

    - 도움말의 첫 부분 Usage를 보면 함수와 인자가 소개되고 인자의 기본값을 확인할 수 있다. 여기서 numerals=c("allow.loss"", "warn.loss", "no.loss")로 나타난 부분은 인자 numeral를 "allow.loss" 또는 "warn.loss" 또는 "no.loss"로 설정할 수 있음을 나타낸다.

- 만약 함수 plot에 대한 예시를 보고 싶다면 example(plot)을 해본다. 다른 함수에 대해서도 example( )를 해보자. (예. example(print))

13.2.6 디버깅

- R studio에는 함수 내부를 디버깅할 수 있는 도구가 마련되어 있다. 특히 breakpoint를 지정하는 방법을 숙지하자. 에러가 발생되었을 때, Show Traceback, Rerun with Debug 등을 사용할 수 있다.

- 특정한 조건에서 디버깅을 하기 위해 if (cond) browser()도 유용하다. 변수를 확인하거나, n(next), s(step-in), c(continue), f(finish), Q(Quit) 등을 사용하여 코드를 하나씩 실행시킨다.[6]

---

[6]만약 next가 아니라 변수 n을 확인하고자 한다면 eval(n)을 사용한다.

제 14 장

기술 통계량

14.1 1변수 기술 통계량

기술 통계량(Descriptive Statistics)은 주어진 자료를 몇 개의 숫자로 요약하여 나타낸다. 예를 들어 평균이나 분산, 표준편차 등은 자료의 주요 특성인 중심의 위치와 퍼짐 정도를 드러낸다.

요약 통계치는 크게 **집중경향치**와 **변산성 측정치**로 구분할 수 있다. * **집중경향치** : 자료의 중심이 어디인지를 나타낸다. **중심**을 어떻게 정의하느냐에 따라 통계량이 달라진다. 평균(mean), 중앙값(median), 최빈값(mode), 절사평균(trimmed mean) 등이 많이 쓰인다. * **변산성 측정치** : 자료가 얼마나 넓게 분포되어 있는가를 나타낸다. 범위(range), 사분점간 범위(inter-quartile range), 분산(variance), 표준편차(standard deviation) 등이 많이 쓰인다. * 그 외의 요약 통계치 : 그 외에도 분포의 **대칭성**을 드러내는 왜도 (skewness; 대칭도)와 분포의 **뾰족한 정도**를 나타내는 첨도(kurtosis)가 있다.

14.1.1 집중경향치

- 평균 mean() : $\frac{\sum_{i=1}^{n} x_i}{n}$ (x_i:i-번째 측정값, n:데이터의 갯수)
- 중앙값 median() : 관찰된 값을 정렬했을 때 가운데 값. 만약 값의 갯수가 짝수라면 보통 중간의 두 값을 평균한다.
- 최빈값 Mode()[1] : 가장 관찰된 빈도가 높은 값

```
Mode <- function(x) {
  ux <- unique(x)
```

---

[1]함수는 https://stackoverflow.com/questions/2547402/is-there-a-built-in-function-for-finding-the-mode에서 가져왔다. 이 함수는 최빈값이 여럿일 때에도, 한 값만 반환한다. 최빈값의 영어 번역은 mode 이지만 R의 mode() 함수는 다른 기능을 수행하기 때문에 함수이름을 Mode()로 한 것 같다. R의 함수 mode()는 어떤 변수(객체)의 저장모드(mode)를 반환한다.

```
    ux[which.max(tabulate(match(x, ux)))]
}
```

- 절사평균 mean(, trim = 0.2) : 관찰된 값에서 양극단의 값을 일정비율 제외한 후의 평균(trim= : 자료의 양극단에서 제외(절사)되는 비율)

다음은 표준정규분포를 따르는 임의의 값 10개를 추출하여 집중경향치를 구한다.

```
set.seed(0); x <- rnorm(10); x
mean(x)
median(x)
Mode(x) # table을 통해 빈도수를 확인할 수 있다.
mean(x, trim = 0.2)
```

```
## [1]  1.262954284880793 -0.326233360705649  1.329799262922501
## [4]  1.272429321429405  0.414641434456408 -1.539950041903710
## [7] -0.928567034713538 -0.294720446790560 -0.005767172747537
## [10] 2.404653388857951
## [1] 0.3589239635686
## [1] 0.2044371308544
## [1] 1.262954284881
## [1] 0.3872173434205
```

14.1.2 변산성 측정치

- 범위 : max()-min() (최대값과 최소값의 차이)
- 최대값 : max()
- 최소값 : min()
- 사분점간 범위 : IQR()
- 분산 : var()
- 표준편차 : sd()

다음은 벡터 x에서 변산성 측정치를 구한다.

```
max(x)-min(x)
IQR(x)
var(x)
sd(x)
```

```
## [1] 3.944603430762
## [1] 1.588415694519
## [1] 1.452835753785
## [1] 1.205336365412
```

참고로 백분위수는 중앙값, 최대값, 최소값 등을 모두 나타낼 수 있는 개념이다. R에서 백분위수는 quantile() 함수로 구한다.

14.1. 1변수 기술 통계량

- 중앙값(50%-백분위수): quantile(x, probs=0.5)
- 최소값(0%-백분위수): quantile(x, probs=0)
- 최대값(100%-백분위수): quantile(x, probs=1)

중앙값, 최소값, 최대값을 모두 함께 구하려면 quantile(x, probs=c(0, 0.5, 1)).

14.1.3 범주형, 순위형 변수

만약 범주형 또는 순위형 변수에 대해 요약 통계치를 구하고자 한다면 앞에서 얘기한 많은 통계량이 쓸모 없다.

범주형을 예로 들어보자. 만약 서울, 부산, 대구를 1, 2, 3으로 코딩을 하고, 빈도수가 2,1,3일 때 평균을 구하면 2.1666666666667이다. 하지만 이게 무슨 의미가 있을까?

서울, 부산, 대구를 1,2,3으로 코딩한 것은 단순히 편의를 위해서이다. 서울, 부산, 대구를 3, 2, 1로 코딩하거나 2, 1, 3으로 코딩해도 무방하다. 하지만 코딩 방법에 따라 평균은 달라진다!

분산이나 표준편차의 경우도 평균과 마찬가지로 코딩 방법에 따라 달라진다. 범주형 변수에서 사용할 수 있는 변산성 측정치는 엔트로피(entropy)와 지니불순도(gini impurity index)가 있다.[2]

- 엔트로피[3] : entropy::entropy(table(x))
- 지니불순도[4] : 1-sum(prop.table(table(x))^2)

```
gini = function(x, ...) { #useNA = 'always', 'no', 'ifany'
  1-sum(prop.table(table(x, ...))^2)
}
```

범주형, 순위형 자료를 요약하는 한 가지 방법은 표(테이블)을 작성하는 것이다.

- 빈도표 : table()
- 비율표 : prop.table()

빈도표(table())는 선택사항이 있다. NA를 포함할 것인가? 포함한다면 언제 포함할 것인가?

- table(x, useNA = 'no') : NA를 제외한 빈도표
- table(x, useNA = 'ifany') : NA가 있다면 포함해라
- table(x, useNA = 'always') : NA를 언제나 포함해라

---

[2]엔트로피와 지니불순도는 범주형 데이터의 산포도를 나타낼 수 있는 통계량이지만 자주 쓰이지는 않는다. 범주의 갯수가 작다면 빈도표로도 충분하기 때문이다.

[3]**엔트로피**는 무작위도라고도 불리며, $-\sum_i p_i \log(p_i)$로 구한다. 하나의 범주의 비율이 높아지면 엔트로피는 작아지며, 한 범주가 비율 1일 때 엔트로피는 0이 된다. 최대값은 모든 범주의 비율이 $1/n$으로 동일할 때, $\log n$ (n: 범주의 갯수)이다.

[4]**지니불순도**는 $1 - \sum_i p_i^2$으로 정의된다. 비율에 맞춰서 임의로, 그리고 독립적으로 범주를 선택했을 때, 두 범주가 다를 확률이다. 만약 하나의 범주가 큰 비율을 차지한다면 지니불순도는 0이 된다. 만약 여러 범주가 비슷한 비율을 차지한다면 지니불순도는 커진다.

비율표(prop.table())는 빈도표를 사용해서 비율표를 만들어 준다.

14.2 데이터 프레임의 모든 변수(컬럼)에 대해 요약통계치 구하기

R에는 데이터 프레임 전체에 대해 요약통계치를 구할 수 있는 함수가 있다. 그리고 원하는 함수를 비교적 쉽게 직접 만들 수도 있다. 물론 이미 만들어져 있는 함수를 이용하는 것이 편하다. 다음에는 R에서 한 데이터 프레임 전체에 대해 요약 통계치를 쉽게 구해 볼 수 있는 함수들을 소개한다.

- summary()
- prettyR::freq()
- psych::describe()
- Hmisc::describe()
- pastecs::stat.desc()

14.2.1 summary()

- **수치형 변수**(numeric)에 대해서는 최소값, 일사분위수, 중앙값, 평균, 삼사분위수, 최대값을 구한다.
- **범주형 변수**(factor, ordered)에 대해서는 각 범주에 대해 빈도수를 구한다.
- **문자열 변수**(character)에 대해서는 **내용에 관계없이** Class :character를 보여준다. 그냥 문자열이라는 의미이다.

```
data(mpg, package='ggplot2'); require(dplyr)
mpg$drv <- ordered(mpg$drv, levels=c("f", "r", "4"))
mpg$fl <- factor(mpg$fl)
mpg2 <- mpg %>% select(class, drv, fl, hwy)
summary(mpg2)
##     class              drv        fl          hwy
##  Length:234         f:106      c:  1     Min.   :12.00000000
##  Class :character   r: 25      d:  5     1st Qu.:18.00000000
##  Mode  :character   4:103      e:  8     Median :24.00000000
##                                p: 52     Mean   :23.44017094
##                                r:168     3rd Qu.:27.00000000
##                                          Max.   :44.00000000
```

14.2.2 prettyR::freq()

- 변수의 데이터 타입에 상관없이 빈도표와 비율을 보여준다. (수치형 데이터의 경우 빈도표가 엄청나게 길어질 수 있다.)
- 비율은 전체 데이터에서의 비율(%)과 결측치를 제외한 데이터에서의 비율(%!NA)을 보여준다.

14.2. 데이터 프레임의 모든 변수(컬럼)에 대해 요약통계치 구하기

```
prettyR::freq(mpg2)

## Frequencies for drv
##           f    4    r   NA
##         106  103   25    0
## %      45.3   44 10.7    0
## %!NA   45.3   44 10.7
##
## Frequencies for hwy
##         26   17   29   25   27   19   24   20   15   18   16   22 ...
##         32   31   22   15   14   13   13   11   10   10    7    7 ...
## %     13.7 13.2  9.4  6.4    6  5.6  5.6  4.7  4.3  4.3    3    3 ...
## %!NA  13.7 13.2  9.4  6.4    6  5.6  5.6  4.7  4.3  4.3    3    3 ...
```

14.2.3　psych::describe()

- **수치형 변수**의 경우에는 평균, 표준편차, 중앙값, 절사평균, 평균절대편차, 최대값, 범위, 왜도, 첨도, 표준오차를 보여준다.
- **범주형 변수**의 경우 수치형으로 변환하여 위의 요약치를 모두 보여준다.
- **문자형 변수**의 경우에는 의미있는 값을 보여주지 않는다(NA,NaN,Inf 등).

```
psych::describe(mpg2)
##
##         vars   n  mean   sd median trimmed  mad min  max range  skew ...
## class*    1 234   NaN   NA     NA     NaN   NA Inf -Inf  -Inf    NA ...
## drv*      2 234  1.99 0.95      2    1.98 1.48   1    3     2  0.03 ...
## fl*       3 234  4.63 0.70      5    4.77 0.00   1    5     4 -2.25 ...
## hwy       4 234 23.44 5.95     24   23.23 7.41  12   44    32  0.36 ...
```

14.2.4　Hmisc::describe()

- **수치형 변수**의 경우에 총 갯수, 결측치의 갯수, 서로 다른 값의 갯수와 분포를 보여주는 평균과 여러 백분위수를 보여준다. 그리고 다음의 기술통계량을 계산한다.
    - Info : 변수에 얼마나 동일한 값이 존재하지 않는지 나타낸다. 변수에 동일한 값이 많을 수록 작아진다.
    - Gmd(Gini's mean difference) : 임의의 두 값의 차이의 절대평균(강건한 산포도 측정값)

- **범주형 변수**에 대해서 결측치를 제외한 빈도와 비율을 보여준다.

```
Hmisc::describe(mpg2)

## -------------------------------------------------------------------
## drv
##        n  missing distinct
##      234        0        3
##
## Value          4    f    r
## Frequency    103  106   25
## Proportion 0.440 0.453 0.107
## -------------------------------------------------------------------
## hwy
##        n  missing distinct     Info     Mean      Gmd     .05     .10     .25     .50     .75 ...
##      234        0       27    0.993    23.44    6.668    15.0    16.3    18.0    24.0    27.0 ...
##
## lowest : 12 14 15 16 17, highest: 35 36 37 41 44
## -------------------------------------------------------------------
```

14.2.5 pastecs::stat.desc(dat)

- **수치형 변수**에 대해서는 총 갯수(nbr.val), NULL의 수(nbr.null), NA의 수(nbr.na), 최소값(min), 최대값(max), 범위(range), 총합(sum), 중앙값(median), 평균(mean), 평균의 표준오차(SE.mean), 평균의 95% 신뢰구간(CI.mean.0.95), 분산(var), 표준편차(std.dev), 변동계수(coef.var)를 구해준다.
- 수치형이 아닌 변수에 대해서는 모두 NA를 보여준다.

```
pastecs::stat.desc(mpg2)

##            class drv  fl          hwy
## nbr.val       NA  NA  NA  234.0000000
## nbr.null      NA  NA  NA    0.0000000
## nbr.na        NA  NA  NA    0.0000000
## min           NA  NA  NA   12.0000000
## max           NA  NA  NA   44.0000000
## range         NA  NA  NA   32.0000000
## sum           NA  NA  NA 5485.0000000
## median        NA  NA  NA   24.0000000
## ...
```

제 15 장

간편 시각화

조건	방법
1변수 시각화	이산형 데이터 plot(~ x), 연속형 데이터 hist(x)
2변수 시각화	plot(y ~ x, data =)
조건부 시각화	xyplot(y ~ x | g), histogram(~ y | x*g)

ggplot2 패키지를 활용한 본격적인 시각화를 들어가기 전에 lattice 패키지를 활용하여 간단하고 빠르게 시각화하여 데이터의 특징을 살펴볼 수 있는 방법을 설명한다.[1]

- 1변수의 시각화
    - 이산형 : plot(~ x)
    - 연속형 : hist(x)
- 2변수의 시각화
    - plot(y ~ x, data=)
- 조건부 1변수 시각화
    - lattice::histogram(~ x | g, data=)
- 조건부 2변수 시각화
    - x, y 이산형 : lattice::histogram(~ y | x*g, data=)
    - x 이산형, y 연속형 : lattice::xyplot(y ~ x | g, data = , jitter.x = TRUE)
    - x, y 연속형 : lattice::xyplot(y ~ x | g, data=)

---

[1]예를 들어 1변수 히스토그램을 그리려고 할 때, 간단하게 hist(x)이면 족하다. ggplot2의 경우에는 ggplot2(dat, aes(x=x)) + geom_histogram()으로 써야 한다.

15.1 간편 시각화의 예

15.1.1 일변수 분포

```
library(lattice)
data('BankWages', package='AER')
data(mtcars)

hist(BankWages$education) # 연속형 변수
plot( ~ gender, data=BankWages) # 이산형 변수
```

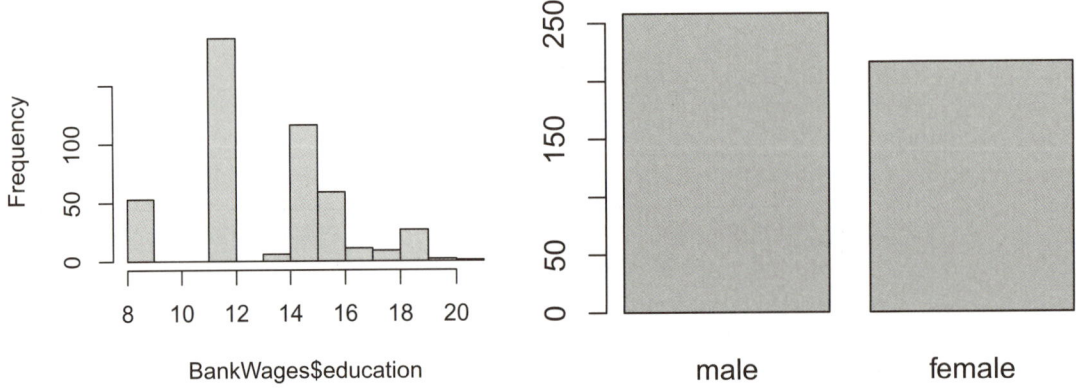

15.1. 간편 시각화의 예

15.1.2 이변수 플롯

```r
# 데이터 준비 : 범주 비율이 차이를 두기 위해서
Bank1 <- BankWages %>%
  slice(1:200) %>%
  filter(gender == "male")
Bank2 <- BankWages %>%
  slice(-(1:200))
Bank <- rbind(Bank1, Bank2)

# 이변수 그림 : x=이산형, y=이산형
plot(job ~ gender, data = Bank)
# 이변수 그림 : x=이산형, y=연속형
plot(education ~ gender, data = Bank)
# 이변수 그림 : x=연속형, y=연속형
plot(qsec ~ hp, mtcars)
```

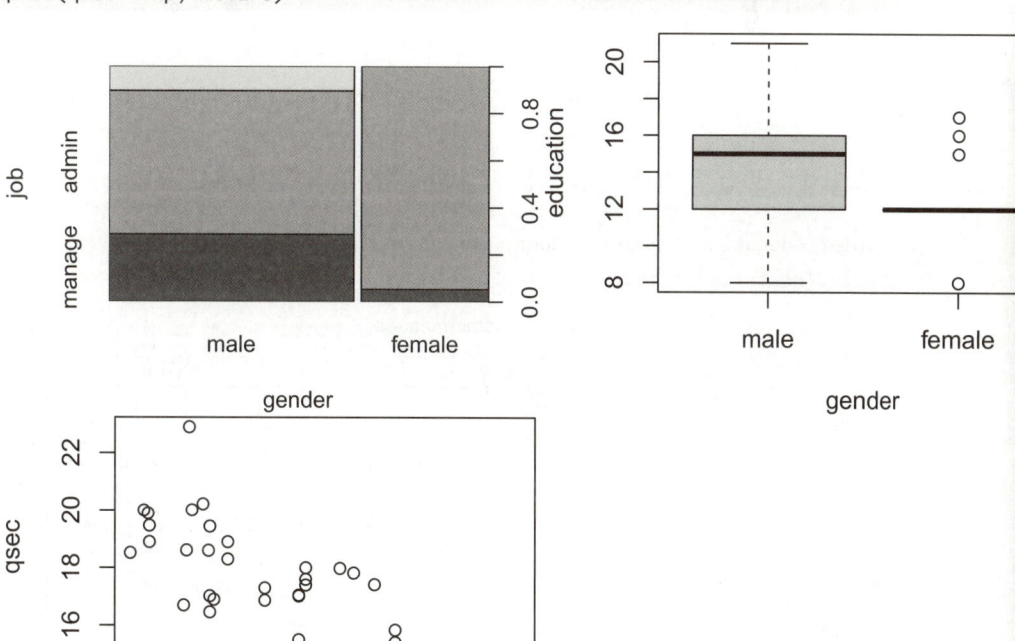

15.1.3 조건부 일변수 분포

```
histogram( ~ job | gender, BankWages)
histogram( ~ job | gender * minority, BankWages,
```

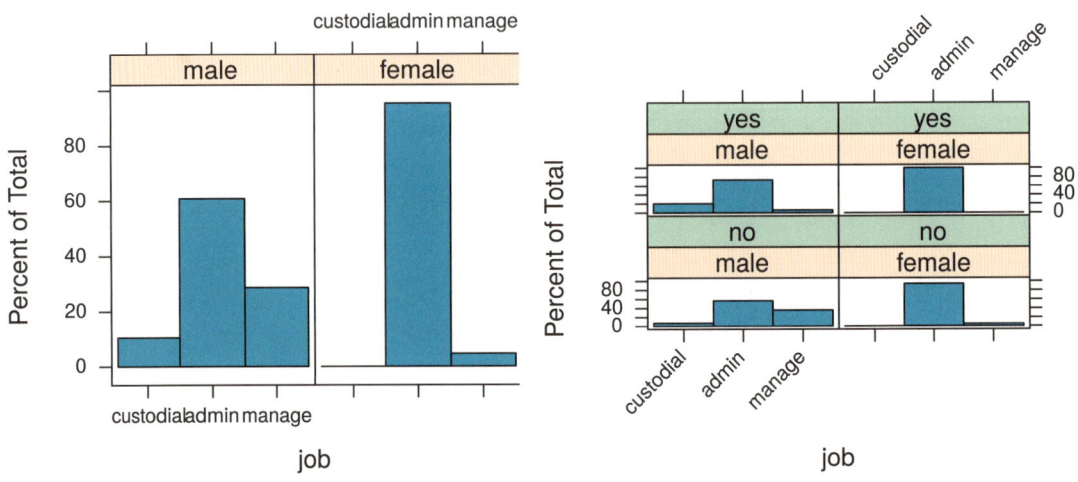

15.1.4 조건부 이변수 플롯($x=$ 범주형, $y=$ 연속형)

```
xyplot(education ~ job | gender, BankWages)
xyplot(education ~ job | gender, BankWages, jitter.x = TRUE)
```

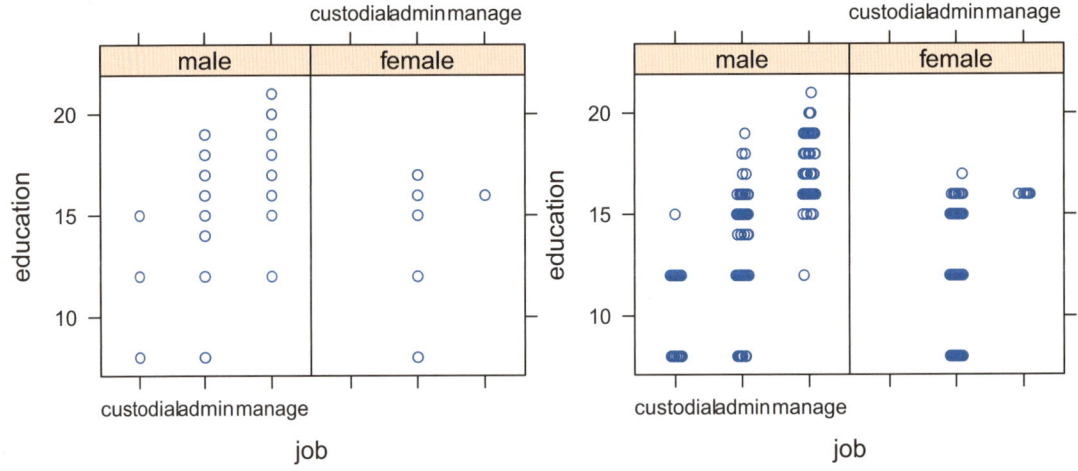

15.1.5 조건부 이변수 플롯($x = $ 연속형, $y = $ 연속형)

```
xyplot(qsec ~ hp | mpg, mtcars)
mpgequal <- equal.count(mtcars$mpg, number = 3, overlap = 0)
xyplot(qsec ~ hp | mpgequal, mtcars)

mpgequal <- equal.count(mtcars$mpg, number = 5, overlap = 0)
xyplot(qsec ~ hp | mpgequal, mtcars)

mpgequal <- equal.count(mtcars$mpg, number = 5, overlap = 0.2)
xyplot(qsec ~ hp | mpgequal, mtcars)
```

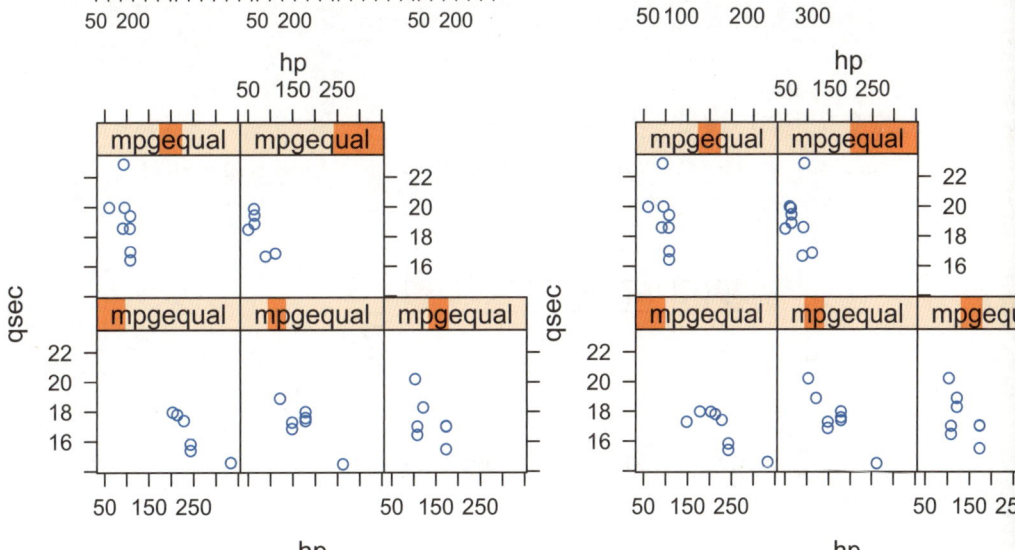

15.2 조건부 이변수 플롯(등구간 구획)

구간의 길이를 일정하게 하려면 다음과 같이 cut 함수를 쓸 수 있다.

```r
require(dplyr)
mtcars <- mtcars %>%
  mutate(mpgCut = cut(mpg, breaks = 5, include.lowers = TRUE))
xyplot(qsec ~ hp | mpgCut, mtcars)
```

만약 구간 사이에 조금의 overlap(겹침)이 필요한 경우는 다음과 같이 equal.count()에 대응하는 equal.interval()이라는 함수를 만들어 활용할 수 있다.

```r
equal.interval = function(v, breaks=10, na.rm=FALSE, overlap=0) {
  stopifnot(inherits(breaks, 'numeric') &
            inherits(v, 'numeric'))
  if (length(breaks) == 1) {
    int = (max(v, na.rm=na.rm)-min(v, na.rm=na.rm))/breaks
    br1 = min(v, na.rm=na.rm) + seq(0,breaks-1)*int - overlap/2*int
    br2 = min(v, na.rm=na.rm) + seq(1,breaks)*int + overlap/2*int
    return(shingle(v, cbind(br1,br2)))
  } else {
    int = breaks[-1] - breaks[-length(breaks)]
    br2 = breaks[-1] + overlap/2*int
    br1 = breaks[-length(breaks)] -overlap/2*int
    return(shingle(v, cbind(br1, br2)))
  }}
```

실제 데이터에 적용한 결과는 다음과 같다.

```r
mpgInt = equal.interval(mtcars$mpg, breaks = 6, overlap = 0.2)
xyplot(qsec ~ hp | mpgInt, mtcars)
```

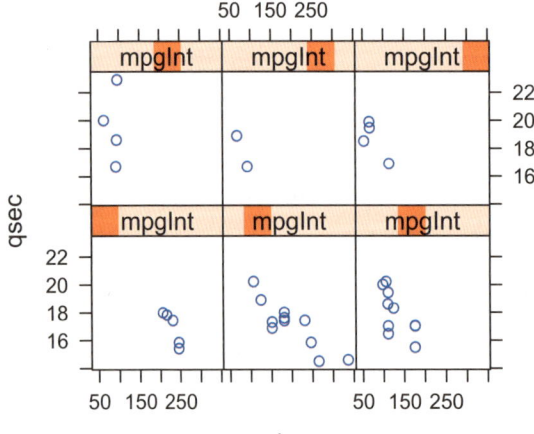

제 16 장

ggplot2

16.1 들어가기

package:ggplot2의 gg는 **G**rammar of **G**raphics의 약자이다. ggplot2는 Wilkinson 등이 The grammar of Graphics(2005)라는 책의 내용을 바탕으로 Hadley Wickham이 만든 패키지이다. Wickham은 ggplot2를 소개하기 위해 책 "ggplot2: Elegant Graphics for Data Analysis"를 쓰기도 했다.

시각화의 원리라고 할 수 있는 Grammar of Graphics는 자료 시각화의 핵심을 다음의 기본 3 요소로 정리하였다.

- **데이터(data)** : 무엇을 시각화할 것인가?
- **기하학적 대상(geom)** : 무엇으로 시각화할 것인가? 예) 점, 선, 막대 등
- **시각적 대응(aesthetics mapping)** : 기하학적 대상의 여러 특성(예. 위치, 크기, 모양, 색, 농도 등)을 통해 데이터의 어떤 변수를 시각화할 것인가?
  - 예를 들어 체중(data)을 점(geom)으로 시각화한다고 해보자. 체중은 점의 **위치**로 나타낼 수도 있고, 점의 **크기**로 나타낼 수도 있고, 점의 **농도**로 나타낼 수도 있다. 이때 체중과 같은 연속적 자료를 나타내기 적합한 시각적 특성이 있고, 그렇지 않은 시각적 특성이 있음을 유의하자. 예를 들어 체중을 **모양**으로 나타내기는 힘들 것이다(다음 페이지의 표 참조).
  - 다음의 표는 측정 척도의 종류와 적합한 시각적 특성을 나타낸다. 측정 척도 특성에 적합한 시각적 특성을 선택하지 않을 경우 자료에 담기지 않은 정보를 시각화하게 될 우려가 있다.(참고 링크[1])

---

[1] http://livingqlikview.com/the-9-worst-data-visualizations-ever-created

– 중요한 정보는 정확하게 인식할 수 있는 시각적 특성을 활용할 필요가 있다. 시각적 특성 인식의 정확성은 다음과 같다. 위치 > 길이 > 각도 > 면적 > 부피 > 색깔 > 밝기. 참고 링크[2]

여기서는 시각화 원리의 기본 3요소를 먼저 설명한 후, 그 밖의 부수적 요소를 설명하였다. 구체적으로 다음의 7가지 요소를 다룬다.

- 데이터(Data)
- 기하학적 대상(Geoms)
- 시각적 맵핑(Aesthetic mapping)
- 보조선(Auxillary lines)
- 좌표계(Coordinate System)
- 범례(Legends)
- 제목, 부제목, 설명, 테마(Title, subtitle, caption and themes)

측정 척도	가능한 연산	예	변환 가능한 시각적 특성
명목(Nominal)	==, !=	사람이름, 나라이름	위치, 색깔, 모양
서열(Ordianl)	==, !=, >, <	(상,중,하)	위치, 색깔, 모양, 크기, 농도
간격(Interval)	==, !=, >, <, +, -	날짜, 위치, 온도	위치, 크기, 색깔, 농도,
비율(Ratio)	==, !=, >, <, +, -, *, /	체중, 절대온도	위치, 크기, 색깔, 농도

---

[2]https://hci.stanford.edu/courses/cs448b/f09/lectures/CS448B-20091005-Perception.pdf

16.2 시각적 맵핑(Aesthetic mapping)

데이터는 `ggplot2` 패키지의 데이터 `mpg`를 활용했다. 이 데이터는 미국에서 1999년에서 2008년까지 38종의 대중적인 자동차에 대해 연비 데이터를 가지고 있다. `cty` 컬럼은 city miles per gallon(도심에서 1 갤런 당 주행거리(마일))을 나타내고, `hwy` 컬럼은 highway miles per gallon(고속도로에서 1 갤런 당 주행거리(마일))을 나타낸다(부록 <측정단위> 참고).

```
data(mpg, package = "ggplot2")
```

예를 들어 `mpg`의 `displ`(engine displacement=배기량)을 좌표의 x-위치로, `hwy`을 좌표의 y-위치로 변환해서 점(point)으로 시각화하고자 한다면 다음과 같이 쓴다.

```
ggplot(data = mpg, aes(x = displ, y = hwy)) + geom_point()
```

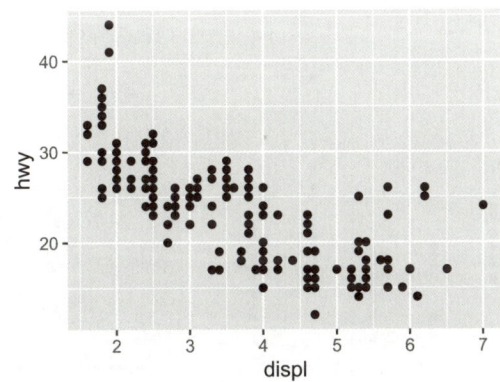

산포도를 그리기 위한 기본적인 틀은 아래와 같다. 여기서 `data=`는 시각화에 사용할 데이터를 결정하고, `aes()`는 Aesthetic mapping, 시각적 맵핑을 의미한다. `aes()` 안의 `x=`는 x-위치, `y=`는 y-위치, `col=`는 색깔, `shape=`은 모양을 나타낸다. `aes()` 안의 설정 내용을 기초로 데이터프레임의 열과 시각적 특성이 연결된다. 마지막으로 `geom_point()`는 앞에서 결정한 시각적 특성을 점이라는 기하학적 대상(geom)으로 시각화하겠다는 의미이다.

```
ggplot(data= , aes(x= , y= , col= , size= , shape= )) +
  geom_point()
```

두 개 이상의 기하학적 대상으로 시각화하는 경우(예. 점과 선)에는 다음과 같이 +로 연결한다. 이렇게 +로 기하학적 대상(geom)을 연결함으로써 동일한 데이터를 활용하여 여러 개의 기하학적 대상으로 시각화할 수 있다. (만약 각 기하학적 대상마다 다른 자료와 시각적 특성을 활용하고 싶다면 `aes()`를 각 `geom_****()` 안에 넣어준다.)

```
ggplot(data, aes(x= , y= , col= , size= , shape= )) +
  geom_point() +
  geom_line()
```

`geom_smooth()`는 여러 가지 방법(lm, glm 등)으로 데이터를 종합하여 하나의 선 또는 곡선으로 x에 대응하는 변수와 y에 대응하는 변수 관계를 시각화한다.

```
ggplot(data, aes(x=   , y=   , col=   , size=   , shape=   )) +
  geom_point() +
  geom_line() +
  geom_smooth(method='lm/glm/gam/loess/MASS::rlm', span=   , formula=   )
```

만약 x-위치 또는 y-위치를 결정하는 열이 범주 데이터라면 한 위치에 여러 점이 찍힐 수 있다. 이럴 때에는 geom_jitter()을 사용하여 위치를 살짝 변경하거나, geom_boxplot() 또는 geom_violin()을 사용하여 **분포**로 시각화할 수 있다.

```
# 자동차 연비(1999-2008)
ggplot(mpg, aes(x = class, y = cty)) + geom_point()
ggplot(mpg, aes(x = class, y = cty)) + geom_jitter(width = 0.2, height = 0.5)
ggplot(mpg, aes(x = class, y = cty)) + geom_boxplot()
ggplot(mpg, aes(x = class, y = cty)) + geom_violin()
```

16.2. 시각적 맵핑 (AESTHETIC MAPPING)

연속 변수의 분포를 히스토그램(histograms) 또는 빈도폴리곤(frequency polygons)으로 나타낼 수 있다. 이때 다음의 사항 중 하나를 결정해야 한다.

- bins : 구획의 갯수
- binwidth : 한 구획의 길이
- breaks : 구획의 시작점과 끝점

```
ggplot(data = , aes(x = )) + geom_histogram(bins = , binwidth = , breaks = )
ggplot(data = , aes(x = )) + geom_freqpoly(bins = , binwidth = , breaks = )
```

- 히스토그램과 빈도폴리곤을 이용한 연속 변수의 분포 시각화(예)

```
ggplot(data = mpg, aes(x = cty)) + geom_histogram(bins = 30)
ggplot(data = mpg, aes(x = cty)) + geom_freqpoly(bins = 30)
```

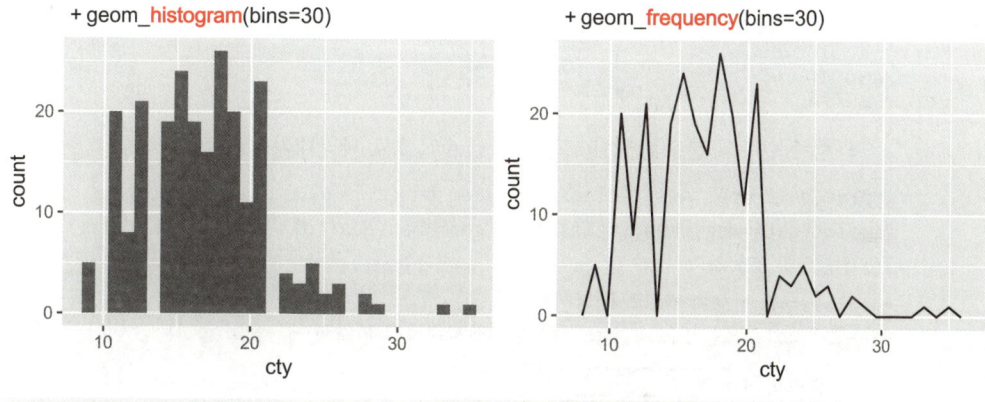

```
ggplot(data = mpg, aes(x = cty)) + geom_histogram(binwidth = 5)
ggplot(data = mpg, aes(x = cty)) + geom_freqpoly(binwidth = 5)
```

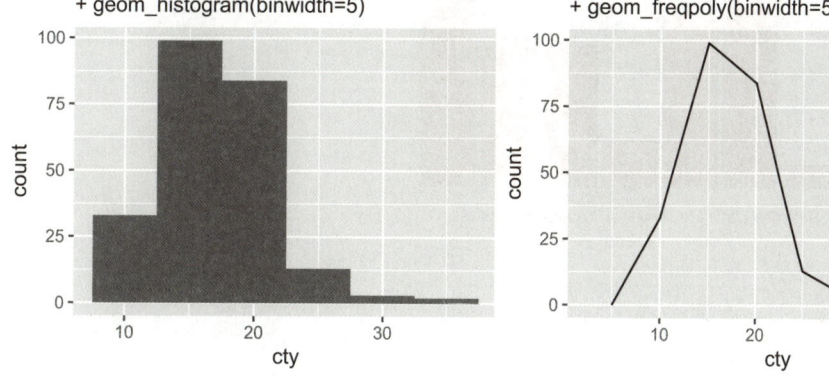

```
ggplot(data = mpg, aes(x=cty)) +
  geom_histogram(breaks = c(0, 5, 10, 15:25, 45))
ggplot(data = mpg, aes(x=cty)) +
  geom_freqpoly(breaks = c(0, 5, 10, 15:25, 45))
```

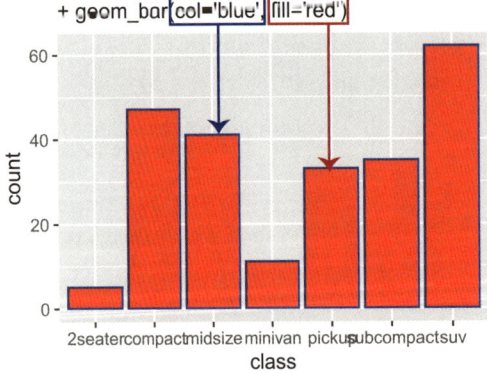

- 범주 변수의 분포를 막대그림(bar chart)으로 나타내기(예)

```
ggplot(data=mpg, aes(x=class)) + geom_bar(col='blue', fill='red')
#ggplot(data=mpg, aes(x=class)) + geom_bar(aes(col='blue', fill='red'))라고
#쓰지 않도록 조심하자.
#aes는 자료와 시각적 특성을 대응시키고,
#aes없이 col= 또는 fill=을 쓰면 데이터에 상관없이 색깔과 채움색을 정하는 것이다.
```

16.2. 시각적 맵핑 (AESTHETIC MAPPING)

- 다른 종류의 막대 그림 : 만약 분포 또는 빈도가 이미 하나의 변수(아래에서 df$n) 로 저장되어 있다면 stat='identity'을 사용하거나 + geom_col()을 사용한다.

```
data(mpg, package = "ggplot2")
dat <- table(mpg$class)
df <- as.data.frame(dat)
colnames(df) = c("name", "n")
print(head(df, 3))
ggplot(df, aes(x = name, y = n)) + geom_bar(stat = "identity")
ggplot(df, aes(x = name, y = n)) + geom_col()
```

```
##       name  n
## 1 2seater   5
## 2 compact  47
## 3 midsize  41
```

- 변수의 특성에 따른 적절한 기하학적 대상(geom)에 대해서는 후에 자세히 다루어진다.

16.2.1 시각적 맵핑(Aesthetic mapping)의 구체적 방법: 스케일 (Scales)

스케일은 한 변수의 값을 특정한 시각적 특성과 대응시키는 구체적인 맵핑(mapping) 방법을 결정한다.

예를 들어 mpg의 fl은 연료의 종류를 의미하며 c, d, e, p, r 중의 하나이다. 이를 어떤 채움색(fill=)에 대응시키느냐를 **스케일**이 결정한다.

scale_fill_manual는 변수가 채움색깔(fill)에 대응시키는 방법을 손수(manual) 결정하겠다는 의미이다. 구체적으로 value는 색깔, limits은 실제 시각화되는 범주의 값을 제한한다. name은 범례의 제목, break는 범례에 나타나는 변수값, labels는 범례에서 설명을 나타낸다. 마지막으로

```
g <- ggplot(mpg, aes(x = fl, fill= fl)) + geom_bar()
g
g + scale_fill_manual(
  values = c("orange", "skyblue", "royalblue", "blue", "navy"))
g + scale_fill_manual(
  values = c("orange", "skyblue", "royalblue", "blue", "navy"),
  limits = c("e", "p"))
g + scale_fill_manual(
  values = c("orange", "skyblue", "royalblue", "blue", "navy"),
  limits = c("e", "p"),
  name = "fuel type")
g + scale_fill_manual(
  values = c("orange", "skyblue", "royalblue", "blue", "navy"),
  limits = c("e", "p"),
  name = "fuel type",
  breaks = c("p"))
g + scale_fill_manual(
  values = c("orange", "skyblue", "royalblue", "blue", "navy"),
  limits = c("e", "p"),
  name = "fuel type",
  breaks = c("p"),
  labels = c("Premium"))
```

16.2. 시각적 맵핑 (AESTHETIC MAPPING)

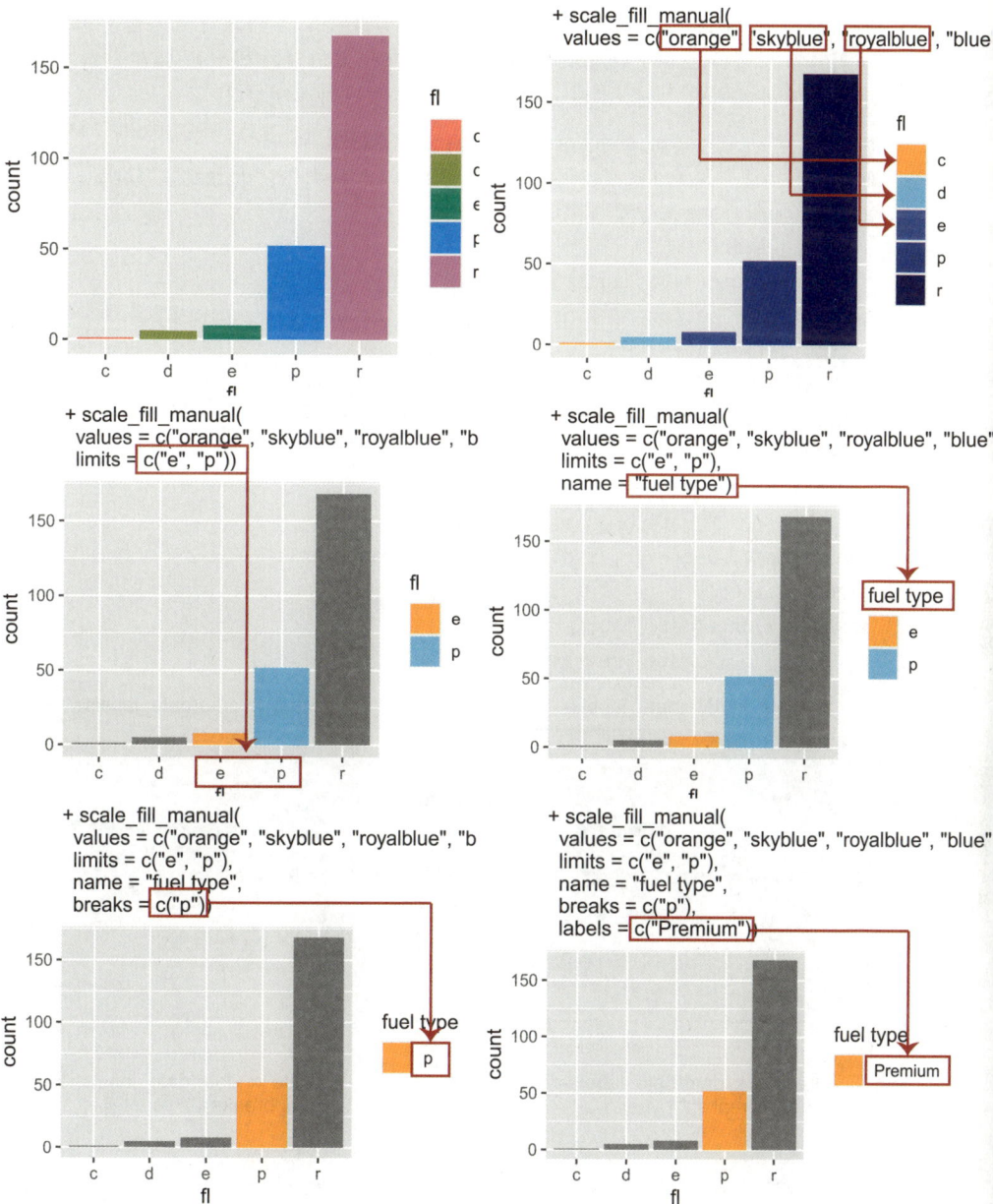

아래는 날짜(date)형 데이터가 x-축의 위치로 맵핑되며, x-좌표의 레이블을 표기하는 여러가지 방법을 보여준다. date_labels는 날짜가 표기되는 방식을 "%Y", "%y", "%m" 등을 활용하여 정한다. date_breaks는 x 축의 눈금 간격을 정한다.

```
mpg$yr = as.Date(as.character(mpg$year), "%Y")
mpg2 <- mpg %>% filter(manufacturer %in% c("audi", "dodge", "ford", "jeep"))
ggplot(mpg2, aes(x=yr, y=displ, col=manufacturer)) +
  geom_jitter() +
  scale_x_date(date_labels="%Y")
ggplot(mpg2, aes(x=yr, y=displ, col=manufacturer)) +
  geom_jitter() +
  scale_x_date(date_labels="%y-%m")
ggplot(mpg2, aes(x=yr, y=displ, col=manufacturer)) +
  geom_jitter() +
  scale_x_date(date_labels="%y",
               date_breaks="1 year")
ggplot(mpg2, aes(x=yr, y=displ, col=manufacturer)) +
  geom_jitter() +
  scale_x_date(date_labels="%y",
               date_breaks="2 years")
```

16.2. 시각적 맵핑 (AESTHETIC MAPPING)

만약 데이터, 시각적 맵핑, 기하학적 대상이 동일한 여러 그래프를 만든다면 ggplot() + geom_****()를 변수에 저장한 후에 재활용할 수 있다.

다음의 예는 mpg 데이터, 시각적 맵핑(x=yr, y=displ, col=manufacturer), 그리고 기하학적 대상(geom_jitter)이 동일한 세 그래프를 스케일을 다르게 하여 그리는 방법을 보여준다.

- scale_color_manual은 색깔을 손수 정한다.
- scale_color_grey는 색깔을 흑백으로 시각화한다. 이때 최소값(start)과 최대값(end)에 대응하는 명암을 지정하면, 중간값들은 이를 기준으로 결정된다. 결측치(na.value)에 대한 색깔은 따로 정해줄 수도 있다.
- scale_color_brewer는 누군가 이미 만들어놓은 팔레트(pallete; 자료의 값과 색을 대응시키는 방법)을 사용하겠다는 의미이다.

```
g <- ggplot(mpg, aes(x=displ, y=hwy, col=drv)) +
  geom_jitter()
g
g + scale_color_manual(values=c('red','orange', 'blue','navy'))
g + scale_color_grey(start=0.2, end=0.8, na.value='red')
g + scale_color_brewer(palette = "Dark2")
```

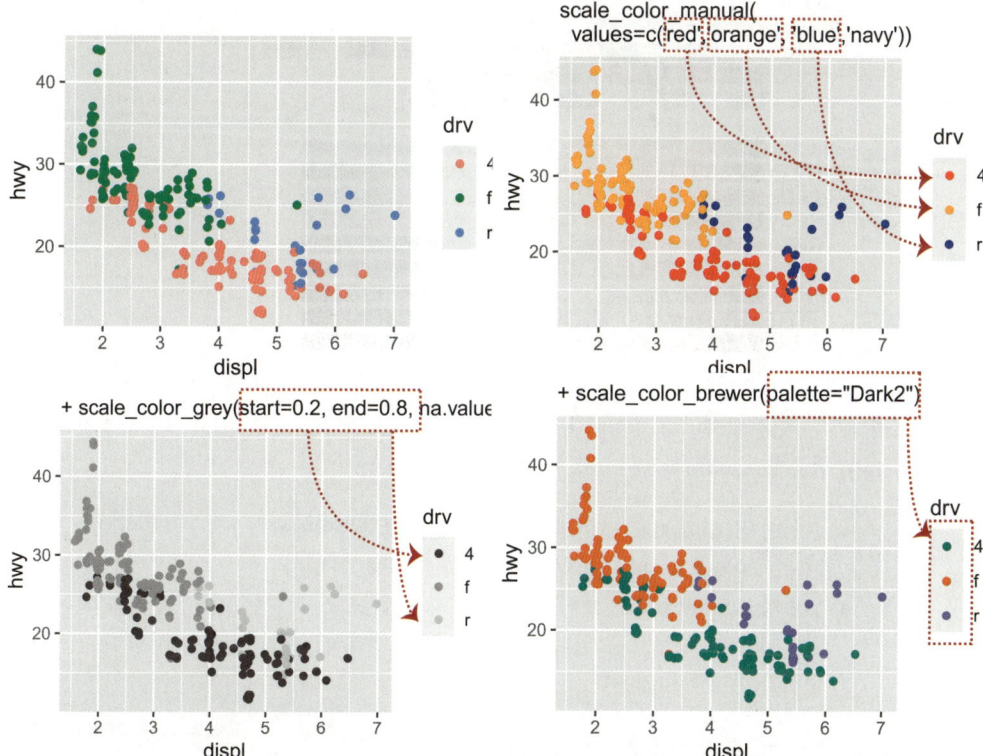

16.2.2 팔레트(Palettes)

R에서 지원하는 팔레트는 다음의 함수로 살펴볼 수 있다.[3]

```
RColorBrewer::display.brewer.all()
```

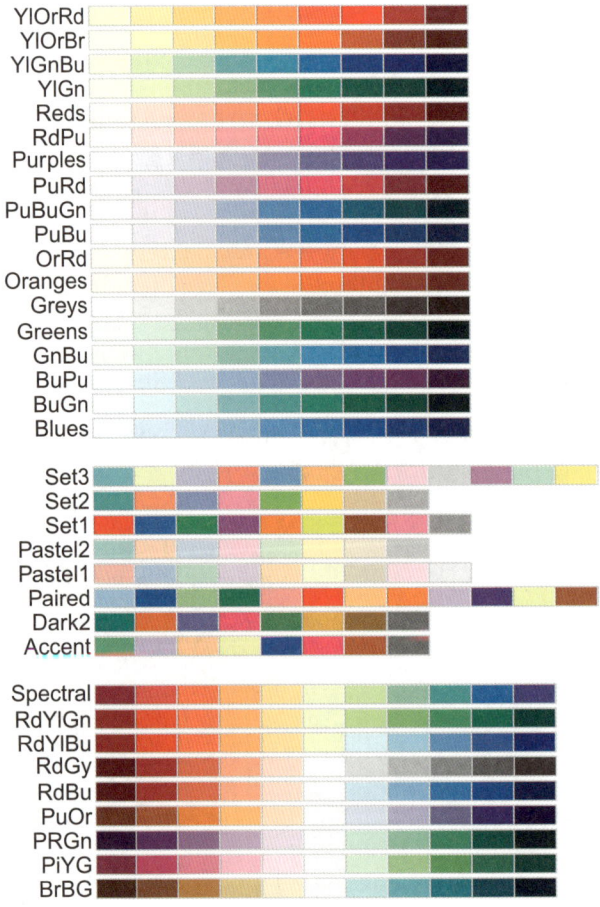

팔레트는 이산형 범주를 위해 마련되었으며 크게 순위형(Sequential), 발산형(Diverging), 범주형(Qualitative)으로 나눠 볼 수 있다.

- 순위형(Sequential) : 이산형 자료가 1점="보통이에요", 2점 = "좋아요", 3점 = "매우 좋아요"와 같은 단극성 자료일 때 사용될 수 있다.
- 범주형(Qualitative) : 이산형 자료 사이에 크고, 작다는 순위 개념을 적용하기 힘든 경우에 사용될 수 있다. "한식", "중식", "일식"의 경우, 모든 사람이 동의하는 순위가 존재하지 않는다.

---

[3]만약 필요한 색의 갯수가 5라면 RColorBrewer::display.brewer.all(n=5)을 사용하고 색맹 친화적인 색이 필요하다면 RColorBrewer::display.brewer.all(colorblindFriendly = TRUE)를 사용한다. colorbrewer2.org를 방문할 수도 있다.

16.2. 시각적 맵핑 (AESTHETIC MAPPING)

- 발산형(Diverging) : 이산형 자료가 1점="매우 싫어요", 2점="싫어요", 3점="보통이에요", 4점="좋아요", 5점="매우 좋아요"와 같은 양극성(bi-polar) 리커트 척도일 때 사용될 수 있다.

colorspace 패키지의 choose_palette()를 사용하면 팔레트를 직접 만들 수 있다. 아래의 코드는 만들어진 팔레트를 사용하는 방법을 보여준다.

```
pal <- choose_palette()
```

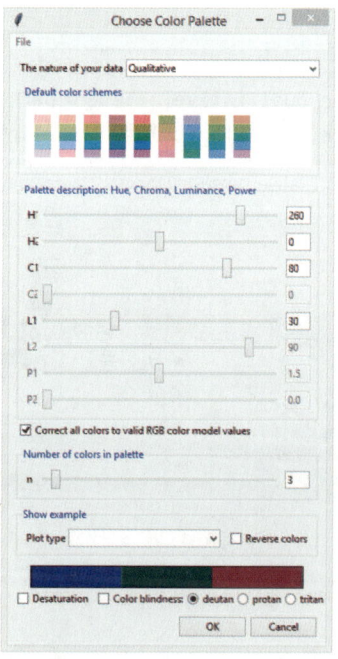

```
g + scale_color_manual(values = pal(3))
```

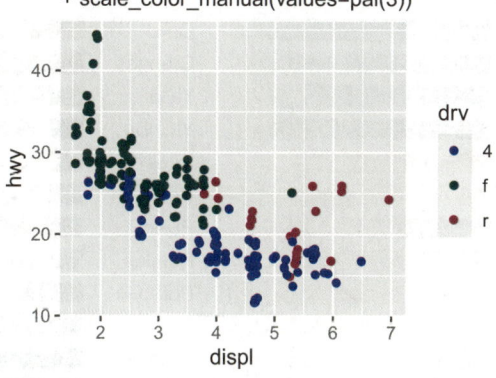

다음에 동일한 팔레트를 사용하려면 다음과 같이 팔레트를 화일로 저장해야 한다. 아래 코드에서 'palette.RData'를 원하는 화일이름으로 바꿔주자. 최초에 설정한 팔레트를 다음에도 사용할 수 있다. 만약 팔레트를 바꾸고 싶다면 앞에서 이름을 정한 화일을 지운다.

```
if (file.exists("palette.RData")) {
  load(file = "palette.RData")
} else {
  pal <- choose_palette()
  save(pal, file = "palette.RData")
}
```

colorspace 패키지에는 미리 만들어 놓은 팔레트도 있다. 다음은 그들 중 일부를 사용하여 시각화를 한 예를 보여준다.

```
library(colorspace)
g + scale_color_discrete_qualitative(palette='Dark3')
g + scale_color_discrete_diverging(palette='Berlin')
```

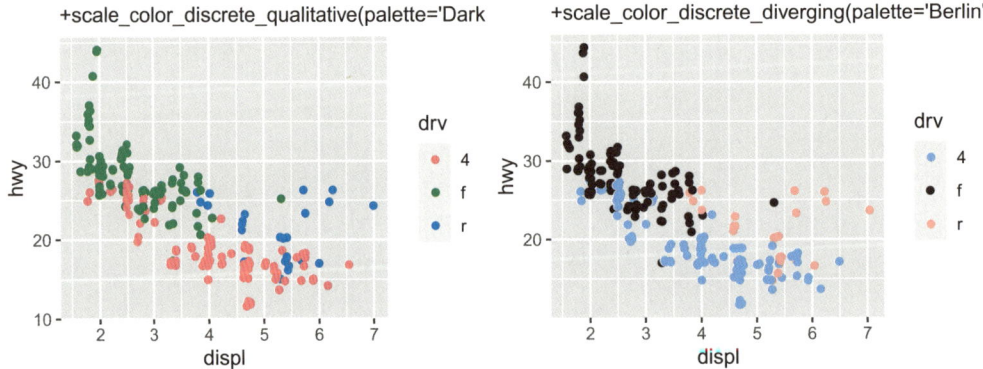

colorspace 패키지의 팔레트는 다음의 명령으로 확인할 수 있다. 아래에서 팔레트 일부를 확인할 수 있다.

```
hcl_palettes(plot = TRUE)
```

16.2.3 x-위치, y-위치 스케일

어떤 변수를 x-위치 또는 y-위치로 맵핑할 때 다음의 방법을 사용할 수 있다.

- scale_*_log10() : 여기서 *에는 x 또는 y가 올 수 있다. 변수에 상용로그(log10())을 취한 결과를 x 또는 y-위치로 한다.
- scale_*_reverse() : x 또는 y-위치를 뒤집는다.
- scale_*_sqrt() : 변수에 제곱근(sqrt())을 취한 결과를 x 또는 y-위치로 한다.
- scale_x/y_*****을 쓸 때에도 limits, breaks, labels, name을 모두 정해줄 수 있다.

```
h <- ggplot(mpg, aes(x=displ, y=hwy)) + geom_jitter(alpha=0.5)
h
h + scale_x_reverse()
h + scale_x_sqrt()
h + scale_y_log10(breaks=seq(10,50,10),
                  limits = c(20,40),
                  labels=c('ten', 'twenty','thirty', 'fourty','fifty'),
                  name='highway(miles/gallon)')
```

Warning: Removed 82 rows containing missing values (geom_point).

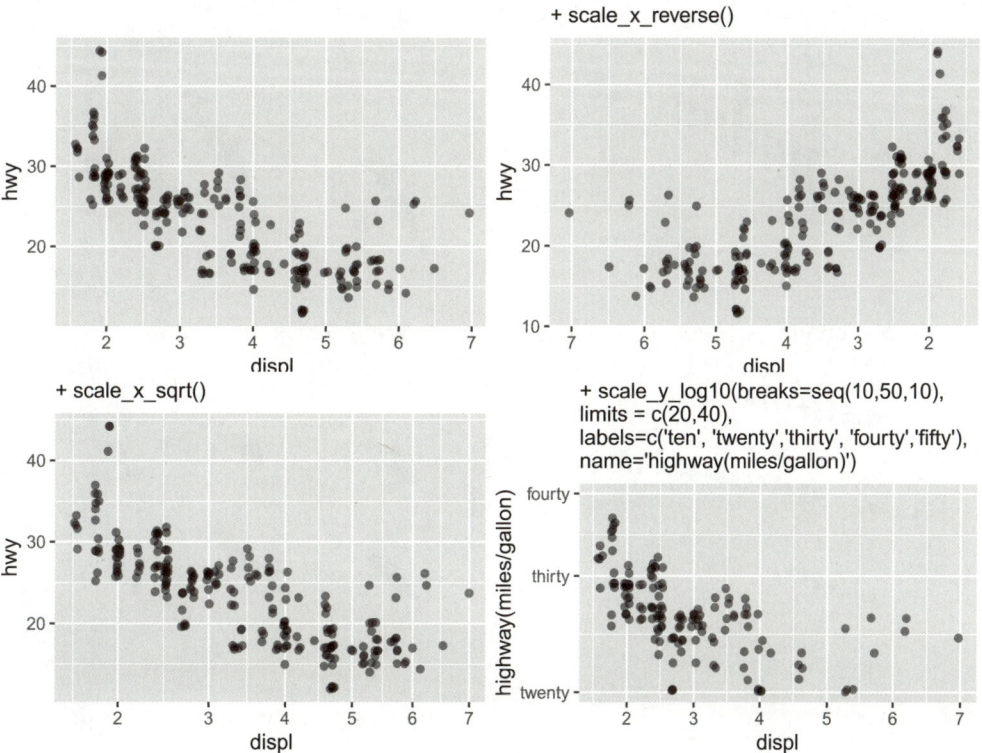

16.2.4 퍼시팅(Facetting)

- 퍼시팅(Facetting)은 데이터를 하나 또는 둘 이상의 변수에 따라 나눈 후 분리된 여러 데이터에 대한 그래프를 따로 그린 후 적절하게 배열하는 것을 의미한다. 간편 시각화에서 살펴본 **조건부 시각화**와 동일하다.
    - facet_grid(y1 + y2 ~ x1 + x2)은 작은 그래프를 배치할 때 x-방향은 ~의 오른쪽 변수들에 의해, y-방향은 ~의 왼쪽 변수에 의해 결정된다.
    - facet_wrap(~ var1), facet_wrap(~ var1 + var2)은 하나 또는 둘 이상의 변수에 따라 데이터를 나눈 후 그 결과를 작은 그래프로 한 행에 나열한다. 만약 자리가 부족하면 여러 행에 걸쳐 나타난다.

```
t <- ggplot(mpg, aes(cty, hwy)) + geom_point()
t
t + facet_grid(. ~ drv)
t + facet_grid(drv ~ .)
t + facet_grid(year ~ drv)
t + facet_grid(. ~ drv + year)
t + facet_grid(drv + year ~ .)
t + facet_wrap(~drv)
t + facet_wrap(~drv + year)
```

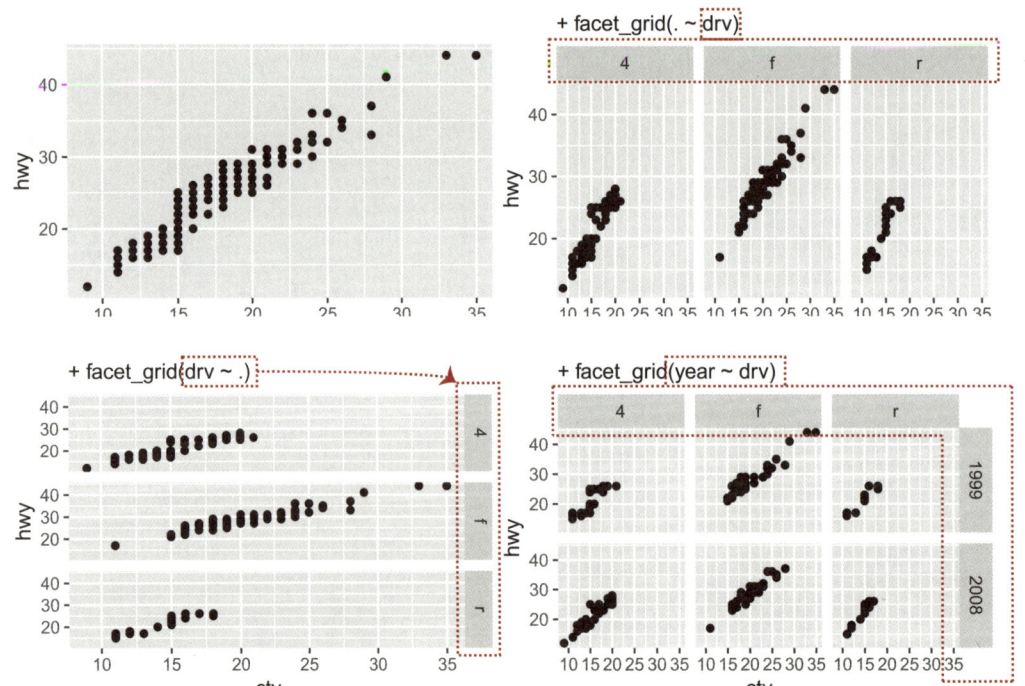

16.2. 시각적 맵핑 (AESTHETIC MAPPING)

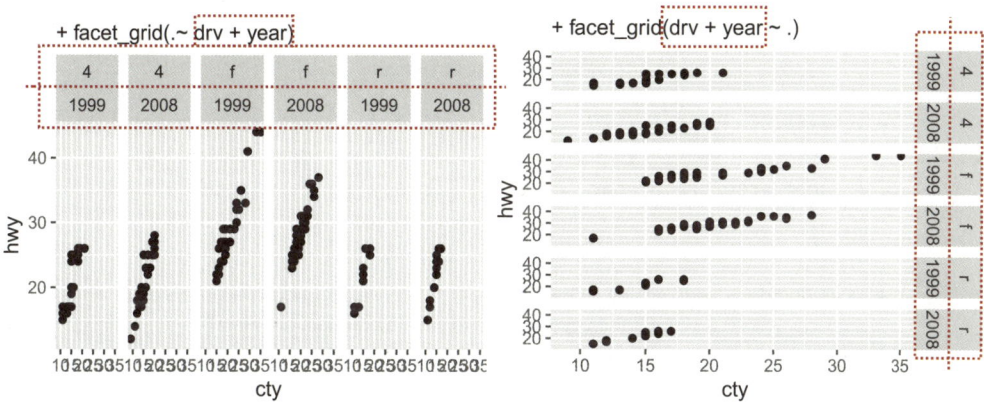

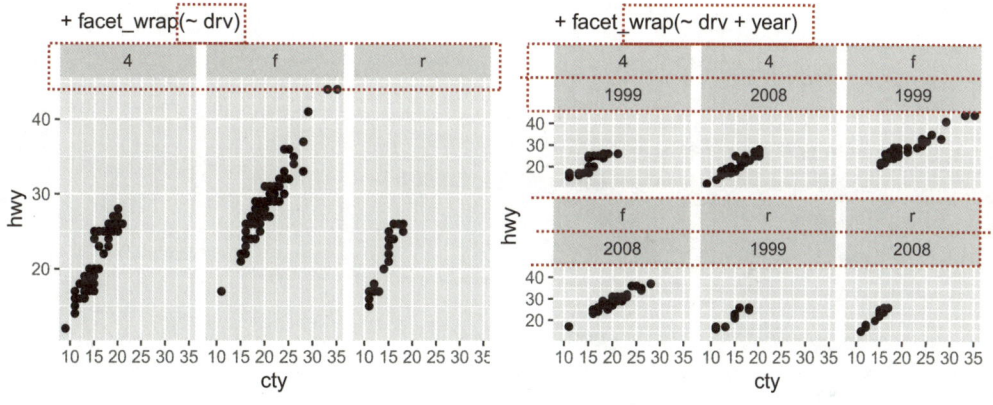

- scales = 인자는 퍼시팅에서 작은 그래프의 x 또는 y의 스케일을 통일할 것인지를 결정한다. 기본값은 모든 그래프에 대해 x, y 스케일을 통일하지만, free로 설정하면 작은 그래프의 x, y 스케일은 통일되지 않는다.

```
t + facet_grid(drv ~ year, scales = "free")
t + facet_grid(drv ~ year, scales = "free_x")
t + facet_grid(drv ~ year, scales = "free_y")
```

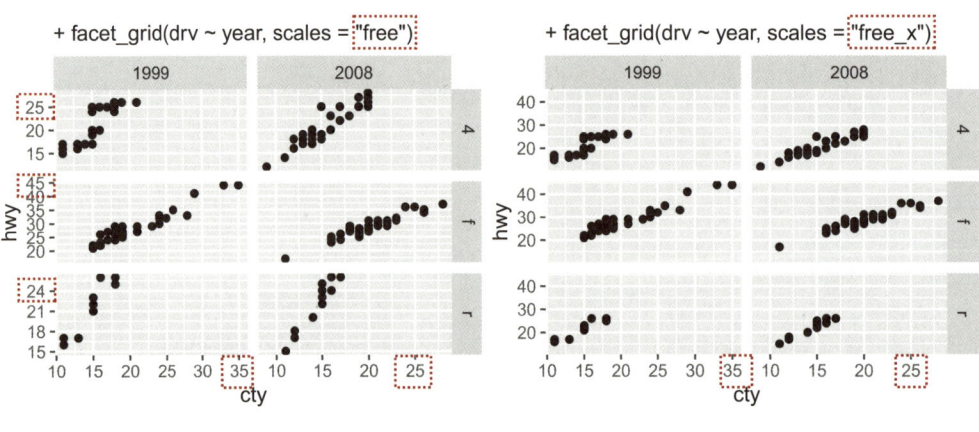

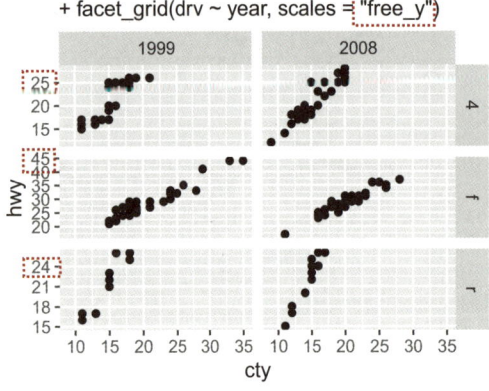

16.2. 시각적 맵핑 (AESTHETIC MAPPING)

- `labeller=` 인자는 퍼시팅에서 작은 그래프의 이름을 어떻게 표시할 지를 결정한다. 다음의 예를 보자.

```
t
t + facet_grid(drv ~ ., labeller = label_both)
t + facet_grid(drv ~ ., labeller = label_bquote(alpha^.(drv)))
```

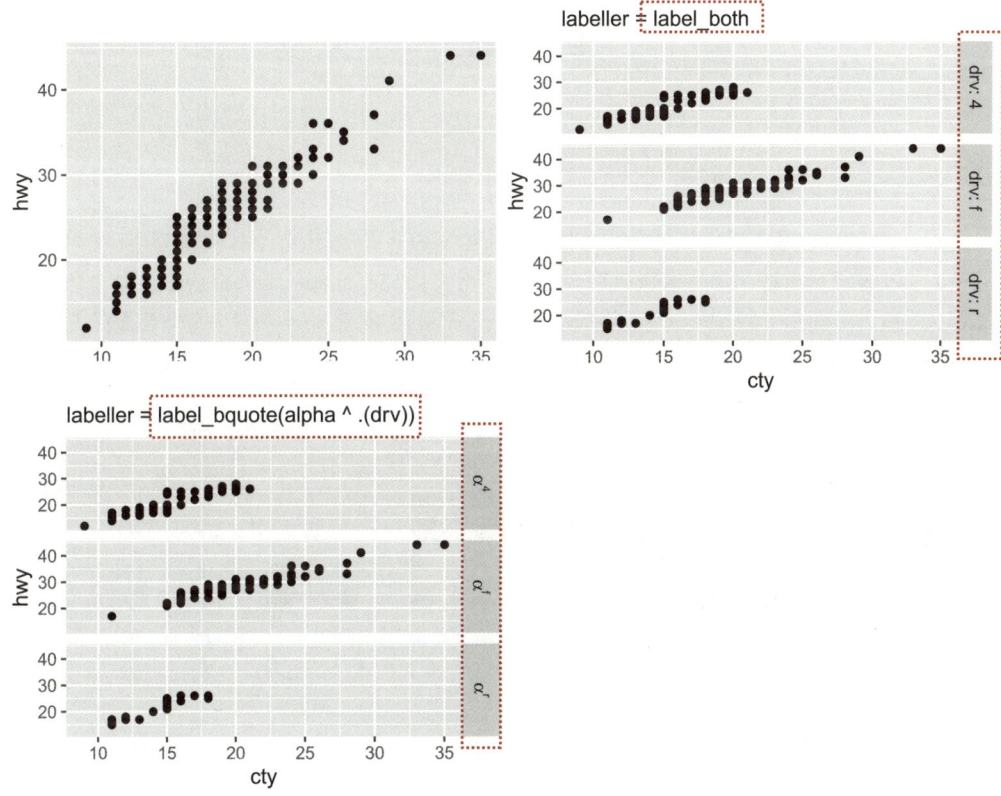

16.2.5 모양(shape)

모양(shape)을 시각적 특성으로 사용할 경우 대응하는 변수는 팩터형이어야 한다. 모양은 기본적으로 6개의 범주를 다음의 모양과 대응시킨다.

아래 첫 번째 그림에서 보듯이 기본 모양으로 나타낼 수 있는 범주의 최대 갯수는 6이며, 6개를 초과하는 범주는 출력되지 않는다. 그러나 scale_shape_manual(values=)를 사용하여 7개 이상의 범주에 대해서도 모양을 손수 지정해 줄 수 있다. 이때 모양 값은 다음과 같다.

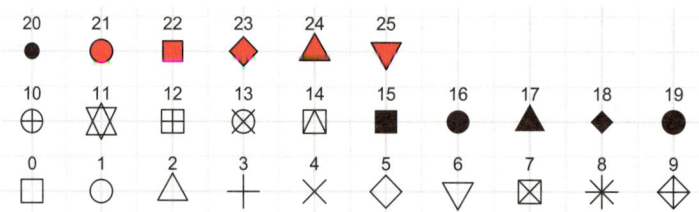

아래는 데이터의 한 변수와 모양을 대응시켜 출력하는 여러 가지 방법을 보여준다.

```r
mpg4 <- mpg %>% filter(manufacturer %in%
        c('audi', 'dodge', 'ford', 'honda', 'hyundai', 'jeep', 'toyota'))
g <- ggplot(mpg4, aes(x=displ, y=hwy, shape=manufacturer)) +
  geom_jitter()
g
g + scale_shape_manual(values=c(1,2,3,4,15,16,17))
g + scale_shape_manual(values=c(1,2,3,4,15,16,17),
                       breaks=c('audi', 'dodge', 'ford'))
g + scale_shape_manual(limits=c('audi','dodge','ford'),
                       values=c(1,2,3),
                       breaks=c('audi', 'dodge', 'ford'))
```

16.2. 시각적 맵핑 *(AESTHETIC MAPPING)*

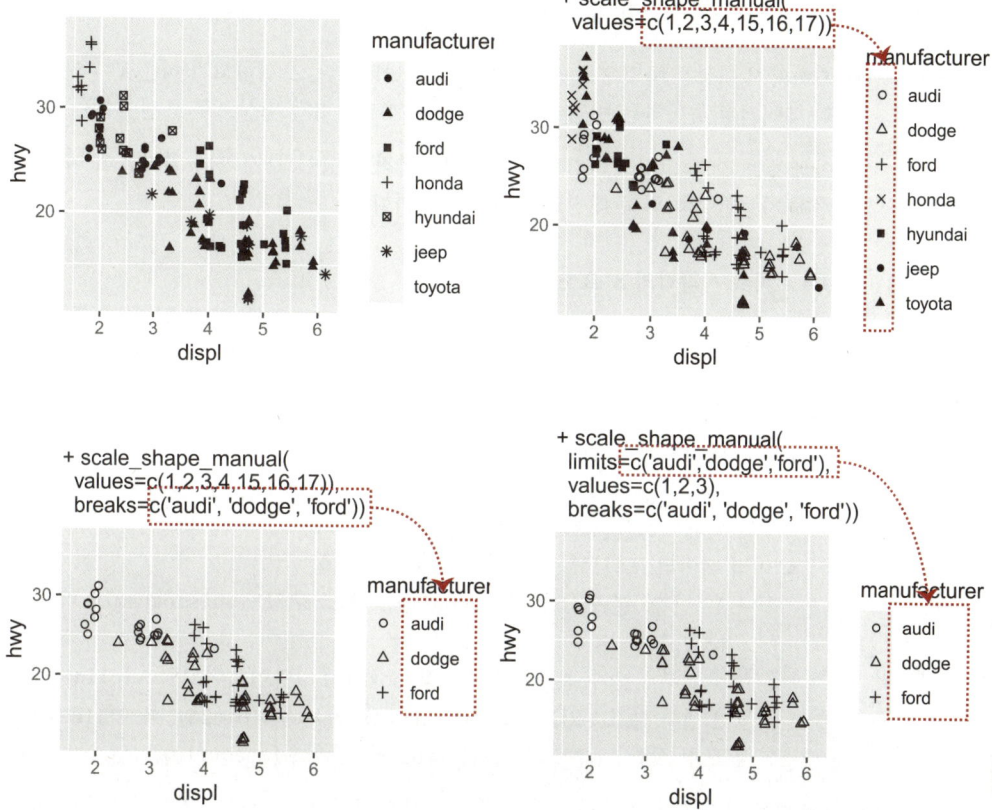

16.3 기하학적 대상(geom)

- 기하학적 대상은 무엇으로 시각화하는지를 나타낸다. 표현하고자 하는 변수의 종류와 데이터를 종합하는 방법에 따라 여러 가지 기하학적 대상으로 표현이 가능하다.
- 아래에는 자료 시각화의 3요소에서 **기하학적 대상**이 차지하는 위치를 보여주고, 선택 가능한 기하학적 대상의 종류를 정리한다.

16.3.0.1 자료 시각화의 3 요소

1. 데이터(Data)
2. 시각적 맵핑과 스케일(Aesthetic mapping & scale)
3. **기하학적 대상(Geoms)**
   - 하나의 데이터 포인트를 나타내는 기하학적 대상(Geom)
     – 예: 점(point), 흐트러진 점(jitter), x 또는 y 축 상의 작대기(rug), 막대(col), 레이블(label), 텍스트(text)
   - 여러 데이터 포인트를 표현하는 기하학적 대상
     – 1 변수 분포 : 밀도(density), 히스토그램(histogram), 막대기(barplot)
     – 조건부 1 변수 분포 : 상자그림(boxplot), 바이올린그림(violin)
     – 2 변수 분포 : 2D-밀도(density2d), 2D-구획(bin2d), 육각형(hex)
     – 모형 적합 : (부드러운) 선(smooth), 분위수(quantile)

변수의 유형에 따라 사용 가능한 기하학적 대상이 달라진다. 여기서는 변수의 유형을 아래의 6가지로 나눠서 살펴본 후, 마지막으로 지도로 시각화하는 방법을 간단하게 살펴본다.

- 연속형 1 변수
- 이산형 1 변수
- 2 변수 : x=연속형, y=연속형
- 2 변수 : x=이산형, y=연속형
- 2 변수 : x=이산형, y=이산형
- 2 변수 분포
- 지도

16.3. 기하학적 대상 (GEOM)

16.3.1 연속형(Continuous) 1 변수

```
c <- ggplot(mpg, aes(x = hwy))
c + geom_histogram(binwidth = 5)
c + geom_area(stat = "bin")
c + geom_density(kernel = "gaussian")
c + geom_dotplot(binwidth = 0.6)
c + geom_freqpoly()
ggplot(mpg) + geom_qq(aes(sample = hwy))
```

16.3.2 이산형(Discrete) 1 변수

막대그림(bar plot)은 이산형 변수 하나를 시각화한다. 막대그림은 값은 분포를 보여준다. <팩터 자료형>에서 소개했듯이 가장 빈번한 값에서 가장 희귀한 값까지 정렬하여 시각화하면 전체 분포를 좀 더 쉽게 이해할 수 있다.

```
d <- ggplot(mpg, aes(class))
d + geom_bar()
# 빈도 순으로 범주 정렬
mpg %>%
  ggplot(aes(fct_infreq(class))) +
    geom_bar()
```

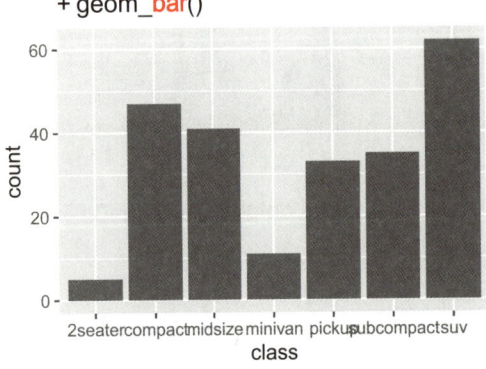
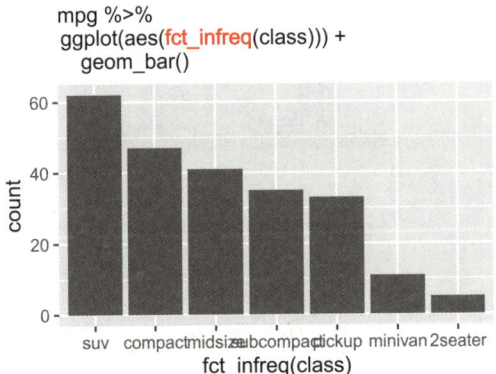

16.3.3 2 변수: $x=$ 연속형, $y=$ 연속형

x 좌표와 y 좌표를 모두 연속형 변수와 대응(mapping)시키는 경우, 활용할 수 있는 기하학적 대상(geom)이 다양하다. 가장 기본적인 geom은 점(geom_point())이다. 만약 동일한 위치에 점이 많다면 의도적으로 위치를 훑으려 줄 수 있다. geom_jitter()는 점의 위치를 x-축 방향(width=)과 y-축 방향(height=)으로 조금씩 훑으려서 동일한 위치에 여러 점이 중복되는 것을 방지한다. geom_rug()는 x-축과 y-축 위에 각 대응되는 변수를 표시하여 1 변수 분포를 확인할 수 있게 도와준다. 표시되는 위치는 sides=(t=위top, b=아래bottom, l=좌left, r=우right)로 지정할 수 있다.

```
e <- ggplot(mpg, aes(cty, hwy))
e + geom_point()
e + geom_jitter(height = 2, width = 2)
e + geom_rug(sides = "bl")
```

16.3. 기하학적 대상 (GEOM)

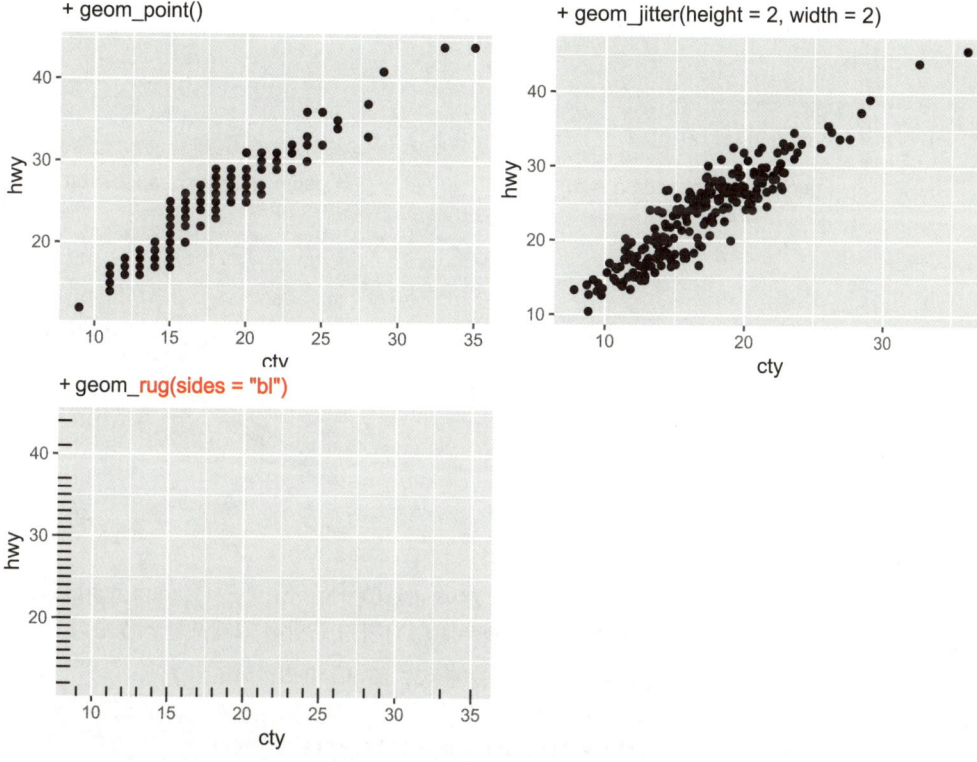

geom_label()과 geom_text()는 두 변수로 결정되는 위치에 문자를 표시한다. 점에 비해 문자는 상당한 넓이를 확보해야 읽을 수 있기 때문에 nudge_x=, nudge_y=로 동일한 위치에 여러 문자를 써야 할 경우 x 또는 y-방향으로 조금씩 비켜준다. check_overlap=TRUE은 명시적으로 문자가 겹치지 않게 한다.

```
e + geom_label(aes(label = cty), nudge_x = 1, nudge_y = 1)
e + geom_text(aes(label = cty),
              nudge_x = 1, nudge_y = 1, check_overlap = TRUE)
```

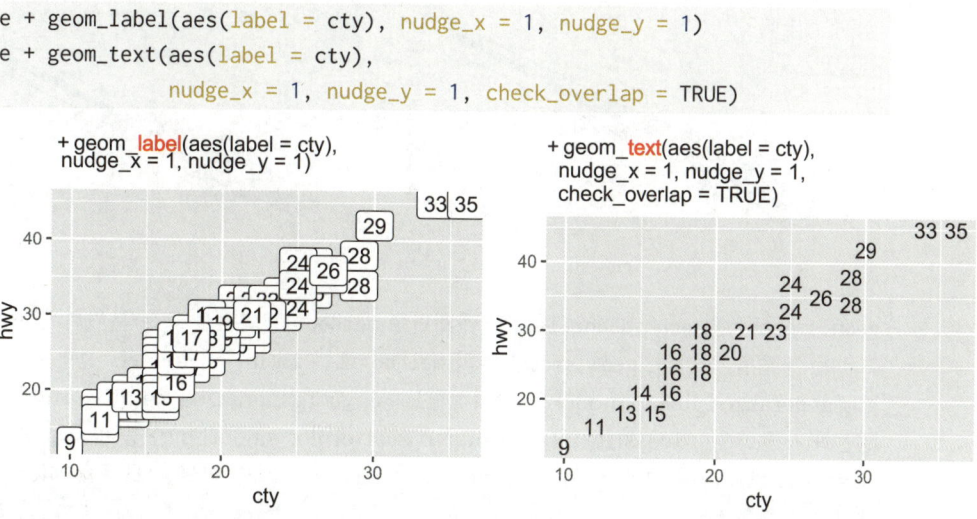

geom_smooth()와 geom_quantile()은 모두 점 자체를 표시하는 게 아니라 x-축과 y-축에 대응하는 두 변수의 관계를 회귀선으로 나타낸다. geom_quantile()은 기본적으로 0.25,

0.5, 0.75-분위 회귀선을 그려주며 quantiles=c(0.1, 0.9) 등과 같이 지정해 줄 수도 있다.

```
e + geom_smooth(method = lm)
e + geom_quantile(quantiles=c(0.1, 0.9))
```

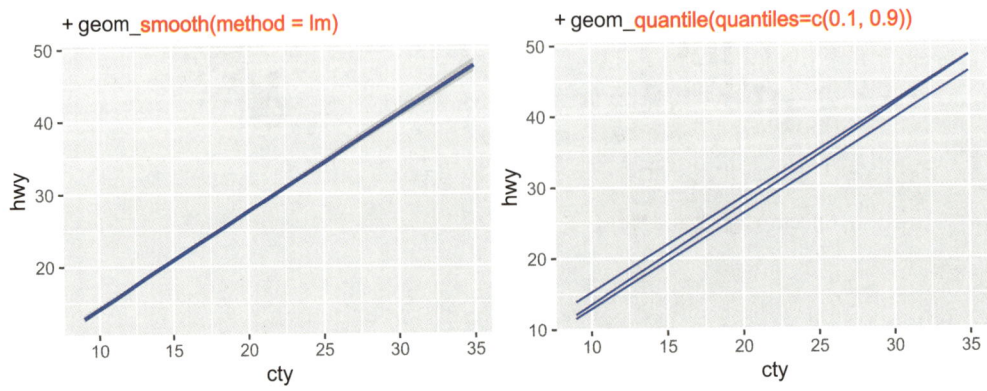

다음은 흩으려진 점은 희미하게 표시하고, geom_rug()과 분위수 회귀선(geom_quntille()), 그리고 선형회귀선(geom_smooth(method='lm')))까지 포함된 그래프를 작성한다.

```
e1 <- e + geom_jitter(height=2, width=2, alpha=0.5, size=2) +
  geom_quantile(quantiles=c(0.05, 0.95)) +
  geom_rug(sides = 'tr') # top, bottom, left, right
e1 + geom_smooth(method='lm', size=2);
e1 + geom_smooth(method='lm', size=2, se=FALSE); # 신뢰구간 없음
```

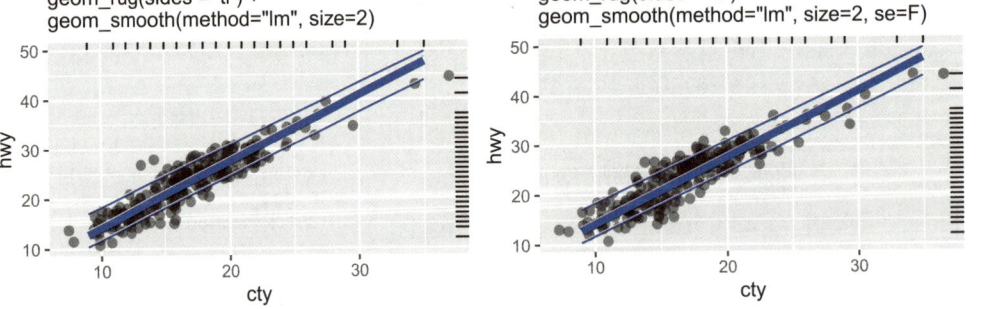

geom_smooth()와 geom_quantile()의 매개변수 method=는 회귀선 또는 분위회귀선을 그리는 방법을 정한다. geom_smooth()의 method=로는 lm(linear model; 선형모형), glm(generalized linear model; 일반화선형모형), gam(generalized additive model; 일반화 가법 모형), loess(locally estimated scatterplot smoothing) 등이 가능하다. geom_quantile()의 경우 method=는 rqss 또는 rq가 가능하며 이들은 모두 quantreg 패키지의 함수다.

16.3.4 2 변수 : $x=$이산형, $y=$연속형

```
f <- ggplot(mpg, aes(class, hwy))
f + geom_col()
f + geom_boxplot(alpha = 0.5)
f + geom_dotplot(binaxis = "y", stackdir = "center")
f + geom_dotplot(binaxis = "y", stackdir = "center", binwidth = 0.7)
f + geom_violin(scale = "area")
```

```
f <- ggplot(mpg, aes(class, hwy)) + geom_boxplot(alpha=0.5)
f + geom_dotplot(binaxis="y", stackdir="center", binwidth=1, alpha=0.5)
f + geom_jitter(alpha=0.5, width=0.1, height=0.1)
```

16.3.5 2 변수 : $x=$이산형, $y=$이산형

```
g <- ggplot(diamonds, aes(cut, color))
g + geom_count()
g + geom_jitter()
```

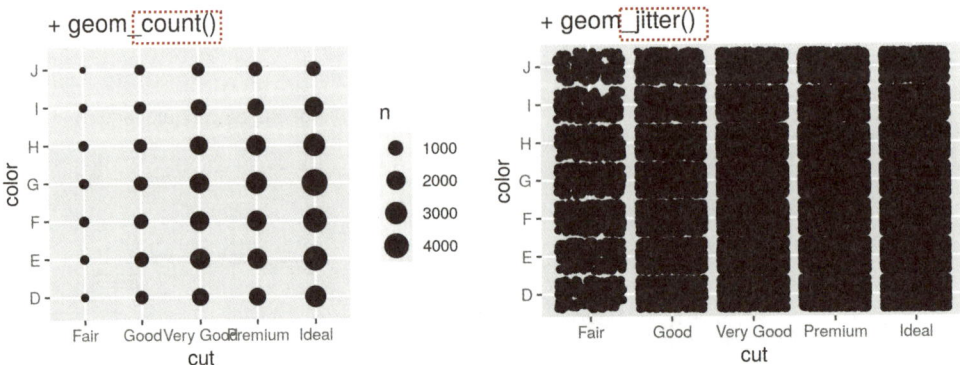

- 점이 겹칠 때 유용한 방법들
    - 농도(alpha)
    - 점크기(size)를 작게 하거나 점모양(shape)를 작게 한다

```
g <- ggplot(diamonds, aes(cut, color))
g + geom_jitter(alpha = 0.02)
g + geom_jitter(shape = ".")
```

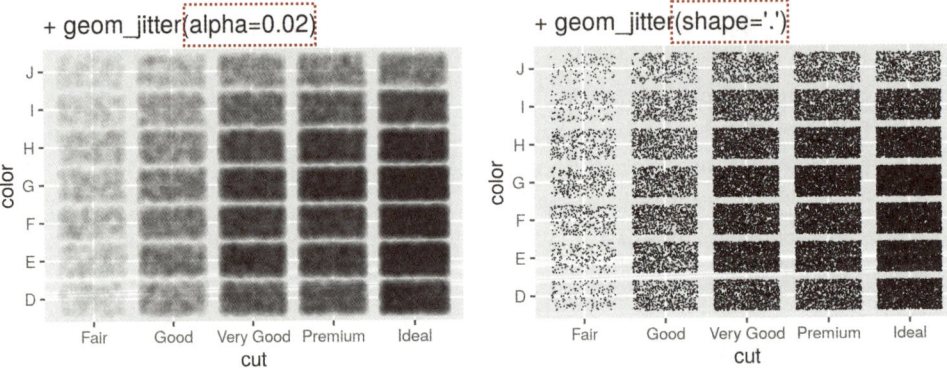

16.3.6 이변수 분포

- geom_bin2d() : 2차원 격자
- geom_density2d() : 2차원 밀도
- geom_hex() : 육각형 형태의 격자
- stat_ellipse : 2차원 정규분포 밀도 추정

```r
h <- ggplot(diamonds, aes(carat, price))
h + geom_bin2d(binwidth = c(0.25, 500))
h + geom_density2d()
h + geom_hex()
h + geom_point(alpha=0.2) +
  stat_ellipse(level=0.95, col="red") +
  stat_ellipse(level=0.01, col="red", size=3)
```

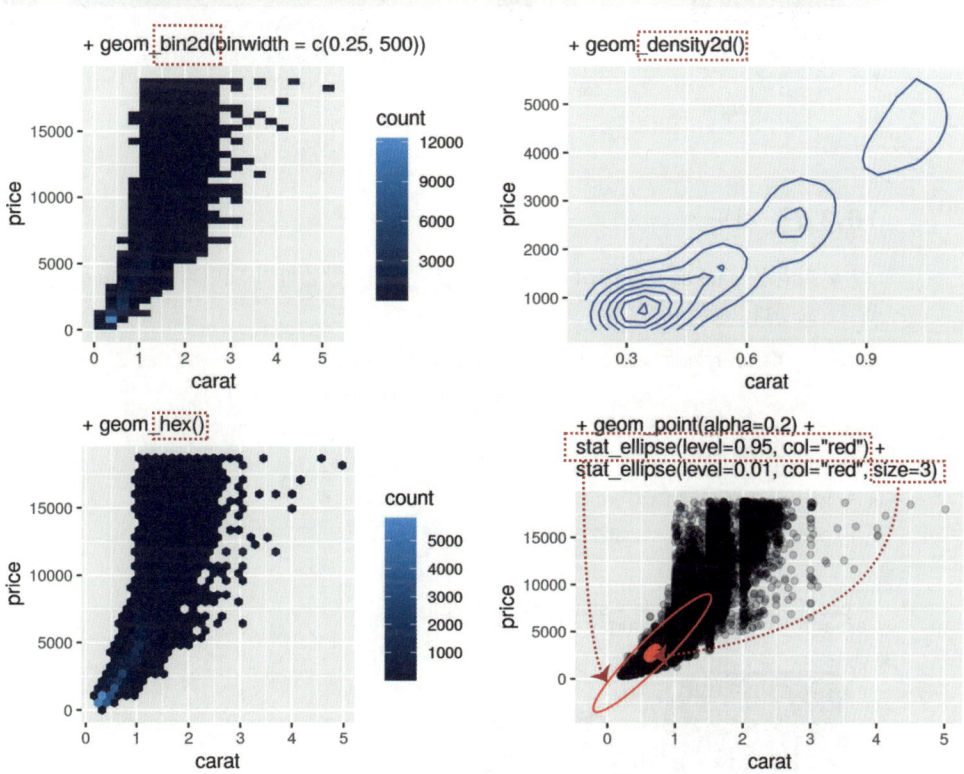

- 아래에는 x가 연속형, y가 이산형이거나 x, y 모두가 이산형일 때, geom_bin2d() 를 사용 가능함을 보여준다.

```
ggplot(diamonds, aes(carat, color)) + geom_bin2d()
ggplot(diamonds, aes(cut, color)) + geom_bin2d()
```

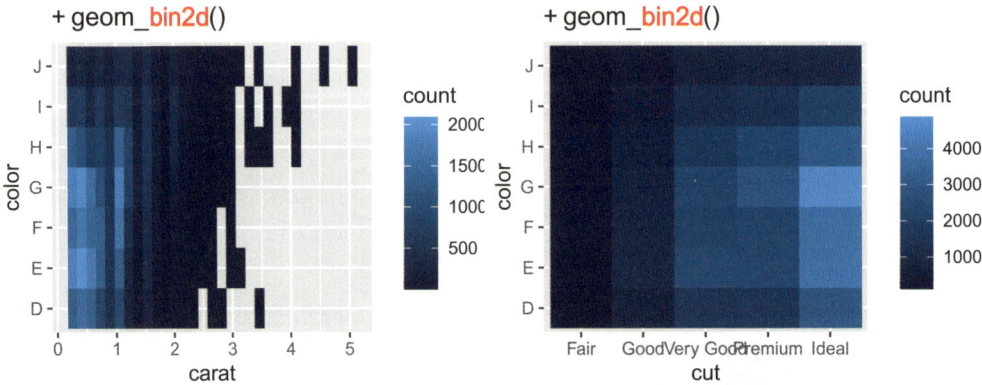

16.3.7 지도

- 다음은 package:ggplot2의 map_data 함수를 활용하여 데이터를 지도 위에 시각화한다.

```
data <- data.frame(murder = USArrests$Murder,
                   state = tolower(rownames(USArrests)))
map <- map_data("state")
k <- ggplot(data, aes(fill = murder))
k + geom_map(aes(map_id = state), map = map) +
  expand_limits(x = map$long, y = map$lat)
```

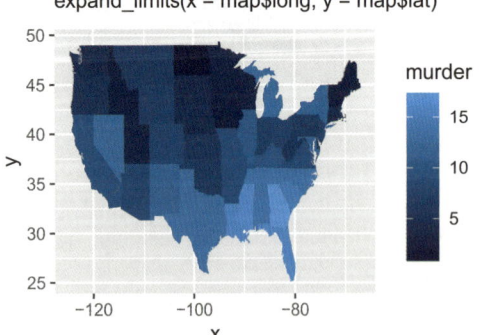

16.4 보조선(Auxillary lines)

앞에서 Grammar of Graphics의 자료 시각화 3 요소를 알아보았다. 이제부터 이를 조금씩 확장시켜보자. 보조선은 데이터를 특정한 값과 비교할 때 도움이 된다.

16.4.1 보조선의 종류

- 수평선 : geom_hline(yintercept= , col= , size= , linetype=)
- 수직선 : geom_vline(xintercept= , col= , size= , linetype=)
- 직선 : geom_abline(intercept= , col= , slope=)
  - intercept : 절편, slope : 기울기
- 선분 : geom_segment(x= , xend= , y= , yend=)
  - (x, y)에서 (xend, yend)까지
- 화살표 : geom_segment(x= , y= , xend= , yend= , arrow = arrow(length = unit(5, "mm")))
- 직사각형 배경 : geom_rect(xmin = , ymin = , xmax = , ymax = , fill = "lightgray")

아래에 보조선에 활용할 수 있는 선의 종류를 보여준 후, 보조선을 활용한 예를 보여준다.

16.4.2 선의 종류

아래 그림은 보조선에 활용할 수 있는 선의 종류(linetype)을 보여준다.

- solid, dashed, dotted, dotdash, longdash, twodash

- 직접 정의하는 linetype : linetype=을 직접 정의할 때에는 **선**의 길이, **공백**의 길이, **선**의 길이, **공백**의 길이를 지정해준다. 예를 들어 linetype='1343'은 길이 1의 **선**, 길이 3의 **공백**, 길이 4의 **선**, 길이 3의 **공백**으로 이루어진 선(linetype='dotdash'와 같다)이 된다. 다음은 직접 정의한 선을 보여준다.

16.4.3 보조선의 활용

자동차 연비 데이터(mpg)에서 자동차의 실린더 갯수(cyl)에 따른 도심연비효율(cty)의 산포도(scatterplot)을 그린다고 할 때, cty 컬럼을 10, 20, 30과 비교하려고 한다면 다음과 같이 할 수 있다. 만약 15에서 25사이의 영역이 관심이라면 그 부분의 배경을 바꿔줄 수 있다.

```
ggplot(mpg, aes(x = cyl, y = cty)) + geom_jitter(aes(col=drv)) +
  geom_hline(yintercept=c(10, 20, 30), linetype='dotted')
ggplot(mpg, aes(x = cyl, y = cty)) +
  geom_rect(xmin=-Inf, xmax=Inf, ymin=15, ymax=25, fill='lightgray') +
  geom_jitter(aes(col=drv))
```

만약 지나치게 큰 hwy와 cty 값을 가진 관찰값을 화살표로 가리키고 싶다면 다음과 같다.

```
imax <- which.max(mpg$cty)
ax <- mpg$hwy[imax]; ay <- mpg$cty[imax]
ggplot(mpg, aes(x=hwy, y=cty)) + geom_jitter(aes(col=drv)) +
  geom_segment(x=ax-5 , y=ay, xend=ax-0.5, yend=ay,
               arrow = arrow(length = unit(5, "mm")))
```

16.5 좌표계(Coordinate system)

- 카티시언(Cartesian) 좌표계란 직교 좌표계를 의미한다. '데카르트의' 좌표계란 의미이다. 우리가 당연하게 생각하는 xy-좌표계를 프랑스의 철학자 데카르트가 최초로 제안했기 때문이다.

- 극좌표계(Polar Coordinate System)는 위치를 (x,y) 가 아니라 (r,θ) 로 나타내며, 원점에서의 거리 r 과 x -축과 각도 θ 로 결정한다.

16.5.1 자료 시각화의 주요 요소

1. 자료(Data)
2. 시각적 맵핑(Aesthetic mapping)
3. 기하학적 대상(Geoms)
4. 보조선(Auxillary lines)
5. **좌표계(Coordinate System)**
    - 좌표계(Coordinate System)
        - 직교(Cartesian) vs. 극(Polar)
        - coord_fixed(ratio =), coord_flip(), coord_trans()
        - coord_quickmap(), coord_map()
    - 좌표 레이블(Coordinate label)
        - + labs(x=' ', y=' ')
    - 좌표축 눈금과 레이블(Breaks & Labels)
        - scale_x_continuous(breaks=c())
        - scale_x_continuous(labels=c()) or scale_x_continuous(labels=NULL)
    - 확대(Zooming)
        - 데이터를 제한하지 않고 좌표의 범위를 설정하는 경우 :
          coord_cartesian(xlim = c(,), ylim = c(,))
        - 데이터를 일정한 범위로 제한하는 경우 : + xlim(,) + ylim(,) 또는 + scale_x_continuous(limits=c(,))+scale_y_continuous(limits=c(,))

16.5.2 좌표계(Coordinate System) 결정하기

- 2차원 평면 상의 한 점의 위치를 결정하는 방법은 좌표계에 따라 다르다.
  - 가장 일반적인 방법인 **직교좌표계**에서는 한 점에서 x-축과 y-축으로 수직선을 그어 만나는 점의 위치를 (x, y)로 나타낸다.
  - **극좌표계**는 좌표 평면 상의 위치를 원점에서의 거리 r 과 x-축과의 각도 θ로 결정하고 (r, θ)로 나타낸다.
- 좌표계 상의 여러 기하학적 대상을 실제 시각화할 때에는 여러 가지 고려 사항이 있다.
  - x-축과 y-축의 위치(coord_flip()) : 보통 x-축을 수평으로 놓지만 수직으로 놓을 수도 있다.
  - x-축과 y-축의 비율(coord_fixed(ratio=)) : x-축 상의 1과 y-축 상의 1을 반드시 동일한 거리로 표시할 필요는 없다. ratio=는 y/x 를 나타낸다. ratio=2는 데이터 상에서 x, y 모두 1 증가시 출력된 그래프 상의 거리는 $x : y = 1 : 2$가 된다. 범주 데이터의 경우 바로 인접한 범주로 변한 경우 차이가 1로 생각한다.
  - coord_flip()과 coord_fixed()는 극좌표계에서도 사용될 수 있다.
  - 변환(coord_trans(x=, y=)) : x 또는 y-축 상의 위치를 함수(예. 제곱근)로 변환할 수도 있다.

```
r <- ggplot(mpg, aes(x = fl)) + geom_bar()
r + coord_cartesian(xlim = c(-1, 5))   # 첫번째 범주 'c'(x=1)
r + coord_fixed(ratio = 1/10)
r + coord_flip()
r + coord_polar(theta = "x", direction = 1)
r + coord_trans(y = "sqrt")
```

16.5. 좌표계 (COORDINATE SYSTEM)

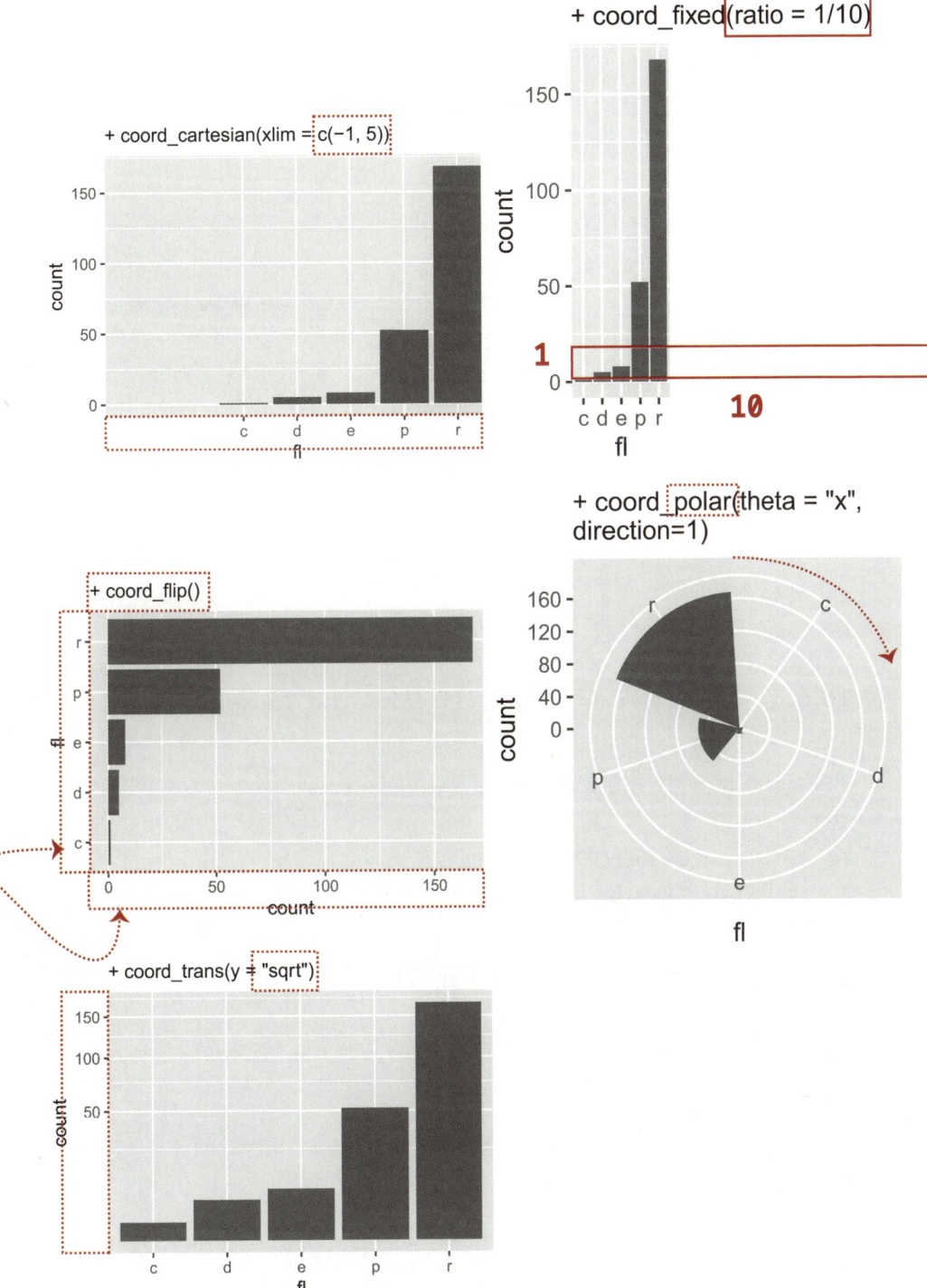

16.5.3 좌표 레이블(Coordinate label)

- 좌표 레이블은 기본적으로 변수 이름이다. 만약 좀 더 자세한 레이블을 원한다면 +lab(x=, y=)를 통해 수정할 수 있다.

r
r + labs(x = "fuel type", y = "frequency")

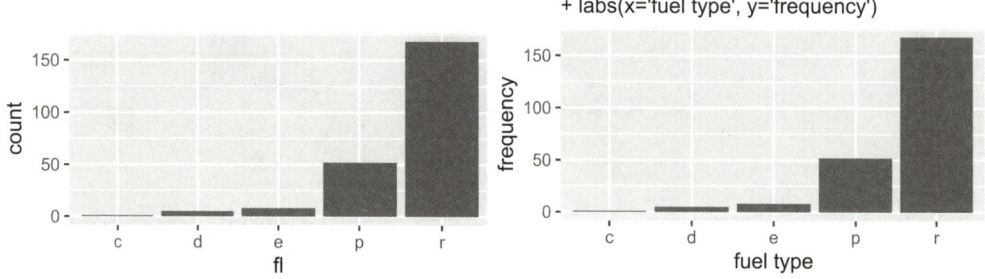

16.5.4 좌표 눈금과 눈금 레이블(Breaks and Labels)

좌표 눈금과 눈금 레이블은 scale_*_*() 함수의 인자 breaks=와 labels=로 설정할 수 있다.

(n <- r + geom_bar(aes(fill = fl)))
n + scale_fill_manual(
  limits = c("d", "e", "r"),
  values = c("skyblue", "royalblue", "navy")) # d,e,r을 skyblue, royalblue, navy로 칠한다.
n + scale_fill_manual(
  limits = c("d", "e", "r"),
  values = c("skyblue", "royalblue", "navy"), # d,e,r을 skyblue, royalblue, navy로 칠한다.
  name = "fuel",   # 범례 제목은 fuel
  breaks = c('d', 'e', 'r'),
  labels = c("D", "E", "R")) # 범례에 d, e, r을 D, E, R로 표시한다.
t <- ggplot(mpg, aes(cty, hwy)) + geom_point()
t + scale_x_continuous(
  breaks=c(10,20,30), # 좌표 10, 20, 30, 40을 ten, tenty, thirty, forty로 표시한다.
  labels=c('ten', 'twenty', 'thirty'))

16.5. 좌표계 (COORDINATE SYSTEM)

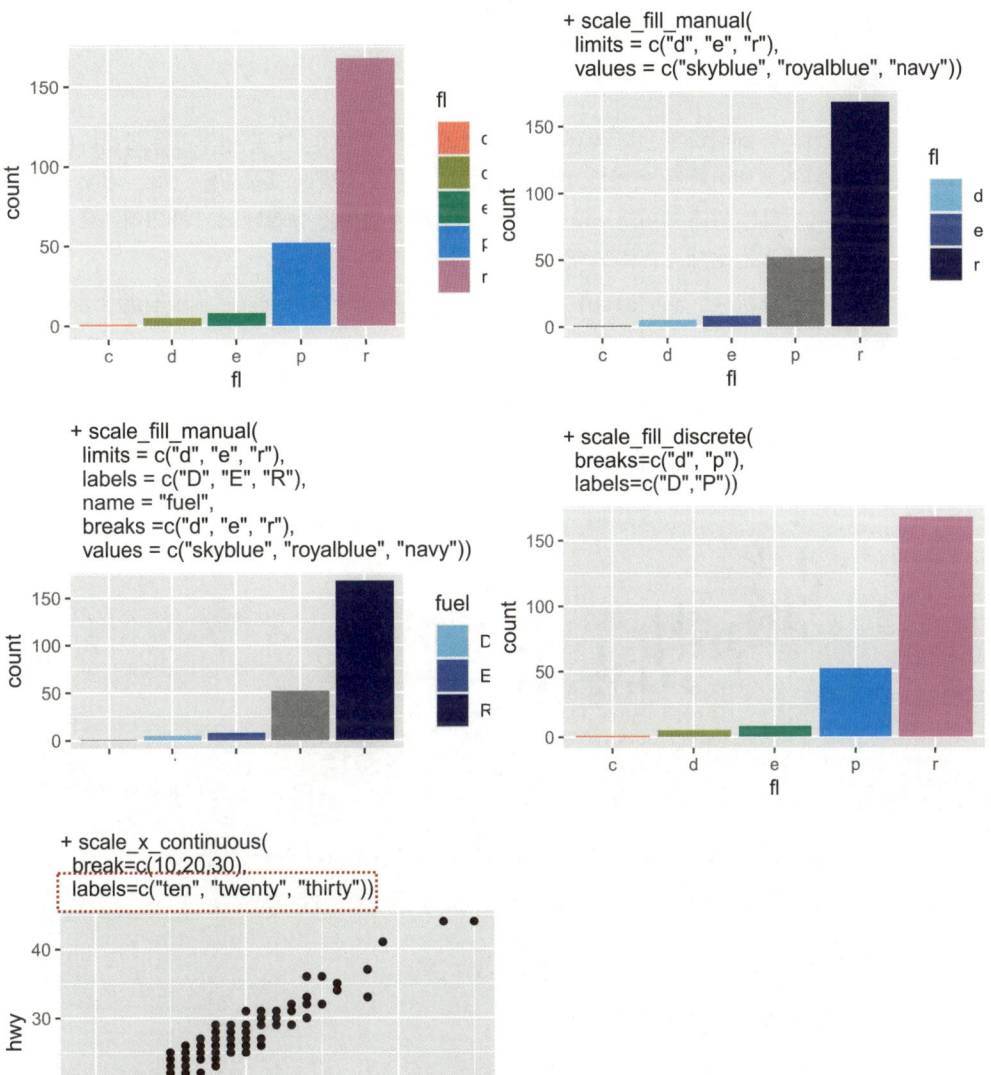

16.5.5 확대(Zooming)

확대 하는 방법은 두 가지가 있다.

- 기존의 데이터를 모두 보존하여 큰 그래프를 그린 후, 그 중 일부만을 확대하는 경우
- 기존의 데이터 중 일정한 범위 안의 데이터만을 선별한 그래프를 그리는 경우 선별된 데이터는 원래 데이터보다 범위가 좁고, 좁은 범위를 동일한 크기의 그래프로 그리면 그래프는 상대적으로 확대된다.

```
t <- ggplot(mpg, aes(displ, hwy)) + geom_point() + geom_smooth(method='lm')
t

## `geom_smooth()` using formula 'y ~ x'
```

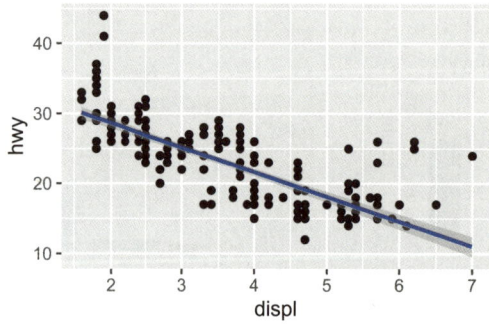

- 데이터를 제한하지 않고 좌표의 일부를 시각화(No Clipping)

```
t + coord_cartesian(xlim = c(1.5, 2), ylim = c(20, 50))

## `geom_smooth()` using formula 'y ~ x'
```

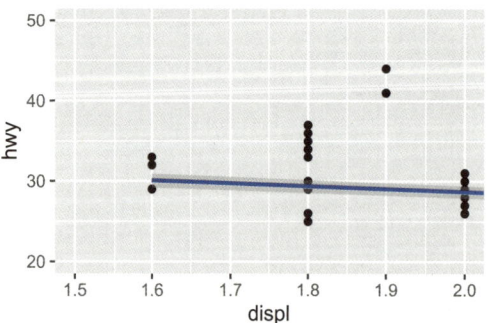

- 데이터의 범위를 제한함으로써 확대되는 효과(Cliping) : 회귀선의 신뢰구간을 보자. 회귀선 추정에 사용된 데이터의 크기가 작기 때문에 신뢰구간은 넓어진다.

```
t + xlim(1.5, 2) + ylim(20, 50)
t + scale_x_continuous(limits = c(1.5, 2)) +
```

16.6. 범례 (LEGENDS)

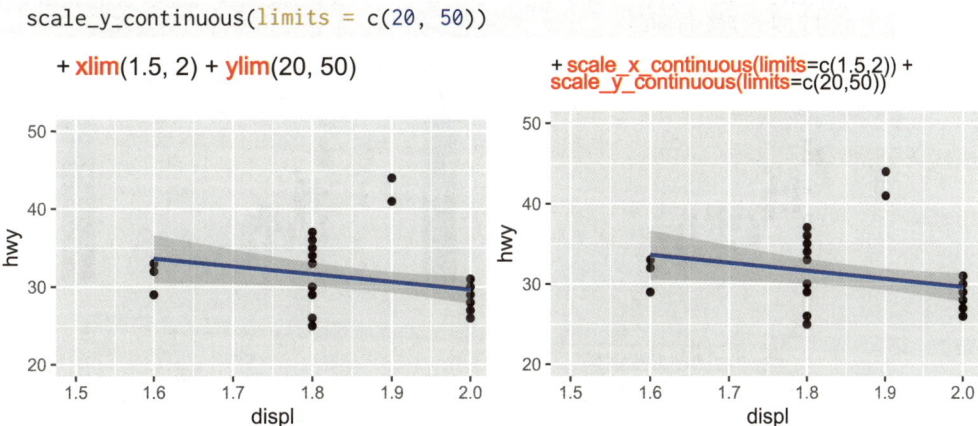

16.6 범례 (Legends)

ggplot2에서 범례는 다음과 같이 설정할 수 있다. 아래에서 <aes>는 color, fill 등의 적당한 시각적 특질을 입력해야 한다.

- 범례 제목 : + labs(<aes>=' ')
- 범례 위치 : + theme(legend.position='bottom')
  - top, left, bottom, right
- 범례 종류 : + guides(<aes>=' ')
  - none, colorbar, legend
- 범례의 레이블 : + scale_color_discrete(labels=c())
  - 여기서 + scale_x_continuous(labels=c())의 경우는 x-축 상의 눈금에 레이블이 표시되고, + scale_color_continuous(labels = c())의 경우에는 색깔의 설명하는 범례에 레이블이 표시된다.
  - x, y-축의 경우는 따로 범례가 생성되지 않으며, x, y-축의 눈금과 레이블이 범례를 대신하고 있다고 생각할 수 있다.

```
t <- ggplot(mpg, aes(x = displ, y = cty, color = cyl)) + geom_point()
t + scale_x_continuous(name = "city miles per gallon")
t + labs(color = "number of cylinders")
t + theme(legend.position = "bottom")   # top, bottom, left, right
t + guides(color = "none")
t + guides(color = "colorbar")
t + guides(color = "legend")
t + scale_color_continuous(labels = c("two", "three", "four", "five", "six"))
```

제 16 장. GGPLOT2

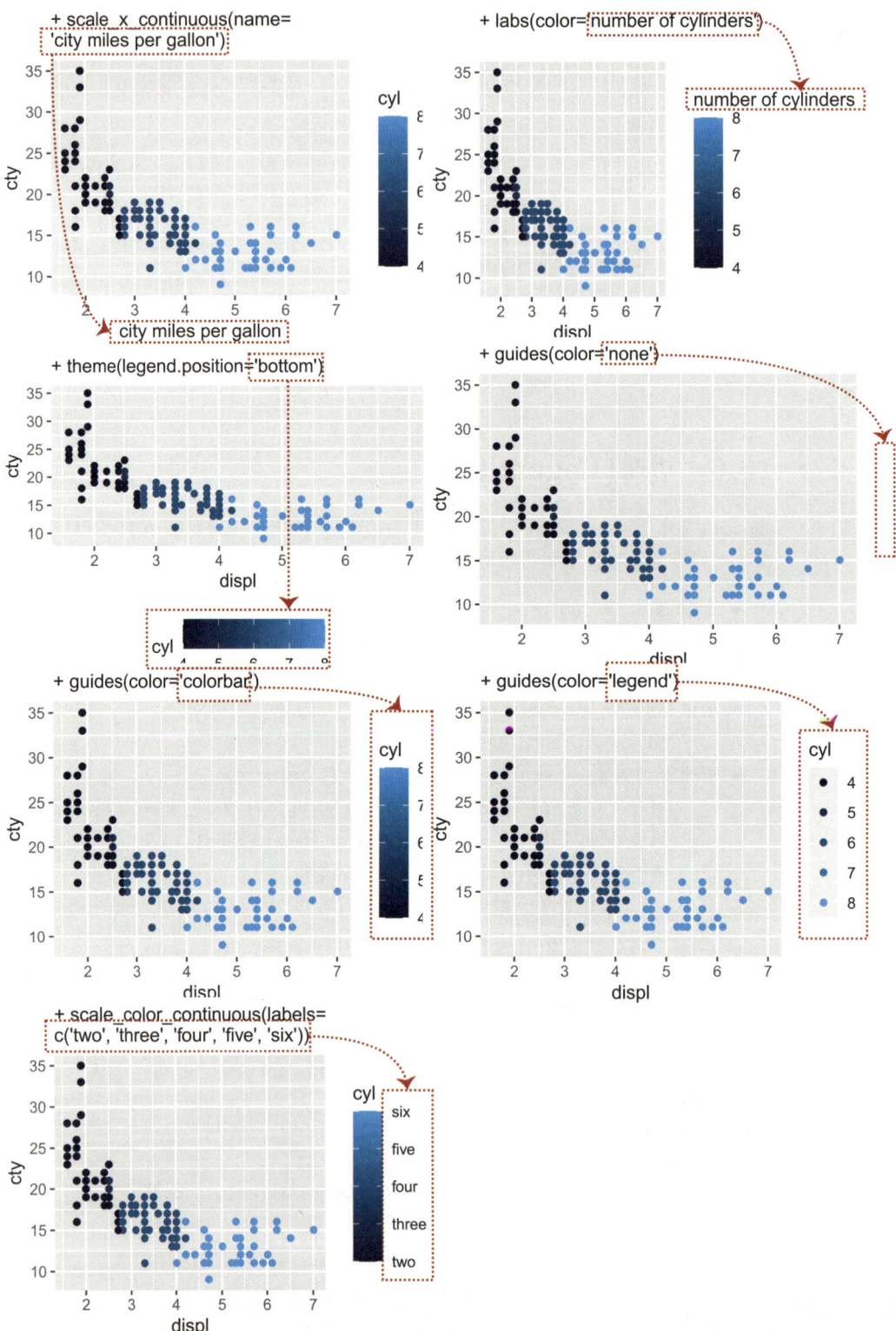

16.7 제목과 테마(Title and Theme)

자료를 시각화하는데 있어 자료와 상관없지만(자료에 따라 변하지 않는), 그래프의 전체적인 느낌을 결정하는 부분을 테마(theme)이라고 한다. 그래프의 제목, 부제목, 설명문, 배경색, 좌표축의 색, 격자무늬의 색, 텍스트 색, 텍스트 각도 등이 포함된다.

16.7.1 구현 방법

- 제목 : labs(title=' ')
- 부제목 : labs(subtitle=' ')
- 설명문 : labs(caption=' ')
- 테마
    - + theme_bw()
    - + theme_gray()
    - + theme_dark()
    - + theme_classic()
    - + theme_light()
    - + theme_linedraw()
    - + theme_minimal()
    - + theme_void()

16.7.2 제목, 부제목, 설명문

- 제목, 부제목, 설명문은 모두 + labs()를 통해 설정할 수 있다. 다음의 예시를 보자.
  - 두 행 이상을 차지할 경우에는 \n을 쓸 수 있다.

```
t <- ggplot(mpg, aes(cty, hwy, color=cyl)) + geom_point()
t + labs(title='1. Fuel economy data')
t + labs(title='2. Fuel Economy Data',
         subtitle='from 1999 and 2008
for 38 popular models of car')
# 줄을 바꾸기 위해 '\n'을 사용할 수도 있다.
t + labs(title='3. Fuel Economy Data',
         subtitle='from 1999 and 2008\nfor 38 popular models of car',
         caption='Fig. x. This dataset contains a subset of
the fuel economy data that the EPA makes available
on http://fueleconomy.gov.')
```

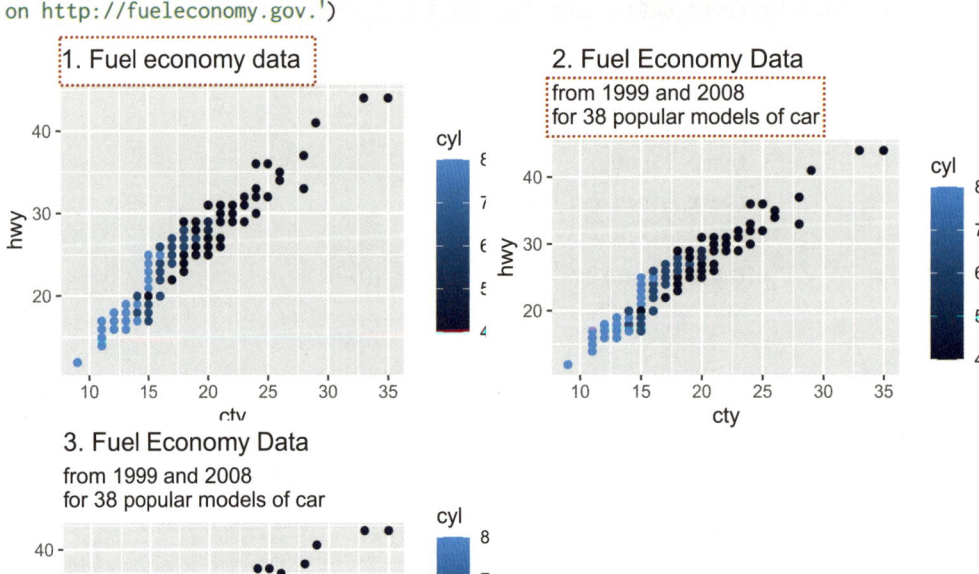

16.7.3 테마 (Themes)

- package:ggplot2의 테마는 자료와 상관없는 시각적 요소를 결정한다.
  - 예를 들어 좌표의 눈금선, 배경색, 글자색 등과 같은 요소이다.
  - theme_bw() : black and white 테마
  - theme_gray() : 회색 테마
  - theme_dark() : 짙은 테마
  - theme_linedraw() : 검정색 선을 사용하여 좌표계 표시
  - theme_light() : theme_linedraw()와 비슷하지만 선을 회색으로 하여 데이터를 좀 더 두드러져 보이게 한다.
  - theme_dark() : theme_light()보다 비슷하지만 배경색이 좀 더 짙다. 짙은 배경색은 얇은 선이 좀더 두드러져 보이게 한다.
  - theme_minimal() : 최소주의 테마. 배경이나 주석이 없다.
  - theme_classic() : 고전적인 외관
  - theme_void() : 완전한 공백

```
t <- ggplot(mpg, aes(cty, hwy, color=cyl)) + geom_point()
t2 <- t + labs(subtitle='from 1999 and 2008
for 38 popular models of car',
        caption='Fig. x. This dataset contains a subset of
the fuel economy data that the EPA makes available
on http://fueleconomy.gov.')
t2 + theme_bw()
t2 + theme_gray()
t2 + theme_dark()
t2 + theme_classic()
t2 + theme_light()
t2 + theme_linedraw()
t2 + theme_minimal()
t2 + theme_void()
```

318   제 16 장. *GGPLOT2*

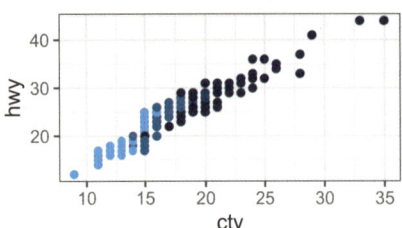

Fig. x. This dataset contains a subset of the fuel economy data that the EPA makes available on http://fueleconomy.gov.

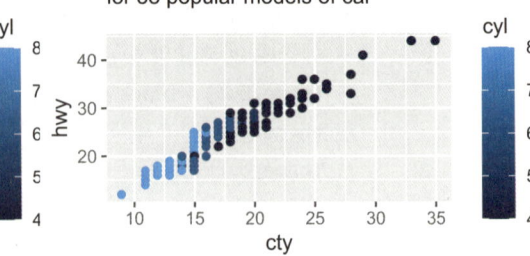

Fig. x. This dataset contains a subset of the fuel economy data that the EPA makes available on http://fueleconomy.gov.

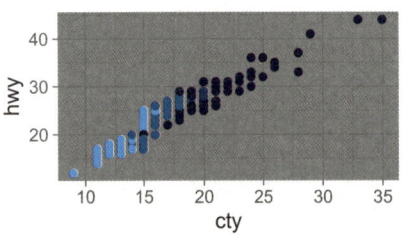

Fig. x. This dataset contains a subset of the fuel economy data that the EPA makes available on http://fueleconomy.gov.

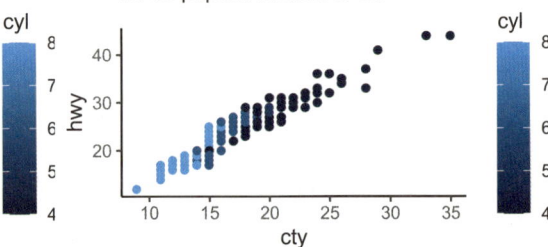

Fig. x. This dataset contains a subset of the fuel economy data that the EPA makes available on http://fueleconomy.gov.

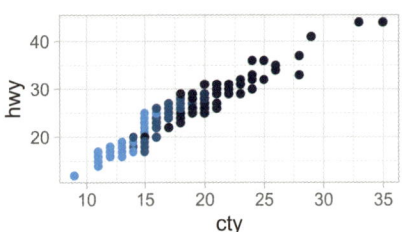

Fig. x. This dataset contains a subset of the fuel economy data that the EPA makes available on http://fueleconomy.gov.

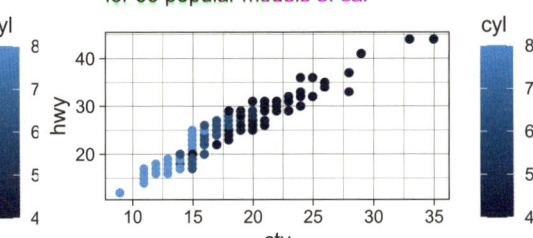

Fig. x. This dataset contains a subset of the fuel economy data that the EPA makes available on http://fueleconomy.gov.

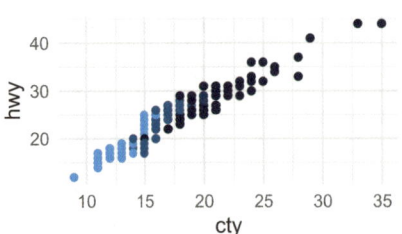

Fig. x. This dataset contains a subset of the fuel economy data that the EPA makes available on http://fueleconomy.gov.

Fig. x. This dataset contains a subset of the fuel economy data that the EPA makes available on http://fueleconomy.gov.

16.7. 제목과 테마 (TITLE AND THEME)

16.7.4 텍스트의 정렬, 줄간격, 서체 조정

- 텍스트의 정렬은 왼쪽(hjust=0), 중간(hjust=0.5), 오른쪽(hjust=1)이 가능하다.
- 텍스트의 각도는 angle=을 활용한다.
- 줄간격(lineheight=)과 서체(face=) 등도 조정이 가능하다.
- theme() 함수의 인자로 텍스트 조정을 위해 사용되는 것은 대표적으로 다음과 같다.
    - plot.title : 그림 제목
    - plot.subtitle : 그림 부제목
    - plot.caption : 그림 설명
    - axis.title.x : x-좌표의 제목
    - axis.text.x : x-좌표의 눈금 레이블

다음 예시를 보면서 구체적인 활용 방법을 살펴보자.

```
t2 <- ggplot(mpg, aes(cty, hwy, color=cyl)) + geom_point() +
  labs(caption='Fig. x. This dataset contains a subset of
the fuel economy data that the EPA makes available
on http://fueleconomy.gov.')
t2 + theme(plot.caption = element_text(hjust = 0))
t2 + theme(plot.caption = element_text(hjust = 0.5))
t2 + theme(plot.caption = element_text(hjust = 1))
t2 + theme(plot.caption = element_text(angle = 0))
t2 + theme(plot.caption = element_text(angle = 10))
t2 + theme(plot.caption = element_text(lineheight=.8, face='bold'))
t2 + theme(axis.text.x = element_text(angle = 45))
t2 + theme(axis.text.x = element_text(angle = 90))
```

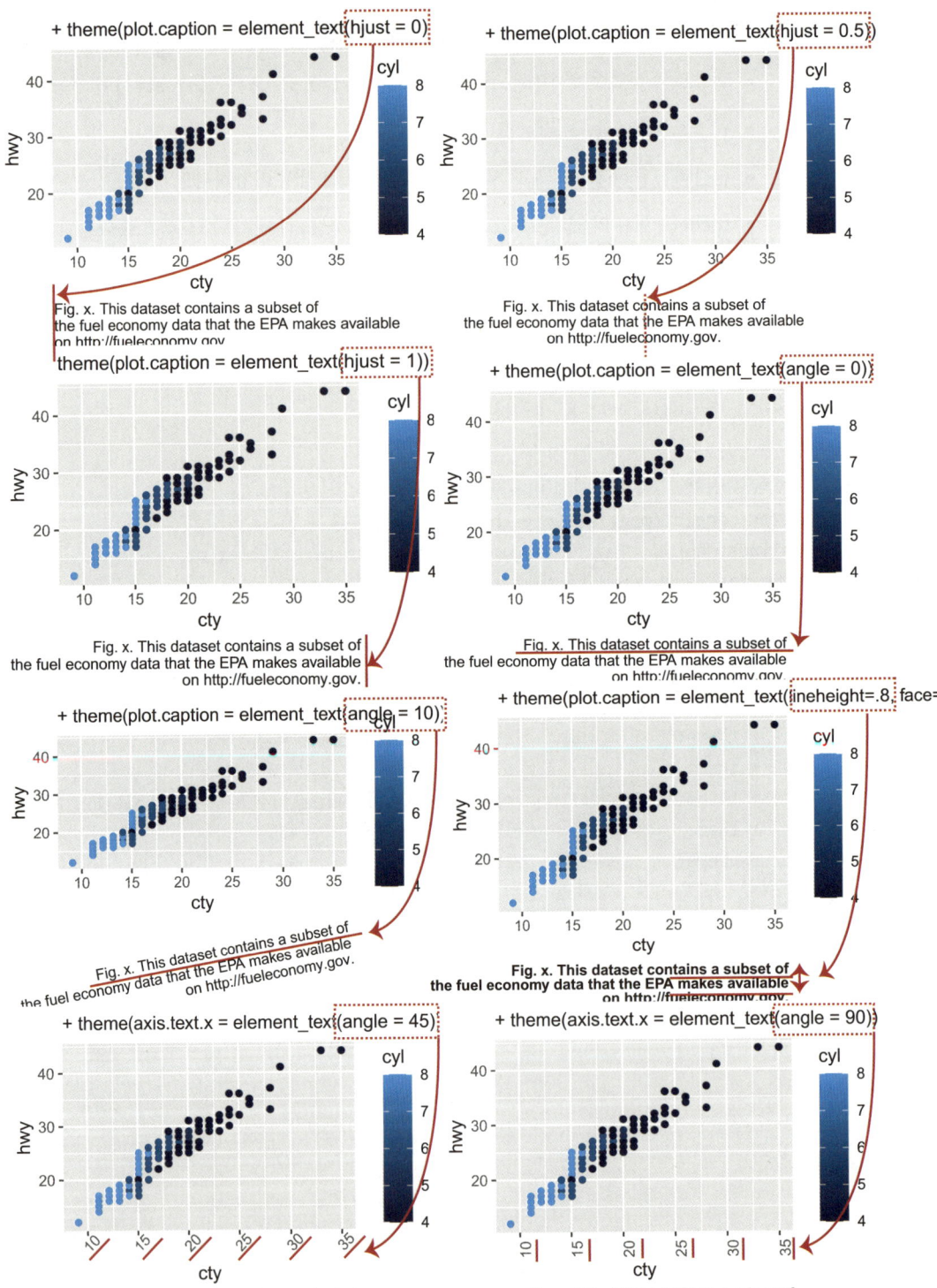

16.7. 제목과 테마 (TITLE AND THEME)

16.7.5 텍스트에 수학기호 등 입력하기

그래프의 제목이나 범례 등에 그리스 문자, 수학 기호 등을 포함시켜야 할 때가 있다. 여기서는 두 가지 방법을 소개한다. 첫 번째 방법은 유니코드 문자를 사용하는 것이다. 예를 들어 그리스 문자 알파는 유니코드 코드포인트 16진수 03B1이다. 두 번째 방법은 latex2exp라는 패키지를 활용하여 LaTeX표현을 출력하는 것이다. LaTeX표현은 문자열 안에 $로 감싸야 한다. 아래 예시에서 확인할 수 있듯이 복잡한 수식도 표현 가능하다. latex2exp::TeX()에서 사용 가능한 LaTeX표현은 이 장의 마지막에 표로 수록하였다.

```r
library(latex2exp)
t <- ggplot(mpg, aes(cty, hwy, color=cyl)) + geom_point()
# 그리스 문자 알파는 "\u03b1", "$\\alpha$", 또는 r"($\alpha$)"로 쓸 수 있다
t +labs(x = "\u03b2 has been adjusted") #\u03b2 = Greek small letter beta
t +labs(color = TeX("$\\alpha$-level ($\\beta\\,=\\,1$)"))
t +labs(caption = TeX(r"($\alpha(\beta\,=\,1)$ has been adjusted)"))

t +annotate('text', x=20, y=20, # 위치
            label=TeX(r'($\int_{0}^{1} \sin(x) dx$)'),
            hjust = 0 # 정렬 방법
            )
```

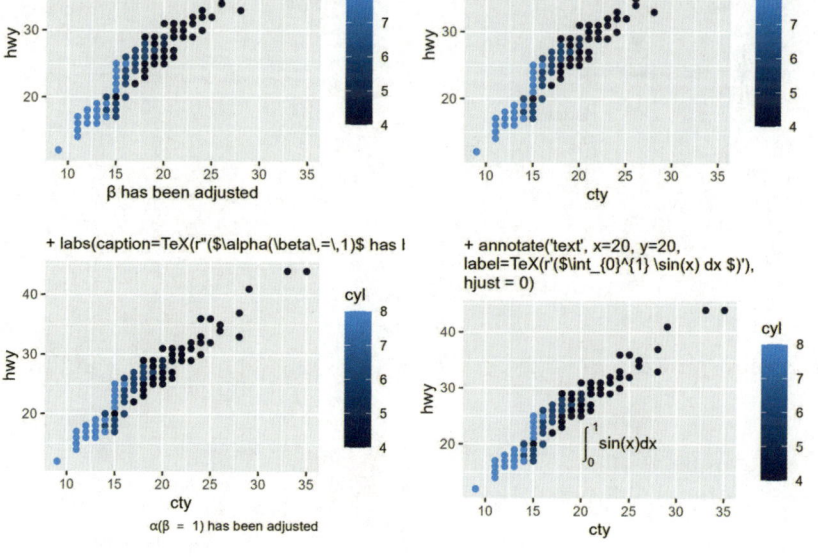

16.8 결과 정리 및 저장

16.8.1 여러 그래프를 하나의 그래프에 배열

gridExtra::grid.arrange(, , , , ncol=, nrow=)와 cowplot::plot_grid(, , labels=)를 사용할 수 있다.

```
p1 <- ggplot(mtcars, aes(x = mpg, y = wt, col = factor(vs))) + geom_point()
p2 <- ggplot(mtcars, aes(x = factor(vs), fill = factor(am))) + geom_bar()
p3 <- ggplot(mtcars, aes(x = wt, y = qsec, col = factor(gear))) + geom_line()
p4 <- ggplot(mtcars, aes(x = disp, y = drat)) + geom_point(col = "red") +
  theme_minimal()
gridExtra::grid.arrange(p1, p2, p3, p4, ncol = 2)
```

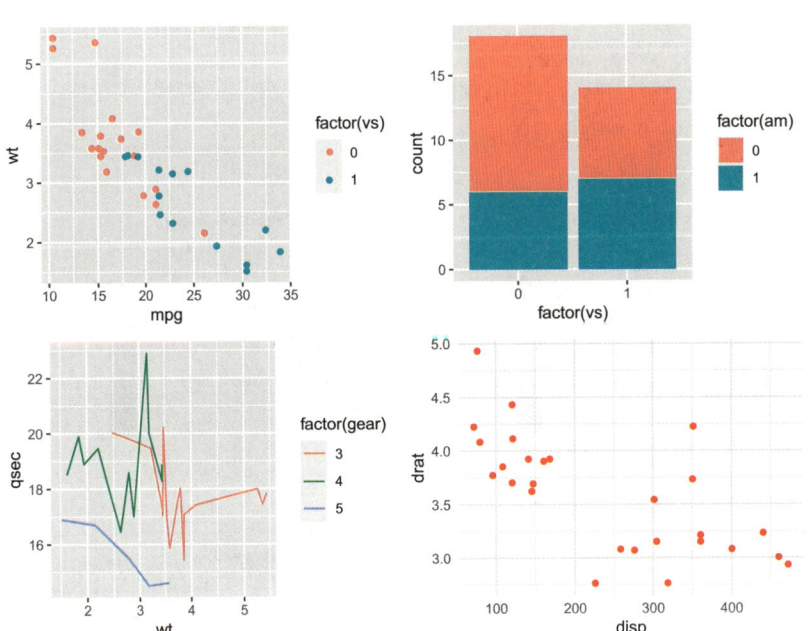

```
cowplot::plot_grid(p1, p2, labels = c("A", "B"), align = "h")
```

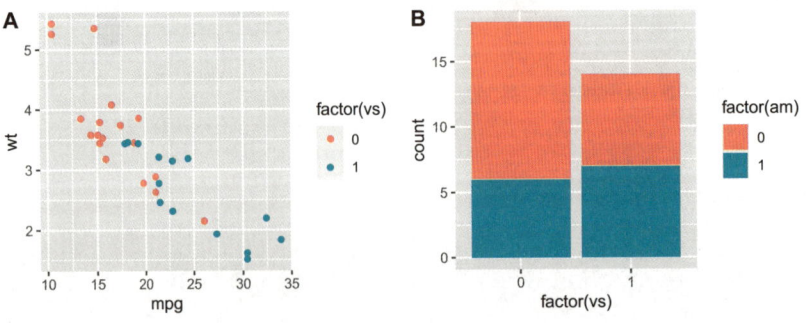

16.8.2 시각화 결과 저장

가장 최근의 그래프 저장하기 위해서는 ggsave(filename=' ', plot = , device=' ')를 사용한다. 여기서 인자는 다음과 같다.

- device = :
    - 주로 사용하는 확장자 : pdf, jpeg, png
    - 전문가용 : eps, ps, tex, bmp, svg, wmf(윈도우) 가능
    - 만약 정해주지 않으면 화일이름에서 추정한다.

- 선택사항
    - 그림의 배율 : scale=
    - 그림의 크기 : width=, height, units=('in', 'cm', 'mm')
    - 그림의 해상도 : dpi=(숫자, 'retina'(320), 'print'(300), 'screen'(72))

16.8.2.1 예

```
p <- mtcars %>%
  transmute(cyl = factor(cyl), gear = factor(gear)) %>%
  ggplot(aes(x = cyl, fill = gear)) + geom_bar()

mtcars %>%
  transmute(cyl = factor(cyl), hp = hp, am = factor(am)) %>%
  ggplot(aes(x = cyl, y = hp, fill = am)) + geom_boxplot()

ggsave(filename = "picRecent.png")
```

Saving 3.7 x 2.78 in image

```
ggsave(filename = "picp.jpg", plot = p)
```

Saving 3.7 x 2.78 in image

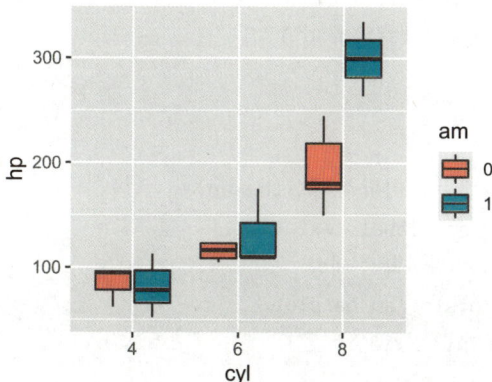

16.8.3 그 밖의 주의 사항

- for와 같은 루프문 안 또는 source()를 통해 실행될 때에는 ggplot()가 실행되지 않는다. 이때에는 print(ggplot()) 또는 ggp <- ggplot(); print(ggp)와 같이 해야 한다.

16.9 ggplot2(gg = Grammar of Graphics) 총정리

16.9.1 자료 시각화의 주요 요소

1. **Data** : 사용할 데이터 결정하기 (ggplot(data=   ))
2. **시각적 맵핑**
   - 시각적 특징 : 어떤 시각적 특징을 사용할 것인가?(aes())
     - 위치 : x, y, + facet_grid(y ~ x), + fact_wrap(~g)
     - 색깔, 채움색깔 : color, fill
     - 모양 : shape
     - 크기 : size
     - 농도 : alpha(겹치는 것을 방지하기 위해 유용하다.)
   - 스케일 : 어떻게 변수와 시각적 특징을 맵핑할 것인가?(scale_*_*())
     - x, y : scale_x_log10(), scale_x_reverse(), scale_x_sqrt()
     - 이산형의 color, fill
       * scale_fill_brewer(palette=   )
       * scale_fill_grey(start= , end= , na.value=)
     - 연속형의 color, fill
       * scale_fill_distiller(palette=)
       * scale_fill_gradient(low= , high=)
       * scale_fill_gradient(low= , high= , mid= , midpoint=)
       * scale_fill_gradientn(colours=)
     - 그 밖의
       * scale_*_manual(values=)
       * scale_*_date(date_labels="%m/%d")
       * scale_*_datetime()
3. **기하학적 대상(Geoms)**
   - 하나의 데이터 포인트를 나타내는 기하학적 대상(Geom)
     - 예 : point, jitter, rug, col, label, text
   - 여러 데이터 포인트를 표현하는 기하학적 대상
     - 1 변수 분포 : density, histogram, barplot
     - 조건부 1 변수 분포 : boxplot, violin
     - 2 변수 분포 : density2d, bin2d, hex

16.9. GGPLOT2 (GG = GRAMMAR OF GRAPHICS) 총정리

- 모형 적합 : smooth, quantile

4. **보조선(Auxillary lines)**
   - geom_hline(yintercept= , col= , size= , linetype=)
   - geom_vline(xintercept= , col= , size= , linetype=)
   - geom_abline(intercept= , col= , slope=)
   - linetype = : solid, dashed, dotdashed, longdash, twodash, '1010'

5. **좌표계(Coordinate System)**
   - 좌표계(Coordinate System)
     - 직교(Cartesian) vs. 극(Polar)
     - coord_fixed(ratio =), coord_flip(), coord_trans()
     - coord_quickmap(), coord_map()
   - 좌표 레이블(Coordinate label)
     - + labs(x=' ', y=' ')
   - 좌표축 눈금과 레이블(Breaks & Labels)
     - scale_x_continuous(breaks=c())
     - scale_x_continuous(labels=c()) or scale_x_continuous(labels=NULL)
   - 확대(Zooming)
     - 데이터를 제한하지 않고 좌표의 범위를 설정하는 경우 : coord_cartesian(xlim = c(,), ylim = c(,))
     - 데이터를 일정한 범위로 제한하는 경우
       * + xlim(,) + ylim(,)
       * + scale_x_continuous(limits=c(,))+scale_y_continuous(limits=c(,))

6. **범례(Legends)**
   - 범례 제목 : + labs(color=' ')
   - 범례 위치 : + theme(legend.position='bottom')
     - top, left, bottom, right
   - 범례 종류 : + guides(fill=' ')
     - none, colorbar, legend
   - 범례의 레이블 : + scale_color_discrete(labels=c())

7. **제목, 설명, 테마(Title, subtitle, caption and themes)**
   - 제목 : labs(title=' ')
     - 부제목 : labs(subtitle=' ')
     - 설명문 : labs(caption=' ')
     - 테마
       * + theme_bw()
       * + theme_gray()

- + theme_dark()
- + theme_classic()
- + theme_light()
- + theme_linedraw()
- + theme_minimal()
- + theme_void()
- 텍스트 : theme(axis.text.x = element_text(angle = 45), plot.title = ,)
  - element_text(jhust=)
  - element_text(lineheight=)
  - element_text(face=)
  - element_text(angle=)

8. **여러 그래프를 하나의 그래프에 배열** : gridExtra::grid.arrange(p1, p2, p3, ..., nrow=, ncol=)

9. **파일로 저장** : ggsave(filename = ' ', plot = , device = ' ', width, height, units, dpi)

16.9.2 몇 가지 팁

1. x-좌표의 레이블을 수직 방향으로 쓰려면 다음의 방법을 쓴다. vjust=, hjust=에 0에서 1까지 대입할 수 있다.

```
ggplot() +
  theme(
    axis.text.x = element_text(
      angle = 90, vjust = 0.5, hjust=1))
```

2. 자주 쓰는 설정의 경우 함수로 미리 지정해 놓으면 좋다.

```
x_label_vertical = function() {
  theme(axis.text.x = element_text(angle = 90, vjust = 0.5, hjust = 1))
}
ggplot() + x_label_vertical()
# + x_label_vertical()은 x 레이블의 방향을 90도 회전시킨다(수직 방향).
```

3. 범례에도 알파가 적용되어 보기 힘든 경우, 다음의 코드를 사용한다.

```
legend_alpha1 = function() {
  guides(colour = guide_legend(override.aes = list(alpha = 1)))
}
ggplot() + legend_alpha1()
```

4. gghighlight 패키지는 데이터를 조건에 따라 비교하는 데 유용하다.

```
library(gghighlight)
ggplot(mpg, aes(cty, hwy, color=drv)) +
  geom_point() +
  facet_wrap(~ drv) +
  gghighlight()

## label_key: drv

## Too many data points, skip labeling
```

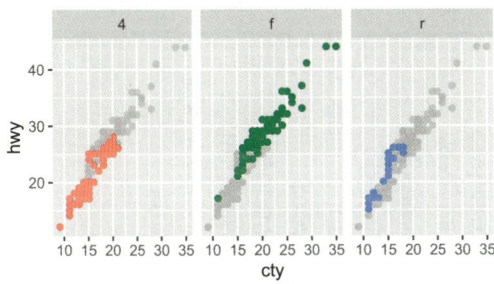

16.9.3 ggplot2 참고자료

- RStudio - Help - Cheatsheets - Data Visualization with ggplot2(<부록> 참고).

- R Bookdown[4]
    - Data Visualization[5]
    - Fundamentals of Data Visualization[6]
    - R for Data Science[7]

- ggplot2[8]

- Top 50 ggplot2 Visualizations[9]

- ggplot2 확장[10]

---

[4]https://bookdown.org/

[5]https://socviz.co/

[6]https://serialmentor.com/dataviz/

[7]http://r4ds.had.co.nz/

[8]https://github.com/hadley/ggplot2-book

[9]http://r-statistics.co/Top50-Ggplot2-Visualizations-MasterList-R-Code.html

[10]http://www.ggplot2-exts.org

TeX()

α	α	%	$\%$	[	$\lbrack$
β	β		$\,$	...	$\ldots$
γ	γ	;	$\;$	⌐	$\leftarrow$
δ	δ	ℵ	$\aleph$	⇐	$\Leftarrow$
ε	ϵ	≈	$\approx$	≤	$\leq$
ζ	ζ	∗	$\ast$	lim	$\lim$
η	η	$\bar{x}$	$\bar{x}$	×	$\mathbf{x}$
θ	θ	⋂	$\bigcap$	x	x
ι	ι	⋃	$\bigcup$	x	x
κ	κ	•	$\bullet$	⌐	$\neg$
λ	λ	·	$\cdot$	≠	$\neq$
μ	μ	⋯	$\cdots$	×	$\normalsize{x}$
ν	ν	♣	$\clubsuit$	∉	$\notin$
ξ	ξ	≅	$\cong$	⊄	$\nsubset$
o	o	°	$\degree$	⊕	$\oplus$
π	π	♦	$\diamondsuit$	∅	$\oslash$
ρ	ρ	÷	$\div$	⊗	$\otimes$
σ	σ	$\dot{x}$	$\dot{x}$	∂	∂
τ	τ	≡	$\equiv$	⊥	$\perp$
υ	υ	∃	$\exists$		
φ	ϕ	∀	$\forall$	∓	$\pm$
χ	χ	≥	$\geq$	′	$\prime$
ψ	ψ	$\hat{x}$	$\hat{x}$	∏	$\prod$
ω	ω	♥	$\heartsuit$	μ	$\propto$
		ℑ	$\Im$	]	$\rbrack$
		∈	$\in$	ℜ	$\Re$
		∞	∞	→	$\rightarrow$
		∫	$\int$	⇒	$\Rightarrow$

~	$\sim$	$\bigcap_x^y$	$\bigcap_{x}^{y}$
×	$\small{x}$	$\bigcup_x^y$	$\bigcup_{x}^{y}$
♠	$\spadesuit$	$\frac{x}{y}$	$\frac{x}{y}$
√	$\sqrt$	$\int_x^y$	$\int_{x}^{y}$
⊂	$\subset$	$\lim_x$	$\lim_{x}$
⊆	$\subseteq$	$\overset{x}{y}$	$\overset{x}{y}$
∑	$\sum$	$\prod_x^y$	$\prod_{x}^{y}$
⊃	$\supset$	$\sqrt[2]{x}$	$\sqrt[2]{x}$
⊇	$\supseteq$	$\sum_x^y$	$\sum_{x}^{y}$
√	$\surd$		
x	$\textbf{x}$		
x	$\textit{x}$		
$\tilde{x}$	$\tilde{x}$		
×	$\times$		
x	$\tiny{x}$		
$\underline{x}$	$\underline{x}$		
∨	$\vee$		
∧	$\wedge$		
$\widehat{x}$	$\widehat{x}$		
$\widetilde{x}$	$\widetilde{x}$		
℘	$\wp$		

제 17 장

연습문제 해답

데이터 구조

데이터프레임 수정하기

```
dat1 = data.frame(name=c('Kim', 'Park'),
                  age=c(24, 40),
                  height=c(180,165), stringsAsFactors=FALSE)
dat2 <- dat1
```

수정 방법의 차이

동일한 데이터프레임 dat1과 dat2의 첫 행을 서로 다른 방법으로 수정해본다.

```
dat1[1,] <- c("Lee", 30, 170); dat1
dat2[1,] <- list("Lee", 30, 170); dat2
```

```
##    name age height
## 1   Lee  30    170
## 2  Park  40    165
##    name age height
## 1   Lee  30    170
## 2  Park  40    165
```

겉보기에는 다른 점이 없어보인다. 하지만 다음을 보자.[1]

```
dat1$age
dat2$age
```

---

[1] tibble(dat1)과 tibble(dat2)를 비교해보자.

```
## [1] "30" "40"
## [1] 30 40
```

dat의 age열은 문자열이 되었다. 이것은 애시당초 c("Lee", 30, 170)의 결과는 문자열 벡터이기 때문이다. (벡터는 동일한 자료형의 원소를 모아 놓은 것이고, 문자와 숫자가 혼재할 때, 문자형이 된다.)

데이터프레임 수정과 stringsAsFactors=TRUE

```
dat2 = data.frame(name=c('Kim', 'Park'),
                  age=c(24, 40),
                  height=c(180,165), stringsAsFactors=TRUE)
dat2[1,] <- list("Lee", 30, 170); dat2

## Warning in `[<-.factor`(`*tmp*`, iseq, value = "Lee"): invalid factor
## level, NA generated

##    name age height
## 1  <NA>  30    170
## 2  Park  40    165
```

stringsAsFactors=TRUE로 놓으면 dat1$name은 문자형 벡터가 아니라 팩터형 벡터가 된다. <팩터 자료형>에서 다루겠지만 팩터는 수정이 어렵다는 특징이 있다. 구체적으로 기존의 수준(level)이 아니면 직접 수정할 수 없다. 위의 자료에서는 dat1$name은 Kim 또는 Park으로만 변경할 수 있다. 그외의 값으로 변경하려고 하면 NA가 된다. 만약 dat1$name이 문자형이라면 이런 문제가 생기지 않는다.

데이터 불러들이기

직접 텍스트 데이터 화일을 작성해 보기

본문에서 설명한 것처럼 텍스트 데이터 화일은 **헤더의 유무**, **열을 분리하는 기호**에 맞춰 작성되어야 한다. 다음은 헤더가 존재하고, 열을 ","로 구분한 텍스트 데이터 화일의 예이다.[2]

```
"name","phone","usageLastMonth","message","price"
"BTS","010-4342-5842",38000,"안녕, 날씨 좋다! \"가즈아!\"라고 말하고 싶다.",30
"트와이스","010-5821-4433",58000,"달빛 아래 춤추자! '너무너무너무'라고 노래 부를래.",10
"케이티 킴","010-5532-4432",31000,"Memorable",NA
```

---

[2] `write.table(file='datMsg.txt', x=datMsg, col.names=TRUE, sep=',', row.names=FALSE)`의 결과 텍스트 화일이다.

텍스트로 저장된 데이터 화일 읽기

파일의 처음에 BOM 문자(0xfeff)가 존재할 때에는 이를 적절하게 처리해야 한다. read.csv()의 경우를 BOM의 존재을 명확히 밝혀야 하며 readr::read_csv()는 스스로 알아서 처리하는 듯 하다. 패키지의 readr의 함수는 R 기본 함수의 단점을 개선한 경우가 많다.

```r
dat <- read.csv('서울시 한강공원 이용객 현황 (2009_2013년).csv',
                fileEncoding = 'UTF-8-BOM')
# BOM은 <문자열>의 유니코드, 엔디언, BOM을 참조하자.
# readr::read_csv는 BOM을 적절히 처리하는 듯 보인다
# dat <- read_csv('서울시 한강공원 이용객 현황 (2009_2013년).csv')
dat %>% tibble %>% head(2)
```

```
## # A tibble: 2 x 9
##    년도   구분   일반이용자 운동시설 자전거   주요행사.및.마~ 특화공원   기타
##    <chr>  <chr>       <int>    <int>  <int>             <int>     <int>  <int>
## 1 2009~  광나~     1374424   157913 396165            120413         0  42112
## 2 2009~  잠실      1860362    69587 481561            163409         0 131459
## # ... with 1 more variable: 합계 <int>
```

파일 인코딩, 열구분자, 인용기호를 적절하게 설정해 주는 것이 중요하다.

```r
dat02 <- read.csv('서울특별시 공공자전거 대여소별 이용정보(월간)_2017_1_12.csv',
                  quote="'",
                  fileEncoding = 'CP949')
# readr::read_csv을 사용한다면,
# dat02
#   <- read_delim('서울특별시 공공자전거 대여소별 이용정보(월간)_2017_1_12.csv',
#                 quote="'", delim=',',
#                 locale=locale(encoding = 'cp949'))
head(dat02, n=2)
```

```
##   대여일자 대여소번호            대여소 대여건수 반납건수
## 1   201701        108       서교동 사거리      246      198
## 2   201701        503  더샵스타시티 C동 앞      246      224
```

본문에서 열구분자는 거의 항상 ","(쉼표)였지만 실제 데이터에는 여러 가지 다양한 기호가 쓰인다.

```r
dat03 <- read.csv("http://www.nber.org/data/population-birthplace-diversity/JoEG_BP_diversity_data.csv",
                  sep=";", header=T, row.names=NULL)
head(dat03, n=2)
```

```
##     country_name.ccode.year.div1_a.div1_s.div1_u.div2_a.div2_s.div2_u.share_a.a.s
## 1 Afghanistan;AFG;1990;.0196283;.043451;.019022;.6398162;.5717307;.6403791;.00988
## 2     Albania;ALB;1990;.0700942;.0445751;.0726081;.1676445;.2764547;.1607507;.036251
```

EXCEL 화일 읽기

파일 확장자(.xls)가 항상 정확한 것은 아니다.

```
library(readxl)
dat04 <-
    readxl::read_xlsx('서울시 한강공원 이용객 현황 (2009_2013년).xls', sheet=1)
head(dat04, n=3)
```

그 밖의 통계 프로그램 데이터 화일

가장 간편한 방법은 rio::import()를 사용하는 것이다. 그 밖에 방법은 다음과 같다.

```
url = 'http://www.nber.org/data/population-birthplace-diversity/JoEG_BP
_diversity_data.dta'
rio::import(url)
foreign::read.dta(url)
haven::read_dta(url)
readstata13::read.dta13(url)
```

Web에서 데이터 긁어오기

본문에 제시된 여러 방법 중의 하나를 쓰면 다음과 같다.

```
library(XML); library(curl)
url <- "https://en.wikipedia.org/wiki/List_of_Korean_surnames"
con <- curl(url)
html <- readLines(con)
df <- readHTMLTable(html, header = TRUE, which = 1,
                    stringsAsFactors = FALSE, encoding = "UTF-8")
```

제어와 함수 I.

switch() 함수는 다소 생소할 수 있다.

```
switch(x,
       "1"="one",
       "2"="two",
       "else!") # 숫자로 따옴표로 감싸야 함을 주의하자.

switch(ch, a=, b=1, c=, d=3, 0)
# a= 에 아무 것도 없으므로, 다음 경우(b=)로 넘어간다.
# a=, b=, c=, d=에 모두 해당하지 않는 경우 0이 반환된다.
```

R에서 하는 벡터/행렬 연산

R에서는 여러 벡터/행렬 연산을 지원한다. 여기서는 이들의 사용방법을 알아본다.[3]

```
a = c(1, 5, -2)
b = c(3, -1, 7)
A = matrix(c(1,3,-2, 5, 7, -3, 1, 0, 1), 3, 3)
B = matrix(c(5,2,-1,0,7,-2,3,-5,1), 3, 3)
```

벡터연산

- 두 벡터의 내적 $\vec{a} \cdot \vec{b}$

```
pracma::dot(a, b) # 두 벡터의 내적
sum(a*b)
```

- 두 벡터의 외적(Cross product) $\vec{a} \times \vec{b}$

```
pracma::cross(a,b)
```

- 두 벡터의 외적(Outer product) ab^T

```
outer(a,b); a %o% b
a %*% t(b); tcrossprod(a, b)
```

한 행렬 연산

- 크기 n 의 단위 행렬 I_n

```
diag(2)
diag(4)
```

- 대각행렬 A, $A_{ij} = 0 (i \neq j)$

---

[3]소스 코드의 실행 결과는 http://ds.sumeun.org/?p=860에서 확인할 수 있다.

```
diag(c(1,-1))
diag(c(2,5,3,1))
```

- 행렬 A 의 대각원소 A_{ii}

```
A; diag(A)
B; diag(B)
```

- 행렬 A 의 전치행렬 $A^T(A')$

```
A; t(A)
B; t(B)
```

- 행렬 A 의 대각합 $tr(A)$

```
# matrix.trace(A)와 sum(diag(A))의 차이는
#  matrix.trace(A)는 행렬 A가 정방행렬인지 먼저 확인한다.
A; matrixcalc::matrix.trace(A); sum(diag(A))
A2 <- cbind(A, c(1,2,1))
A2; matrixcalc::matrix.trace(A2); sum(diag(A2))
```

두 행렬의 연산

- 곱 AB

```
A; B; A %*% B
```

- 아다마르 곱 $A \circ B$

```
A; B; A * B
```

- 크로네커 곱 $A \otimes B$

```
A; B; A %x% B
```

- 직접합 $A \oplus B$

```
A; B; matrixcalc::direct.sum(A, B)
```

선형(행렬) 대수

- 행렬식 $Ax = b$ 의 해

```
A; b=c(2,-1,1)
x = solve(A, b)
near(A %*% x, b)
```

- 역행렬 A^{-1}

```
A; solve(A)
```

- 일반화역행렬 A^+

```
A; MASS::ginv(A)
```

- 계수 $rank(A)$

```
A; matrixcalc::matrix.rank(A)
```

- 행렬식 $|A|, \det(A)$

```
A; det(A)
```

- QR 분해 $A = QR, QQ^T = Q^T Q = I_n, R_{ij} = 0 (i > j)$

```
qrA = qr(A)
qr.Q(qrA); qr.R(qrA)
```

- 양의 정부호행렬(정칙행렬) $\forall \vec{x}, \vec{x}^T A \vec{x} > 0$?

```
S = A + t(A) # Symmetric matrix
matrixcalc::is.positive.definite(S) # 양의 정부호행렬
matrixcalc::is.positive.semi.definite(S) # 양의 준정부호행렬
matrixcalc::is.negative.definite(S) # 음의 정부호행렬
matrixcalc::is.negative.semi.definite(S) # 음의 준정부호행렬
```

- 고유값, 고유벡터 $A\vec{v} = \lambda\vec{v}$

```
eigen(A)$values   # 고유치
eigen(A)$vectors  # 고유벡터

A %*% eigen(A)$vectors[,1];  # A와 첫 번째 고유벡터의 곱
eigen(A)$values[1] * eigen(A)$vectors[,1] #첫 번째 고유값과 고유벡터의 곱

# 위의 두 값은 거의 같다!
near(A %*% eigen(A)$vectors[,1],
     eigen(A)$values[1] * eigen(A)$vectors[,1])
```

- 특이값 분해

$$A = U\Sigma V^T$$

$$A : (m \times n) - \text{행렬}, \Sigma_{ij} = 0 (i \neq j), U^T U = I_m, V^T V = I_n$$

```
A = matrix(c( 1, 5, 1,
              3, 7, 0,
             -2,-3, 1,
              1, 5, 4), byrow=T, nrow=4, ncol=3)
A
svd(A)$u #U
diag(svd(A)$d) # Sigma
svd(A)$v #V

A; svd(A)$u %*% diag(svd(A)$d) %*% t(svd(A)$v)
near(A, svd(A)$u %*% diag(svd(A)$d) %*% t(svd(A)$v))
```

부록 A

수 표기 방법

의외로 수를 쓰는 방법은 나라마다 지역마다, 그리고 시대마다 다르다!

여기서는 먼저 과학, 수학적인 양과 단위의 표기를 규정하는 국제표준인 ISO 80000-1을 살펴본다. 그리고 우리나라 표기법, 그리고 다른 나라의 표기법을 차례로 살펴본다.

A.1 국제표준 ISO 80000-1

과학, 수학적 양과 단위를 표기하는 국제 표준을 규정한 ISO80000-1에 따르면 $\pi \times 10^6$의 유효숫자 12개의 근사값은 다음의 네 가지 방식 중 하나로 써야 한다.(이전 규정인 ISO 30-1과 resolution 10 of the 22nd CGPM에서도 동일하다.)

3141592.65359
3141592,65359
3 141 592.653 59
3 141 592,653 59

부연하자면 소수점은 . 또는 ,를 쓸 수 있다. 그리고 세 자리마다 띄어쓰거나 붙여쓸 수 있다. (수 자릿점을 나타내는 ,는 허용되지 않는다. 예를 들어 3.14159를 3.141,59로 쓸 수는 없다.)

A.2 한글 맞춤법

제44항 수를 적을 적에는 '만(萬)' 단위로 띄어 쓴다.
    십이억 삼천사백오십육만 칠천팔백구십팔
    12억 3456만 7898

(문화체육관광부고시 제 2017-12호. (2017). 한글 맞춤법. 5장 띄어쓰기)

한편, 종전 규정에는 '100,000원'과 같이 수의 자릿점을 나타낼 때 쉼표를 쓸 수 있다는 규정이 있었다. 그런데 이 용법은 개정안에서 정의한 문장 부호, 즉 문장의 구조를 드러내거나
글쓴이의 의도를 전달하기 위해 사용하는 부호가 아니라서 제외하였다.
그러나 이는 쉼표의 이런 용법이 문장 부호에 해당하지 않아서 규정에서 다루지 않는다는 것이지, 수의 자릿점을 나타내는 부호로 쉼표를 활용하는 것을 막는 것은 아니다.

(국립국어원 2014-01-44. (2014). 문장부호해설.)

한글 맞춤법에 따르면, 수 단위(억, 만)을 숫자와 같이 쓸 경우는 만 단위로 띄어 쓰며, 그렇지 않을 때에는 천 단위로 쉼표를 쓸 수 있다.(하지만 위의 설명에 따르면 꼭 천 단위 이어야 할 필요는 없는 것 같다. 그리고 소수점을 나타내는 . 는 너무 당연해서 설명조차 없는 듯 하다.)

A.3 다른 나라의 수 표기

소수점을 나타내는 방식은 크게 점(.: 하늘색)과 쉼표(,: 연두색)로 구분할 수 있다. 위키피디아[1]에 따르면 나라마다 소수점을 표기하는 방식은 다음과 같다.

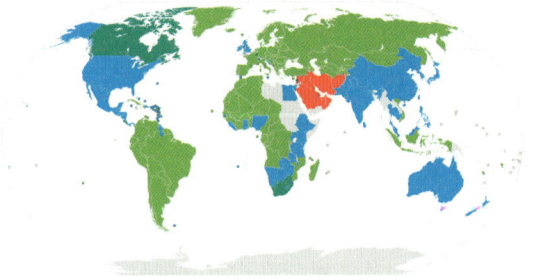

A.4 R에서 수 읽기

수 데이터를 화일에서 읽어오는 R의 함수들은 소수점 표기를 설정해줄 수 있다. 만약 소수점 표기를 ,로 바꾸고 싶다면,

```
read.csv(file=filename, dec=',') # dec = decimal mark?, decimal seperator?
readr::read_delim(file=filename, locale=locale(decimal_mark=','))
data.table::fread(file=filename, dec=',')
```

또다른 문제는 자릿점 표기 , 또는 . 이다. readr 패키지의 함수는 `locale(group_mark='')`를 통해 자릿점 표기도 설정해줄 수 있지만 R의 기본 함수나 `data.table`의 `fread`는 문자열로 읽은 후 변환시켜야 한다.

만약 우리가 자주 사용하는 표기법인 소수점 ., 자릿점 ,을 사용할 경우 `gsub(',', '', x)`로 손쉽게 ,를 제거해줄 수 있다. (x는 문자열 벡터이다.)

---

[1] https://en.wikipedia.org/wiki/Decimal_separator

부록 B

측정단위

이 책에서 자주 사용한 데이터 mtcars에는 mpg열이 있다. 여기서 mpg는 **m**iles **p**er **g**allon을 의미한다. 마일(mile)과 갤런(gallon)은 길이와 부피를 측정하기 위해 영미국가에서 사용하는 단위이다. mpg 열은 1 마일(약 1.6 km)를 가기 위해 필요한 석유의 부피를 갤런(약 3.7 L) 단위로 측정한 연비 단위이다. 하지만 마일과 갤런은 우리에게 생소하다. 우리는 길이와 부피를 측정할 때 국제 표준 단위인 미터(meter)와 리터(liter)를 쓰기 때문이다.

갤런(gallon)이란 단위를 주로 사용했던 국가는 미국와 영국이다. 하지만 갤런은 장소와 측정하려는 대상에 따라 그 의미가 다르다. 석유와 같은 액체를 측정할 때는 액량 갤런(liquid gallon)을 사용하며 미국의 경우 1 갤런은 3.785 411 784 L이고 영국의 1 갤런은 4.5460 9 L이다. 이렇게 쓰는 나라에 따라 그 의미가 다르기 때문에 미국의 갤런은 gal(US), 영국의 갤런은 gal(Imp)로 구분하기도 한다. 하지만 자신의 나라 안에서 쓸 때에 이런 구별을 하지는 않기 때문에 유의할 필요가 있다.[1]

1 마일(mile)은 1.609 344 km이므로 1 mpg(US)를 국제단위계로 환산하면 0.425 144 km/L이다.

$$1 \text{ mpg(Imp)} = 0.832674 \text{ mpg(US)} = 0.354006 \text{ km/L}$$

$$1.200950 \text{ mpg(Imp)} = 1 \text{ mpg(US)} = 0.425144 \text{ km/L}$$

대부분의 단위 변환은 적절한 수를 곱하는 단순한 과정이지만, 단위를 혼용하여 일어난 실수 때문에 막대한 손해를 야기하는 사고가 발생하기도 한다.[2] 여러 단위가 혼재함으로 일어나는 여러 문제들을 해소하고자 단위를 세계적으로 통일하기 위해 국제단위계(SI;

---

[1] R의 mtcars 데이터의 설명을 보면 mpg의 g가 (US) gallon임을 명시하고 있다. US(**U**nited **S**tates of **A**merica)는 미국을 의미하고, Imp(**Imp**erial)은 '(대영)**제국**의'란 의미이다.

[2] 1999년 9월 미국항공우주국(NASA)이 발사한 화성 기후 궤도선(MCO; Mars Climate Orbiter)는 화성 궤도 진입에 실패하여 불타버렸다. 조사 결과 1억 2,500만 달러라는 어마어마한 예산이 투입된 이 프로젝트가 실패한 이유는 단위를 혼동했기 때문이다. 나사(NASA)에서는 국제단위계를 사용하고, 탐사선을 제작한 록히드 마틴사에서는 야드파운드법 단위를 사용하면서 단위를 적절히 변환하지 못한 것이다.

le Système International d'unités)가 만들어졌다. SI의 기본 단위는 질량의 킬로그램 (kg), 길이의 미터(m), 시간의 초(s), 전류의 암페어(A), 온도의 캘빈(K), 물질량의 몰 (mol), 광도의 칸델라(cd)이며, 대다수의 단위는 이들 기본 단위에서 유도될 수 있다(예. 힘의 단위 뉴턴(N)은 $kg\ m/s^2$이다).

하지만 관습 또는 편의성 때문에 특별한 단위를 활용하는 것이 편한 경우도 많기 때문에[3], 여전히 여러 단위 사이에서 변환을 해야 하는 경우가 있다.

R에서는 단위를 어떻게 다루고 있을까? 일단 대부분의 데이터들은 측정 단위를 포함하고 있지 않다. 적절한 단위는 사람이 직접 유추해야 하며, 여러 단위가 혼재할 때 서로 통일하거나 변환하는 작업도 사람이 해야 한다.

R에는 이런 불편함을 해소하고자 여러 패키지가 개발되어 있다. 여러 패키지들 중에서 대표적인 units 패키지를 소개해보자. units 패키지를 활용하면 단위 변환을 쉽게 할 수 있으며, plot() 또는 ggplot() 결과 그래프에 단위가 저절로 포함된다.

```
# unix, sudo apt-get install libudunits2-dev
# install.packages('units')
library(units)

## udunits database from /usr/share/xml/udunits/udunits2.xml

library(dplyr)
data(mtcars)
#help(mtcars)
```

mtcars에 대한 도움말을 보자. mpg의 단위는 miles per gallon(US)이고, disp의 단위는 cubic inch, hp의 단위는 Gross horsepower, wt의 단위는 1000 lbs(파운드), qsec의 단위는 1/4 mile time(1/4마일을 가는게 걸리는 초)임을 확인할 수 있다. 모두 우리가 쉽게 접할 수 없는 단위이기 때문에 그 의미를 확인하기가 쉽지 않다.

패키지 units의 단위 목록은 valid_undunits()로 확인할 수 있다.

```
datUnits = valid_udunits()
datUnits %>%
  select(symbol, name_singular, defnition) %>%
  head(3)

## udunits database from /usr/share/xml/udunits/udunits2.xml

##    symbol name_singular                         definition
## 1       m         meter  The meter is the length of the...
```

---

[3]예를 들어 우리나라는 주택의 면적을 나타내기 위해 '평'이라는 단위를 오래동안 사용해왔다(평은 대략 한 사람이 누울 수 있는 공간으로 변의 길이가 1.818 12 m인 정사각형의 넓이 $3.305\,785\ m^2$을 의미한다). 우리나라는 **국가표준기본법 제10조**와 **제11조**에서 법정단위를 국제단위계와 일치시켰다. 그리고 **계량에 관한 법률 제5조(비법정단위의 사용 금지 등)**에 의해 법정단위 외의 단위(비법정단위)로 표시된 상품을 제조/수입 할 수 없도록 하고 있다. 평은 국제단위계의 단위가 아니기 때문에 법적으로 사용이 금지 되었지만, 사람들은 실생활에서 여전히 평을 사용한다. 기업들은 평이란 단위를 명시적으로 사용하지는 않지만, 예를 들어, 18평을 의미하기 위해 모델의 이름에 18py를 포함시키는 등의 방법을 사용하기도 한다.

```
## 2       kg       kilogram    The kilogram is the unit of m...
## 3       s        second      The second is the duration of ...
```

목록에 저장되어 있는 단위의 갯수가 200개가 넘어가기 때문에 필요한 단위를 찾기도 힘들다. 마일이나 갤론을 찾아보자.

다음은 단위 자료에서 mile과 gallon이 포함된 행을 보여준다.

```
require(dplyr)
datUnits %>%
    filter_all(any_vars(grepl('(mile|gallon)', .))) %>% head
```

```
## # A tibble: 6 x 11
##   symbol symbol_aliases name_singular       name_singular_a~ name_plural
##   <chr>  <chr>          <chr>               <chr>            <chr>
## 1 ""     ""             "nautical_mile"     ""               ""
## 2 ""     ""             "international_knot" "knot_internati~" ""
## 3 "kt"   "kts"          ""                  ""               ""
## 4 ""     ""             "nmile"             ""               ""
## 5 ""     ""             "US_survey_mile"    "US_statute_mil~" ""
## # ... with 1 more row, and 6 more variables: name_plural_aliases <chr>,
## #   def <chr>, definition <chr>, comment <chr>, dimensionless <lgl>,
## #   source_xml <chr>
```

여기서 name_singular과 name_singular_aliases열을 주목하자. 마일은 international_mile 또는 mile로 US 갤론은 US_liquid_gallon, liquid_gallon, 또는 gallon으로 쓸 수 있다.

mpg는 포함되어 있지 않지만, 우리가 직접 정해줄 수 있다.

```
# 다음의 코드에서 `name=`에 단위의 이름을 정하고, `def=`로 정의를 적는다.
# mpg는 마일(international_mile)을 US 액량 갤론(US_liquid_gallon)으로 나눠준 단위이다.
install_unit(name = "mpg_US", def = "international_mile / US_liquid_gallon")
```

수치형 벡터 x에 단위를 정해주는 방법은 다음과 같다.

```
x = c(1,2,3)
units(x) = 'mpg_US'
print(x)
```

```
## Units: [mpg_US]
## [1] 1 2 3
```

그 결과는 print()의 결과에서 Units: [mpg_US]을 통해 확인할 수 있다. 만약 x의 단위를 SI 유도 단위인 km/L로 바꾸고 싶다면 다음과 같이 한다.

```
units(x) = 'km/L' # 단위 기호를 사용
print(x)
```

```
## Units: [km/L]
## [1] 0.4251436831711 0.8502873663422 1.2754310495132
#units(x) = 'kilometer / liter' # 단위 이름을 사용
#print(x)
```

1 mpg(US) = 0.425 144 km/L와 일치하는 지 확인해보자. 여러 변환 과정을 거치고, 컴퓨터가 저장하는 수도 정확하지 않기 때문에(부동소수점 문제), 값이 완전히 일치하지는 않지만 거의 비슷하다. 만약 정확한 값을 지정하고 싶다면 다음과 같이 쓸 수도 있다.

```
remove_unit(name = 'mpg_US') # 먼저 기존의 단위이름 'mpg_US'를 제거한다
install_unit(name = "mpg_US",
             def = "0.425144 km/L")
# 단위이름 'mpg_US'를 다시 정의한다

data(mtcars) # mtcars를 새로 읽어서 기존의 단위 정보를 제거한다.
# units(mtcars$mpg) = NULL 을 사용할 수도 있다.
units(mtcars$mpg) = 'mpg_US' # mpg의 단위를 mpg_US로 정한다.
units(mtcars$mpg) = 'km/L'   # mpg의 단위를 km/L로 변환한다.
print(head(mtcars$mpg))

## Units: [km/L]
## [1] 8.9280240 8.9280240 9.6932832 9.0980816 7.9501928 7.6951064
```

units(mtcars$mpg) = 'mpg_US'; units(mtcars$mpg) = NULL; units(mtcars$mpg) = 'km/L'는 자료는 그대로 두고 단위만 mpg_US로 정했다가 km/L로 바뀐다. 반면 units(mtcars$mpg) = 'mpg_US'; units(mtcars$mpg) = 'km/L'는 최초에 단위를 mpg_US로 정한 후, 단위를 km/L로 변환하여 자료의 값이 변환된다.

units 패키지를 정확히 활용하려면 **단위 이름(name)**과 **단위 기호(symbol)**를 구분할 수 있어야 한다. "나는 100 m 달리기를 했다"에서 m는 단위 기호이다. 반면 "나는 100 **미터** 달리기를 했다" 또는 "I ran 100 **meters**"에서 미터와 meters는 단위 이름이다. 단위를 정의하거나, 제거할 때 매개변수명으로 이 둘을 구분해야 한다(install_unit(symbol='m') 또는 install_unit(name='meter')).[4] install_unit() 함수의 도움말을 보면 단위 기호 또는 단위 이름을 써서 새로운 단위를 정의하는 방법에 대해 알 수 있다.

자동차의 중량(mtcars$wt)은 1000 파운드 단위로 되어 있다. 만약 킬로그램으로 확인하고자 한다면 다음과 같이 쓴다. 이때 units(mtcars$wt) = '1000 lb'로 쓸 수 없고, units(mtcars$wt) = 'klb'로 써야 한다. 여기서 k는 단위 앞에 붙는 접두사로 1000을 의미한다. 단위 앞에 붙는 접두어는 이 장의 마지막에 수록해 놓았다 (system.file('share/udunits', package='units')의 udunits2-prefixes.xml에서도 확인 가능하다).

---

[4]영어로 쓸 때 Newton은 인물의 이름이고, newton은 힘의 단위 이름, N은 힘의 단위 기호이다. 다음의 예문을 보자. I pushed it with a force of 1 N. I pushed it with a force of 1 newton.

```r
units(mtcars$wt) = 'klb'
#dat$wt = set_units(dat$wt, 'klb', mode='standard')
#dat$wt = set_units(dat$wt, klb)

units(mtcars$wt) = 'kg'
#dat$wt = set_units(dat$wt, 'kg', mode='standard')
#dat$mpg = set_units(dat$mpg, kg/L)

library(ggplot2)
library(ggforce) # ggplot과 units를 함께 쓰기 위해서 필수!
ggplot(data = mtcars) + geom_histogram(aes(x=wt), bins=10)
# 만약 ggforce가 없다면 Error in Ops.units(x, range[1]) 가 발생한다.

ggplot(data = mtcars) + geom_point(aes(x=wt, y=mpg))
```

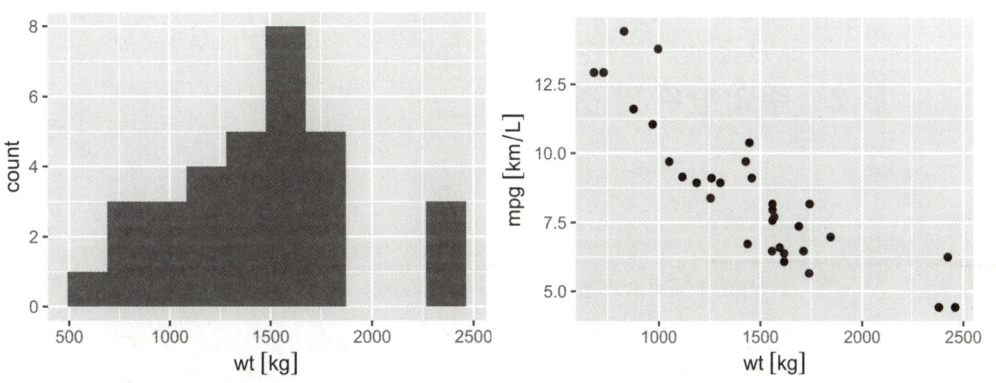

mtcars의 나머지 열에 대해서도 단위를 정한다면 다음과 같다.

```r
install_unit(name = 'cubic_inch', def = 'in^3')
install_unit(name = 'qsec', def = '4 second / mile')

units(mtcars$disp) = 'cubic_inch'
units(mtcars$hp) = 'horsepower'
units(mtcars$qsec) = 'qsec'
```

B.1 단위와 관련된 '한글 맞춤법'

- 제43항

단위를 나타내는 명사는 띄어 쓴다.

  한 **개**, 차 한 **대**, 금 서 **돈**, 소 한 **마리**

  옷 한 **벌**, 열 **살**, 조기 한 **손**, 연필 한 **자루**

  버선 한 **죽**, 집 한 **채**, 신 두 **켤레**, 북어 한 **쾌**

다만, 순서를 나타내는 경우나 숫자와 어울리어 쓰이는 경우에는 붙여 쓸 수 있다.

  두**시**, 삼십**분**, 오**초**, 제일**과**, 삼**학년**

  육**층**, 1446**년**, 10**월** 9**일**, 2**대대**

  16**동**, 502**호**, 제1**실습실**, 80**원**

B.2 주요 단위 및 접두어

접두어

- Y(요타; yotta) = 10^{24}
- Z(제타; zetta) = 10^{21}
- E(엑사; exa) = 10^{18}
- P(페타; peta) = 10^{15}
- T(테라; tera) = 10^{12}
- G(기가; giga) = 10^{9}
- M(메가; mega) = 10^{6}
- k(킬로; kilo) = 10^{3}
- h(헥토; hecto) = 10^{2}
- da(데카; deka) = 10^{1}
- d(데시; deci) = 10^{-1}
- c(센티; centi) = 10^{-2}
- m(밀리; milli) = 10^{-3}
- μ(마이크로; micro) = 10^{-6}
- n(나노; nano) = 10^{-9}
- p(피코; pico) = 10^{-12}
- f(펨토; femto) = 10^{-15}
- a(아토; ato) = 10^{-18}
- z(젭토; zepto) = 10^{-21}
- y(욕토; yocto) = 10^{-24}

주요 단위

상수

- doz(다스; dozen) = 12
- mol(몰; mole) = $6.022\ 141\ 29 \times 10^{23}$

정보

- b(비트; bit)
- B(바이트; byte) = 8b

길이

- D, Dptr, dpt(디옵터; dioptre) = 1 m^{-1} (초점 거리를 미터로 표시한 수치의 역수)
- 척(척) = 1 자 = 10/33 m
- 촌 = 1/10 척 = 1 치 = 1/33 m
- in(inch; 인치) = 1/12 ft = 25.4 mm = 0.0254 m
- ft(foot, feet; 피트) = 1/3 yd = 12 in = 0.3048 m
- yd(yard; 야드) = 0.9144 m
- mile(마일) = 1760 yd = 1609.344 m
- nm(해리; nautical mile) = 1852 m (지구 위도 1분에 해당하는 거리)
- AU(천문단위; astronomical unit) = 149 597 870 700 m (지구와 태양 사이의 평균 거리)
- ly(광년; light year) = 9 460 730 472 590 800 m (빛이 진공 속에서 1년간 나아간 거리)
- pc(파섹; parsec) = 1 천문단위가 원호에서 1초의 각도를 펼친 거리 (3.08568×10^{16} m)

각도

- rad(라디안; radian) ≈ 57.296 ° (반지름의 길이와 원호 길이가 일치하는 각도)
- °(도; degree) ≈ 0.174533 rad (원 둘레를 360등분했을 때 1개에 해당하는 각도)
- sr(스테라디안; steradian, square radian) : 입체각의 단위. 구 전체의 입체각은 4π sr 이다.

면적

- m^2(제곱미터)
- a(아르; are) = 100 m^2
- 평 = 400/121 m^2 ≈ 3.305 785 1 m^2
- 홉 ≈ 180.39 mL
- 되 ≈ 1.803907 L

부피

- cc(시시; cubic centimeter) = 1 cm^3
- Imp. fl. oz.(영국 액량 온스) = 1/5 gal(Imp) = 28.41 mL
- US. fl. oz.(미국 액량 온스; fluid ounce) = 1/4 gal(US) = 29.57 mL
- L, l(리터; liter) = 10^{-3} m^2
- m^3(세제곱미터)

질량/무게

- ct, car(캐럿; carat) = 200 mg (보석에 사용된다)
- oz(온스; ounce) = 1/16 lb = 28.349 523 125 g

- oz tr, toz(트로이온스; troy ounce) = 31.103 476 g
- lb(파운드; pound) = 0.453 592 37 kg
- kg(킬로그램; kilogram)
- t(톤; ton) = 10^3 kg

시간

- s(초; second)
- min(분; minute) = 60 s (미터 기호 m과 혼동하지 말자.)
- h(시; hour) = 3600 s (접두기호 h와 혼동하지 말자.)
- d(일; day) = 86400 s
- W(주; week) = 604800 s

속도

- kt, kn(노트; knot) ≈ 0.514444 m/s ≈ 1.852 km/h (1 시간에 1 해리를 가는 속도)
- m/s(초당 미터; metre per second)
- M(마하수; mach number) : 음속과 비교한 속도로 1기압, 15 °C에서 마하 1은 약 340 m/s
- Hz(헤르츠, hertz) = 1 s^{-1} (1초에 1회)

가속도

- Gal(갈; gal) = 0.01 m/s^2
- m/s^2(미터 매 초 제곱)

힘

- N(뉴턴; newton) = 1 kg m/s^2

에너지

- cal(칼로리; calorie) = 4.184 J
- J(줄; joule) = 1 Nm = 1 Ws

일률

- W(와트; watt) = 1 J/s
- PS(프랑스 마력; horse power) = 75 kgf m/s (말 한 필의 평균 일률)

압력

- Pa(파스칼; pascal) = 1 N/m^3
- mmHg(수은주밀리미터; millimetre of mercury) = 101 325/760 Pa

소리

- dB(데시벨; decibel) : 0 dB을 사람이 들을 수 있는 가장 작은 소리로 정하고, 소리가 10배 증가할 때마다 20 dB이 증가한다. 0 dB = 20 μPa

온도

- K(켈빈; kelvin)
- °C(셀시우스도, 섭씨온도; celsius degree) = K - 273.15
- °F(파렌하이트도, 화씨온도; Fahrenheit degree) = 1.8 K - 459.67

빛 관련

- cd(칸델라; candela) : 광도 단위
- lm(루멘; lumen) = 1 cd/sr (광속 단위)
- lx(룩스; lux) = 1 lm/m^2 (조도 단위)
- 등(시등급; visual magnitude) : 광도가 2.512($100^{1/5}$) 배가 될 때마다 1등급씩 줄어든다.

부록 C

dplyr을 SQL로 번역하기

```
install.packages('dplyr')
install.packages('nycflights13')

install.packages('sqldf')
install.packages('RSQLite')
```

데이터 분석가에게 필요한 역량 중의 하나가 SQL(Structured Query Language)이다. 하지만 시간을 내어 배우기 힘들고, 간단하게 사용해야 할 필요가 있을 때에는 간단하게 **dplyr 함수를 번역**해서 쓸 수 있다.

아래에는 수기로 하는 번역과 dbplyr의 함수를 활용하여 자동으로 번역하는 방법을 소개한다.

C.1 수기 번역

아래의 표는 `dplyr`의 대표적인 함수를 SQL로 번역한 결과를 보여준다.

package:dplyr	SQL
`dat %>% select(cola,colb)`	`SELECT cola, colb FROM dat`
`head(5)`	`LIMIT 5`
`slice(5:(5+7))`	`LIMIT 7 OFFSET 5`
`filter(cola > 3 & colb < 5)`	`WHERE cola > 3 AND colb < 5`
`filter(is.na(cola))`	`WHERE cola IS NULL`
`select(cola) %>% filter(!duplicated(cola))`	`SELECT DISTINCT cola`
`filter(year(coldate) >= 2002 & year(coldate) <= 2003)`	`WHERE coldate BETWEEN 2002 AND 2003`

package:dplyr	SQL
filter(country == "Korea")	WHERE country = 'Korea'
filter(country != "Korea")	WHERE country <> 'Korea'
filter(str_detect(cola, '^.a'))	WHERE cola LIKE '_a%'
filter(str_detect(name, "^B"))	WHERE name LIKE 'B%'
filter(cola %in% c(1,2,3))	WHERE cola in (1,2,3)
transmute(colc = cola - colb)	SELECT cola - colb AS colc
mutate(result=8/3)	SELECT (8/3) AS result
group_by(colb)	GROUP BY colb
arrange(cola)	ORDER BY cola
arrange(desc(cola))	ORDER BY cola DESC
arrange(cola, colb)	ORDER BY cola, colb
filter(!duplicated(cola)) %>% nrow	SELECT COUNT(DISTINCT cola)
nrow(dfA)	SELECT COUNT(*) FROM dfA
Sys.Date()	SELECT CURRENT_DATE
filter(cola > Sys.Date() + 1)	WHERE cola > CURRENT_DATE + INTERVAL 1 DAY
group_by(cola) %>% summarise(sum(colb))	SELECT SUM(colb) GROUP BY cola

SQL에서 몇 가지 주의할 점은 다음같 같다.

- 비교를 위한 부등호와 등호가 R과 다르다. 예를 들어 ==는 =, !=는 <>로 써야 한다.
- SQL에서 문자열은 '로 감싼다. "를 사용할 수 없다. "은 컬럼 이름을 쓸 때 사용한다.
- SQL에서 NULL은 결측치를 나타낸다. NULL을 확인하기 위해서는 IS NULL 또는 IS NOT NULL을 사용한다.
- 문자열 패턴을 나타내는 'B%', '_a%'을 유의해서 보자. _는 한글자, %는 공란을 포함한 모든 길이의 모든 문자열을 나타낸다. 따라서 'B%'는 B로 시작하는 모든 문자열을 의미한다('B' 포함하여 'Ba', 'Bat!' 등).
- 문자열 안의 '을 나타내려면 ''라고 쓴다. 따라서 '''It''s good.'''은 문자열 'It's good.'을 나타낸다.
- LIKE 이후의 문자열에서 %와 _는 특별한 의미를 갖는다. 만약 문자 그대로의 % 또는 _를 사용하려면 '\%'과 '_'를 쓴다. 문자 그대로의 \는 정규표현식에서와 비슷하게 '\\'로 쓴다.
- GROUP BY와 함께 사용할 수 있는 집계 함수로는 MIN(최솟값), MAX(최댓값), SUM(합계), AVG(평균) 등이 있다.
- 위 dplyr 함수는 dat %>%가 생략되었다. SQL에서도 FROM dat이 생략되었다.

추가로 테이블을 만들고, 수정하고, 합치는 방법을 살펴보자.

- CREATE TABLE은 **테이블을 만든다**.

C.1. 수기 번역

- SQL에서 대표적인 데이터 타입은 INTEGER(정수), FLOAT(실수), CHAR(n)(길이가 n인 문자열), VARCHAR(n)(최대길이가 n인 가변 문자열), DATE(날짜), TIME(시간), DATETIME(날짜시간), TIMESTAMP(타임스탬프) 등이다.
- df1, df2 등은 테이블이름, cola, colb, …을 컬럼 이름 이라고 했을 때, 테이블을 생성할 때는 테이블 이름과 컬럼 이름, 그리고 컬럼의 타입을 설정해준다(예. CREATE TABLE df1 (id INTEGER, name VCHAR(10), amount FLOAT);).
- **행을 삭제**하는 방법은 다음과 같다. DELETE FROM df1 WHERE cola=10;
- **행을 추가**하는 방법은 다음과 같다(DEFAULT는 각 열별로 기본값을 의미한다). INSERT INTO df1(cola, colb) VALUES(10, DEFAULT);
- **열을 삭제**하는 방법은 다음과 같다. ALTER TABLE df1 DROP COLUMN cola;
- **열을 수정**하는 방법은 다음과 같다. UPDATE df1 SET cola=10, colb='text' WHERE no=1;
- **열을 추가**하는 방법은 다음과 같다. ALTER TABLE df1 ADD colb FLOAT;은 테이블 df1에 이름은 colb이고 데이터 타입은 FLOAT(실수)인 컬럼을 추가한다.
- 두 **테이블을 병합**하는 방법은 다음과 같다. SELECT * FROM df1 INNER JOIN df2 ON df1.name=df2.name;. R로 쓰자면 inner_join(df1, df2, by='name')과 같다.

실례

여기서는 R의 데이터 프레임에 SQL 명령을 사용할 수 있는 sqldf 함수로 dplyr의 함수와 SQL의 방법을 비교해 보았다.

```
library(dplyr)
library(sqldf)
#library(RSQLite)
library(nycflights13)
head(flights, 3)

## # A tibble: 3 x 19
##    year month   day dep_time sched_dep_time dep_delay arr_time
##   <int> <int> <int>    <int>          <int>     <dbl>    <int>
## 1  2013     1     1      517            515         2      830
## 2  2013     1     1      533            529         4      850
## 3  2013     1     1      542            540         2      923
## # ... with 12 more variables: sched_arr_time <int>, arr_delay <dbl>,
## #   carrier <chr>, flight <int>, tailnum <chr>, origin <chr>,
## #   dest <chr>, air_time <dbl>, distance <dbl>, hour <dbl>,
## #   minute <dbl>, time_hour <dttm>

dat <- flights
a1 <- dat %>% select(carrier, origin, dest)
a2 <- sqldf('SELECT carrier, origin, dest FROM dat')
all.equal(a1, as_tibble(a2))

## [1] TRUE
```

```
(r1 <- dat %>% head(3))
r2 <- as_tibble(sqldf('SELECT * FROM dat LIMIT 5'))
all.equal(r1,r2)
```

```
## # A tibble: 3 x 19
##    year month   day dep_time sched_dep_time dep_delay arr_time
##   <int> <int> <int>    <int>          <int>     <dbl>    <int>
## 1  2013     1     1      517            515         2      830
## 2  2013     1     1      533            529         4      850
## 3  2013     1     1      542            540         2      923
## # ... with 12 more variables: sched_arr_time <int>, arr_delay <dbl>,
## #   carrier <chr>, flight <int>, tailnum <chr>, origin <chr>,
## #   dest <chr>, air_time <dbl>, distance <dbl>, hour <dbl>,
## #   minute <dbl>, time_hour <dttm>
## [1] "Attributes: < Component \"row.names\": Numeric: lengths (3, 5) differ >"
```

```
(r1 <- dat %>% select(carrier) %>% filter(!duplicated(carrier)))
r2 <- as_tibble(sqldf('SELECT DISTINCT carrier FROM dat'))
all.equal(r1, r2)
```

```
## # A tibble: 16 x 1
##   carrier
##   <chr>
## 1 UA
## 2 AA
## 3 B6
## 4 DL
## 5 EV
## # ... with 11 more rows
## [1] TRUE
```

다음의 경우 결과의 형태가 다르다는 점을 유의하자(첫 번째 결과는 벡터이고, 두 번째 결과는 티블이다).

```
(r1 <- dat %>% select(carrier) %>% filter(!duplicated(carrier)) %>% nrow)
r2 <- as_tibble(sqldf('SELECT COUNT(DISTINCT carrier) FROM dat'))
all.equal(r1, r2)
```

```
## [1] 16
## [1] "Modes: numeric, list"
## [2] "names for current but not for target"
## [3] "Attributes: < target is NULL, current is list >"
## [4] "target is numeric, current is tbl_df"
```

C.2 dbplyr 패키지를 사용한 자동 번역

dbplyr은 dplyr -> SQL 번역을 자동으로 해 준다. (관련링크: sql-translation[1])

단순한 예를 들어 보자. 위의 링크에서 가져왔다.

```
con <- DBI::dbConnect(RSQLite::SQLite(), ":memory:")
flights <- copy_to(con, nycflights13::flights)
airports <- copy_to(con, nycflights13::airports)

flights %>%
  select(contains("delay")) %>%
  show_query()

## <SQL>
## SELECT `dep_delay`, `arr_delay`
## FROM `nycflights13::flights`
```

결과를 실제 활용해 보면,

```
DBI::dbGetQuery(con,
  'SELECT `dep_delay`, `arr_delay` FROM `nycflights13::flights`') %>%
  head(3)

##   dep_delay arr_delay
## 1         2        11
## 2         4        20
## 3         2        33
```

실례

- flights.db 생성

```
dbFilename <- "flights.db"
if (file.exists(dbFilename)) file.remove(dbFilename)
con2 <- DBI::dbConnect(drv=SQLite(), dbname=dbFilename)
dbListTables(con2)
data(flights)
dbWriteTable(con2, "flights", flights)
dbListTables(con2)
dbDisconnect(con2)
```

- 위에서 번역된 SQL문 사용

```
con2 <- DBI::dbConnect(drv=SQLite(), dbname=dbFilename)
DBI::dbGetQuery(con2, 'SELECT `dep_delay`, `arr_delay` FROM flights') %>% head
dbDisconnect(con2)
```

---

[1]https://dbplyr.tidyverse.org/articles/sql-translation.html

부록 D

화일과 디렉토리 관련 함수들

종종 R에서 화일/디렉토리[1]를 생성, 변경, 복사, 삭제해야 할 일이 있습니다. 하지만 자주 사용하지 않는 함수라서 잘 기억나지 않는 경우가 많았습니다. 다음에서 R의 화일/디렉토리 관련 함수들을 정리하였습니다. (이번 장의 코드를 실행하면 __temp, __temp2, __temp3 등의 디렉토리, 그리고 __temp.txt라는 화일 등이 수정, 삭제되니 주의하시기 바랍니다.)

D.1 디렉토리

```
library(magrittr)
list.dirs(path='.', full.names=TRUE, recursive=TRUE) %>% head(5)
```

```
## [1] "."                     "./__temp2"           "./__temp3"
## [4] "./__temp3/__temp2"     "./_book"
```

list.dirs()를 통해 현재 디렉토리(폴더)의 모든 디렉토리(폴더)를 확인할 수 있다.

다음은 디렉토리를 만들고, 확인하고, 이름을 변경하고, 삭제하는 과정을 보여준다.

```
unlink("__temp2", recursive=TRUE) # 화일 또는 디렉토리 삭제
dir.exists('__temp') # 디렉토리 존재 확인
dir.create('__temp') # 디렉토리 만들기
# shell('ren __temp __temp2') # 디렉토리 이름 바꾸기 Windows
system('mv __temp __temp2') # Linux
```

---

[1] 디렉토리(directory), 폴더(folder), 경로(path)는 모두 거의 같은 의미로 사용합니다. **폴더**는 특히 GUI(Graphic User Interface)에서 디렉토리와 같은 의미로 쓰입니다.

```
# 디렉토리 복사: dir.create(), file.copy()
dir.create('__temp3')

## Warning in dir.create("__temp3"): '__temp3' already exists
file.copy('__temp2', '__temp3', recursive=TRUE)

## [1] FALSE
## [1] TRUE
```

위의 함수들은 모두 기본적으로 현재 디렉토리(Current directory)를 기준으로 디렉토리를 다룬다. 현재 디렉토리는 다음의 함수를 이용하여 설정할 수 있다.

```
getwd()      # 현재 디렉토리 확인
setwd('.')   # 현재 디렉토리 수정

## [1] "/home/master/git/bookdown-demo"
```

디렉토리 관련 함수 정리

함수	기능
getwd()	현재(작업) 디렉토리
setwd()	현재(작업) 디렉토리 설정
list.dirs(path='.', ...)	path의 디렉토리 나열
dir.exists(paths)	디렉토리 paths의 존재 여부
dir.create(path)	디렉토리 path 생성
shell('ren __temp1 __temp2')	윈도우에서 디렉토리 이름 변경
system('mv __temp1 __temp2')	Linux에서 디렉토리 이름 변경
dir.copy(from, to)	사용자 정의 함수(아래 참조). 디렉토리 복사
unlink(x, recursive=TRUE)	디렉토리 x 삭제
unlink(x, recursive=TRUE, force=TRUE)	디렉토리 x 삭제(화일이 읽기 전용이라도)

D.2 스크립트

위에서 디렉토리 복사는 dir.create()과 file.copy()를 연속으로 적용하였습니다. 이를 하나의 함수로 만들어서 dir.copy()라는 함수를 정의하였습니다. 하지만 이 함수를 항상 사용하려면 어떻게 해야 할까요.

한가지 방법은 dircopy.R이라는 스크립트 화일로 저장한 후에, 나중에 source() 함수로 불러 오는 것입니다. 다음의 코드는 이 방법을 보여줍니다.

```
txt <- "
dir.copy = function(from, to, checkto= TRUE,
                    overwrite=FALSE,
                    recursive=FALSE, ...) {
  if (!dir.exists(from)) {
    cat('Directory', from, 'DOES NOT exist.\n')
    stop() }
  if (checkto == TRUE) {
    if (dir.exists(to)) {
      cat('Directory', to,
          'exists. checkto=FALSE to copy files to the EXISTING directory.\n')
      stop() }
  } else {
    if (!dir.exists(to)) dir.create(to)
  }
  if (length(list.files(from, recursive=recursive, ...))==0) {
    error('No files to be copied')
  } else {
    file.copy(from=from, to=to,
              overwrite=overwrite,
              recursive=recursive, ...)
  }}"
writeLines(txt, "dircopy.R")
source('dircopy.R')
```

스크립트/텍스트 화일 관련 함수 요약

함수	기능
readLines('dircopy.R')	텍스트 화일 'dircopy.R' 내용 읽기
writeLines(text=c('aaa', 'bbb'), con='__temp.txt')	c('aaa', 'bbb')를 화일 '__temp.txt'에 쓰기
source('dircopy.R')	텍스트 화일 dircopy.R의 내용을 실행하기

D.3 화일

```r
txt = 'This is test!'
writeLines(text = txt, con = '__temp.txt')
fn = '__temp.txt'; file.info(fn)
# size  : 화일 크기(바이트)
# isdir : 디렉토리 여부
# mode  : 읽기/쓰기/실행 가능 여부
#         (예. 666 = 모든 사용자 쓰기/읽기 가능
#              777 = 모든 사용자 쓰기/읽기/실행 가능)
# mtime : 마지막 수정 시간
# ctime : 마지막 상태 변화(status change) 시간
# atime : 마지막 접근 시간
# exe   : 실행 가능한 파일인가?

##               size isdir mode               mtime               ctime
## __temp.txt      14 FALSE  644 2021-12-14 19:17:31 2021-12-14 19:17:31
##                           atime  uid  gid  uname  grname
## __temp.txt 2021-12-14 19:12:18 1000 1000 master master
```

file.info()로 화일 정보를 알아 볼 수 있다.

다음은 화일과 관련된 R 함수를 보여준다.

```r
dir(path='.') %>% head(5)  # 현재 디렉토리의 화일들
dir(path='.', recursive = TRUE) %>% head(3)  # 현재와 하위 디렉토리의 화일들

file.exists(fn) # 화일 존재 여부 확인
fnCopy=paste0('_',fn)
file.copy(from=fn, to=fnCopy) # 화일 복사, 성공하면 TRUE
file.rename(from=fnCopy, to=paste0('_',fnCopy)) # 화일 이름 수정
file.remove(paste0('__',fn)) # 화일 삭제

## [1] "__temp.txt"             "__temp2"              "__temp3"
## [4] "_book"                  "_bookdown_all.yml"
## [1] "__temp.txt"                  "_book/bookdown-demo.pdf"
## [3] "_book/bookdown-demo.tex"
## [1] TRUE
## [1] TRUE
## [1] TRUE
## [1] TRUE

fn <- file.choose() # 화일 선택기
```

D.3. 화일

화일 관련 함수 정리

함수	기능
dir(path='.')	path의 디렉토리 화일 나열
dir(path='.', recursive=TRUE)	path의 디렉토리 안의 모든 디렉토리에 대해 화일 나열
file.exists('__temp.txt')	화일 '__temp.txt 존재 여부 확인
file.copy(fn, fn2)	화일 fn 복사(이름 fn2로)
file.rename(fn, fn2)	화일 fn 이름 변경(이름 fn2로)
file.remove(fn)	화일 fn 삭제
file.choose()	화일 선택기를 사용한 화일 선택

화일 이름과 관련된 함수들

R에는 화일 이름과 관련된 조작을 위해 마련된 몇 가지 함수들이 있습니다. 정규표현식보다 간단하게 화일 이름과 관련된 일을 수행할 수 있습니다.

함수	기능
basename(path)	디렉토리를 포함한 화일이름에서 **화일이름** 또는 **가장 하위 디렉토리**
dirname(path)	디렉토리를 포함한 화일이름에서 **디렉토리 이름**
file.path(...)	"C","__temp", "__temp.txt" 등을 연결하여 "C:/__temp/__temp.txt"를 만들어 줌
path.expand('~/foo')	"~"를 실제 디렉토리 이름을 바꿔줌
normalizePath('~/../foo')	상대 경로(path)를 절대 경로로 바꿔줌

dirname()과 basename()함수와 관련하여 한 가지 유의할 점이 있습니다. basename()은 주어진 경로에서 화일 이름 또는 가장 하위의 디렉토리 이름을 추출하지만, .., ., ~에 적절하게 대응하지 못합니다. 예를 들어 현재 위치 /home/master/git/bookdown-demo 에서 ../../git/..는 /home/master를 나타내고 basename()은 master를 반환해야 겠지만, 결과는 다음과 같습니다. 이에 대한 해결책은 먼저 normalizePath()를 적용하는 것입니다.

```
basename('../../git/..')
## [1] ".."
basename(normalizePath('../../git/..'))
## [1] "master"
```